大学赤本シリーズ

293

成蹊大学

経済学部・経営学部－A方式

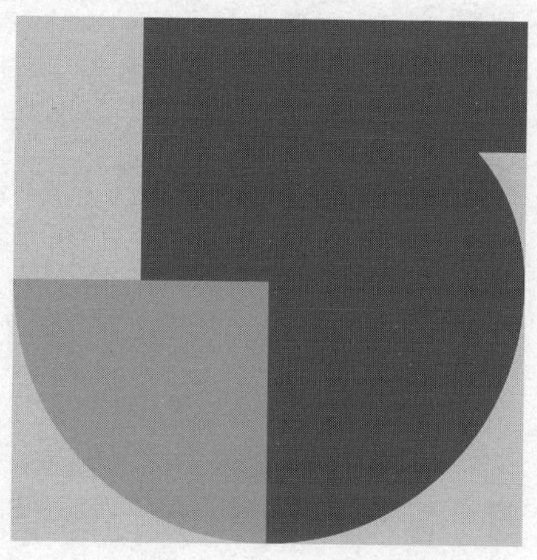

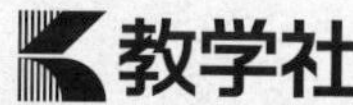

はしがき

おかげさまで，大学入試の「赤本」は，今年で創刊 70 周年を迎えました。

これまで，入試問題や資料をご提供いただいた大学関係者各位，掲載許可をいただいた著作権者の皆様，各科目の解答や対策の執筆にあたられた先生方，そして，赤本を使用してくださったすべての読者の皆様に，厚く御礼を申し上げます。

以下に，創刊初期の「赤本」のはしがきを引用します。これからも引き続き，受験生の目標の達成や，夢の実現を応援してまいります。

本書を活用して，入試本番では持てる力を存分に発揮されることを心より願っています。

編者しるす

＊　＊　＊

学問の塔にあこがれのまなざしをもって，それぞれの志望する大学の門をたたかんとしている受験生諸君！　人間として生まれてきた私たちは，自己の欲するままに，美しく，強く，そして何よりも人間らしく生きることをねがっている。しかし，一朝一夕にして，この純粋なのぞみが達せられることはない。私たちの行く手には，絶えずさまざまな試練がまちかまえている。この試練を克服していくところに，私たちのねがう真に人間的な世界がはじめて開かれてくるのである。

人生最初の最大の試練として，諸君の眼前に大学入試がある。この大学入試は，精神的にも身体的にも，大きな苦痛を感ぜしめるであろう。あるスポーツに熟達するには，たゆみなき，はげしい練習を積み重ねることが必要であるように，私たちは，計画的・持続的な努力を払うことによって，この試練を克服し，次の一歩を踏みだすことができる。厳しい試練を経たのちに，はじめて満足すべき成果を獲得できるのである。

本書は最近の入学試験の問題に，それぞれ解答を付し，さらに問題をふかく分析することによって，その大学独特の傾向や対策をさぐろうとした。本書を一般の参考書とあわせて使用し，まとはずれのない，効果的な受験勉強をされるよう期待したい。

（昭和 35 年版「赤本」はしがきより）

挑む人の、いちばんの味方

1954年に大学入試の過去問題集を刊行してから70年。赤本は大学に入りたいと思う受験生を応援しつづけてきました。これからも，苦しいとき落ち込むときにそばで支える存在でいたいと思います。

そして，勉強をすること，自分で道を決めること，努力が実ること，これらの喜びを読者の皆さんが感じることができるよう，伴走をつづけます。

そもそも赤本とは…

受験生のための大学入試の過去問題集！

70年の歴史を誇る赤本は，500点を超える刊行点数で全都道府県の370大学以上を網羅しており，過去問の代名詞として受験生の必須アイテムとなっています。

なぜ受験に過去問が必要なのか？

大学入試は大学によって問題形式や頻出分野が大きく異なるからです。

赤本の掲載内容

傾向と対策

これまでの出題内容から，問題の「**傾向**」を分析し，来年度の入試に向けて具体的な「**対策**」の方法を紹介しています。

問題編・解答編

- 年度ごとに問題とその解答を掲載しています。
- 「**問題編**」ではその年度の試験概要を確認したうえで，実際に出題された過去問に取り組むことができます。
- 「**解答編**」には高校・予備校の先生方による解答が載っています。

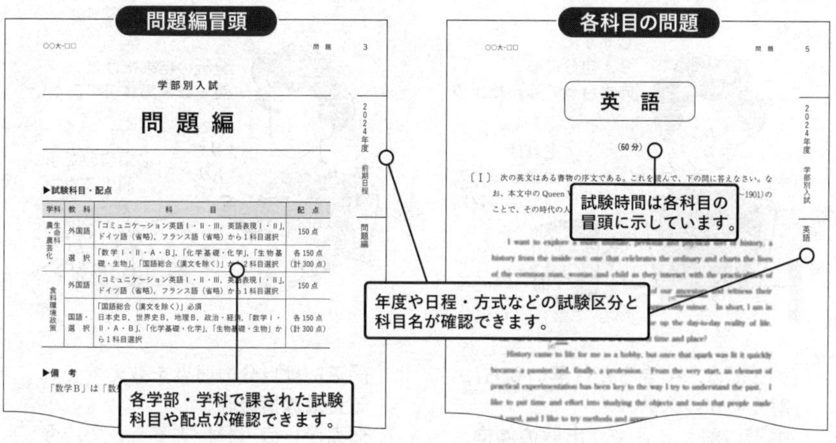

他にも，大学の基本情報や，先輩受験生の合格体験記，在学生からのメッセージなどが載っていることがあります。

2024年度から見やすいデザインに！

NEW

掲載内容について

著作権上の理由やその他編集上の都合により問題や解答の一部を割愛している場合があります。なお，指定校推薦入試，社会人入試，編入学試験，帰国生入試などの特別入試，英語以外の外国語科目，商業・工業科目は，原則として掲載しておりません。また試験科目は変更される場合がありますので，あらかじめご了承ください。

受験勉強は

過去問に始まり，

STEP 1 なにはともあれ

まずは解いてみる

過去問は，**できるだけ早いうちに解く**のがオススメ！
実際に解くことで，**出題の傾向，問題のレベル，今の自分の実力**がつかめます。

STEP 2 じっくり具体的に

弱点を分析する

間違いは自分の弱点を教えてくれる**貴重な情報源**。
弱点から自己分析することで，**今の自分に足りない力や苦手な分野**が見えてくるはず！

合格者があかす赤本の使い方

傾向と対策を熟読
（Fさん／国立大合格）

大学の出題傾向を調べるために，赤本に載っている「傾向と対策」を熟読しました。

繰り返し解く
（Tさん／国立大合格）

1周目は問題のレベル確認，2周目は苦手や頻出分野の確認に，3周目は合格点を目指して，と過去問は繰り返し解くことが大切です。

赤本の使い方 解説

過去問に終わる。

STEP 3 志望校にあわせて

苦手分野の重点対策

参考書や問題集を活用して，苦手分野の**重点対策**をしていきます。**過去問を指針**に，合格へ向けた具体的な学習計画を立てましょう！

STEP 1▶2▶3 サイクルが大事！

実践を繰り返す

STEP 1～3を繰り返し，実力アップにつなげましょう！
出題形式に慣れることや，**時間配分を考えること**も大切です。

目標点を決める
（Yさん／私立大合格）
赤本によっては合格者最低点が載っているので，それを見て目標点を決めるのもよいです。

時間配分を確認
（Kさん／私立大学合格）
赤本は時間配分や解く順番を決めるために使いました。

添削してもらう
（Sさん／私立大学合格）
記述式の問題は先生に添削してもらうことで自分の弱点に気づけると思います。

新課程入試Q&A

2022年度から新しい学習指導要領（新課程）での授業が始まり，2025年度の入試は，新課程に基づいて行われる最初の入試となります。ここでは，赤本での新課程入試の対策について，よくある疑問にお答えします。

Q1. 赤本は新課程入試の対策に使えますか？

A. もちろん使えます！

OK

旧課程入試の過去問が新課程入試の対策に役に立つのか疑問に思う人もいるかもしれませんが，心配することはありません。旧課程入試の過去問が役立つのには次のような理由があります。

● 学習する内容はそれほど変わらない

新課程は旧課程と比べて科目名を中心とした変更はありますが，学習する内容そのものはそれほど大きく変わっていません。また，多くの大学で，既卒生が不利にならないよう「経過措置」がとられます（Q３参照）。したがって，出題内容が大きく変更されることは少ないとみられます。

● 大学ごとに出題の特徴がある

これまでに課程が変わったときも，各大学の出題の特徴は大きく変わらないことがほとんどでした。入試問題は各大学のアドミッション・ポリシーに沿って出題されており，過去問にはその特徴がよく表れています。過去問を研究してその大学に特有の傾向をつかめば，最適な対策をとることができます。

出題の特徴の例	・英作文問題の出題の有無 ・論述問題の出題（字数制限の有無や長さ） ・計算過程の記述の有無

新課程入試の対策も，赤本で過去問に取り組むところから始めましょう。

Q2. 赤本を使う上での注意点はありますか？

A. 志望大学の入試科目を確認しましょう。

過去問を解く前に，過去の出題科目（問題編冒頭の表）と 2025 年度の募集要項とを比べて，課される内容に変更がないかを確認しましょう。ポイントは以下のとおりです。科目名が変わっていても，実際は旧課程の内容とほとんど同様のものもあります。

英語・国語	科目名は変更されているが，実質的には変更なし。 ▶▶ **ただし，リスニングや古文・漢文の有無は要確認。**
地歴	科目名が変更され，「歴史総合」「地理総合」が新設。 ▶▶ **新設科目の有無に注意。ただし，「経過措置」（Q3参照）により内容は大きく変わらないことも多い。**
公民	「現代社会」が廃止され，「公共」が新設。 ▶▶ **「公共」は実質的には「現代社会」と大きく変わらない。**
数学	科目が再編され，「数学 C」が新設。 ▶▶ **「数学」全体としての内容は大きく変わらないが，出題科目と単元の変更に注意。**
理科	科目名も学習内容も大きな変更なし。

数学については，科目名だけでなく，どの単元が含まれているかも確認が必要です。例えば，出題科目が次のように変わったとします。

旧課程	「数学Ⅰ・数学Ⅱ・数学 A・数学 B（数列・ベクトル）」
新課程	「数学Ⅰ・数学Ⅱ・数学 A・**数学 B（数列）・数学 C（ベクトル）**」

この場合，新課程では「数学C」が増えていますが，単元は「ベクトル」のみのため，実質的には旧課程とほぼ同じであり，過去問をそのまま役立てることができます。

Q3.「経過措置」とは何ですか？

A. 既卒の旧課程履修者への対応です。

多くの大学では，既卒の旧課程履修者が不利にならないように，出題において「経過措置」が実施されます。措置の有無や内容は大学によって異なるので，募集要項や大学のウェブサイトなどで確認しておきましょう。

◯旧課程履修者への経過措置の例

- 旧課程履修者にも配慮した出題を行う。
- 新・旧課程の共通の範囲から出題する。
- 新課程と旧課程の共通の内容を出題し，共通範囲のみでの出題が困難な場合は，旧課程の範囲からの問題を用意し，選択解答とする。

例えば，地歴の出題科目が次のように変わったとします。

旧課程	「日本史 B」「世界史 B」から１科目選択
新課程	「**歴史総合**，日本史探究」「**歴史総合**，世界史探究」から１科目選択※ ※旧課程履修者に不利益が生じることのないように配慮する。

「歴史総合」は新課程で新設された科目で，旧課程履修者には見慣れないものですが，上記のような経過措置がとられた場合，新課程入試でも旧課程と同様の学習内容で受験することができます。

要チェックだホン

新課程の情報は WEB もチェック！
より詳しい解説が赤本ウェブサイトで見られます。
https://akahon.net/shinkatei/

科目名が変更される教科・科目

	旧課程	新課程
国語	国語総合 国語表現 現代文A 現代文B 古典A 古典B	現代の国語 言語文化 論理国語 文学国語 国語表現 古典探究
地歴	日本史A 日本史B 世界史A 世界史B 地理A 地理B	歴史総合 日本史探究 世界史探究 地理総合 地理探究
公民	現代社会 倫理 政治・経済	公共 倫理 政治・経済
数学	数学Ⅰ 数学Ⅱ 数学Ⅲ 数学A 数学B 数学活用	数学Ⅰ 数学Ⅱ 数学Ⅲ 数学A 数学B 数学C
外国語	コミュニケーション英語基礎 コミュニケーション英語Ⅰ コミュニケーション英語Ⅱ コミュニケーション英語Ⅲ 英語表現Ⅰ 英語表現Ⅱ 英語会話	英語コミュニケーションⅠ 英語コミュニケーションⅡ 英語コミュニケーションⅢ 論理・表現Ⅰ 論理・表現Ⅱ 論理・表現Ⅲ
情報	社会と情報 情報の科学	情報Ⅰ 情報Ⅱ

大学のサイトも見よう

目　次

基本情報

学部・学科の構成

大　学

●経済学部
経済数理学科
現代経済学科
●経営学部
総合経営学科
●法学部
法律学科
政治学科
●文学部
英語英米文学科
日本文学科
国際文化学科
現代社会学科

●理工学部

理工学科（データ数理専攻，コンピュータ科学専攻，機械システム専攻，電気電子専攻，応用化学専攻）

大学院

経済経営研究科 / 法学政治学研究科 / 文学研究科 / 理工学研究科

大学所在地

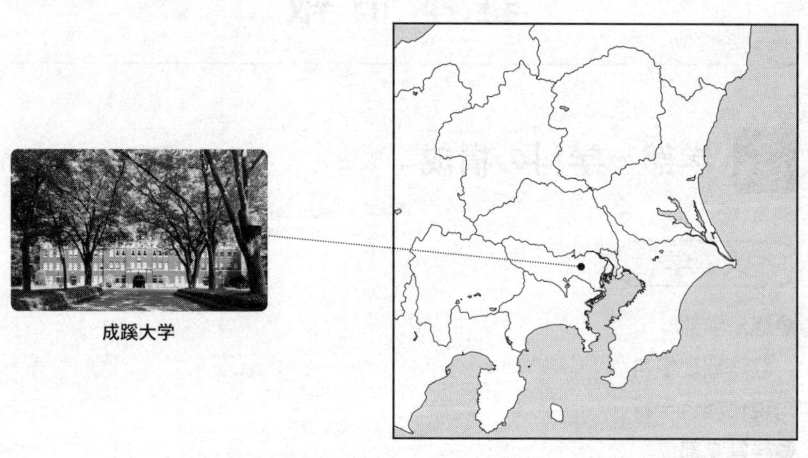

成蹊大学

〒180-8633　東京都武蔵野市吉祥寺北町3－3－1

入試データ

入試状況（志願者数・競争率など）

○競争率は受験者数÷合格者数で算出。合格者数には追加合格者を含む。

○一般選抜入試方式について

Ａ方式：３教科型学部個別入試

Ｅ方式：２教科型全学部統一入試

Ｇ方式：２教科型グローバル教育プログラム統一入試

Ｃ方式：共通テスト利用３教科型入試

Ｓ方式：共通テスト利用４教科６科目型奨学金付入試

Ｐ方式：共通テスト・独自併用５科目型国公立併願アシスト入試

Ｍ方式※：共通テスト・独自併用５科目型多面評価入試

※Ｍ方式は 2024 年度一般選抜から廃止。

2024 年度　一般選抜状況

学部・学科・専攻			募集人員	志願者数	受験者数	合格者数	競争率
経済	経済数理	A 方式	26	346	313	78	4.0
		E 方式	6	83	77	21	3.7
		C 方式	13	460	459	122	3.8
		P 方式	3	52	52	26	2.0
	現代経済	A 方式	53	1,036	910	154	5.9
		E 方式	9	314	290	44	6.6
		G 方式	4	31	31	17	1.8
		C 方式	16	548	547	177	3.1
		P 方式	7	168	168	105	1.6
経営	総合経営	A 方式	115	2,378	2,114	360	5.9
		E 方式	16	615	578	107	5.4
		G 方式	4	44	44	17	2.6
		C 方式	20	1,020	1,019	256	4.0
		P 方式	10	110	110	55	2.0

（表つづく）

学部・学科・専攻			募集人員	志願者数	受験者数	合格者数	競争率
法	法律	A 方 式	110	1,188	1,036	237	4.4
		E 方 式	19	424	407	118	3.4
		G 方 式	5	38	38	19	2.0
		C 方 式	30	1,265	1,265	303	4.2
		P 方 式	30	173	173	139	1.2
	政治	A 方 式	60	726	597	152	3.9
		E 方 式	9	227	214	53	4.0
		G 方 式	3	62	62	27	2.3
		C 方 式	20	640	640	163	3.9
		P 方 式	20	77	77	64	1.2
文	英語英米文	A 方 式	43	367	313	109	2.9
		E 方 式	6	231	222	35	6.3
		G 方 式	4	28	28	16	1.8
		C 方 式	10	291	291	121	2.4
		P 方 式	12	83	83	74	1.1
	日本文	A 方 式	38	402	353	90	3.9
		E 方 式	5	187	175	25	7.0
		C 方 式	7	292	292	80	3.7
		P 方 式	6	60	60	39	1.5
	国際文化	A 方 式	44	445	390	152	2.6
		E 方 式	7	284	273	37	7.4
		G 方 式	4	59	59	11	5.4
		C 方 式	10	521	521	161	3.2
		P 方 式	6	75	75	52	1.4
	現代社会	A 方 式	43	465	415	108	3.8
		E 方 式	6	131	124	28	4.4
		C 方 式	7	280	280	107	2.6
		P 方 式	6	49	49	34	1.4
理工	データ数理	A 方 式	26	405	344	65	5.3
		E 方 式	7	127	122	38	3.2
		C 方 式	16	337	336	96	3.5
		S 方 式	4	99	99	53	1.9
	コンピュータ科学	A 方 式	34	571	500	94	5.3
		E 方 式	9	153	146	37	3.9
		C 方 式	20	480	479	109	4.4
		S 方 式	4	113	113	42	2.7

（表つづく）

学部・学科・専攻			募集人員	志願者数	受験者数	合格者数	競争率
理工	機械システム	A　方　式	34	387	332	94	3.5
		E　方　式	9	97	93	31	3.0
		C　方　式	20	485	484	155	3.1
		S　方　式	4	100	100	43	2.3
	電気電子	A　方　式	26	320	266	87	3.1
		E　方　式	7	76	73	20	3.7
		C　方　式	16	334	334	131	2.5
		S　方　式	4	109	109	56	1.9
	応用化学	A　方　式	30	348	296	103	2.9
		E　方　式	8	97	95	28	3.4
		C　方　式	18	417	417	135	3.1
		S　方　式	4	151	151	82	1.8
合　計			1,172	21,481	20,113	5,592	—

2023 年度　一般選抜状況

学部・学科・専攻			募集人員	志願者数	受験者数	合格者数	競争率
経済	経済数理	A 方 式	24	395	353	59	6.0
		E 方 式	6	88	81	19	4.3
		C 方 式	12	468	468	142	3.3
		P 方 式	3	89	89	27	3.3
		M 方 式	3	11	11	6	1.8
	現代経済	A 方 式	50	1,193	1,063	136	7.8
		E 方 式	8	295	286	32	8.9
		G 方 式	4	34	34	12	2.8
		C 方 式	15	695	694	172	4.0
		P 方 式	7	84	84	58	1.4
		M 方 式	5	6	5	5	1.0
経営	総合経営	A 方 式	115	1,963	1,782	416	4.3
		E 方 式	16	470	455	78	5.8
		G 方 式	4	72	72	15	4.8
		C 方 式	20	803	801	200	4.0
		P 方 式	10	91	91	44	2.1
法	法律	A 方 式	110	1,193	1,035	258	4.0
		E 方 式	19	314	296	100	3.0
		G 方 式	5	24	24	13	1.8
		C 方 式	30	600	600	251	2.4
		P 方 式	30	129	129	117	1.1
	政治	A 方 式	60	647	550	165	3.3
		E 方 式	9	182	167	47	3.6
		G 方 式	3	43	43	28	1.5
		C 方 式	20	475	474	197	2.4
		P 方 式	20	54	54	46	1.2
文	英語英米文	A 方 式	43	313	257	101	2.5
		E 方 式	6	170	160	46	3.5
		G 方 式	4	49	49	11	4.5
		C 方 式	10	374	374	160	2.3
		P 方 式	12	52	52	48	1.1

（表つづく）

学部・学科・専攻			募集人員	志願者数	受験者数	合格者数	競争率
文	日本文	A 方式	38	351	303	81	3.7
		E 方式	5	114	100	23	4.3
		C 方式	7	256	256	81	3.2
		P 方式	6	36	36	30	1.2
	国際文化	A 方式	44	270	225	105	2.1
		E 方式	7	169	162	60	2.7
		G 方式	4	46	46	17	2.7
		C 方式	10	231	231	112	2.1
		P 方式	6	43	43	39	1.1
	現代社会	A 方式	43	371	338	105	3.2
		E 方式	6	141	137	15	9.1
		C 方式	7	426	426	95	4.5
		P 方式	6	53	53	22	2.4
理工	データ数理	A 方式	26	387	326	97	3.4
		E 方式	7	106	101	26	3.9
		C 方式	16	247	247	110	2.2
		S 方式	4	60	60	37	1.6
	コンピュータ科学	A 方式	34	477	387	60	6.5
		E 方式	9	113	105	26	4.0
		C 方式	20	313	313	111	2.8
		S 方式	4	71	71	36	2.0
	機械システム	A 方式	34	476	399	74	5.4
		E 方式	9	112	108	31	3.5
		C 方式	20	336	336	169	2.0
		S 方式	4	86	86	45	1.9
	電気電子	A 方式	26	349	291	74	3.9
		E 方式	7	118	114	21	5.4
		C 方式	16	278	278	131	2.1
		S 方式	4	76	76	48	1.6
	応用化学	A 方式	30	396	322	64	5.0
		E 方式	8	92	86	28	3.1
		C 方式	18	332	332	156	2.1
		S 方式	4	127	127	69	1.8
合計			1,172	18,435	17,154	5,207	—

追加合格者について

合格者の入学手続状況により，３教科型学部個別入試（A方式）および２教科型グローバル教育プログラム統一入試（G方式）の合格発表日に発表された補欠者の中から成績順に追加合格者が発表される。

●３教科型学部個別入試（A方式）

学部・学科・専攻		2024年度		2023年度	
		補欠発表者数	追加合格者数	補欠発表者数	追加合格者数
経済	経済数理	102	16	100	0
	現代経済	200	25	200	10
経営	総合経営	340	0	460	136
法	法律	211	87	133	124
	政治	163	71	87	87
文	英語英米文	85	34	80	11
	日本文	83	23	81	12
	国際文化	91	90	64	30
	現代社会	100	48	73	28
理工	データ数理	90	0	121	34
	コンピュータ科学	108	0	101	26
	機械システム	112	0	107	16
	電気電子	98	0	90	25
	応用化学	109	0	103	24

●２教科型グローバル教育プログラム統一入試（G方式）

学部・学科		2024年度		2023年度	
		補欠発表者数	追加合格者数	補欠発表者数	追加合格者数
経済	現代経済	10	4	15	0
経営	総合経営	16	9	27	8
法	法律	21	8	9	4
	政治	39	16	22	17
文	英語英米文	15	9	16	0
	国際文化	25	0	20	4

合格者最低点

学部・学科・専攻			満　点	合格者最低点	
				2024 年度	2023 年度
経済	経済数理	A　方　式	400	210	218
		E　方　式	500	368	307
		C　方　式	700	504	496
		P　方　式	1000	746	715
		M　方　式	—		—
	現代経済	A　方　式	300	184.71	174.45
		E　方　式	500	422	372
		G　方　式	700	—	—
		C　方　式	600	444	454
		P　方　式	900	644	600
		M　方　式	—		—
経営	総合経営	A　方　式	350	255.76	240.69
		E　方　式	600	506	446
		G　方　式	700	—	—
		C　方　式	1000	763	773
		P　方　式	900	678	660
法	法　律	A　方　式	320	216.48	217.45
		E　方　式	500	414	353
		G　方　式	700	—	—
		C　方　式	1000	771	728
		P　方　式	900	597	551
	政　治	A　方　式	320	213.92	219
		E　方　式	500	409	352
		G　方　式	700	—	—
		C　方　式	1000	760	731
		P　方　式	900	587	550

（表つづく）

学部・学科・専攻			満点	合格者最低点	
				2024 年度	2023 年度
文	英語英米文	A 方式	450	273.26	273.03
		E 方式	500	421	350
		G 方式	700	—	—
		C 方式	700	511	512
		P 方式	900	593	525
	日本文	A 方式	350	235.04	228.15
		E 方式	500	425	375
		C 方式	700	538	518
		P 方式	900	628	601
	国際文化	A 方式	400	250.34	239.53
		E 方式	500	430	360
		G 方式	700	—	—
		C 方式	500	382	356
		P 方式	900	654	577
	現代社会	A 方式	400	263.59	250.54
		E 方式	500	427	394
		C 方式	500	375	383
		P 方式	900	683	666
理工	データ数理	A 方式	360	211	176
		E 方式	600	429	363
		C 方式	600	421	405
		S 方式	900	631	607
	コンピュータ科学	A 方式	360	218	193
		E 方式	600	414	363
		C 方式	600	430	426
		S 方式	900	645	631
	機械システム	A 方式	360	190	175
		E 方式	600	411	348
		C 方式	600	407	376
		S 方式	900	615	593
	電気電子	A 方式	360	178	167
		E 方式	600	375	330
		C 方式	600	393	383
		S 方式	900	606	592

（表つづく）

学部・学科・専攻			満　点	合格者最低点	
				2024 年度	2023 年度
理工	応用化学	A　方　式	360	204	186
		E　方　式	600	405	366
		C　方　式	600	410	382
		S　方　式	900	617	610

(備考)

- 合格者最低点は追加合格者を含んでいる。
- G 方式の合格者最低点は非公表。
- 2023 年度：M方式は大学入学共通テスト（1000 点満点）と面接（段階評価）によって，総合的に判定される。なお，合格者最低点は非公表。

入試ガイドの入手方法

成蹊大学の一般選抜はすべてWeb出願です。『入試ガイド』は入学試験要項の抜粋版で，願書ではありません。入学試験要項は，成蹊大学の入試情報サイトS-NET（https://www.seikei.ac.jp/university/s-net/）でご確認いただけます（10月上旬公開予定）。『入試ガイド』の郵送をご希望の方は，テレメールにてお申し込みください（送料200円／10月中旬発送開始予定）。

成蹊大学のテレメールによる資料請求方法

スマートフォンから　QRコードからアクセスしガイダンスに従ってご請求ください。

パソコンから　教学社 赤本ウェブサイト(akahon.net)から請求できます。

問い合わせ先

成蹊大学　アドミッションセンター

〒180-8633　東京都武蔵野市吉祥寺北町3-3-1

TEL　0422-37-3533(直通)

FAX　0422-37-3864

URL　https://www.seikei.ac.jp/university/s-net/

Eメール　nyushi@jim.seikei.ac.jp

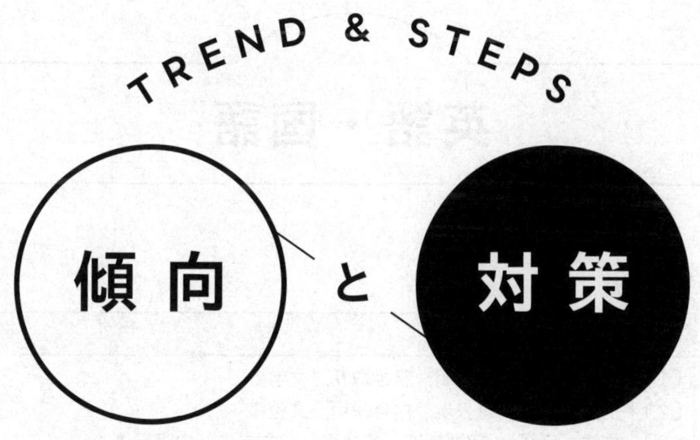

科目ごとに問題の「傾向」を分析し，具体的にどのような「対策」をすればよいか紹介しています。まずは出題内容をまとめた分析表を見て，試験の概要を把握しましょう。

注　意

「傾向と対策」で示している，出題科目・出題範囲・試験時間等については，2024 年度までに実施された入試の内容に基づいています。2025 年度入試の選抜方法については，各大学が発表する学生募集要項を必ずご確認ください。

英語・国語

【経済学部】

年度	番号	内　容
2024 ◑	〔１〕	空所補充，内容説明，書き取り，文学史　✓英文
	〔２〕	空所補充，同意表現，内容説明，文整序　✓英文
	〔３〕	文法（口語），空所補充，書き取り，文学史，内容真偽
2023 ◑	〔１〕	空所補充，内容説明，語句整序，同意表現，内容真偽，文学史　✓英文
	〔２〕	書き取り，空所補充，四字熟語，文学史，内容真偽，内容説明（15 字 2 問）

（注）●印は全問，◑印は一部マークシート方式採用であることを表す。

傾向　英・国融合問題で思考力を問う

01　出題形式は？

経済学部で出題されている。2024 年度までの出題範囲は「コミュニケーション英語Ⅰ・Ⅱ・Ⅲ，英語表現Ⅰ・Ⅱ，国語総合（近代以降の文章）・現代文Ｂ」であった。「外国語（英語）」の理解力を問う問題と「国語」の理解力を問う問題が出題され，各教科の配点割合は１：１である。試験時間は 90 分。記述式と選択式の併用で，選択式にはマークシート方式が採用されている。

なお，2025 年度は出題範囲が「英語コミュニケーションⅠ・Ⅱ・Ⅲ，論理・表現Ⅰ・Ⅱ・Ⅲ，現代の国語，言語文化（近代以降の文章），論理国語」となる予定である（本書編集時点）。

02　出題内容はどうか？

英語および日本語で著された小説，随筆，評論文，説明文などを素材に，英語および日本語の読解力および表現力を総合的に問うものとなっている。

大問２，３題の出題で，うち１，２題は英文，１題は和文である。設問は，英語では空所補充，内容説明など，国語では空所補充，書き取り，文学史などが問われている。英語の大問の中に日本文学史に関係する問題や日本語の解説文を整序する問題，国語の大問の中に和文中の空所に入る英単語を選択させる問題などが出題され，英語と国語双方の力が問われている。

03　難易度は？

英語面では，英文そのものが難しく，設問の選択肢にも判断が難しいものが含まれている。国語面では，本文そのものは特に難解ではないが，他の文章との関連性を押さえたり，英語と対応させたりしながら読む必要があるため，総じて標準的な難度である。試験時間内に大問２，３題を仕上げる必要があるので，迷う設問で時間を使いすぎないよう，ペース配分に注意したい。

対策

〔英　語〕

01　文法・語彙力をつけよう

かなり長い英語の読解問題が出題されている。そのため，内容を正しく理解するための文法・語彙力は必須である。文法・構文は早い時期にしっかり基礎力を身につけておきたい。語彙力をつけるためには単に単語集を覚えるのではなく，実際に文章内でどのように使われているかを知るのがよい。いろいろな話題に関する英文を読むなかで，今まで知らなかった単語を書き出し，自分の単語帳を作ってそれを覚えるようにしたい。市販の単語集と併用すれば，かなりの効果が期待できる。

02 読解力をつけよう

限られた時間内で長文の内容を素早く，かつ正確に読み取る速読力が必要である。その一方で，きちんとした文法・構文力を養うためには精読も欠かせない。精読するときには一語一語について文中での意味を考える訓練をする必要がある。読解力養成には『大学入試 ぐんぐん読める英語長文』（教学社）など，英文構造の解説が丁寧な問題集を利用して，多読と精読の訓練をバランスよく行うことが大切である。

〔国　語〕

01 現代文

2023 年度は時事に関する評論を題材としつつ，日本文化や古典作品についての知識も問われた。2024 年度も日本文学の流れを踏まえた講演録からの出題であった。したがって，社会・経済・文化などのテーマについて，偏ることなくいろいろなものを読み，視野を広げておくとよい。設問に関しては，内容読解を主とするマークシート方式対策の長文問題集をこなしておきたい。また，解く際には，必ず解答の根拠となる箇所を本文中で押さえること。さらに，段落ごとに要旨をつかみ，論理の展開に留意しながら読む練習をしておきたい。

02 国語常識

漢字の書き取り，熟語，四字熟語などが問題文に絡めて出題されている。標準的な出題が多いので，確実に得点源にしたい。四字熟語などは日ごろから辞書を引く習慣をつけると同時に，専用の問題集を 1 冊解いておくと自信にもなる。漢字の書き取りも，入試頻出の問題集を 1 冊解いておこう。和文のみならず英文での出題の中にも日本文学史に関する設問がみられる。国語便覧などを活用して基礎的な知識を身につけておくとよいだろう。

英　語

【経営学部】

年度	番号	項　目	内　容
2024 ●	〔1〕	会　話　文	空所補充
	〔2〕	読　　　解	同意表現，内容説明，内容真偽
	〔3〕	読　　　解	内容説明，内容真偽，同意表現
	〔4〕	読　　　解	空所補充
	〔5〕	文法・語彙	空所補充
2023 ●	〔1〕	会　話　文	空所補充
	〔2〕	読　　　解	同意表現，内容説明，内容真偽，同一用法，主題
	〔3〕	読　　　解	内容説明，内容真偽
	〔4〕	読　　　解	空所補充
	〔5〕	文法・語彙	空所補充

(注)　●印は全問，◑印は一部マークシート方式採用であることを表す。

長文読解の主題

年度	番号	主　題
2024	〔2〕	イケアの世界戦略
	〔3〕	ジャック＝イヴ・クストーの功績
2023	〔2〕	スターバックスにおける従業員のモチベーションを保つ秘訣
	〔3〕	プレシャス・プラスチック・バンコクの試み

読解力・速読力を重視

01　出題形式は？

全問マークシート方式が採用されている。試験時間は60分。大問5題の出題で，〔1〕は会話文問題，〔2〕〔3〕〔4〕が読解問題，〔5〕は文法・語彙問題に分類される。

02 出題内容はどうか？

〔1〕の会話文問題は，具体的な話題についての長めの対話文に関する空所補充である。〔2〕〔3〕の読解問題の英文は，ビジネス関連のものが多く，2024年度の〔2〕はイケアの世界戦略に関するもの，〔3〕は「スキューバダイビングの父」の功績と環境保護活動に関するものだった。設問は内容の理解を問うものを中心としたオーソドックスなものが多いが，下線部の意味を問う問題などでは文法の知識も必要となる。〔4〕は2023年度同様，短い2つの英文のそれぞれ2カ所ある空所を補充する問題だった。〔5〕とはやや異なり，文脈を読み取りながら選択肢をひとつずつ吟味して解くタイプのものである。〔5〕は，短い2つの英文のそれぞれ3カ所ある空所を補充する問題である。文章を読みながら解く問題だが，問われているのは文法・語彙の知識である。

03 難易度は？

会話文問題は標準レベル。読解問題も，文法・語彙問題も基本的には標準レベルを超えない程度の内容なので，非常に取り組みやすいと思われる。

対策

01 文法・語彙力をつけよう

文法・語彙力は読解の基礎である。文法・構文は早い時期にしっかり基礎力を身につけておきたい。語彙力をつけるためには単に単語集を覚えるのではなく，いろいろな話題に関する英文を読むなかで，今まで知らなかった単語を書き出し，自分の単語帳を作ってそれを覚えるようにしたい。市販の単語集と併用すれば，かなりの効果が期待できる。

02 読解力をつけよう

限られた時間内で長文の内容を素早く，かつ正確に読み取る速読力が必要である。日ごろからさまざまな内容の英文を多く読むことに努めたい。その一方で，きちんとした文法・構文力を養うためには精読も欠かせない。文脈の中での意味を問う語彙問題も出題されている。精読するときには一語一語について文中での意味を考える訓練をする必要がある。読解力養成には『大学入試 ぐんぐん読める英語長文』（教学社）などの問題集を利用して，多読と精読の訓練をバランスよく行うことが大切である。

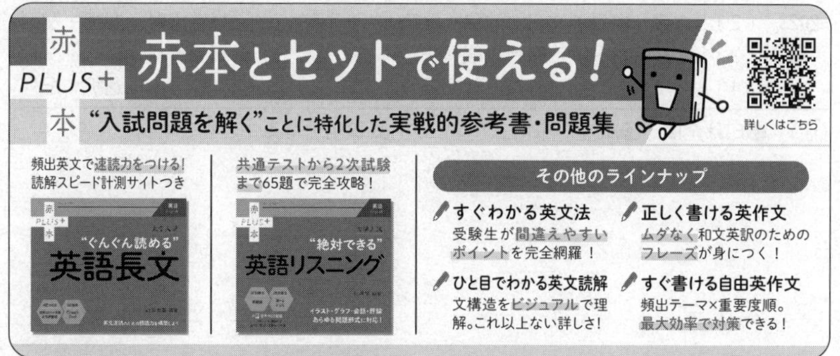

日本史

【経済学部】

年度	番号	内　容		形　式
2024 ●	〔1〕	日本の首都の歴史		選択・配列
	〔2〕	古代～中世の銭貨の歴史	⊘**視覚資料**	選択・配列
	〔3〕	江戸時代～明治時代の騒乱・一揆		選択・配列
	〔4〕	金本位制		選択・配列
2023 ●	〔1〕	日本と朝鮮半島との関係の歴史		選択・配列
	〔2〕	「小右記」「永仁の徳政令」―古代～中世の政治・文化・社会経済	⊘**史料・視覚資料**	選択・配列
	〔3〕	江戸時代～明治時代の人物の歴史		選択・配列
	〔4〕	近現代の政党と政治の歴史		選択・配列

（注）●印は全問，◑印は一部マークシート方式採用であることを表す。

【経営学部】

年度	番号	内　容		形　式
2024 ●	〔1〕	日本の思想・宗教・学問の歴史	⊘**地図・グラフ**	選択・配列
	〔2〕	古代～中世の政治・文化		選択・配列
	〔3〕	江戸時代～明治時代の政治・経済・対外関係史		選択・配列
	〔4〕	近現代の政治・外交・経済	⊘**グラフ**	選択・配列
2023 ●	〔1〕	日本の法・統治システムの歴史	⊘**史料**	選択・配列
	〔2〕	古代～中世の文化と政治・経済	⊘**視覚資料**	選択・配列
	〔3〕	江戸時代～明治時代の経済史	⊘**視覚資料**	選　択
	〔4〕	近現代の政治・外交・社会経済・文化		選択・配列

（注）●印は全問，◑印は一部マークシート方式採用であることを表す。

近現代史のウエート大！　戦後史に注意 配列問題が頻出，史料・視覚資料などの出題も

01 出題形式は？

大問4題で解答個数42個の出題である。試験時間は60分。全問マークシート方式で，正文（誤文）選択や語句選択が中心であり，前者の割合はかなり大きい。歴史事項の年代順を問う配列問題もよく出題されている。なお，配列のほかに年代関連問題も数問出題されている。このほか，組み合わせ形式の選択問題も出されている。また，過去には正誤判定問題の出題もみられた。

なお，2025年度は出題科目が「日本史探究」となる予定である（本書編集時点）。

02 出題内容はどうか？

時代別では，古代から戦後史までほぼ全時代から出題されており，複数の時代にわたる系統的問題やテーマ史の問題が多い。出題頻度が高いのは近現代で，経済学部・経営学部ともに20個前後と，全体の約半分を占めている。そのうち戦後史からの出題は，経済学部では〔1〕〔4〕合わせて4～9個で，経営学部では〔1〕〔4〕合わせて6～8個である。特に政治・外交・経済では細部にわたる出題がみられる。

分野別では，政治・外交・経済の比重が高い。経済学部では，過去に「江戸時代～明治時代の新しい技術・技法の歴史」というテーマも出題されており，このような特殊なテーマにも備える必要があると思われる。

史料問題は，多くは基本史料からの出題で，難問・奇問の類はみられないので，史料に即した学習をしておけば対処できる。また，近現代の政治・経済分野を中心に地図や年表・グラフ・系図・視覚資料などを利用したものもみられるので注意したい。なかには，かなり詳細な事項に関するものもある。

03 難易度は？

経済学部・経営学部ともに，古代から近世の問題は，全般的に教科書の水準を大きく超えない問題が中心である。しかし近現代史の問題には，例年ハイレベルのものもみられる。それらの難問に十分な時間を割くために，基本問題は手早く解答したい。

対策

01 教科書の徹底した学習を

教科書全体を通読し，さらにその内容の理解のため精読をするなど繰り返し学習をしていくことが合格への一番の近道である。本文だけではなく，欄外の脚注や図表にも目を通して，総合的理解を心がけよう。すべての時代を詳細に学習した後は，政治・外交史，経済史に絞って理解を深め，また，時代別では近現代の学習を特に念入りにしておくこと。なお，要点整理には，『詳説日本史ノート』（山川出版社）などの市販のサブノートを利用するとよい。

02 用語集の活用を

正文（誤文）選択問題では事件・人物やその関連事項を詳しく問う出題が多いので，用語集で知識を補強することが大切である。教科書を精読する際に，重要事件の年代や難解な歴史用語は即座に用語集で調べるなどしておこう。また，史料問題もよく出題されているので，教科書や史料集の注釈や解説を読んで知識を増やしておくとよい。なお，用語のインプットには『山川一問一答 日本史』（山川出版社）などの市販の一問一答問題集を活用しよう。史料に関する知識も『日本史史料 一問一答』（ナガセ）などを使って基本レベルから演習するとよい。知識を定着させるために，『日本史基礎問題精講』（旺文社）など基本・標準レベルの問題集をこなすこともおすすめする。

03 正文（誤文）選択形式の問題に慣れる

例年，正文または誤文を選択させる問題が多く出題される。過去の問題に当たるとともに，マークシート方式対策の問題集を解いておくとよいだろう。正文（誤文）選択形式の対策として有効なのは，教科書の精読である。教科書記載の太字だけに注意を払うのではなく，その記述内容を追いながら理解を深めること。

04 近現代の学習を

近現代の比重が高いため，十分な準備をしておく必要がある。政治・外交を軸に経済・文化などと関連づけて整理しておくこと。戦後史も学習が手薄になりがちだが，かなり細かい出題があるので，手を抜かないようにしたい。近代・現代とも，首相を軸として内閣ごとに出来事を整理しながらまとめていくとよい。

05 既出問題の研究を

過去問の研究は，レベルや傾向を知るだけでなく類似内容にも強くなることができるので重要である。過去問に当たって史料や図版の読み取りなどの感覚を養い，日ごろの学習に生かしていくことで本番に備えよう。

世界史

【経済学部】

年度	番号	内　容	形　式
2024 ●	〔1〕	秦・漢時代の中国，海の道	選択・正誤
	〔2〕	ムスリム商人の活動	選択・正誤
	〔3〕	ヨーロッパの宗教改革	選択・正誤
	〔4〕	19 世紀のヨーロッパ	選択・正誤
	〔5〕	20〜21 世紀の国際情勢	選　択
2023 ●	〔1〕	古代オリエント，イスラーム史	選　択
	〔2〕	ノルマン人とスラヴ人の歴史，中世ヨーロッパ社会	選択・正誤
	〔3〕	アメリカの歴史	選　択
	〔4〕	インドの歴史	選択・正誤
	〔5〕	19〜20 世紀の東アジア	選　択

（注）●印は全問，◑印は一部マークシート方式採用であることを表す。

【経営学部】

年度	番号	内　容	形　式
2024 ●	〔1〕	古代から現代までの図版　✓視覚資料	選　択
	〔2〕	古代ギリシア史	選択・正誤
	〔3〕	神聖ローマ帝国，環太平洋革命，ドイツの統一	選択・正誤
	〔4〕	中国の官僚制，アフガニスタンの歴史	選択・正誤
	〔5〕	20 世紀の歴史	選　択
2023 ●	〔1〕	古代から現代までの図版　✓視覚資料	選　択
	〔2〕	ユダヤ教，キリスト教，イスラーム教に関する歴史	選　択
	〔3〕	古代オリエント史，ブルボン朝時代のフランス	選　択
	〔4〕	第一次世界大戦とその後の世界	選択・正誤
	〔5〕	現代アフリカ史　✓地図	選択・正誤

（注）●印は全問，◑印は一部マークシート方式採用であることを表す。

正文・誤文選択対策が決め手 地域・分野の幅広い学習を！

01 出題形式は？

いずれの学部も大問数は5題で，設問総数は50問である。全問マークシート方式。設問は，正文・誤文を選択する問題と語句（ないし語句の組み合わせ）を選択する問題を中心に出題されている。2つの文章の正誤の組み合わせを問う正誤問題も頻出である。また，経営学部では視覚資料を用いた問題や地図問題が出題されることもある。試験時間は60分。

なお，2025年度は出題科目が「世界史探究」となる予定である（本書編集時点）。

02 出題内容はどうか？

地域別では，大問数が比較的多いこともあって，幅広い地域から出題されている。年度によって欧米地域とアジア地域の出題の割合は変動が大きい。2023年度は，経済学部では欧米地域が約4割，アジア地域が約6割，経営学部では欧米とアジア地域が同程度で，アフリカ史も出題された。2024年度は，経済学部では欧米地域が約6割，アジア地域が約4割，経営学部では欧米地域とアジア地域がほぼ半々だった。ヨーロッパ史は必出であるが，アジア地域は中国だけではなく，イスラーム世界や東南アジア，朝鮮や日本からも出題されている。また，アフリカからも出題がみられる。

時代別では，時代幅のある通史問題が多く，古代から現代まで幅広く問われている。現代史は，経済学部では2024年度に20～21世紀の国際情勢に関する大問が出題された。また，経営学部では2023年度にアフリカの現代史が，2024年度に20世紀の歴史が大問として出題されている。

分野別では，政治史が大半を占め，また学部の特性を反映して社会経済史も重視されているが，年度により文化史の問題が目立つこともある。

03 難易度は？

教科書レベルの基本的事項が大半である。正文・誤文選択問題では細かな時代や内容の正誤を判断させるようなレベルの高い問題も多い。また，60分の試験時間に比して50問と設問数が多く，スピーディーに解答する必要がある。問題自体は標準的でも，問題量の多さを考慮すると，決して易しいとはいえない。

対策

01 基本事項の正確な理解

まず学習の基本が教科書であることを認識し，基本事項や歴史の流れの理解を第一の目標としよう。その際，学習が手薄になりがちな地域からの出題もあることから，全時代・全地域にまんべんなく目を通すことが大切である。用語の意味や内容が理解できない場合には，必ず用語集や世界史事典で確認しよう。そして教科書を読むときには，欄外の説明や，地図・絵・写真とその説明文にも注意しよう。地図問題も出題されている。日ごろから地図をみておくと知識の整理や定着に役立つだろう。また，年表で年代を確認することも含めて資料集なども活用したい。

02 社会経済史の対策を

社会経済史についても注意しておきたい。社会経済史関連で出題される内容は基本事項がほとんどなので，一通りの教科書学習が終わったら，人とモノの移動に注目して教科書を読み返しながら，「土地制度の変遷」「ヨーロッパ各国の農奴解放」「都市の発展」「東西交易とその商品の変化」「移民」などのテーマについて整理しておこう。また，「経済思想史」「科学技術史」といった，関連する文化史の領域も要注意である。

03 現代史対策を忘れずに

第二次世界大戦後についてもよく出題されている。学習が手薄になりがちな時代であるだけに，確実に学習しておきたい。各国・各地域の動向のほか，国際関係（国際会議，条約など）や国際問題（国際社会が抱える民族問題，環境問題など）にも注意しておきたい。

04 過去問の研究と演習

解答に時間のかかる正文・誤文選択問題の出題が多いので，スピーディーに解けるようにしておく必要がある。また，正文・誤文選択問題には難問も多く，少しの誤りの内容や表記の間違いなどを見つけるために注意深く文章を読む必要がある。この問題の出来・不出来が得点差につながる。そこで本シリーズを利用して，他学部も含めて過去問に当たり，特有の出題形式を研究しておくこと。問題演習時にミスした問題や正誤の判定のできなかった選択肢については，必ず教科書や用語集で確認することが大切である。似た分野や，同じ人物・出来事が出題されることも多いので，過去問演習を重ね，時間を計って問題に慣れることは，実戦力を養う上で最も効果的な対策となるだろう。

政治・経済

【経済学部】

年度	番号	内容		形式
2024 ●	〔1〕	戦後の国際情勢と日本の外交		選択
	〔2〕	国際収支	⊘表	選択・計算
	〔3〕	戦後の国際秩序	⊘表	選択・配列
	〔4〕	欧州の統合		選択・配列・計算
2023 ●	〔1〕	国際経済の諸問題	⊘表・統計表	選択・計算・配列
	〔2〕	金融制度改革	⊘グラフ・表	選択・配列
	〔3〕	環境問題，財政	⊘グラフ・表	選択・配列
	〔4〕	労働と雇用	⊘グラフ	選択・配列

（注）●印は全問，◑印は一部マークシート方式採用であることを表す。

グローバルな視点が試される
統計表・グラフの読み取り，計算・配列問題に注意

01 出題形式は？

2024 年度も，2023 年度と同様，大問数は 4 題であった。解答個数は 40〜50 個程度。試験時間は 60 分，全問マークシート方式である。正文・誤文選択問題が半分以上を占めることが多く，残りが計算問題，図・グラフ・表の読み取り，適語選択などになっている。法律や条約，会議などを年代順に配列する年代判定問題も頻出である。

02 出題内容はどうか？

毎年，政治や経済，国際など特定の分野に偏らずにバランスよく出題され，１つの大問のなかで複数の分野にわたる出題がなされている。2024年度はやや国際分野が多く出題された。具体的な出題分野に関しては，小問レベルで経済理論，日本国憲法，財政，労働などの分野が頻出している。

03 難易度は？

基本的な事項が中心だが，一方で，経済指標や時事問題について難度が高い問題も出題されている。必ずしもすべての内容について知らなくとも，基本的な知識と理論の組み合わせで解けることも多いが，計算問題の出題もあり，試験時間内にすべてをこなすのはかなり難しい。基本的な問題か難しい問題かを素早く判断し，前者を確実に得点しつつ，後者での上積みを目指そう。

対策

01 教科書の基本事項を確実に身につけよう

問題の多くは，教科書レベルの知識を問う問題である。基本事項を確実にマスターするためには，まず教科書を何回も通読しよう。次に，『政治・経済用語集』『山川一問一答 政治・経済』（ともに山川出版社），『用語集 政治・経済』（清水書院）などを活用して基本用語を確実に把握しよう。また，重要事項については歴史的な流れもしっかり把握して，年代も一緒に覚えるようにしたい。

02 資料集を活用しよう

教科書レベルの基本的知識をさらにレベルアップするために，『最新図説 政経』（浜島書店）などの資料集を積極的に活用しよう。また，各事項に関連するグラフや地図は必ずチェックし，その意味も理解しておく必要がある。資料集の効果的な活用によって，政治・経済的知識の理解は深まり，教科書を超えた範囲にも手が届くようになるだろう。

03 時事問題に目を向けよう

時事的な出題や時事的傾向の設問が多いので，日常的に新聞に目を通すように心がけよう。その際，ノートなどに要点を記入して整理しておくこと。耳慣れない用語が出てきたら，受験用の用語集や最新版の『現代用語の基礎知識』（自由国民社）などで意味を調べよう。そうすれば，自然に時事問題への関心が深まり，現代の政治・経済の知識や動向を理解できるようになり，時事的な出題にも対応できるだろう。

04 問題演習を徹底的にやろう

『実力をつける政治・経済 80 題』（Z会）などの問題集で演習することは，学習して蓄積した知識を確認し定着させるだけでなく，幅広い知識や思考力を養うことにもつながる。さらに，受験に対し，実戦的な学習ともなるので自信もつくだろう。また，正文・誤文選択問題が多く出題されているので，本シリーズを活用して過去問に当たっておくと効果的であろう。

数　学

【経済学部】

年度	番号	項　目	内　容
2024 ●	〔1〕	小 問 4 問	(1)解と係数の関係 (2)連比 (3)対数の大小関係 (4)2次関数の方程式への利用
	〔2〕	小 問 4 問	(1)記数法 (2)剰余 (3)重複順列 (4)三角不等式
	〔3〕	小 問 2 問	(1)さいころを投げるときの確率 (2)群数列
	〔4〕	微・積分法	3次関数のグラフに接する直線の方程式，接点，直線間の距離，3次関数のグラフと接線で囲まれる部分の面積
	〔5〕	ベクトル	内接円の半径，内心と内分点の位置ベクトル
	〔6〕	図形と方程式	アポロニウスの円，接線，領域と最大・最小
2023 ●	〔1〕	小 問 5 問	(1)展開 (2)じゃんけんの確率 (3)不定方程式の整数解 (4)空間の垂直なベクトル (5)3次方程式の解
	〔2〕	小 問 5 問	(1)2次関数の決定 (2)自然数の正の約数の個数・正の約数の総和 (3)対数不等式 (4)数列の和 (5)中央値・平均
	〔3〕	小 問 2 問	(1)余弦定理，三角形の面積，内接円の半径 (2)必要条件・十分条件
	〔4〕	三角関数	三角関数で表された関数の最大・最小
	〔5〕	微・積分法	微分法の図形への応用，曲線と接線で囲まれた領域の面積
	〔6〕	図形と方程式	連立不等式で表された領域と関数の最大・最小

(注)　●印は全問，◑印は一部マークシート方式採用であることを表す。

【経営学部】

年度	番号	項　目	内　容
2024 ●	〔1〕	小 問 5 問	(1)2次方程式 (2)剰余 (3)空間の共線条件 (4)極値・最小値 (5)絶対値記号を含む1次方程式
	〔2〕	複素数と方程式	因数分解，4次方程式
	〔3〕	図形と方程式	領域と最大・最小
	〔4〕	数　列	群数列，数列の和
	〔5〕	確　率	くじ引きの確率，条件付き確率
	〔6〕	データの分析	中央値，四分位範囲，範囲，相関係数

2023 ●	〔1〕	小問5問	(1)因数分解 (2)絶対値記号のついた方程式の解の個数 (3)２進法の数の和 (4)ユークリッドの互除法 (5)対数の性質
	〔2〕	数列	直線で囲まれた領域内の格子点の個数，等差数列の和
	〔3〕	微・積分法	２つの放物線と共通接線で囲まれた部分の面積
	〔4〕	図形と計量	余弦定理，正弦定理，三角形の面積
	〔5〕	場合の数	学生が座席に座る順列，組合せ
	〔6〕	データの分析	英語と数学の得点の中央値，分散，共分散，相関係数

（注）●印は全問，◐印は一部マークシート方式採用であることを表す。

出題範囲の変更

2025年度入試より，数学は新教育課程での実施となります。詳細については，大学から発表される募集要項等で必ずご確認ください（以下は本書編集時点の情報）。

	2024年度（旧教育課程）	2025年度（新教育課程）
経済	数学Ⅰ・Ⅱ・Ａ・Ｂ（数列，ベクトル）	数学Ⅰ・Ⅱ・Ａ・Ｂ（数列，統計的な推測）
経営	数学Ⅰ・Ⅱ・Ａ・Ｂ（数列，ベクトル）	数学Ⅰ・Ⅱ・Ａ（図形の性質，場合の数と確率）・Ｂ（数列）

旧教育課程履修者への経過措置

新教育課程と旧教育課程の内容を考慮した出題をする。

傾向　幅広い知識を問う

01　出題形式は？

大問６題の出題。全問マークシート方式で，空所に入る数値や負の符号をマークする形式が中心であるが，選択肢の記号や番号をマークする問題も出されている。試験時間は60分である。

02　出題内容はどうか？

ここ数年，経済学部では〔１〕～〔３〕が，経営学部では〔１〕が小問集合になっている。大問数が多く，小問集合も出題されているので出題項目は多岐にわたり，幅広い知識を問う傾向が続いている。

03 難易度は？

小問集合は基本的な知識を問う問題，それ以外の大問は標準レベルの問題である。誘導式の設問は，出題者の意図をつかむことが大切である。60分という試験時間に対し設問数が多く，1つの大問につき10分くらいで答えなければならない。計算処理の確実さ・速さが求められる。

対策

01 基本知識の整理

幅広い知識を問う出題が続いている。教科書の例題や章末問題を繰り返し解いて基本知識を整理しよう。重要な公式・定理の導き方や活用法を身につけておこう。

02 確実な計算力の養成

マークシート方式では，計算ミスは致命的である。計算ミスを減らすために計算過程を後で見直しやすいように整理して書こう。計算力は一朝一夕には身につかない。日ごろから注意深く集中して計算に取り組む習慣を身につけよう。また60分という短い試験時間で全問を解くためには，速くて正確な計算力が不可欠である。過去問を何度も解いて，計算の要領を身につけておこう。場合によっては，解答する設問の取捨選択も必要になるだろう。

03 重要項目の重点演習

過去問や参考書の基本例題を解いて，問題演習を繰り返そう。難問はないが，問題文が長く，解き方が誘導される問題も出題されているため，典型的な解き方をマスターしておく必要がある。幅広い知識が問われているが，図形と計量・三角関数，場合の数・確率，微・積分法，数列などは，特に基本例題を時間をかけてじっくり解いて，自分の解答と参考書の解答を比較し，要領のよい解法を身につけよう。基本的な問題が解ければいいので「黄チャート 解法と演習」シリーズ（数研出版）程度の難度の参考書，問題集を学習しておけば十分である。

国　語

【経営学部】

年度	番号	種類	類別	内　容	出　典
2024 ●	〔1〕	現代文	評論	空所補充，内容説明，表題，段落区分，内容真偽	「言語の本質」今井むつみ・秋田喜美
	〔2〕	現代文	評論	内容説明，四字熟語，文の構造，資料読み取り，文章の構成，慣用表現，主旨	「イノベーションとは何か」池田信夫
	〔3〕	現代文	評論	書き取り，空所補充，内容説明，文学史，内容真偽	「現代語訳　学問のすすめ」福澤諭吉著・齋藤孝訳
2023 ●	〔1〕	現代文	評論	内容説明，語意，空所補充，主旨	「AI 兵器と未来社会」栗原聡
	〔2〕	現代文	評論	内容説明，文法，語意，主旨，指示内容，空所補充	「『カルチャー』を経営のど真ん中に据える」遠藤功
	〔3〕	現代文	評論	書き取り，内容説明，空所補充，主旨，文学史，内容真偽	「茶の本」岡倉天心著・桶谷秀昭訳

（注）●印は全問，◑印は一部マークシート方式採用であることを表す。

本文に即した精読がカギ

01　出題形式は？

現代文 3 題の出題で，試験時間は 60 分。全問マークシート方式が採用されている。

02　出題内容はどうか？

出題の中心は評論である。評論のテーマは思想・哲学・文化・社会などさまざまで，現代的なテーマを扱ったものも多く，経営学に関するやや踏みこんだ内容の文章も扱われている。設問は内容の理解に関するものが多く，筆者の主張や段落の要旨，表題や内容真偽がよくみられる。空所補充の設問では，語句だけではなく文や段落を挿入する場合もある。漢字の書き取り，語意，慣用表現，四字熟語などの知識問題も出題されている。また，本文の文脈に即した適切な図式や具体例を選ばせる問いも出題されている。

03 難易度は？

文章も設問も全体的に標準的な内容であるが，文章量が多く，また精読を要する設問が多い。長文への十分な対策が必要であろう。１題に時間をかけすぎて時間切れとならないよう，過去問や共通テスト対策問題集などでしっかり練習しておきたい。

対策

01 現代文

さまざまなジャンルの評論が出題されるので，偏ることなくいろいろなものを読んでおくとよい。現代のトピックを扱った内容が問題文としてよく出題されていることから，新聞の文化欄のエッセーや新書などを読んで，テーマについての理解を深めるとともに，豊かな読解力を養いたい。また，学部の特性上，経営学を扱った新書などを読み慣れておいたほうがよい。

設問に関しては，内容読解を主とするマークシート方式対策の長文問題集をこなしておきたい。また，筆者の主張や表題，内容真偽問題に対応するため，過去問に目を通し，その設問形式や解答方法に慣れておくとよい だろう。解く際には，必ず解答の根拠となる箇所を本文中で押さえること。さらに，段落ごとに要旨をつかみ，論理の展開に留意しながら読む練習をしておきたい。

02 国語常識

漢字の書き取り，慣用表現，四字熟語，語意などが問題文に絡めて出題されている。標準的な出題が多いので，確実に得点源にしたい。慣用表現や四字熟語などは日ごろから辞書を引く習慣をつけると同時に，専用の問題集を１冊解いておくと自信にもなる。漢字の書き取りも難問はないので，入試頻出の問題集を１冊解いておこう。

2024年度

問題と解答

3教科型学部個別入試（A方式）：経済学部

問題編

▶試験科目・配点

学科	教　科	科　目	配　点
経済数理	外国語・国　語	「コミュニケーション英語Ⅰ・Ⅱ・Ⅲ，英語表現Ⅰ・Ⅱ」，「国語総合（近代以降の文章），現代文Ｂ」	200点※
	数　学	数学Ⅰ・Ⅱ・Ａ・Ｂ（数列，ベクトル）	200点
現代経済	外国語・国　語	「コミュニケーション英語Ⅰ・Ⅱ・Ⅲ，英語表現Ⅰ・Ⅱ」，「国語総合（近代以降の文章），現代文Ｂ」	200点※
	地歴・公民・数学	日本史Ｂ，世界史Ｂ，政治・経済，「数学Ⅰ・Ⅱ・Ａ・Ｂ（数列，ベクトル）」のうちから1科目選択	100点

※外国語100点，国語100点。

▶備　考

数学Ａの出題範囲は，全分野とする。

英語・国語

（90分）

I 次の英文はレイモンド・カーヴァーの短編小説「保存されたもの」（"Preservation"）の一部である。以下の文章を読み，各設問に答えなさい。

Sandy's husband had been on the sofa ever since he'd been terminated three months ago. That day, three months ago, he'd come home looking pale and (1) and with all of his work things in a box. "Happy Valentine's Day," he said to Sandy and put a heart-shaped box of candy and a bottle of Jim Beam on the kitchen table. He took off his cap and laid that on the table, too. "I got canned today. Hey, what do you think's going to happen to us now?"

Sandy and her husband sat at the table and drank whiskey and ate the chocolates. They talked about what he might be able to do instead of putting roofs on new houses. But they couldn't think of anything. "Something will turn up," Sandy said. She wanted to be (2). But she was (1), too. Finally, he said he'd sleep on it. And he did. He made his bed on the sofa that night, and that's where he'd slept every night since [3]<u>it</u> had happened.

The day after his termination there were unemployment benefits to see about. He went downtown to the state office to fill out papers and look for another job. But there were no jobs in his line of work, or in any other line of work. His face began to sweat as he tried to describe to Sandy the milling crowd of men and women down there. That evening he got back on the sofa. He began spending all of his time there, as if, she thought, it was the thing he was supposed to do now that he no (4) had any work. Once in a while he had to go talk to somebody about a job possibility, and every two weeks he had to go sign something to collect his unemployment compensation. But the rest of the time he stayed on the sofa. [5]<u>It's like he lives there, Sandy thought. He lives in the living room.</u> Now and then he looked through magazines she brought home from the grocery store; and every so often she came in to find him looking at this big book she'd got as a bonus for joining a book club—something called *Mysteries of the Past.*（中略）

The newspaper came to the house every day. He read it from the first page to the last. She saw him read everything, right down to the obituary section, and the part showing the temperatures of the major cities, as well as the Business News section which told about mergers and interest rates. Mornings, he got up before she did and used the bathroom. Then he turned the TV on and made coffee. She thought he seemed upbeat and cheerful at that hour of the day. But by the time she left for the work, he'd made his place on the sofa and the TV was going. Most often it would still be going when she came in again that afternoon. He'd be sitting up on the sofa, or else lying down on it, dressed in what he used to wear to work—jeans and a flannel shirt. But sometimes the TV would be off and he'd be sitting there holding his book.

（中略）

"We'll get us another fridge," her husband said. "Hell, yes. We need one, don't we? We can't get along without one. The question is, where do we get one and how much can we pay for it? There must be zillions of used ones in the classifieds. Just hold on and we'll see what's in the paper. Hey, I'm an expert on the classifieds," he said.

（中略）

They [Sandy and her husband] began to go through the classifieds. He ran his finger down one column and then another. He passed quickly over the JOBS AVAILABLE section. She saw checks beside a couple of things, but she didn't look to see what he'd marked. It didn't matter. There was a column headlined OUTDOOR CAMPING SUPPLIES. Then they found it—APPLIANCES NEW AND USED.

"Here," she said, and put her finger down on the paper.

He moved her finger. "Let me see," he said.

She put her finger back where it'd been. "'Refrigerators, Ranges, Washers, Dryers, etc.,'" she said, reading from the ad boxed in the column. "'Auction Barn.' What's that? Auction Barn." She went on reading. "'New and used appliances and more every Thursday night. Auction at seven o'clock.' That's today. Today's Thursday," she said. "This auction's tonight. And this place is not very far away. （中略） It's down there close to that Baskin-Robbins."

Her husband didn't say anything. He stared at the ad. He brought his hand up and pulled at his lower lip with two of his fingers. "Auction Barn," he said.

She fixed her eyes on him. "Let's go to it. What do you say? It'll do you good to get out, and we'll see if we can't find us a fridge. Two (6) with one (7)," she said.

"I've never been to auction in my life," he said. "[8]<u>I don't believe I want to go to one now.</u>"

"Come on," Sandy said. "What's the matter with you? They're fun. I haven't been to one in years, not since I was a kid. I used to go to them with my dad." [9]<u>She suddenly wanted to go to this auction very much.</u>

"Your dad," he said.

"Yeah, my dad." She looked at her husband, waiting for him to say something else. The least thing. But he didn't.

"Auctions are fun," she said.

"They probably are, but I don't want to go."

"I need a bed lamp, too," she went on. "They'll have bed lamps."

"Hey, we need lots of things. But I don't have a job, remember?"

"I'm going to this auction," she said. "Whether you go or not. You might as well come along. But I don't care. If you want [10]<u>the truth</u>, it's immaterial to me. But I'm going."

問1 文中に2箇所ある(1)に入る最も適切な語を次の1～5から一つ選び，その番号をマークしなさい。 1

1．bright
2．scared
3．excited
4．provoked
5．lively

問2 文中の(2)に入る最も適切な語を次の1～5から一つ選び，その番号をマークしなさい。 2

1．encouraging
2．depressing
3．arguing
4．challenging
5．irritating

問3 下線部3の"it"は何を指すか。最も適切なものを次の1～5から一つ選び，その番号をマークしなさい。 3

1．drinking whiskey
2．sleeping on the sofa

出典追記：Cathedral by Raymond Carver, Knopf Doubleday Publishing Group

3．putting roofs on new houses

4．being terminated

5．going downtown to the state office

問4　文中の（　4　）に入る"l"で始まる1語を書きなさい。　4

問5　下線部5について，サンディがこのように思ったのはなぜか。その理由として最も適切なものを次の1～5から一つ選び，その番号をマークしなさい。　5

1．夫が雑誌や本を読むことに生きがいを感じているため。

2．夫が職を失い居間から出ることがまったくなくなったため。

3．夫が居間で仕事をすることができるようになったため。

4．夫が座り心地のよいソファを得て満足しているため。

5．夫が失業手当を受け取りに出る以外，ずっと居間にいるため。

問6　文中の（　6　），（　7　）に入る1語をそれぞれ書きなさい。　6　7

問7　下線部8のように夫が感じたのはなぜか。その理由として最も適切なものを次の1～5から一つ選び，その番号をマークしなさい。　8

1．家から競売が開かれる場所まで遠すぎるため。

2．十分な機能を備えた冷蔵庫は見つからないと考えたため。

3．子供の頃に競売へ行った時の苦い記憶が蘇ったため。

4．競売でお金が必要になるが，仕事に就いていないため。

5．職探しのためにダウンタウンへ行って疲れていたため。

問8　下線部9のようにサンディが感じたのはなぜか。その理由として最も適切なものを次の1～5から一つ選び，その番号をマークしなさい。　9

1．夫を外へ連れ出すよい口実ができたと考えたため。

2．新聞でよい冷蔵庫を見つけ，早く買いに行きたいと思ったため。

3．かつて父親と競売に行ったことがあることを思い出したため。

4．夫の新しい仕事を見つける機会になると思ったため。

5．ベッド用ランプが欲しくてたまらなくなったため。

問9　下線部10が意味するものとして最も適切なものを次の1～5から一つ選び，その番号をマークしなさい。　10

1．夫は行かずとも自分は競売に行くこと。
2．競売で物を買うつもりはないこと。
3．ベッド用ランプがどうしても欲しいこと。
4．競売が楽しいものであること。
5．夫と一緒に競売へ行きたいと思っていること。

問10　本文から読み取れるサンディの心理として最も適切なものを次の1～7から二つ選び，その番号をマークしなさい（順不同）。　11　12

1．幸福感
2．陶酔
3．不安
4．自暴自棄
5．まごころ
6．自立心
7．嫉妬心

問11　次の文章はアメリカ文学者であり翻訳家の柴田元幸がカーヴァーの「保存されたもの」について論じたものである。以下の文章を読み，A～Dの各設問に答えなさい。

キャンディもジム・ビームのウィスキーも，二人の置かれた状況を的確に表わすアヒョウショウではもちろんないし，それを痛烈に皮肉る裏返しのシンボルでさえない。（中略）よそよそしい物たち，よそよそしい世界に囲まれて，人間は途方に暮れている。

これがたとえばプロレタリア小説であれば，（　イ　）＝悪人が（　ウ　）＝善人を不当に解雇するという明快な区別があっただろうし，そこまで図式的ではないにしても，これまでの小説であれば，いかなる主体がサンディの夫の（　エ　）を切ったのか，あるいはいかなる理由で彼が（　エ　）になったのか，いちおう示してはくれただろう。だがカーヴァーの小説では，そのような権力者の姿はいっさい見えない。同様に彼の小説には，大都市もほとんど出てこないし，登場人物がテレビを見ていてもそこに何が映っているかはまず語られない。要するに，カーヴァーの大半の作品の舞台であるアメリカの小さな町の人々の生活を外から規定しているはずの大きな（　オ　）の姿は，ほとんど見えないままなのである。

A．下線部アのヒョウショウを漢字で書きなさい。　13

B．文中の(　イ　)，(　ウ　)，(　オ　)に入る語として最も適切な語を次の1～7からそれぞれ一つ選び，その番号をマークしなさい。

(　イ　)－ 14　(　ウ　)－ 15　(　オ　)－ 16

1．独裁者
2．システム
3．労働者
4．モラル
5．資本家
6．知識人
7．メディア

C．文中に2箇所ある(　エ　)に入る適切な語を漢字1字で書きなさい。 17

D．本文中にプロレタリア文学とあるが，日本のプロレタリア文学の代表的な作家を次の1～5から一つ選び，その番号をマークしなさい。 18

1．志賀直哉
2．井伏鱒二
3．堀辰雄
4．小林多喜二
5．安部公房

Ⅱ　次の英文はピーター・シンガー（Peter Singer）による*One World Now*の一部である。この中で彼はジョン・ロールズ（John Rawls）とカール・マルクス（Karl Marx）に言及しながら自分の意見を組み立てている。これを読み，各設問に答えなさい。

A New Era for Ethics and Political Theory

*1Implicit in the term "globalization" rather than the older "internationalization" is the idea that we are moving beyond the era of growing ties between states and are beginning to *2contemplate something more than *3the existing conception of state sovereignty. (　1　)

To see how much our thinking about ethics needs to change, consider the work that, better than any other, represents late twentieth-century thinking on justice in the liberal American *4establishment: John Rawls's *A Theory of Justice*.　When I read it, shortly after its publication in 1971, I was astonished that a book with that title, nearly 600 pages long, could utterly fail to discuss the injustice of the extremes of wealth and poverty that exist between societies.　Rawls's method is to seek the nature of justice by asking what *5principles people would choose if they were choosing *6in conditions that prevented them from knowing what position they themselves would occupy.　(　2　)　If we were to apply this method globally rather than for a given society[,] it would immediately be obvious that *7one fact about which those making the choice should be ignorant is whether they are citizens of a rich country such as the United States or of a poor country such as Haiti.　In setting up his *8original position, however, Rawls simply assumes that the people making the choice all belong to the same society and are choosing principles to achieve justice *within* their society.　*9Hence when he argues that people choosing *10under the conditions he prescribes would choose a principle that（中略）seeks to improve the position of the worst-off, he limits the conception of worst-off to those within one's own society.　If he accepted that[,] to choose justly, people must also be ignorant (　3　) their citizenship, his theory would become a *11forceful argument for improving the prospects of the worst-off people in the world.　But in the most influential work on justice written in twentieth-century America, this question *never even arises*.　Rawls addressed it, late in his life, in a short book, *The Law of Peoples*, and I shall say something later about what he says there.　(　4　)

（中略）

Technology Changes（Almost）Everything

（中略）

Technology changes everything — that was [Karl] Marx's claim, and if it was a dangerous half truth, it was still an illuminating one. As technology has overcome distance, economic globalization has followed. Planes can bring fresh vegetables from Kenya to compete in London supermarkets alongside those from nearby Kent. In the wrong hands, those planes can also become lethal weapons that bring down tall buildings. (5) The increasing degree to which there is a single world economy is reflected in the development of new forms of global governance, the most controversial of which has been the World Trade Organization（中略）.

（中略）

Marx argued that in the long run we never reject advances in *12the means by which we satisfy our material needs. Hence history is driven by the growth of productive forces. He would have been *13contemptuous of the suggestion that globalization is something *14foisted on the world by a conspiracy of corporate executives meeting at the World Economic Forum in Davos, and he might have agreed with *15[Thomas] Friedman's remark that the most basic truth about globalization is, "*No one is* 6<u>*in charge*</u>." For Marx, however, the significance of this statement is not that conspiracy theorists are wrong — though he would have agreed that they are wrong — but that we are living in an alienated world in which, instead of ruling ourselves, we are ruled by our own creation, the global economy.（中略）

Marx also believed that a society's ethic is a reflection of the economic structure (7) which its technology has given rise.（中略）

Marx wanted to bring our ethical judgments down to earth. (8) He did not consider a different earthly possibility: that our ethical judgments have a biological basis in our origins as social mammals. *16The intuitive responses by which we judge many things to be right or wrong have their origins in the behavior and feelings of our human and prehuman ancestors and were suited for life in a small group in which everyone knew everyone else. That is very far from the world in which we live today, but many of our deepest moral intuitions persist. One of the themes of this book will be the way in which they need to change if we are to overcome the problems the world faces.

（中略）If the group to which we must justify ourselves is the tribe or the nation, then our morality is likely to be tribal or national. (9)（中略）

It would be naïve to believe that the existence of the internet and the enhanced possibilities of communication across national boundaries that come with it would be sufficient to bring about a new ethic that will serve the interests of all those who live on this planet in a way that （中略） no previous ethic has ever done. （中略） Nevertheless, the existence of a global audience and a global discussion would seem to be a necessary, though not sufficient, condition for a truly global ethic.

*[1]implicit in：～（という言葉）に暗示されている
*[2]contemplate：～についてじっくり考える
*[3]the existing conception of state sovereignty：国家主権という既存の考え
*[4]establishment：制度・法
*[5]principles：原理・原則（本文では正義の原則のことを指している）
*[6]in conditions that prevented them from knowing what position they themselves would occupy：もし，自分がどのような境遇で暮らすことになるのか，彼らが知らなかったならば
*[7]one fact about which those making the choice should be ignorant：その選択を行う者たちが知らないはずの一つの事実
*[8]original position：原初状態（ロールズが用いた哲学的手法）
*[9]hence：したがって
*[10]under the conditions he prescribes：彼（ロールズ）が指定した条件の下で
*[11]forceful：強力な
*[12]the means by which we satisfy our material needs：我々が我々の物質的ニーズを満たすための手段
*[13]contemptuous of：～をさげすむ
*[14]foisted on：～に押し付けられた
*[15]Thomas Friedman：トーマス・フリードマン（米国の政治評論家）
*[16]The intuitive responses by which we judge many things to be right or wrong：多くの物事について，それらが善か悪かを判断する際に，我々が用いている直感的反応

問1　文中の（　1　），（　2　），（　4　），（　5　），（　8　），（　9　）にはそれぞれ次の1～6のいずれかが入る。それぞれに入る文章として最も適切なものを一つずつ選び，その番号をマークしなさい。

（　1　）－ 19　（　2　）－ 20
（　4　）－ 21　（　5　）－ 22
（　8　）－ 23　（　9　）－ 24

1．His approach, however, remains firmly based on the idea that the unit for deciding what is just remains something like today's nation-state.

2．They did not, he thought, come from God or from reason but from the economic

出典追記：One World Now: The Ethics of Globalization by Peter Singer, Yale University Press

basis of our society and the means we use to produce the goods we consume.

3. But this change needs to be reflected in all levels of our thought, especially in our thinking about ethics and our political theory.

4. If, however, the revolution in communications has created a global audience, we may feel a need to justify our behavior to the whole world.

5. Instant digital communication spreads the nature of international trade from physical objects to skilled services. At the end of a day's trading, a bank based in New York may have its accounts balanced by clerks living in India.

6. That is, they must choose without knowing whether they themselves would be rich or poor, a member of the dominant ethnic majority or of an ethnic minority, a religious believer or an atheist, highly skilled or unskilled, and so on.

問2　文中の(　3　)に入る前置詞として最も適切なものを次の1～5から一つ選び，その番号をマークしなさい。 25

1. by
2. in
3. of
4. on
5. to

問3　下線部6を言い換える適切な1語として，"r"で始まる単語を書きなさい。 26

問4　文中の(　7　)に入る前置詞として最も適切なものを次の1～5から一つ選び，その番号をマークしなさい。 27

1. by
2. in
3. of
4. on
5. to

問5　本文から読み取れる著者のロールズに関する意見として最も適切なものを次の1～7から二つ選び，その番号をマークしなさい（順不同）。 28 29

1. 著者は正義に関するロールズの著書が600ページ近くあることに驚いた。
2. 著者はロールズが原初状態という手法を用いたことについては問題視していない。

3．著者はロールズの主張が今の時代であっても大いに通用するものだと考えている。

4．著者によれば，ロールズが生涯のうちに社会間格差について論じることはなかった。

5．著者によれば，ロールズの社会正義に関する諸原則には世界中の最も不遇な者たちを対象とするものが含まれる。

6．著者によれば，ロールズの正義論には20世紀前半のアメリカの正義感が反映されている。

7．著者によれば，ロールズは正義について考える際に無視すべき事柄を無視しなかった。

問6　本文から読み取れる著者のマルクスに関する意見または著者自身の意見として最も適切なものを次の1～7から二つ選び，その番号をマークしなさい（順不同）。　30　31

1．技術にはこの世のすべてを変える力があるとするマルクスの主張は完全に間違っている。

2．ケント（ロンドン近郊）で採れる野菜よりもケニアで採れる野菜の競争力のほうが高い。

3．今日のグローバル化は何らかの陰謀によってもたらされたとマルクスならば考える。

4．人間の倫理の土台には人間が社会的動物であるという生物学的事実があるとマルクスは考えていた。

5．人間は今や自身の創り出した世界経済に支配されているとマルクスならば考える。

6．人間の倫理観は必ずしも生産力やコミュニケーション技術の発展とともに急速に変化するものではない。

7．マルクスならば，著者と同様に，越境的なやりとりが新しい倫理を生む必要十分条件となると考えるはずである。

問7　次のAとBの文章は本文の著者の訳書に収録された解説の一部である。Aを受けて，Bのア～カを論理的に成立するように並べ替えなさい。その順序を示す選択肢として最も適切なものを1～7から一つ選び，その番号をマークしなさい。　32

A.

シンガーは今日注目を集めている効果的利他主義（Effective Altruism）の思想的な創始者の一人である。効果的利他主義とは，簡単に言えば，科学的なエビデンスを用いて効率的に世界をよりよくしようという考え方である。例えば寄付をする際に慈善団体の活動の費用対効果を厳しく評価したり，儲かる企業に就職するなどして一生涯で寄付できる額を最大限にしようとしたりする取り組みなどが挙げられる。

B.

ア. ともあれ，読者にはそうした自己啓発的な側面だけに囚われることなく，一九七二年の論文に最もよく示されているシンガーの根本の主張を真剣に受け止めて，自らの態度を決定してもらうことを願う。

イ. シンガーのこの主張は理性に訴える哲学的なものであるため，単に信じる，信じないというのではなく，十分に批判的な吟味を行なう必要がある。

ウ. 効果的利他主義には，他人を助けて自分も幸せになろうという自己啓発的な側面もあり，その教祖的存在となっている近年のシンガーの著作には少し鼻につくところがあるかもしれない。たとえば「はじめに」で紹介されている，シンガーに影響を受けて生き方を変えたという人々の話がそうである。

エ. その主張とは，他人を助けることは一部の人々の職業上の義務に留まらず，我々一人ひとりが担っている義務であり，それゆえ我々は飢えや病に苦しんでいる人々を助けなければ道徳的義務を果たしたとは言えないという主張である。

オ. これは，ある意味では，援助義務に関するシンガーの長年の主張が一定の成功を収めた証でもあるだろう。

カ. そして，その結果として彼の結論を受け入れるなら，我々は自分の態度や生き方を変えて，自らの義務を果たすべく行動しなければならないだろう。

A・B 児玉聡「監訳者解説」ピーター・シンガー『飢えと豊かさと道徳』

1. ア→カ→オ→ウ→エ→イ
2. カ→エ→ウ→オ→ア→イ
3. ウ→オ→ア→エ→イ→カ
4. エ→イ→カ→ウ→オ→ア
5. オ→ウ→イ→エ→カ→ア
6. イ→オ→カ→エ→ア→ウ
7. ア→ウ→エ→オ→イ→カ

Ⅲ 以下は，大江健三郎によるニューヨークのパブリック・ライブラリーにおける講演をまとめたものである。この講演録を読み，各設問に答えなさい。

日本語の作家として初めてノーベル賞を受けた川端康成（一八九九―一九七二）は，ストックホルムで「美しい日本の私」という受賞講演をしました。それはじつに美しいものです。同時に，まことにあいまいなものだともいわねばなりません。しかもその美しさが日本的であるように，そのあいまいさも確かに日本的だと思います。

いま私があいまいさと英語に訳して語っている日本語の（　1　）は，「あいまいな」です。(中略)

日本人は「あいまいな」というひとつの（　1　）を，（中略）多様な意味に使いわけて暮らしているのです。つまりわれわれは，きわめて複雑な言語生活を持った国民だということができると思います。せんだってクリントン大統領が，エリツィン大統領に，――日本人はNOという意味でYESということがあるから，気をつけるように！　と助言しました。あるいは，その逆だったでしょうか？　それは新しいアメリカの大統領に好意と期待を寄せている日本人に対しても，その自尊心を傷つけたと思います。もしクリントン大統領が，この「あいまいな」という日本語の（　1　）を使っていたとしたら，物議をかもすことはなかったのではないか？　――日本人の約束は「あいまいな」ことがあるから，気をつけるように！

これはさらにきびしい批評ですが，それが事実であることを認める日本人はすくなくないはずだからです。

川端さんの演説のあいまいさということを，私は悪い意味でいっているのではありません。それは（　2　）だったりquestionableだったりshadyであったりはしません。しかしそれは，おおいに，vagueであるし（　3　）であるしobscureでもあると私は感じます。

川端さんは，その初期から中期にかけて，明晰な批評家としても活動した人です。かれはなぜこのようにあいまいな演説をしたのでしょうか？（中略）

川端さんがあのような語り方をしたのには，二つの理由があったと私は考えています。ひとつは，川端さんの美の認識が，その生涯の終わりちかく，日本的な，あるいはそれを越えて東洋的な神秘主義と一致するところまで深まっていた，ということです。(中略)

それに加えて，もうひとつの理由があると私は思います。川端さんは西欧の聴衆を前にして語りながら，じつは西欧，アメリカに向けて語りかけているという意識はなかったのではないか？　この演説には，様ざまな歌の具体例をつないで日本の古典の美意識が川端さんに流れこんでいる，その大きい展望が示されています。しかしそこには西欧，アメリカの人間によるヨーロッパ人の理解を，あらかじめ[4]<u>ダンネン</u>しているところがあると私は感じます。また川端さんは現代の日本人による理解すらをも[4]<u>ダンネン</u>していたように感じられるのです。

それでは誰に向かって川端さんは語りかけたのか？　川端さんは「美しい日本の私」に向

かって語りかけていたのです。しかも川端さんは，そのようなものが現実には存在しないと知っていました。かれの想像力のなかの，かれの美のヴィジョンのなかの「美しい日本の私」にのみ向かって語っているのです。そうすることで，川端さんは現実の世界，現実の人間をシャット・アウトしているのですから，かれの語り方にニヒリズムを見出す者がいるのは当然でしょう。ところが川端さんは演説を次のようにしめくくったのでした。

《日本，あるいは東洋の「虚空」，（　5　）はここにも言いあてられています。私の作品を虚無と言う評家がありますが，西洋流のニヒリズムという言葉はあてはまりません。心の根本がちがうと思っています。道元の四季の歌も「本来ノ面目」と題されておりますが，四季の美を歌いながら，実は強く禅に通じたものでしょう。》

川端さんの語りかけをあいまいだと感じとる聴衆にとっては――それは西欧，アメリカの聴衆のみでなく，現代日本の聴衆の多くですらそうでしょうが――，川端さんはやはりニヒリズムの人であるはずです。しかし川端さんが語りかけている「美しい日本の私」のなかには，美そのものとして受けとめられる「虚空」，すなわち（　5　）が実在しているのです。西洋流のニヒリズムは介入しない，大体，自分と「美しい日本の私」をつなぐ[6]カイロには，西洋流のニヒリズムは入りこみえない，それよりさらに西欧，アメリカが入ってくることはない，といっているのです。

さて川端さんから三十年以上も後輩の作家である私には，「美しい日本の私」という言葉を発することはできません。日本の古典の世界の歌人や禅僧の美意識に自己同一化することができない，という点で，まず，そうです。さらに，私が生きてきた同時代の日本は，やはり美しい日本と呼ぶことはできない，と感じるからです。私が川端康成の表現に習うとするならば，むしろ「あいまいな日本の私」というのが妥当であるように思います。（中略）

「あいまいな日本の私」ということを説明しようとすると，私には日本の近代文学，現代文学の特殊性について語ることが有効だと思われます。日本の近代化は，十九世紀後半の明治維新によって始まりました。天皇を絶対君主とする近代統一国家が発足したわけです。それまで外部に対して閉ざしていた日本は，西欧と積極的に関係を開くことにもなりました。

この国家の近代化と並行して――いくらかの時間的なラグをともないながら――大きい文化革命が行なわれました。とくに江戸から東京と変った大都市において，それが，西欧スタイルの生活風俗をとりいれるものだったことが，まず重要です。この文化革命の高いレヴェルで，多く地方出身の若いサムライたちが，それまで頭に載せていたチョンマゲを切り落として，ヨーロッパに留学し，多方面にわたる学習をしたのでした。

もうひとつの文化革命が，文学の言語の根本的な革命です。[7]「言文一致」の運動というのですが，東京の新しい生活の場で用いられている言葉と，小説の言葉がまったくちがうという状態をあらためようではないか，とする運動でした。東京の人間が毎日使っている言葉で小説を書こう，という運動。その先頭を切ったのが，ロシア文学の翻訳者であり，新しい小説の実

作者でもあった[8]二葉亭四迷（一八六四――一九〇九）です。（中略）

しかしそうした文体をつうじての文化革命を，主題と人物についての文化革命と一致させることで完成したのは，夏目漱石（一八六七――一九一六）でした。（中略）日本文学の二十世紀は，ただ漱石ひとりによって代表されるとすらいうことができるほどです。（中略）

さて，私が日本文学の近代化の特殊さについて語ることから漱石の役割を強調するにいたったのは，「あいまいな日本の私」について考えるためでした。漱石には多くの英訳があります。それらを読まれたアメリカ人の読者は，次のような印象を抱かれることはなかったでしょうか？　漱石は日本と西欧との対立と共存ということを，日本人の運命として，知識人たちの上に担わせた小説を書きながら，つねに日本人に向かって語りかけている。決して西欧人に語りかける姿勢を持つことはない，と。

川端にとっては，「美しい日本の私」に向かう閉じられた[6]カイロのなかのモノローグこそが，その文学でした。漱石の文学でも，西欧を追いかけて急ぐ近代化がすぐにも行きづまることを予感している「苦しい日本の私」である登場人物と作者の，悲痛な対話がその実体です。

英文学の専門家であった漱石が（中略）どうして西欧の人間に向かって「苦しい日本の私」を語ることをして，自分の落ち込んでいる閉じた[6]カイロを開くことをしなかったか？　私は不思議に思うことがあります。それは漱石の資質のせいだったでしょうか？　かれは十九世紀最後の年にロンドンに到着しました。しかしそこでの二年を越える留学生活において，ほとんどつねに下宿に閉じこもり，イギリス人との交渉は最小限にして，読書に熱中したという人物です。

ここで私は漱石と同じ年に生まれ（中略），やはりロンドンで研究生活をした文化人類学者・生物学者南方熊楠（一八六七――一九四一）を思い出します。南方は大英博物館で研究を続けた後，漱石のロンドン到着といれかわりに日本に帰りました。南方が漱石と違っていたのは，アジアの民俗について英文の論考をさかんに発表したこと，またロンドンから持ちかえった性能の良い単式顕微鏡で，粘菌の新種を発見しては，西欧の学会に報告したことです。もっともかれは東京では活動せず，故郷の熊野に根拠地をおいて永い研究生活をおくりました。

つまり南方は，英語による論文と手紙によって西欧へ[6]カイロを開いていたのですが，東京の知識人一般に対しては[6]カイロを閉ざしていました。つまり南方が，同時代の日本と西欧との間で，積極的な[9]バイカイシャの役割を果たす，ということはなかったのです。

漱石も熊楠も，西欧に向かって日本と日本人を明瞭に定義するための努力はしなかったことになります。それは一面では，同時代の西欧が，日本人の自己表現に対して熱心な読者あるいは聴衆ではなかった，ということに原因があるでしょう。（中略）

あきらかなことは，夏目漱石という日本の近代化以後の文学を代表する作家が，西欧に向かって，「あいまいな日本の私」を語ろうとすることはなかったということです。その態度はノーベル賞授賞式に初めて迎えられた日本の作家の「美しい日本の私」という講演にまで共通したのでした。

*大江は，1994年にノーベル文学賞を受賞しており，その記念講演のタイトルは「あいまいな日本の私」であったが，このタイトルは，1968年にノーベル文学賞を受賞した川端康成が行った記念講演にちなんだものであった。

問1　文中の(　1　)に入る英文法上の品詞を漢字で書きなさい。　33

問2　文中の(　2　)に入る語として最も適切なものを次の1～5の中から一つ選び，その番号をマークしなさい。　34

1．doubtful
2．evident
3．reserved
4．humble
5．obvious

問3　文中の(　3　)に入る語として最も適切なものを次の1～5の中から一つ選び，その番号をマークしなさい。　35

1．specific
2．clear
3．distinct
4．definite
5．ambiguous

問4　文中に2箇所ある下線部[4]ダンネンを漢字で書きなさい。　36

問5　文中に2箇所ある(　5　)に入るものとして最も適切な1語を漢字で書きなさい。　37

問6　文中に5箇所ある下線部[6]カイロを漢字で書きなさい。　38

問7　下線部7にある「言文一致」を説明した以下の英文中の(　ア　)(　イ　)の中に，(　ア　)は“m”で始まる単語を，(　イ　)は“e”で始まる単語を書きなさい。

39
40

Genbunicchi (unification of the written and spoken language) refers to the (ア) in the Meiji period that asserted that writers should write in a style close to the colloquial style Japanese, using (イ) expressions instead of the previous literal style Japanese and practiced it, and to the works written in that style. It didn't mean writing Japanese sentences as spoken.

問8 下線部8の著者が書いた作品を次の1～5の中から一つ選び，その番号をマークしなさい。 41

1.『小説神髄』
2.『行人』
3.『浮雲』
4.『金色夜叉』
5.『舞姫』

問9 下線部9バイカイシャを漢字で書きなさい。 42

問10 本文の内容に合致するものとして最も適切なものを次の1～5の中から一つ選び，その番号をマークしなさい。 43

1. 川端康成は日本の古典を踏まえた美意識は日本人ならば必ず理解できるものであると信じていたので，西欧やアメリカの人々の理解を得ることを諦めても何ら問題はなく，「美しい日本の私」という自己表現を日本人の中で完結させることができた。
2. 著者の大江健三郎は海外に向けて自己表現を発信していくならば，川端康成が主張した日本の古典を踏まえた美意識が透徹されあいまいさのない「美しい日本の私」が最良であると確信していた。
3. 夏目漱石と同時代人である南方熊楠は，アジアの民俗について英語で論文を発表しながらも，「苦しい日本の私」という自己表現を西欧にも日本の知識人にも発信し続け，とりわけ西欧において受け入れられた。
4. 著者の大江健三郎は西欧に向けて日本と日本人をよく理解してもらうためには，想像力から生まれた，現実の世界とは切り離された形で存在する「美しい日本の私」という自己表現では不十分だと考えていた。
5. 夏目漱石は自己表現としての「美しい日本の私」をよく認識した上で，日本文学の近代化の特殊性を西欧に対して発信し続けていったが，それを川端康成は踏襲し，ノーベル文学賞の記念講演で披露した。

日本史

（60分）

I　日本の首都の歴史に関する以下のA～Cの文章を読み，問1～問15に対する答えを選択肢より一つずつ選び，その番号を解答用紙の所定欄にマークせよ。

A

現在日本の首都を明記する法律は無く，歴史的にも日本の首都をどのように考えるかについては，諸説がある。

都を移す遷都が意識されるようになるのは7世紀である。さらに都城という意味では，8世紀初頭に(ア)藤原京から平城京に遷都される。8世紀の聖武天皇の時代には遷都が繰り返された。8世紀末に(イ)長岡京を経て平安京に遷都されると，都は移動しなくなる。

(ウ)平氏政権において一時福原京に移動した以外は，形式上都は平安京であり続けた。鎌倉幕府が御家人に課す大番役は，京都の天皇・院の御所を警護するものであった。(エ)幕府と朝廷の二元的な支配であったことを考えると，鎌倉と京都がともに首都として機能していたとも考えられる。

(オ)室町時代には全国的な統一政権としての幕府が，朝廷の保持していた権限をも幕府の管理下において京都に政治拠点をおいており，京都が首都であったと考えられる。

問1　下線部(ア)の藤原京や平城京が都であった時期のできごとに関する以下の記述のうち，誤りを含むものはどれか。　1

① 長屋王の変がおこる。
② 藤原広嗣の乱がおこる。
③ 大宝律令が完成する。
④ 三世一身法が出される。
⑤ 飛鳥浄御原令が施行される。

問2　下線部(イ)の長岡京と平安京についての以下の記述のうち，誤りを含むものはどれか。　2

① 桓武天皇は，政治体制を再建する光仁天皇の政策を受け継ぎ，長岡京に遷都した。
② 長岡京の造営の中心人物である藤原種継が暗殺され，皇太子の早良親王が退けられ

た。

③ 桓武天皇は，長岡京から平安京に遷都したが，徳政論争を経て，平安京の造営事業を停止した。

④ 桓武天皇は，平安京内の警察に当たる検非違使を設け，のちに裁判もおこなうようになった。

⑤ 嵯峨天皇と平城太上天皇が平安京と平城京に分かれて二所朝廷と呼ばれる対立関係が生じた。

問3 下線部(ウ)の福原京遷都の前後のできごとa～cを古いものから年代順に正しくならべたものはどれか。 3

a 後白河法皇の幽閉

b 福原京への遷都

c 平清盛の死

① a→b→c

② a→c→b

③ b→a→c

④ b→c→a

⑤ c→a→b

⑥ c→b→a

問4 下線部(エ)に関連して，幕府と朝廷・貴族の関係についての以下の記述のうち，誤りを含むものはどれか。 4

① 源頼朝は，京都の貴族の大江広元を，鎌倉に設置した公文所（のち政所）の別当にまねいた。

② 将軍源実朝が暗殺されると，北条義時は京都から源頼朝の遠縁の藤原（九条）頼経を鎌倉に迎えた。

③ 後鳥羽上皇が北条義時追討の宣旨をくだすと，北条義時は鎌倉から軍を率いて京都を占領した。

④ 承久の乱の後，北条義時の息子の北条泰時・時房が京都の六波羅探題となり，朝廷を監視し，西国の統制にあたった。

⑤ 北条時頼は，京都から皇族（親王）将軍として後嵯峨上皇の皇子宗尊親王を迎え，鎌倉幕府を権威づけた。

問5　下線部(オ)の室町時代の京都を舞台としたできごととして最も ふさわしくないものは次のうちどれか。 5

① 応仁の乱
② 永享の乱
③ 正長の土一揆
④ 嘉吉の乱
⑤ 天文法華の乱

B

江戸時代には，(カ)江戸・大坂・京都が三都とされた。しかし人口は18世紀前半には，江戸が約100万人，大坂が35万人，京都が40万人と，江戸が群を抜いていた。江戸幕府が政治の中心であったこと，諸大名が参勤交代をして江戸に集中していたことを考えても，(キ)江戸が首都機能をもっていたことは明らかであり，幕府はその支配を重視した。

幕末に尊王攘夷が政治の軸になってくると，(ク)京都が政治の動きの中心になってくる。王政復古が京都でおこなわれたことを考えると，(ケ)東京に政府を移動させたことは，事実上の遷都とされる。

江戸幕府が崩壊して，東京は武士を中心とした人口は減った。しかし最初の鉄道が東京—横浜間に敷設されたように，(コ)明治時代に東京は首都として，近代化のなかで産業や文化，政治や社会運動の舞台となった。1889年の東京市発足時の人口は110万人であったが，1908年には約2倍の210万人に増えて，都市として発展していった。

問6　下線部(カ)の三都に関する以下の記述のうち，最も適切なものはどれか。 6

① 江戸・大坂・京都の三都には，京都に京都所司代がおかれ，大坂・京都に城代が，三都に町奉行がおかれた。
② 外国船のもたらす生糸を，江戸・大坂・京都の三都の商人に一括して買い取らせる制度を糸割符制度といい，後に堺と長崎の商人が加わった。
③ 江戸日本橋を起点とする五街道のうち，東海道と中山道は江戸・京都・大坂の三都をむすんでいた。
④ 大坂—江戸間の航路は，当初樽廻船によってむすばれていたが，後発の菱垣廻船が多様な荷物を運んで優勢となった。
⑤ 三都にはそれぞれ幕府や大名の蔵屋敷がおかれ，商品の安全な輸送や取引の円滑化をはかるため，大坂には十組問屋，江戸には二十四組問屋が結成された。

問7　下線部(キ)の江戸の支配を維持するためにおこなった政策についての以下の記述のう

ち，誤りを含むものはどれか。 7

① 享保の改革では，江戸に貧民を対象とする小石川養生所をつくった。

② 寛政の改革では，石川島に人足寄場をつくって無宿人を収容した。

③ 寛政の改革では，町入用の7割を積み立てさせて貧民救済の費用とした。

④ 天保の改革では，株仲間による流通独占が物価高騰の原因とみて，株仲間を解散させた。

⑤ 天保の改革では，江戸の人別改めを強化した。

問8　下線部(ク)の京都でおこったできごとではないものは，次のうちどれか。 8

① 禁門の変

② 池田屋事件

③ 八月十八日の政変

④ 生麦事件

⑤ 大政奉還

問9　下線部(ケ)の首都を東京に移した前後のできごとa～cを古いものから年代順に正しくならべたものはどれか。 9

a　首都を東京に移した。

b　政体書を制定した。

c　五箇条の誓文を公布した。

① a→b→c

② a→c→b

③ b→a→c

④ b→c→a

⑤ c→a→b

⑥ c→b→a

問10　下線部(コ)の明治時代の東京についての以下の記述のうち，誤りを含むものはどれか。 10

① 1869年，最初の電信が東京―横浜間で実用化された。

② 1889年，東京―神戸間に鉄道の東海道線が全通した。

③ 福沢諭吉の慶應義塾についで，大隈重信の東京専門学校が設立された。

④ 1875年，民権派の全国的組織である愛国社が東京で結成された。

⑤ 1887年，政府は保安条例を公布して，民権派を東京から追放した。

C

(サ)第一次世界大戦後，都市化と工業化にともない東京などの大都市には俸給生活者（サラリーマン）が大量に現われた。彼らは労働者とともに大正デモクラシーの担い手となっていった。(シ)大正デモクラシーの時期の社会運動では，しばしば示威行動が東京でおこなわれ，また政治的事件も東京でおこっていった。

昭和に入ると，軍人や右翼による急進的な国家改造運動が急速に活発になっていった。二・二六事件では，反乱軍が首相官邸をはじめ国の中枢部を占拠して首都東京に戒厳令が布告された。太平洋戦争では，本土空襲で東京が直接戦争の舞台となった。(ス)1945年３月10日の東京大空襲では，死者は約10万人にのぼり，約23万戸が焼失した。

(セ)戦後の民主化でも東京裁判のように，東京は歴史の舞台であり続けた。(ソ)東京オリンピックは，戦後復興と日本の発展を世界に示す国家的イベントであった。高度経済成長によって，東京は巨大都市へと成長したが，公害問題などの矛盾を抱えることとなった。一極集中の弊害から首都機能の分散化が課題とされるなかで，2度目のオリンピックを迎えた東京の進むべき方向が問題となった。

問11　下線部(サ)に関連して，第一次世界大戦の開始より前に初めて登場したものは，次のうちどれか。　11

①　日比谷公園
②　ライト設計の旧帝国ホテル
③　辰野金吾設計の東京駅
④　ターミナルデパート
⑤　ラジオ放送

問12　下線部(シ)の大正デモクラシーの時期に東京でおこったできごととして，誤りを含む記述は次のうちどれか。　12

①　国会議事堂を民衆が包囲したことが大正政変のきっかけとなった。
②　米価の急騰に対する東京をはじめとする大騒擾で，原敬内閣が登場した。
③　政党政治の腐敗に憤慨した一青年によって，東京駅頭で原敬首相が暗殺された。
④　関東大震災後に，亀戸警察署構内で軍隊によって社会主義者が殺害された。
⑤　摂政を務めていた裕仁親王が虎の門で狙撃され大隈重信内閣が総辞職した。

問13　下線部(ス)の東京大空襲の前後のできごとａ～ｃを古いものから年代順に正しくならべたものはどれか。　13

ａ　米軍の沖縄本島上陸

b 東京大空襲

c ドイツ無条件降伏

① a→b→c
② a→c→b
③ b→a→c
④ b→c→a
⑤ c→a→b
⑥ c→b→a

問14 下線部(セ)の東京裁判についての以下の記述のうち，誤りを含むものはどれか。 14

① 東京裁判の正式名称は，極東国際軍事裁判である。
② 「平和に対する罪」を問われたA級戦犯として28名が起訴された。
③ 「通常の戦争犯罪」「人道に対する罪」に問われたB・C級戦犯もここで裁かれた。
④ 戦争責任を問う国際世論もあったが，天皇は訴追を免れた。
⑤ 東条英機ら7名の死刑をはじめとして，全員（病死など3名を除く）が有罪とされた。

問15 下線部(ソ)の最初の東京オリンピックの前後のできごとについての記述として最も適切なものどれか。 15

① 東京オリンピックが開かれるよりも前に，東京で第1回原水爆禁止世界大会が開かれた。
② 東京オリンピックの開かれた年に東海道新幹線が開通した。
③ 東京オリンピックの開かれた年に東京に美濃部革新都政が誕生した。
④ 東京オリンピックが開かれてから，東京の砂川でアメリカ軍基地反対闘争がおこった。
⑤ 東京オリンピックが開かれてから，東京三鷹で無人電車が暴走した。

Ⅱ　以下の銭貨A～Cに関する問1～問9に対する答えを選択肢より一つずつ選び，その番号を解答用紙の所定の欄にマークせよ。

A

和同開珎

問1　和同開珎に関連する以下の記述のうち，誤りを含むものはどれか。　16

① 持統天皇の時代に，和同開珎に先立ち初めての銭貨である富本銭の鋳造が始められた。

② 和同開珎の鋳造開始のころ武蔵国から銅が献上された。

③ 和同開珎鋳造の3年後に，蓄銭叙位令（法）が出された。

④ 銭貨は平城京の造営に動員された人々への支給に使われた。

⑤ 銭貨が鋳造されても，京・畿内以外では稲や布が貨幣の役割を果たした。

問2　和同開珎鋳造開始の前後のできごとa～cを古いものから年代順に正しくならべたものはどれか。　17

a　平城京へ遷都

b　和同開珎鋳造の開始

c　元明天皇即位

① a → b → c

② a → c → b

③ b → a → c

④ b → c → a

⑤ c → a → b

⑥ c → b → a

問3　和同開珎のあとに続いた日本古代の銭貨の最後である乾元大宝が鋳造された時代についての以下の記述のうち，最も適切なものはどれか。　18

① 乾元大宝が鋳造されたのは醍醐天皇の在位期で延喜・天暦の治の時代とされる。

② 醍醐天皇の時代に『弘仁格』『弘仁式』が編纂された。

③ 直前には，平将門と藤原秀郷による承平・天慶の乱がおこった。

④ 醍醐・朱雀・村上の三代の天皇の時代には，摂政関白がおかれなかった。

⑤ 村上天皇の死の２年後に源高明が左遷される安和の変がおこった。

B

宋銭（皇宋通宝）

問４ 宋銭に関連する以下の記述のうち，誤りを含むものはどれか。 19

① 平清盛が摂津の大輪田泊を修築して促進した日宋貿易によって宋銭が輸入された。

② 平清盛の時代には，宋は元に圧迫されて南宋となり，貿易がさかんにおこなわれた。

③ 鎌倉時代には，売買の手段として米や絹の他，宋銭がさかんに用いられるようになった。

④ 鎌倉時代には，年貢を宋銭でおさめる代銭納がしばしばみられるようになった。

⑤ 銭貨の流通によって，金融業者としては高利貸業者の借上が多く現われた。

問５ 鎌倉時代の1325年に，その修造のために元に貿易船が派遣され，銭貨がおさめられた寺は次のうちどれか。 20

① 天龍寺

② 東大寺

③ 建長寺

④ 円覚寺

⑤ 蓮華王院

問６ 宋にわたった僧や宋から伝来した仏教や渡来した僧についての以下の記述のうち，最も適切なものはどれか。 21

① 11世紀に宋が成立して以降，奝然や成尋のように宋にわたって，仏像などを持ち帰る僧がいた。

② 宋から禅宗を伝えて『正法眼蔵』をあらわした栄西は，臨済宗の祖と仰がれた。

③　南宋にわたった道元は，『興禅護国論』をあらわし，日本の曹洞宗の祖とされた。

④　中国から渡来した曹洞宗の僧である義堂周信や無学祖元は，鎌倉幕府に重んじられた。

⑤　足利義満は，南宋の官寺の制にならった京都・鎌倉の五山や十刹の制をととのえた。

C

永楽通宝

問7　明銭が流通した室町・戦国時代の銭貨についての以下の記述のなかで，誤りを含むものはどれか。　22

①　大量に輸入された明銭だけでは足りず，粗悪な私鋳銭が鋳造されるようになった。

②　幕府や戦国大名は，一定の粗悪な銭貨の流通を禁止するなどした撰銭令を出した。

③　幕府は，京都の出入り口など交通の要所に関を設けて，関銭を徴収した。

④　金融活動をおこなっていた京都五山の僧侶に，段銭・棟別銭が幕府によって課された。

⑤　戦国大名は，服属した家臣の所領を銭に換算した貫高で把握し，軍役を割り当てた。

問8　明銭が輸入された日明貿易についての以下の記述のなかで，最も適切なものはどれか。　23

①　足利義満が僧の祖阿，博多商人の肥富らを送って，明との国交を開いた。

②　室町幕府の将軍が明の皇帝に送る公式文書には「日本国王源」と署名した。

③　日本からの遣明船は，将軍の発行する勘合と呼ばれる証票を持参した。

④　4代将軍足利義持が日明貿易を中止させたが，5代将軍義量によって再開された。

⑤　寧波での衝突に勝利した細川氏が，大内氏を排除し日明貿易を独占した。

問9　遣明船で明に渡り，作画技術を学んだ雪舟の作品は次のうちどれか。 **24**

②

③

④

⑤

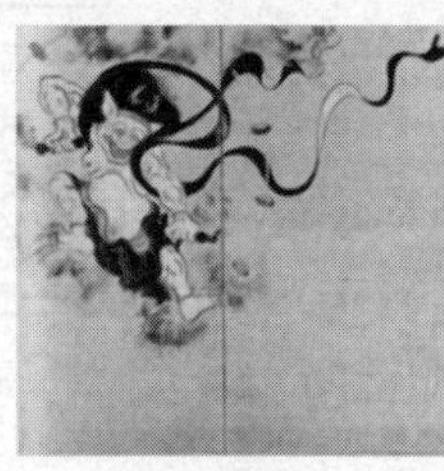

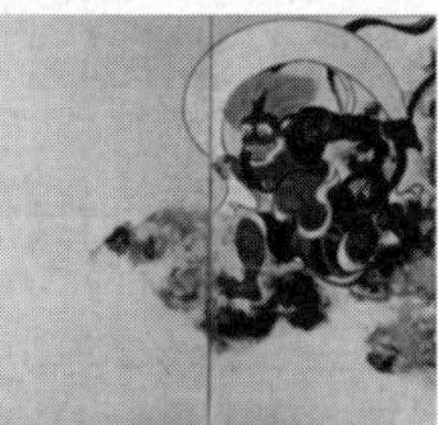

Ⅲ　以下の騒乱・一揆についての文章A～Cを読み，問1～問9に対する答えを選択肢より一つずつ選び，その番号を解答用紙の所定の欄にマークせよ。

A

1637年には，島原の乱（島原・天草一揆）がおこった。この乱は，飢饉の中で島原城主松倉氏と天草領主寺沢氏とが領民に苛酷な年貢を課し，キリスト教徒を弾圧したことに抵抗した土豪や百姓の一揆である。

問1　島原の乱（島原・天草一揆）に関する以下の記述のうち，誤りを含むものはどれか。 25

① 島原半島はキリシタン大名の高山右近の領地であった。
② 一揆の軍勢3万人余りが原城跡にたてこもって抵抗した。
③ 一揆勢は益田（天草四郎）時貞という少年を大将とした。
④ 幕府は九州の諸大名など約12万人の兵力を動員した。
⑤ 幕府は，翌1638年にようやく一揆を鎮圧した。

問2　島原の乱（島原・天草一揆）がおこった前後のできごとa～cを古いものから年代順に正しくならべたものはどれか。 26

a　島原の乱がおこる。
b　日本人の海外渡航と帰国を全面禁止する。
c　ポルトガル船の来航を禁止する。

① a→b→c
② a→c→b
③ b→a→c
④ b→c→a
⑤ c→a→b
⑥ c→b→a

問3　キリスト教の禁止についての以下の記述のうち，誤りを含むものはどれか。 27

① 豊臣秀吉は，九州出兵の後にバテレン追放令を出した。
② ポルトガル船サン＝フェリペ号事件をきっかけに宣教師・信徒が処刑された。
③ 幕府は，1612年に直轄領に，翌年全国に禁教令を出した。
④ 幕府は，1622年に外国人宣教師ら55名を長崎で処刑した。

⑤ 幕府は，絵踏などによって信徒を発見・弾圧し，寺請制度などによってきびしい監視を続けていった。

B

天保年間には，全国的に米不足が発生し，きびしい飢饉に見舞われた。大坂でも飢饉の影響は大きく餓死者があいついだ。大坂町奉行所の元与力で陽明学者の大塩平八郎は，1837年に，貧民救済のために門弟や貧民を動員して武装蜂起した。

問4 大塩の乱とその前後のできごとに関する以下の記述のうち，誤りを含むものはどれか。 28

① 大塩の乱の前年には甲斐の郡内騒動や三河の加茂一揆がおこった。

② 大塩の乱の年に，徳川家斉が亡くなり，将軍が徳川家慶に代わった。

③ 大塩の乱の年に，アメリカの商船モリソン号が浦賀に近づいた。

④ 大塩の乱に影響されて，国学者の生田万が越後柏崎で陣屋を襲撃した。

⑤ 大塩の乱の後，将軍徳川家慶のもとで水野忠邦が天保の改革をおこなった。

問5 陽明学者として著名なのは，次のうちだれか。 29

① 室鳩巣

② 野中兼山

③ 山鹿素行

④ 中江藤樹

⑤ 伊藤仁斎

問6 大塩の乱の前後の著作についての以下の記述のうち，最も適切なものはどれか。 30

① 海保青陵は『経済録』を著して専売制などによる財政再建を説いた。

② 渡辺崋山が『戊戌夢物語』を著して幕府の異国船打払政策を批判した。

③ 本多利明は『稽古談』を著して蝦夷地開発による富国論を説いた。

④ 佐藤信淵は『経済要録』を著して産業の国営化と貿易による重商主義を説いた。

⑤ 高野長英は『自然真営道』を著して封建的な身分制社会を批判した。

C

各地の士族反乱が鎮圧される中，1877年には，下野・帰郷していた西郷隆盛を首領として，私学校生らの鹿児島士族を中心とした士族反乱が発生した。九州各地の不平士族がこれに呼応したが，政府は約半年を費やしてすべて鎮圧した。

問7　西南戦争に関連する以下の記述のうち，誤りを含むものはどれか。　31

① 西郷隆盛は，征韓論争にともなう明治六年の政変によって，下野・帰郷した。
② 西郷隆盛とともに下野・帰郷した江藤新平は，不平士族に迎えられ佐賀の乱をおこした。
③ 西郷隆盛とともに下野・帰郷した板垣退助は，土佐で立志社を結成した。
④ 西南戦争の前には，大分県で神風連の乱，福岡県で秋月の乱，山口県で萩の乱がおこった。
⑤ 不平士族の反乱のなかで地租改正反対一揆がおこると，政府は地租を軽減した。

問8　西南戦争の後におこなわれたものは，次のうちどれか。　32

① （地方）三新法制定
② 讒謗律制定
③ 新聞紙条例制定
④ 元老院設置
⑤ 大審院設置

問9　西南戦争の前後の著・訳書と著・訳者の組み合わせとして誤っているものはどれか。　33

① 『文明論之概略』福沢諭吉
② 『西国立志編』中村正直
③ 『日本開化小史』田口卯吉
④ 『民約訳解』加藤弘之
⑤ 『経国美談』矢野龍溪

Ⅳ 以下の金本位制についての文章A～Cを読み，問1～問9に対する答えを選択肢より一つずつ選び，その番号を解答用紙の所定の欄にマークせよ。

A

(ア)日本は貨幣法を制定し，欧米諸国にならった金本位制を採用した。日本の円は1円＝0.75gの金と定義され金を媒介として，世界の通貨とリンクすることとなった。日本銀行において紙幣の兌換がおこなわれ，為替相場もそれによって安定することとなった。

第一次世界大戦中に各国は，通貨防衛のために金兌換を中止して，金本位制から離脱し，日本もこれにならった。第一次世界大戦が終了すると世界各国は金本位制に復帰したが，日本はなかなか復帰できなかった。大戦後輸入が増加して，為替相場が円安となるなかで，金本位制に復帰すれば，急激な円高になり，その円高ショックによる不景気の恐れがあったからである。さらに1923年の関東大震災からの復興による輸入の増加は円安に拍車をかけた。さらに関東大震災によって大量の決済不能な手形（震災手形）をかかえており，そうした不況に耐えられないと判断された。(イ)1927年，内閣は震災手形の処理のため法案を国会に提出したが，その審議の過程で一部の銀行の不良な経営内容が暴露され金融恐慌がおこった。(ウ)金融恐慌の過程で引き出された預金が大銀行に集中し，五大銀行の金融支配が強まった。

問1 下線部(ア)の貨幣法制定にいたる過程についての以下の記述のうち，誤りを含むものはどれか。 34

① 明治政府は，金本位制を建前とする新貨条例を制定して，円・銭・厘の十進法をとる貨幣を発行した。

② アジアでは銀貨で取引がおこなわれていたために，実際には開港場では銀貨が，国内では紙幣が主として用いられた。

③ 明治政府は，渋沢栄一を中心として国立銀行条例を制定して，第一国立銀行などを設立させたが，ただちに兌換制度を確立することはできなかった。

④ 中央銀行として日本銀行が設立された翌年には，銀貨と兌換できる日本銀行券が発行された。

⑤ 貨幣法による金本位制の前提となった準備金は，日清戦争によって得られた巨額の賠償金の一部であった。

問2 貨幣法制定時の内閣総理大臣は以下のうちだれか。 35

① 伊藤博文

② 黒田清隆

③ 山県有朋

④ 松方正義
⑤ 大隈重信

問3　下線部(イ)の金融恐慌に関する以下の記述のうち，最も適切なものはどれか。 36

① 決済不可能におちいった手形をかかえる企業に対して，政府は大蔵省から特別融資をあたえて救済した。
② 震災手形処理の法案審議の過程で，高橋是清大蔵大臣が東京渡辺銀行破綻の失言をしたことがひとつのきっかけとなった。
③ 経営危機におちいった台湾銀行に対して，立憲政友会の若槻礼次郎内閣は，緊急勅令によって救済しようとした。
④ 台湾銀行救済の緊急勅令案を，国会審議によって否決された若槻礼次郎内閣は総辞職し，金融恐慌は拡大した。
⑤ 田中義一内閣は，モラトリアム（支払猶予令）を発令し，日本銀行から非常貸出をおこなわせて事態の収拾をはかった。

問4　下線部(ウ)の五大銀行とされるのは三井・三菱・住友・第一のほかに次のうちどれか。 37

① 野村
② 安田
③ 三和
④ 東京
⑤ 勧業

B

世界各国で金解禁がすすむなかで，財界からは，金輸出解禁（金解禁）によって，円の金兌換を再開し，為替相場を安定させ，貿易の振興をはかることを望む声が高まった。浜口雄幸内閣は，1930年に金解禁をおこなって金本位制に復帰した。(エ)金解禁によって日本経済は深刻な恐慌状態におちいった。(オ) (カ) 内閣は金輸出の再禁止と金兌換の停止をおこなった。日本経済は，これをもって最終的に金本位制から離脱し，管理通貨制度に移行した。

問5　下線部(エ)の金解禁政策に関する次の記述のうち，誤りを含むものはどれか。 38

① 浜口雄幸内閣は，金解禁に先立って不況対策として重要産業統制法を制定した。
② 浜口雄幸内閣は，財政を緊縮して物価を引き下げ，為替相場の円高化をはかった。
③ 浜口雄幸内閣は，金解禁に向けて前日銀総裁の井上準之助を大蔵大臣にした。

④　為替相場の実勢は，旧平価よりも円安であったが，旧平価によって金解禁した。

⑤　金解禁によって輸出が大きく減少し，正貨は大量に海外に流出した。

問6　下線部(オ)の恐慌に関するできごとa～cを古いものから年代順に正しくならべたものはどれか。 39

a　ニューヨークの株式市場で株価が暴落し世界恐慌が始まる。

b　東北・北海道の凶作で農業恐慌が深刻化する。

c　浜口雄幸内閣が金解禁を断行する。

①　a→b→c

②　a→c→b

③　b→a→c

④　b→c→a

⑤　c→a→b

⑥　c→b→a

問7　金輸出の再禁止と金兌換の停止をおこなった空欄 (カ) の総理大臣は次のうちだれか。 40

①　若槻礼次郎

②　犬養毅

③　斎藤実

④　岡田啓介

⑤　広田弘毅

C

1944年にアメリカのブレトン・ウッズで締結された協定によって，アメリカが金1オンス＝35ドルという平価を設定して金兌換を保証し，各国はドルに対して固定為替相場制を維持するという，疑似金本位制ともいえる国際通貨体制を構築した。日本もまた，戦後の経済復興のなかで，固定為替相場制によって国際経済に直結していった(キ)。戦後の国際通貨体制の前提であるアメリカ経済の優位も1960年代の後半にはくずれていった。アメリカの国際収支は，ベトナム戦争にともなう軍事支出の膨張，さらには日本や西ドイツなどによる対米輸出の急増によって著しく悪化し，アメリカの金準備も減少した。ニクソン大統領はドルと金との兌換を停止し，国際収支黒字国に大幅な為替レートの引き上げを要求した(ク)。ワシントンのスミソニアン博物館で10カ国蔵相会議が開かれ，固定相場制の復活がはかられたが，ドル不安が再燃し，日本や西欧諸国は変動相場制に移行し，ブレトン・ウッズ体制は終わりを告げた。

問8　下線部(キ)の経済復興と為替レートに関する以下の記述のうち，誤りを含むものはどれか。　41

① 中華人民共和国が成立すると，アメリカの対日政策は日本の非軍事化から経済復興をめざすものに転換された。

② GHQは，日本の経済復興のため，日本政府に対して経済安定九原則の実行を要求した。

③ アメリカの銀行家のドッジが派遣され，一連の施策が実行されるなかで1ドル＝360円の為替レートが設定された。

④ 1952年に日本はブレトン・ウッズ体制をささえる基幹組織である国際通貨基金（IMF）に加盟した。

⑤ 1964年には，日本は国際通貨基金（IMF）8条国に移行した。

問9　下線部(ク)のアメリカの金とドルの交換停止に関するできごとa～cを古いものから年代順に正しくならべたものはどれか。　42

a　ニクソン大統領が中国を訪問し，米中和解が実現する。

b　ニクソン大統領がドルと金の交換を停止する。

c　ベトナム和平協定が調印される。

① a→b→c
② a→c→b
③ b→a→c
④ b→c→a
⑤ c→a→b
⑥ c→b→a

世界史

（60分）

I　次のA，Bの文章を読み，それに続く問1～10に答えよ。

A　中国では，秦が戦国時代の動乱をおさめ，最初の統一王朝となった。秦王の政は，法家の［ a ］を用いて東方の六国を次々に滅ぼし，前221年に統一を果たして，「王」の上の君主として「皇帝」と称した（始皇帝）。始皇帝は，封建制度(1)にかわって，法律と官僚制を通じて都の［ b ］から全国を直接統治する中央集権体制を築こうとした。中央から官僚を派遣して統治させる郡県制を全土に施行し，それまで国ごとに異なっていた度量衡・文字・車軌（車幅）を一つに定めた。さらに，貨幣も半両銭に統一したほか，戦国時代に諸国で発達した思想・文化を中央で統制した。この頃北方では匈奴が遊牧国家を築いて強大化していたが，秦はこれに対抗して戦国時代に諸国でつくられていた長城を修復し，また南方では華南を征服して南海郡など3郡をおいた。しかし，性急な統一政策や土木事業の負担に対して不満が募り，始皇帝が没すると，全土で反乱が発生した(2)。反乱勢力のうち，農民出身の［ c ］と［ d ］の名門出身の項羽があいついで［ b ］を占領し，秦は統一からわずか15年で滅びた。項羽を倒した［ c ］は前202年に皇帝の位につき（高祖），漢（前漢）をたてた。漢は武帝の代までに中央集権化と匈奴からの自立に成功したが，対外戦争は財政難を招いた。中央では外戚・宦官が，地方では豪族が台頭し，後漢(3)末まで勢力を争った。

B　戦国時代から秦漢帝国にかけての中国統一の動きと社会経済の発展は，周辺地域にも影響を与えた。朝鮮半島と日本列島では，進んだ文化・技術の到来によって国家形成がうながされた(4)。また，海の道によって中国とローマ帝国(5)が結ばれると，東南アジアはその中継地，また輸出品となる産物の宝庫として，他地域からも注目された。その結果，貿易による富の蓄積や，外来文明との接触を通じて，都市や国家が発達した。代表的なのは，マレー半島や大陸部沿岸などにできた港市や港市国家で，やがて港市国家群を支配する大国も登場した(6)。一方，華南・雲南や北部ベトナムでの国家形成の動きは，秦・漢代の中国の南進によって押しつぶされた。

問1　Aの下線部(1)に関連して，中国の封建制度についての記述として誤っているものを，次の①～④のなかからひとつ選び，その番号をマークせよ。　［ 1 ］

① 殷王朝のとき，王は，一族・功臣や連合に加わった邑の首長を諸侯に封じ，封土と農民を世襲的に支配させた。

② 諸侯らは王の軍隊に参加する軍役や特産物を貢納する義務を負った。

③ 諸侯らは，一族を卿・大夫・士の身分に分け，卿・大夫に封土を与えて農民を支配させ，軍役と貢納の義務を課した。

④ この制度は，後の西ヨーロッパや日本の封建制とは異なり，父系の血縁的なつながりを基礎にした族長間の主従関係であった。

問2　Aの下線部(2)に関連して，このとき起こったできごととして正しいものを，次の①～⑥のなかからひとつ選び，その番号をマークせよ。 2

① 紅巾の乱

② 三藩の乱

③ 黄巾の乱

④ 陳勝・呉広の乱

⑤ 安史の乱

⑥ 赤眉の乱

問3　Aの下線部(3)の時代に関する記述として正しいものを，次の①～④のなかからひとつ選び，その番号をマークせよ。 3

① 蔡倫によって製紙法が改良され，次第に紙が書写材料として用いられるようになった。

② 武帝は医薬・占い・農業関係などの実用書を除いて，書物の民間所有や伝授を禁じ，儒家などの学者を穴に埋めて処刑した。

③ 文帝は律令を制定し，税制としては租庸調制を確立した。

④ 玄奘や義浄らが仏典を求めてインドにおもむいて仏典の漢訳と教理研究を進め，浄土宗や禅宗など新たな宗派が生まれた。

問4　Bの下線部(4)に関連して，前4世紀～後3世紀の朝鮮半島および日本列島についての次の①～④の記述のうち，正しいものをひとつ選び，その番号をマークせよ。 4

① 漢からの亡命者が朝鮮半島に李朝をたてた。

② 琉球王国が成立し，漢の冊封を受けた。

③ 邪馬台国の女王卑弥呼は三国時代の魏に使節を派遣した。

④ 朝鮮南部に成立した百済は白村江の戦いで倭に敗れた。

問５　Ｂの下線部(5)に関連して，紀元２世紀初めにローマ帝国の版図が最大となったときの皇帝名として正しいものを，次の①～⑦のなかからひとつ選び，その番号をマークせよ。　5

① カエサル
② アントニウス
③ トラヤヌス
④ オクタウィアヌス
⑤ ブルートゥス
⑥ クレオパトラ
⑦ ネロ

問６　Ｂの下線部(6)に関する次のア，イの記述の正誤の組み合わせ①～④のうち，正しいものをひとつ選び，その番号をマークせよ。　6

ア：メコン川下流部に林邑（チャンパー）が誕生した。
イ：ベトナム中部海岸に扶南が誕生した。

① アのみ正しい
② イのみ正しい
③ アもイも正しい
④ アもイも誤りである

問７　Ａの文中の［ａ］に入る人物名として正しいものを次の①～⑤のなかからひとつ選び，その番号をマークせよ。　7

① 韓非
② 孫子
③ 荀子
④ 王維
⑤ 李斯

問８　Ａの文中の［ｂ］に入る地名として正しいものを次の①～⑤のなかからひとつ選び，その番号をマークせよ。　8

① 咸陽
② 鎬京
③ 長安
④ 大都
⑤ 洛陽

問9　Aの文中の［ c ］に入る人物名として正しいものを次の①～⑤のなかからひとつ選び，その番号をマークせよ。［9］

① 呉三桂
② 劉備
③ 秦檜
④ 張騫
⑤ 劉邦

問10　Aの文中の［ d ］に入る国名として正しいものを次の①～⑤のなかからひとつ選び，その番号をマークせよ。［10］

① 魏
② 楚
③ 蜀
④ 燕
⑤ 趙

Ⅱ　次の文章を読み，それに続く問1～8に答えよ。

ムスリム商人は8世紀からバスラやシーラーフなどのペルシア湾岸の港市を拠点としてインド洋貿易にのり出した。彼らの船の一部はマラッカ海峡を越えて，ベトナム中部沿岸や，広州など南中国の港市に進出し，居留地をつくっていたが，9世紀後半，唐末の混乱(1)でムスリム商人は撤退した。10世紀末以降の宋の発展(2)を受けて，ムスリム商人による南シナ海交易も部分的には復活したものの，その主役の地位は中国商人に移っていった。こうして東南アジアがムスリム商人の海の東辺を形成することとなった。

イスラーム世界では，アッバース朝(3)の衰退とともにバグダードの繁栄が失われ，11世紀以降，エジプトのカイロがこれにかわった。12世紀半ばにカイロを支配した［ a ］朝は，イエメンに勢力を伸ばして紅海の交易を掌握し，シリアの諸港を十字軍から奪還して，香辛料などの東方物産の地中海への積み出しを独占した。［ a ］朝を継承した(4)［ b ］朝は，モンゴルの侵略でバグダードをのがれたムスリム商人をカイロに集住させ，海の東西貿易を奨励した。さらに東方の物産をエジプトやシリアの商人に供給したのは，アラビア半島やイランなどのムスリム商人であった。ムスリム商人による海上交易の活発化とともに，南インドや東南アジアのインド洋沿岸諸都市にはムスリムの居住地がつくられ，彼らは中国人と取引をおこなった(5)。イスラーム世界のディナール金貨がインド洋一帯に流通し，イスラーム教はインド洋海域世界，さらには東南アジア諸地域(6)に広がっていった。

一方，東アフリカの沿岸部には，８世紀頃から西アジアのムスリム商人が，象牙や金，奴隷などを求めて渡来して重要な港市を建設していった(7)。

問１ 下線部(1)に関連して，唐を滅ぼした人物として正しいものを，次の①～⑤のなかからひとつ選び，その番号をマークせよ。 11

① 趙匡胤

② 李元昊

③ 黄巣

④ 朱全忠

⑤ 則天武后

問２ 下線部(2)に関連して，第６代皇帝神宗が，王安石を起用しておこなった改革（新法）のうち，農民への低利融資に関係するものとして正しいものを，次の①～⑥のなかからひとつ選び，その番号をマークせよ。 12

① 青苗法

② 市易法

③ 均輸法

④ 保甲法

⑤ 保馬法

⑥ 募役法

問３ 下線部(3)の時代に関する記述として正しいものを，次の①～④のなかからひとつ選び，その番号をマークせよ。 13

① アッバース朝アラブ軍は，トゥール・ポワティエ間の戦いでフランク王国軍にやぶれた。

② カリフの政治はイスラーム法（シャリーア）にもとづいて実施されるようになり，このためアッバース朝は「イスラーム帝国」ともよばれる。

③ チュニス生まれのイブン=ハルドゥーンは，北アフリカから中国にいたる広大な世界を旅して，帰国後アラビア語で『大旅行記』（三大陸周遊記）を残した。

④ 主要都市にニザーミーヤ学院と名づけられたマドラサが設けられ，シーア派の学問が推奨された。

問４ 下線部(4)に関連して， b 朝が戦って撃退したモンゴル系の国として正しいもの

を，次の①～⑤のなかからひとつ選び，その番号をマークせよ。　14

① ファーティマ朝
② セルジューク朝
③ キプチャク=ハン国
④ チャガタイ=ハン国
⑤ イル=ハン国

問5　下線部(5)に関連して，海上交易を支えた船についてのア，イの説明の正誤の組み合わせとして正しいものを，次の①～④のなかからひとつ選び，その番号をマークせよ。　15

ア：ムスリム商人はもっぱらダウ船を使用していた。
イ：中国商人はもっぱらジャンク船を使用していた。

① アのみ正しい
② イのみ正しい
③ アもイも正しい
④ アもイも誤っている

問6　下線部(6)に関連して，13世紀末にジャワ島を中心に成立した国として正しいものを，次の①～⑤のなかからひとつ選び，その番号をマークせよ。　16

① マジャパヒト王国
② スコータイ王国
③ クディリ王国
④ クメール王国
⑤ アユタヤ王国

問7　下線部(7)に関連して，東アフリカ沿岸の港市ではないものを，次の①～⑤のなかからひとつ選び，その番号をマークせよ。　17

① マリンディ
② モンバサ
③ キルワ
④ トンブクトゥ
⑤ ザンジバル

問8　文中の　a　，　b　に入る語の組み合わせとして正しいものを次の①～⑥の

なかからひとつ選び，その番号をマークせよ。 18

① a：ナスル b：アイユーブ
② a：ナスル b：マムルーク
③ a：アイユーブ b：ナスル
④ a：アイユーブ b：マムルーク
⑤ a：マムルーク b：ナスル
⑥ a：マムルーク b：アイユーブ

Ⅲ ある大学のゼミの授業で，ヨーロッパの宗教改革をめぐって教授と学生（Q，R，S）との間で以下のようなやりとりがおこなわれているものとする。これを読み，それに続く問1～16に答えよ。

教授：ヨーロッパの歴史はキリスト教をおさえないと理解しにくいところが多々あります。とくに西ヨーロッパ世界についていえば，ローマ=カトリック教会は，ローマ帝国末期に皇帝がアタナシウス派のキリスト教を国教化(1)して以降，精神的・知的世界のみならず社会経済面でも普遍的かつ強大な権威と影響力をもちました。その力は長く続いたので盤石にも見えたのですが，宗教改革という大きなできごとがおこります。このできごとは，ヨーロッパでは後の市民革命に匹敵するくらいの歴史的な転換をもたらしたとさえいえます。今日はその話をいたしましょう。

学生Q：宗教改革といえば16世紀におこったと高校で習いましたが，それまでローマ=カトリック教会にはまったく何も問題はなかったのでしょうか。

教授：実は16世紀よりはるか前におこった修道院を中心とした改革運動(2)も教会の刷新運動としてとらえることもできますが，これは教会組織に内部化されていきました。一方，教会が正統教義とするものに反する教説は異端として退けられてきた歴史もあります。14世紀のイングランドでは，オクスフォード大学教授の［ a ］が聖職者階層制と教皇の権威を否定して，聖書を信仰の根本とすべきだと説いています。［ a ］は宗教改革の先駆者ともされますが，この段階では彼も異端として扱われ処罰されたのです。また教会は，信仰それ自体にとどまらず，学問的な領域でも宗教裁判によって異端者を排除してきた(3)という事実も否定できないところです。

学生Q：では16世紀の宗教改革はどのようなものだったのでしょうか。

教授：1517年にドイツのマルティン=ルターが「95か条の論題」を発表して，贖宥状（免罪符）を批判したことが口火になったことはよく知られています。ルターの考えは，『新約聖書』がドイツ語に翻訳されたこともあって，広く受け入れられました。他方，ルターの考えに刺激を受けたドイツの中・南部の農民は大規模な一揆をおこしました。ルターはドイツ農民戦争とよばれるこの一揆にはじめは同情的でしたが，[b]らの指導のもとに農民たちの主張が過激化すると，これを批判し，諸侯に一揆の徹底的な弾圧を求めました。(4)ルター派に対する神聖ローマ皇帝の態度は，(5)内外の政治的な状況によって変化しましたが，1555年のアウクスブルクの宗教和議によって妥協的な解決がはかられました。この和議により，諸侯はカトリックかルター派のいずれかを選択する権利を与えられますが，個人の信仰の自由は認められませんでした。

学生R：宗教改革者としてもう一人カルヴァンという有名な人物がいましたよね。

教授：カルヴァンについては，とくに予定説という考え方が特徴的です。彼は，人が救われるかどうかは，教会への寄付や寄進などの善行によるのではなく，全能の神によってあらかじめ定められているというのです。

学生R：救いがあらかじめ定まっているのなら，信徒にとって信仰など無意味なことになりませんか？

教授：そこが微妙な点なのですが，神の決定を人はくつがえせないものの，いかなる職業においても禁欲・倹約・勤労につとめて神に絶対的に帰依することが大事だとカルヴァンは説きました。予定説に従った人びとは，そうした行為を徹底させることで救いの確証をえようとして倫理的に行動したわけです。これについて，ドイツの社会学者・経済学者の[c]は，20世紀初めに，プロテスタントのこのような宗教倫理が合理的な近代資本主義の精神と行動につながったのだと論じました。実際にカルヴァン派はとくに西ヨーロッパの商工業者を中心に広がっていきました。さらに，(6)フランスから亡命したカルヴァン派のプロテスタントたちは，亡命先でしばしば企業家精神を発揮したことが知られています。

学生S：[d]戦争は最後の宗教戦争であり，最初に国家利害が衝突した国際戦争だったという話を聞いたことがあります。宗教改革と国家の関係についてはどのように考えればよろしいでしょうか。

教授：もとより(7)ルネサンス期のイタリアを舞台にしたイタリア戦争において，ローマ教皇や神聖ローマ皇帝という，個々の国家を超越する権力が衰え，各国が独立性を強め，自国の領域内で最高の権力（主権）を主張するようになっていました。こうしたいわゆる主権国家の形成と宗教改革の時期は重なっていたわけですが，後者が前者に拍車をかけるかたちでヨーロッパの新たな国際秩序をつくっていったともいえましょう。宗教改革はヨーロッパ人に個人の信仰にかかわる教義上の問題をつきつけただけでなく，「国民」共同体の形成にもつながったということです。つまり，先に少し触れたように，あちこちでの宗教紛争，そして(8)[d]戦争を経た西ヨーロッパでは，(9)信仰の決定権が個人ではなく，国王，諸侯ないし都市にあるとされたわけですが，結果的にはそれぞれの枠組みで信仰の共有意識が人びとの間に生まれていきます。そこに国民意識が交錯するように入り込んでいき，やがて18～19世紀には信仰アイデンティティにかわって国民アイデンティティを土台とする国民国家が成立していくという見通しをもつことができるでしょう。さらに，国民国家の形成は，経済面では国富の観念の登場とそれを推進する重商主義政策(10)と密接に関係しているともいえます。宗教改革は西ヨーロッパの近代国家形成にも大きく影響したわけです。

学生S：何だか難しい話になりました。ところで，戦国期の日本にやってきてキリスト教を伝えたとされるザビエルも宗教改革と関係がありますか？

教授：宗教改革の進展を前に，カトリック教会も，16世紀半ばからイタリアとスペインを中心に自己改革の運動を始めました。これがいわゆる対抗宗教改革といわれているものです。1545年から開かれた［ e ］公会議では，教皇の至上権とカトリックの教義を再確認しました。この対抗宗教改革の旗手となったのがイエズス会であり，ザビエルもこの修道会の一員だったわけです。対抗宗教改革ももう一つの宗教改革だったともいえましょう。また，スペインやポルトガルの海外進出や交易(11)を背景に，イエズス会の布教活動がアジアのみならずアメリカ大陸にまで及んだことはご存じのとおりです。

問1 文中の［ a ］に入る人名として正しいものを，次の①～⑤のなかからひとつ選び，その番号をマークせよ。 ［19］

① ツヴィングリ
② アルクイン
③ ウィクリフ
④ ウィリアム=オブ=オッカム
⑤ アベラール

問2 文中の［ b ］に入る人名として正しいものを，次の①～⑤のなかからひとつ選び，その番号をマークせよ。 ［20］

① フス
② ジョン=ボール
③ ミュンツァー
④ ワット=タイラー
⑤ エラスムス

問3 文中の［ c ］に入る人名として正しいものを，次の①～⑤のなかからひとつ選び，その番号をマークせよ。 ［21］

① デューイ
② フロイト

③　スペンサー

④　ヴェーバー

⑤　マルクス

問4　文中の［　d　］に入る語として正しいものを，次の①～⑤のなかからひとつ選び，その番号をマークせよ。［22］

①　シュマルカルデン

②　七年

③　三十年

④　オーストリア継承

⑤　スペイン継承

問5　文中の［　e　］に入る語として正しいものを，次の①～⑤のなかからひとつ選び，その番号をマークせよ。［23］

①　トリエント（トレント）

②　ニケーア

③　カルケドン

④　コンスタンツ

⑤　ラテラノ（ラテラン）

問6　下線部(1)に関連して，このときの皇帝として正しいものを，次の①～⑤のなかからひとつ選び，その番号をマークせよ。［24］

①　テオドシウス

②　コンスタンティヌス

③　ディオクレティアヌス

④　アウグスティヌス

⑤　ハドリアヌス

問7　下線部(2)に関する次のア，イの記述の正誤の組み合わせ①～④のうち，正しいものをひとつ選び，その番号をマークせよ。［25］

ア：6世紀前半，ベネディクトゥスはローマ南方のモンテ=カッシーノに労働と祈りの厳格な規律をもつ修道院をつくった。

イ：11世紀にイタリアのアッシジのフランチェスコは托鉢修道会を創設し，12世紀にフランスのドミニコはクリュニーに戒律の遵守を求める修道院を設立した。

① アのみ正しい
② イのみ正しい
③ ア，イともに正しい
④ ア，イともに誤っている

問8　下線部(3)に関して，地動説にもとづく宇宙観を唱えて宗教裁判で異端として処刑された人物として正しいものを，次の①～⑤のなかからひとつ選び，その番号をマークせよ。 26

① ケプラー
② ニュートン
③ グーテンベルク
④ ジョルダーノ=ブルーノ
⑤ ライプニッツ

問9　下線部(4)に関連して，ルターをヴォルムスの帝国議会によび出してその説の撤回を求めた神聖ローマ帝国皇帝として正しいものを，次の①～⑥のなかからひとつ選び，その番号をマークせよ。 27

① フェリペ2世
② ヨーゼフ2世
③ フリードリヒ1世
④ フリードリヒ2世
⑤ カール4世
⑥ カール5世

問10　下線部(5)に関連して，オスマン帝国は，フランス王と結んでハプスブルク家と対抗し，モハーチの戦いで勝利してハンガリーを属国とし，ウィーンを包囲した。このときのオスマン帝国のスルタンとして正しいものを，次の①～⑤のなかからひとつ選び，その番号をマークせよ。 28

① メフメト2世
② スレイマン1世
③ セリム1世
④ セリム2世
⑤ バヤジット1世

問11　下線部(6)に関して，フランスのカルヴァン派の呼称として正しいものを，次の①～⑤のなかからひとつ選び，その番号をマークせよ。　29

① ゴイセン
② プレスビテリアン
③ ユグノー
④ ピューリタン
⑤ ユンカー

問12　下線部(7)に関する記述として正しいものを，次の①～④のなかからひとつ選び，その番号をマークせよ。　30

① イタリア戦争のきっかけは15世紀末にハプスブルク軍のイタリア半島への侵入であった。
② イタリア戦争にかかわったフランスの国王はルイ13世である。
③ イタリア戦争はフィレンツェのマキァヴェリの王権神授説によって正当化された。
④ イタリア戦争はカトー=カンブレジ条約で終結した。

問13　下線部(8)に関して，[d]戦争の結果締結された条約に関する記述として誤っているものを，次の①～④のなかからひとつ選び，その番号をマークせよ。　31

① スイスとオランダの独立が正式に承認された。
② アウクスブルクの和議の原則が再確認され，カルヴァン派が公認された。
③ アルザスは神聖ローマ帝国領となった。
④ スウェーデンは北ドイツの西ポンメルンを獲得した。

問14　下線部(9)に関連して，1534年に首長法（国王至上法）を定め，国王を首長とするイギリス国教会を設立した国王として正しいものを，次の①～⑤のなかからひとつ選び，その番号をマークせよ。　32

① ヘンリ８世
② メアリ１世
③ エリザベス１世
④ ジェームズ１世
⑤ チャールズ２世

問15　下線部(10)に関連して，フランスで17世紀に重商主義政策を進めた人物として正しいものを，次の①～⑥のなかからひとつ選び，その番号をマークせよ。　33

① ネッケル
② ダランベール
③ ディドロ
④ テュルゴー
⑤ ケネー
⑥ コルベール

問16 下線部⑾に関する記述として正しいものを，次の①～④のなかからひとつ選び，その番号をマークせよ。 34

① バルトロメウ=ディアスがアフリカ南端の喜望峰に到達し，マゼランが北アメリカ東海岸を探検した。

② ヴァスコ=ダ=ガマはパナマ地峡を横断して太平洋に到達し，コロンブスが到達していたアメリカの地が大陸であることが明らかとなった。

③ ラス=カサスら良心的な聖職者の努力もあって，スペイン本国は先住民の奴隷化を禁止したが，現地では労働力を補うためアシエントによってアフリカから黒人奴隷を輸入した。

④ アメリカ銀の大量輸入と人口増加によりヨーロッパでは物価が大幅に下落し，固定した地代収入に依存する封建領主層が打撃を受ける一方，毛織物などの商工業が発展した。

Ⅳ　次の文章を読み，それに続く問1～9に答えよ。

市民革命と産業革命(1)という「二重革命」が進行するなかで，欧米先進諸国では近代市民社会の形成が進み，一方東欧・南欧地域ではナショナリズムが台頭してくる。ヨーロッパではフランス革命に始まる大変動(2)の後，ウィーン会議を経て諸列強は協力して政治的な安定をめざす(3)が，ナショナリズムや自由主義的改革への動きを阻止することはできなかった。産業革命は大陸諸国にも広がり，近代工業への移行が開始された。1848年革命(4)とクリミア戦争(5)後，列強諸国が国内問題に専念するあいだ，イタリアとドイツは統一国家の樹立に成功(6)し，19世紀後半には新しい形で列強体制が復活した。一方，ヨーロッパの干渉を排除したアメリカ合衆国は南北戦争(7)後，産業の急速な成長と太平洋岸までの開拓を果たした。1880年代に入ると，列強は植民地獲得をめざす帝国主義政策を追求するようになる(8)。同時に，欧米先進国では近代産業と近代諸科学の発展に支えられて，市民文化は成熟の段階に達した(9)。近代化の成果に自信をもった欧米社会には，アジア・アフリカに対する優越感が広がった。

問1　下線部(1)に関する記述として正しいものを，次の①～④のなかからひとつ選び，その番号をマークせよ。　**35**

① イギリスでは，綿工業の技術革新はクロンプトンが発明した飛び杼(ひ)による織布の技術革新から始まった。

② イギリスでは，いわゆる第1次囲い込みによって土地を失った農民が，人口増加のために仕事のない農民などとともに都市に流入した結果，工業労働力が確保された。

③ イギリスでは，ワットが発明した蒸気機関は，カートライトによって力織機に応用され，ニューコメンによって蒸気機関車として実用化された。

④ フランスやベルギーでは，イギリスから機械や技術が輸入されて19世紀前半に産業革命が展開した。

問2　下線部(2)に関する記述として正しいものを，次の①～④のなかからひとつ選び，その番号をマークせよ。　**36**

① フランス革命期の1791年憲法は立憲王政をめざすものであったが，この憲法制定の直前，国王一家がオーストリアへ亡命を企てパリに連れ戻されるヴァレンヌ逃亡事件がおこって，国王の信用は失墜した。

② トラファルガー沖の海戦でスペインにやぶれたナポレオンは，大陸制圧に転じ，西南ドイツ諸国を保護下においてライン同盟を結成させ，神聖ローマ帝国を名実ともに解体した。

③ ナポレオンがモスクワで出した大陸封鎖令は，大陸諸国とイギリスとの通商を全面的

に禁止し，イギリスに対抗して，大陸をフランスの市場として確保しようとするものであった。

④　国家滅亡の危機に瀕したオーストリアでは，シュタインやハルデンベルクが，行政改革や農民解放など一連の改革を実施し，フィヒテは連続講演「ドイツ国民に告ぐ」を通して国民意識の覚醒をうったえた。

問3　下線部(3)に関連して，この会議とその結果としてできあがったウィーン体制に関する記述として正しいものを，次の①～④のなかからひとつ選び，その番号をマークせよ。 37

①　ウィーン会議では，メッテルニヒが唱えた，フランス革命前の政治秩序を正統のものとし，それを復活させようという正統主義が原則として採用された。

②　ウィーン会議の結果，スイスは永世中立を認められた。

③　ウィーン体制の下で，ドイツではオーストリアを除く35か国と4つの自由都市からなるドイツ連邦が形成された。

④　ウィーン体制の下で，革命の再発を恐れる諸国の君主は，ロシアのアレクサンドル2世が提唱した神聖同盟に加入した。

問4　下線部(4)に関して，ヨーロッパ各国でおこった事柄についての記述として正しいものを，次の①～④のなかからひとつ選び，その番号をマークせよ。 38

①　1848年のフランスでは，2月に選挙法改正を要求する集会をギゾー首相が弾圧したことから，パリ民衆が蜂起して市街戦となり，国王シャルル10世は退位した。

②　オーストリア帝国では，1848年にウィーンで反政府蜂起がおこり，メッテルニヒはイギリスに亡命した。

③　1848年にベルリンで三月革命がおこったプロイセン王国ではビスマルクを首相とする自由主義内閣が成立した。

④　二月革命を目撃したフランスの画家ドラクロワは，「民衆を導く自由の女神」を描いた。

問5　下線部(5)の前のロシアに関連する事柄として正しいものを，次の①～⑤のなかからひとつ選び，その番号をマークせよ。 39

①　サン=ステファノ条約

②　ブレスト=リトフスク条約

③　農奴解放令

④　ストルイピンの改革

⑤　デカブリストの乱

問6　下線部(6)に関するア，イの記述についての正誤の組み合わせとして正しいものを，次の①～④のなかからひとつ選び，その番号をマークせよ。　40

ア：1861年にヴィットーリオ=エマヌエーレ2世を国王として成立したイタリア王国は，その後，オーストリア領であったヴェネツィア，次いでローマ教皇領も併合して，統一国家を実現させた。

イ：プロイセン王のヴィルヘルム1世は，1871年，ヴェルサイユでドイツ皇帝の位につき，諸侯と諸都市の連邦制をとるドイツ帝国が成立した。

①　アのみ正しい
②　イのみ正しい
③　アもイも正しい
④　アもイも誤っている

問7　下線部(7)に関連して，この戦争より前に起きたアメリカ合衆国に関する事柄として正しいものを，次の①～④のなかからひとつ選び，その番号をマークせよ。　41

①　アメリカ=メキシコ戦争が勃発した。
②　アメリカ労働総同盟（AFL）が結成された。
③　最初の大陸横断鉄道が完成した。
④　ロシアからアラスカを買収した。

問8　下線部(8)に関する記述として正しいものを，次の①～④のなかからひとつ選び，その番号をマークせよ。　42

①　エチオピアでは，イギリスに対してムハンマド=アフマドが率いるマフディー派の抵抗が繰り広げられたが，制圧された。
②　ドイツはアフリカのコンゴ川流域に進出したが，ポルトガルなどの反発をまねくと，ベルリン会議を開いて利害の調整と対立の収拾をはかった。
③　アフリカの植民地政策において，フランスはアルジェリアからサハラ砂漠を横切り，紅海の出口ジブチにいたるアフリカ横断政策をとった。
④　南スーダンのファショダでイギリスとフランスが軍事衝突する寸前の危機が生じたが，イギリスが譲歩してこの地から撤退した。

問9　下線部(9)に関連して，1880年代以降に活躍したヨーロッパの人物として正しいものを，次の①～⑤のなかからひとつ選び，その番号をマークせよ。　43

① ゲーテ
② ケインズ
③ サン=シモン
④ ベンサム
⑤ ボードレール

V　20～21世紀の国際情勢に関する次の問1～7に答えよ。

問1　第一次世界大戦に関連する次の①～④の記述のうち，正しいものをひとつ選び，その番号をマークせよ。　44

① バルカン同盟を結んだセルビア・ブルガリア・モンテネグロ・ギリシアの4国は1912年にオーストリアに宣戦布告し，翌年に勝利したが，その直後，獲得した領土の分配をめぐる対立から同盟国間での戦争になり，この地は「ヨーロッパの火薬庫」となった。
② 1914年にドイツ・オーストリアなどの同盟国側と，フランス・ロシア・イタリア・日本などの協商国（連合国）側に分かれて戦いが始まり，その後，オスマン帝国・ブルガリアが前者に，イギリス・アメリカ合衆国は連合国側に加わった。
③ 同盟国側・連合国側ともに結束を固め，中立国を味方に引き入れるために，戦後の敵領土・植民地の分配を決めた秘密条約を結んだが，このなかにロンドン秘密条約やサイクス・ピコ協定などの重要な条約が含まれた。
④ 1919年に締結されたポーツマス条約の結果，ドイツはすべての植民地を失い，アルザス・ロレーヌをフランスに返還し，ポーランドなど周辺国に国境地域を割譲したほか，ラインラントの非武装化，軍備制限，巨額の賠償金支払いを課せられた。

問2　両大戦間期に関連する次の①～④の記述のうち，誤っているものをひとつ選び，その番号をマークせよ。　45

① ワシントン会議において，アメリカ合衆国・イギリス・日本・フランス・イタリアの五大国間で主力艦の保有トン数と保有比率を定めた海軍軍備制限条約，中国の主権尊重・領土保全を約束した九カ国条約が結ばれた。
② 世界恐慌によって大きな打撃を受けたアメリカ合衆国では，大統領となったフランクリン=ローズヴェルトが金本位制から離脱し，農業調整法・全国産業復興法の制定をおこなったほか，テネシー川流域開発公社をつくって失業者を減らそうとした。
③ ファシスト党による「ローマ進軍」を組織して政府に圧力をかけ，国王の指示で首相に任命されたムッソリーニは，ファシズム大評議会に権力を集中させて一党独裁体制を

確立した。

④　第一次五カ年計画にかわってネップ（新経済政策）を打ち出したスターリンは，重工業化の推進による社会主義建設を急ぎ，農業でも集団化と機械化を命じ，集団農場（コルホーズ）・国営農場（ソフホーズ）の建設を強行した。

問3　第二次世界大戦に関連する次の①～④の記述のうち，誤っているものをひとつ選び，その番号をマークせよ。　46

①　北半をドイツに占領され，南半はペタンの率いるヴィシー政府が統治したフランスでは，ド=ゴールらが降伏を拒否し，ロンドンに亡命政府を組織して抗戦をよびかけ，フランス国内にもやがてレジスタンス（対独抵抗運動）がおこった。

②　1939年にフィンランドに宣戦したソ連は，翌年に国境地域の軍事基地を獲得し，さらにバルト3国（エストニア・ラトヴィア・リトアニア）を併合して，ウクライナからもベッサラビアを割譲させた。

③　開戦後半年間でマレー半島・香港・シンガポール・インドネシア・フィリピン・ソロモン諸島を占領し，ビルマを征服した日本は，「大東亜共栄圏」を唱え，インドシナ・タイには日本との協力をよびかけた。

④　アメリカ合衆国のトルーマン大統領は1945年にチャーチル・スターリンと会談し，その後日本の降伏を求めるポツダム宣言が発表された。これを黙殺した日本に対し，アメリカ合衆国は広島と長崎に原子爆弾を投下した。

問4　ゴルバチョフがソ連の書記長・大統領だった時代に関する事柄ではないものを次の①～⑤のなかからひとつ選び，その番号をマークせよ。　47

①　マルタ会談

②　グラスノスチ

③　「プラハの春」

④　ペレストロイカ

⑤　第1次戦略兵器削減条約

問5　地域統合的な組織または協議機関に関連する次の①～④の記述のうち，正しいものをひとつ選び，その番号をマークせよ。　48

①　アフリカ連合は，アフリカ統一機構が発展・改組して2002年にできたものであり，EUをモデルとしている。

②　結成時のASEANの構成国はインドネシア，マレーシア，フィリピン，カンボジアおよびタイの5か国であった。

③ ブラジル，ロシア，インド，中国およびスペインはBRICSとよばれ，新興国として注目を集めた。

④ EUでは，2009年，大統領や外務大臣にあたる職の新設などを定めた，憲法に相当する基本条約（マーストリヒト条約）が発効した。

問6　朝鮮半島の情勢に関する次の①〜④の記述のうち，正しいものをひとつ選び，その番号をマークせよ。　49

① 日清戦争後大陸への支配拡大をめざすようになった日本は，韓国（大韓帝国）に対し，3次にわたる日韓協約（1904〜07年）によって，朝鮮総督府の設置や韓国の保護化など，実質的な支配を推し進めた。

② 韓国（大韓帝国）各地で民衆が武装抗日闘争（三・一独立運動）をおこすと，日本は列強の黙認のもと，これをおさえ，1910年に韓国（大韓帝国）を併合し，ソウル（京城）に統監府をおき，憲兵による武断政治をおこなった。

③ 第二次世界大戦後，北緯38度線を境界に北半分をソ連が，南半分をアメリカ合衆国が占領下においていたが，統一方法をめぐって米ソが対立した結果，北部には朝鮮民主主義人民共和国が，南部には大韓民国が成立して，分立状況がうまれた。

④ 1990年代に朝鮮半島の非核化をめざして六カ国協議の枠組みが導入されたが，金日成の後継者の金正恩は2005年にこの協議の中止を宣言した。

問7　国際協調が求められる諸問題に関する次の①〜④の記述のうち，誤っているものをひとつ選び，その番号をマークせよ。　50

① パレスティナでは，アメリカ合衆国のオバマ大統領がパレスティナの国家存続を前提とした調停を試み，2003年に中東和平に向けてのロードマップ（行程表）を作成したが，その実現は困難なままである。

② グローバリゼーションに伴う人の移動によって，移民文化の台頭で伝統的文化が変質ないし圧迫されると考え，その国の主流文化に移民を統合しようとする同化主義の動きが強まることもあるが，オーストラリアのように多文化主義を進めようとしている国もある。

③ 1972年の国連人間環境会議を経て，1992年の国連環境開発会議では「持続可能な発展」という理念が提起され，1997年には，地球温暖化の原因とされる温室効果ガスの削減目標を定めた京都議定書が，さらに2015年にはパリ協定が採択された。

④ 1987年に米ソ間で中距離核戦力（INF）全廃条約が調印され，1996年に国連総会において包括的核実験禁止条約（CTBT）が採択されたものの，これに調印していないインド，パキスタン，次いで朝鮮民主主義人民共和国は核実験をおこなった。

政治・経済

（60分）

I 次の文章を読み，それにつづく問1～6に答えよ。

1971年8月15日のニクソン声明が日本にとって衝撃的だったのは，その1カ月前の7月15日に，ニクソンが訪中を発表したこととの相乗効果によってでした。7月15日の発表は，事前協議もなくわずか数分前に知らされています。しかも日本は，直前まで，国連における中国代表権問題で台湾を支持してアメリカと共同歩調をとっていたのです。(1)アメリカの発表が「ニクソン・ショック」と受け取られた理由は，ここにあります。

ニクソン訪中という米中和解に向けてのアメリカの外交戦略は，経済的レベルにおいてと同様に，軍事的政治的にもアメリカの覇権が相対的に後退しつつあるとの判断を前提にしていました。ベトナム戦争を単独では解決できず，中国に接近し対ソバランスを取りながら北ベトナムに外交的圧力をかけることで，この戦争から撤退しようとしたのです。

ここで注目しておきたいのは，アメリカ外交の大転換のプロットを実質的に作成したキッシンジャーが，この過程で日本の存在をまったく考慮しなかったことです。覇権の後退を抑制し国益を確保する上で，日本はアメリカにとって特別に重要な同盟国ではなかったということです。(2)体制は異にしていても中ソという「大国」と「大国」間外交を展開することで，アメリカの覇権はなお維持できるというのが，キッシンジャーの読みでした。

(3)2つの「ニクソン・ショック」は，日本国内に対米不信の情緒的な反発を引き起こします。アメリカは「義理も人情もない」と取り乱す外交当局者。［　A　］政権内では，アメリカ離れの自立志向が芽生えるようになりました。さらに国内では，対米不信が安保条約への懐疑を募らせています。60年代を通して基調となっていた安保支持の世論は，この年逆転し，皮肉なことに，自動承認された翌年に安保反対が高まったのです。

対米不信・安保条約への懐疑は，しかし革新勢力への支持にはつながりませんでした。「ニクソン・ショック」は，革新勢力にもショックを与えています。かつて社会党は，中国共産党とともに「アメリカ帝国主義は日中共同の敵」と宣言したことがありました。ところがこの立場の基本的前提が，崩れてしまったのです。しかも社会党は，(4)中ソ対立の影響を直接受けて，党内で「親ソ」派と「親中」派とが中ソ対立の代理「戦争」を展開していました。さらに「大国」間外交を進める中国に，社会党は翻弄されます。ソ連との対立を深めながら米中和解に応じた中国は，日ソ関係が進展することを牽制し，日米安保を容認しました。日米安保の容認は，自衛隊への理解をもたらします。中国は，社会党の非武装中立論を否定し，独立国である日本が軍隊を持って，対ソの隊列に加わることを求めるようになったのです。

「ニクソン・ショック」にともなう対米自立志向が，新たな選択可能性のある対外路線を生み出したとするならば，それは保守勢力の中からでした。「高度経済成長」によって拡大したパイは，政府のあらゆるセクターに配分されました。防衛部門も例外ではありません。「高度経済成長」によってファイナンスされる防衛費の「自然増」は，1970年代に世界第12位まで膨張しています。(5)このような防衛費大国日本は，経済的成功によるナショナリズムとあいまって，「自主防衛」路線の形成を促しました。

出所：井上寿一，『日本外交史講義新版』，岩波書店，2014年，195-196頁。

問1　下線部(1)に関連して，アメリカ合衆国大統領ニクソンは，なぜ1971年に金とドルの交換停止を発表したのか。次の①～④の中からもっとも適切なものをひとつ選び，その番号をマークせよ。　1

① 世界の通貨に対するアメリカドルの価値を切り上げることでアメリカ合衆国の経済力を回復させるため。

② アメリカ合衆国の国際収支が悪化し，保有する金が急減したため。

③ イギリスが，ロンドン市場でのポンドの買い支えを放棄したことで，ポンドが急落したため。

④ 1オンス35ドルの金に対するドルの交換レートを切り上げるため。

問2　下線部(2)に関連して，ニクソン大統領の訪中実現の結果，もたらされた帰結としてもっとも適切なものはどれか。次の①～④の中からひとつ選び，その番号をマークせよ。　2

① アメリカ合衆国が台湾との国交を断絶し，台湾が中国の一部であるという中華人民共和国の立場を認めた。

② アメリカ合衆国が台湾との関係を強化し，台湾を国連の代表国であることを認めた。

③ アメリカ合衆国が台湾と中華人民共和国を，2つの独立国として外交関係を強化した。

④ 台湾と中華人民共和国との間の問題に，アメリカ合衆国が一切関与しない姿勢を取り続けた。

問3　下線部(3)に関連して，「2つのニクソン・ショック」とは何を指すのか。本文から読み取れる内容として，もっとも適切なものを次の①～④の中からひとつ選び，その番号をマークせよ。　3

① ニクソン大統領が発表した金とドルの交換停止とその後のスミソニアン協定の締結

② ニクソン大統領が発表した金とドルの交換停止とその後のキングストン協定の締結

③ ニクソン大統領が発表した金とドルの交換停止とアメリカ合衆国の中ソ対立への関与

④ ニクソン大統領が発表した金とドルの交換停止とニクソン大統領の訪中

問4　空欄［　A　］に関連して，ニクソン大統領が金とドルの交換停止を発表したときの日本の首相は誰か。もっとも適切なものを次の①～⑤の中からひとつ選び，その番号をマークせよ。　4

① 佐藤栄作　② 三木武夫　③ 田中角栄　④ 福田赳夫　⑤ 池田勇人

問5　下線部(4)に関連して，「中ソ対立」，「中ソ論争」に関する記述として，適切でないものを次の①～④の中からひとつ選び，その番号をマークせよ。　5

① 1956年にソ連のフルシチョフがスターリン批判，平和革命へ移行などを表明した際，中国の毛沢東がこれに反論した。

② 中国とソ連が国境地帯で武力衝突し，ソ連は中国に派遣していた技術者を引き揚げた。

③ 社会主義国家の建設や民族解放闘争の指導理念を巡って中国とソ連が対立した。

④ 中国の改革開放政策への転換後，中ソ対立は国境での武力衝突へつながった。

問6　下線部(5)に関連して，防衛関係費のGNP１％枠とする方針に関する記述として，もっとも適切なものを次の①～④の中からひとつ選び，その番号をマークせよ。　6

① 防衛関係費の１％枠は，1976年の大平正芳内閣が初めて閣議決定した。

② 中曽根内閣時の1983年度に防衛関係費は１％を初めて超えたが，翌年以降は枠内に収まった。

③ 1990年代半ば以降は防衛関係費の１％枠は国内総生産（GDP）比とする方針となった。

④ ロシアによるウクライナ侵攻後の2023年度予算においても，防衛関係費はGDP比１％内に留まっている。

Ⅱ　次の文章を読み，それにつづく問１～５に答えよ。

各国の国際的な経済活動は，国際収支によって集計される。国際収支は，大別すれば経常収支，資本移転等収支，金融収支に区分される。経常収支は国境を越える製品・サービスの取引などを表しており，貿易・サービス収支，第一次所得収支，第二次所得収支(1)に分けられる。資本移転等収支は，対価の受領をともなわない資産の取引や債務免除を表している。金融収支は，資本の取引を表したもので，対外資産・負債の増減に関する取引が計上される。

高度経済成長期に日本の経常収支は，［　A　］という制約のもとにあった。これは好景気が続くと輸入が増え，外貨準備が枯渇して赤字になるため，金融を引き締めて景気を後退させるという制約である。このため，景気後退期には自動的に経常収支は黒字化した。1960年代後半以降は，国際競争力が高まって輸出が拡大し，貿易黒字が定着すると，この問題は解消され，以後，黒字が続いてきた。

日本の国際収支は1980年代以降，輸出が増加して経常収支の黒字が定着したが，近年は貿易収支の黒字が減少し，赤字に転じることもあるため，経常収支の黒字が減少した(2)。他方，第一次所得収支は黒字が続いており，そのほとんどは投資収益である(3)。

問１　下線部(1)に関連して，「第二次所得収支」の定義としてもっとも適切なものを次の①～④の中からひとつ選び，その番号をマークせよ。　**7**

① 国家間の無償援助や労働者の送金などの収支をさす。

② 雇用者報酬や利子・配当などの投資収益および支払い費用の収支をさす。

③ 輸送・旅行・保険や著作権・特許権などから生まれる収益および支払い費用の収支をさす。

④ 伝統的な金融商品から派生した新しい金融商品取引の収支をさす。

問２　空欄［　A　］にあてはまる用語としてもっとも適切なものを次の①～④の中からひとつ選び，その番号をマークせよ。　**8**

① 国際流動性のジレンマ

② 外国為替管理規制

③ 国際収支の天井

④ 自己資本比率規制

問３　下線部(2)に関連して，下の表は2020年の日本の国際収支を示している。貿易収支（　B　）と金融収支（　C　）にあてはまる数値の兆円に満たない小数点以下を四捨五入した場合，もっとも近い数値はどれか。適切なものをそれぞれ次の①～⑩の中からひとつ選び，その番号をマークせよ。

貿易収支（　B　）
9

金融収支（　C　）
10

① 1兆円　② 3兆円　③ 5兆円　④ 7兆円　⑤ 10兆円
⑥ 11兆円　⑦ 12兆円　⑧ 13兆円　⑨ 14兆円　⑩ 15兆円

	2020年
貿易・サービス収支	−0.7兆円
貿易収支	（　B　）
輸出	67.4兆円
輸入	64.4兆円
サービス収支	−3.7兆円
第一次所得収支	20.8兆円
第二次所得収支	−2.5兆円
経常収支	17.5兆円
資本移転等収支	−0.2兆円
直接投資	11.3兆円
証券投資	4.2兆円
金融派生商品	0.9兆円
その他投資	−2.2兆円
外貨準備	1.2兆円
金融収支	（　C　）
誤差脱漏	−2.0兆円

資料：財務省

問4　下線部(3)に関連して，日本企業の経済活動における「第一次所得収支」と「直接投資」の関係を説明した内容としてもっとも適切なものはどれか。次の①～④の中からひとつ選び，その番号をマークせよ。
11

① 海外へ移転した工場や設立した子会社等が収益を生み出したことで第一次所得収支が増加している。

② 外国人投資家の東京市場への対日証券投資が増加したことで第一次所得収支が増加している。

③ 外国企業の日本企業の買収（M&A）が増加したことで第一次所得収支が増加している。

④ サービス貿易の増加によりサービス収支の黒字が増加を続けていることで第一次所得収支が増加している。

問5　国際収支に影響を与える要因のひとつに為替レートがあげられる。為替レートの決定を説明する学説のひとつ「購買力平価」の定義として，もっとも適切なものはどれか。次の①～④の中からひとつ選び，その番号をマークせよ。 12

① 2つの国の外国為替相場を物価水準の比率で算出する考え方。
② 2つの国の外国為替相場を所得水準の比率で算出する考え方。
③ 2つの国の外国為替相場を経常収支の違いから算出する考え方。
④ 2つの国の外国為替相場を景気動向の違いから算出する考え方。

Ⅲ 次の文章を読み，それにつづく問1～13に答えよ。

世界各国が政治(1)，司法(2)，外交，安全保障及び経済上の国益を確保し，自由，民主主義，人権，法の支配といった普遍的価値や原則に基づいた国際秩序を維持・発展させ，また，危機を未然に防ぎ，平和で安定した国際環境を能動的に創出するためには，国際情勢の変化・潮流を冷静に把握し，変化に適応しながら，戦略的に外交を展開していく必要がある。

現在の情勢として，国際社会は歴史の転換期にある。冷戦(3)が終わって以降しばらくの間，自由で開かれた安定的な国際秩序は世界に拡大した。先進民主主義国が自由(4)，民主主義(5)，基本的人権の尊重(6)，法の支配(7)などの普遍的価値や原則に基づく国際秩序の維持・発展をリードし，国際関係の公平性，透明性，予見可能性を高めようという国際協調の潮流が強まった。また，こうした国際秩序(8)を前提として，経済のグローバル化(9)と相互依存が進み，発展途上国(10)を含む国際社会に一定の安定と経済成長をもたらした。しかし，グローバル化により世界全体としては国家間の格差は縮まったものの，後発開発途上国諸国などその恩恵を十分受けられていない国もある。また，先進国においては，国内の格差がむしろ拡大し，それが政治・社会的な緊張と分断を招くこととなった。加えて，上述の国際秩序の下で発展した新興国・途上国の台頭は，近年，国際社会にパワーバランスの変化をもたらし，地政学的な国家間競争が激しさを増している。さらに近年，安全保障の裾野は半導体やレアアースなどのサプライチェーン(11)の強じん性確保，重要・新興技術の育成と保護，サイバーセキュリティ，偽情報対策などにまで広がりを見せている。従来の，法の支配に基づく自由で開かれた国際秩序が揺らぐ中，国家間では総合的な国力を高め，自国の国益達成に向けて国際的な影響力を競い合う傾向が強まっている。こうした状況に対し，国際連合(12)を始めとする国際機関が十分に機能を果たしているだろうか。各国の利害が複雑化し，一致した立場を見出すことが非常に困難となっており，国際協調の潮流が弱まっている。その結果，国際社会では遠心力が強まっており，今後緊張と対立の度合いが高まっていく恐れがある。その一方で，気候変動，環境，感染症，核軍縮・不拡散(13)，テロといった地球規模課題はどのような大国でも一国のみでは解決できず，国際社会による協力がかつてないほど求められている。また，世界経済のグローバル化と相互依存が進んでおり，もはや完全な分離が可能な状況にはない。このように，国際関係は，対立や競争と協力の様相が複雑に絡み合う状況となっている。

問1　下線部(1)に関連して，日本の政治に関する記述としてもっとも適切なものを，次の①～④の中からひとつ選び，その番号をマークせよ。　13

① 日本国憲法では，国務大臣の過半数が国会議員でなくてはいけないとされている。

② 政府や地方公共団体の行った行政行為に対する国民の異議申し立ては認められていない。

③ 選挙区ごとの一票の価値の比率（一票の格差）についての問題が指摘されているが，裁判所からは一切違憲判決や違憲状態とする判決は出ていない。

④ 行政事務を行う公務員について，2018年における人口1000人あたりの中央政府職員の人数は日本よりもフランスの方が少ない。

問2　下線部(2)に関連して，日本の司法に関する記述としてもっとも適切なものを，次の①～④の中からひとつ選び，その番号をマークせよ。　14

① 日本では国民が裁判員として職業裁判官とともに合議体を構成し裁判をする制度は整っていない。

② 知的財産権に関する訴訟を専門的に扱う裁判所は日本に存在しない。

③ 最高裁判所と高等裁判所の裁判官に対して国民審査が認められている。

④ 最高裁判所の長たる裁判官は，内閣の指名に基づき，天皇が任命する。

問3　下線部(3)に関連して，冷戦とその背景に関する記述としてもっとも適切なものを，次の①～④の中からひとつ選び，その番号をマークせよ。　15

① マルクスが『資本論』において，社会主義に科学的な基礎を与えた。

② 朝鮮戦争が始まる前に，自衛隊は発足した。

③ アメリカとソ連はあらゆる世界の戦争や紛争に直接的・間接的に関わらず一切介入しなかった。

④ キューバ危機を受けて，アメリカ，イギリス，フランス，ソ連によるジュネーブ四巨頭会談が行われた。

問4　下線部(4)に関連して，日本の法における自由の権利に関する記述として適切でないものを，次の①～④の中からひとつ選び，その番号をマークせよ。　16

① 日本国憲法は精神の自由を保障しており，具体的には「思想・良心の自由」，「信教の

自由」,「学問の自由」,「集会・結社・表現の自由」である。

② 日本国憲法は人身（身体）の自由を保障しており，奴隷的拘束や苦役からの自由のほか，被疑者や刑事被告人の権利なども細かく記している。しかし，すべての逮捕における捜索・押収について，裁判官の発する令状などは必要ない。

③ 日本国憲法では「公共の福祉」により経済活動の自由が制限されることがあり，たとえば市場の独占など経済的強者に対する経済活動の制限などがある。

④ 大日本帝国憲法下の1900年には，集会，結社，言論の自由や労働運動を取り締まるための法律として治安警察法が公布された。

問5　下線部(5)に関して，民主主義に関する記述として適切でないものを，次の①～④の中からひとつ選び，その番号をマークせよ。 17

① 日本の地方自治においては直接民主制の一種として，住民は条例の制定や改正・廃止の直接請求や，事務の監査請求，議会の解散や議員・首長などの解職の請求ができる。

② 日本では政治資金の透明化を目的とする政治資金規正法の改正により，政治資金の透明化が図られ，政治家個人への企業・団体献金が禁止されている。

③ 大衆民主主義は，多数の人々の支持を得るために大衆迎合的な政治（ポピュリズム）におちいることがあり，注意が必要である。

④ 日本では，ある一定の条件を満たす男女に選挙権を認める普通選挙制度が1925年に確立している。

問6　下線部(6)に関連して，次のA～Cの世界の人権保障に関連する宣言，章典，憲法について，成立した年代順に古いものから新しいものへ並べた配列を下の①～⑥の中からひとつ選び，その番号をマークせよ。 18

A　バージニア権利章典

B　ワイマール憲法

C　フランス人権宣言

① A → B → C
② A → C → B
③ B → A → C
④ B → C → A
⑤ C → A → B
⑥ C → B → A

問７　下線部(7)に関連して，法の支配および民主政治に関連した考えの記述として適切でないものを，次の①～④の中からひとつ選び，その番号をマークせよ。 19

① 17世紀に制定されたイギリスの権利章典は，国王が議会の同意なしに法律を停止したり課税を行うことや，残虐な刑罰を科すことを禁じた。

② イギリスのエドワード・コークらは，王権に対してコモン・ローの優位性を主張した。

③ ホッブズは『リバイアサン』ですべての人は自然権をもち，これを主権者（君主）に譲渡し，その命令に従うべきだと説いた。

④ ロックは，『社会契約論』で人民はすべての自然権を，一般意思（共同体全体の利益を目指す意思）にもとづく共同体に譲渡する社会契約を結ぶことを説いた。

問８　下線部(8)に関連して，国際秩序に関連した法の記述として適切でないものを，次の①～④の中からひとつ選び，その番号をマークせよ。 20

① 国内法と同じく国際法では統一的な立法機関や法の執行を強制する機関はない。

② 第二次世界大戦前から紛争の平和的解決のため国際法にもとづいた司法的解決の制度が発達しており，たとえば常設国際司法裁判所が設置されていた。

③ オランダのグロティウスは，三十年戦争の混乱を背景に『戦争と平和の法』を著し，法による国際社会の秩序維持を訴えた。

④ 国際慣習法は，国際社会において大多数の国家間に法的拘束力を持つものと認められてきた法のことである。

問９　下線部(9)に関連して，下の表は，日本，オランダ，アメリカの2019年の品目別自給率（単位%，重量ベース）を示したものである。A，B，Cに該当する国の組み合わせとしてもっとも適切なものを，次の①～⑥の中からひとつ選び，その番号をマークせよ。 21

国	穀類	野菜類	肉類	魚介類	牛乳・乳製品
A	116	84	114	64	101
B	28	79	52	53	59
C	11	325	326	129	162

	A	B	C
①	日本	オランダ	アメリカ
②	日本	アメリカ	オランダ
③	オランダ	日本	アメリカ
④	オランダ	アメリカ	日本
⑤	アメリカ	日本	オランダ
⑥	アメリカ	オランダ	日本

資料：農林水産省

問10　下線部⑽に関連して，発展途上国に関する記述として適切でないものを，次の①～④の中からひとつ選び，その番号をマークせよ。　22

① 南北問題を解決するために国際連合は1964年に国連貿易開発会議（UNCTAD）を開催した。

② 原油などの資源を産出する一部の発展途上国は，従来，国際石油資本（メジャー）に支配されてきた資源を，恒久的に自国の統制下におこうとして，1960年に石油輸出国機構（OPEC）を結成した。

③ 国際経済における発展途上国の平等な参加を要求する新国際経済秩序（NIEO）樹立宣言が2010年の国連資源特別総会で採択された。

④ 発展途上国の間でも，産油国や新興工業経済地域（NIES）とよばれる工業化に成功した国や地域と，経済発展が困難な国や地域の間で格差が深刻となっており，南南問題とよばれている。

問11　下線部⑾に関連して，製造業における中小企業の記述について適切でないものを，次の①～④の中からひとつ選び，その番号をマークせよ。　23

① 中小企業の種類の１つである下請け型とは，自動車産業に典型的にみられるように，特定の大企業と強く結びついて，長期間継続的に取引をしているタイプの中小企業である。

② 中小企業の種類の１つである産業集積型とは，一定の地域に多数の企業や産業が集まった状態のことで，この集積が企業間の相互作用や結びつき，地域内に新しい取り組みを作り出し，大きな経済効果を生むことがある。大きく，企業城下町型，産地型，大都市型がある。

③ 中小企業の種類の１つであるニッチ型とは，製品の市場規模が小さいため，大企業が

進出しない「すき間」に存在している中小企業のことである。

④　中小企業は大企業と比べて，資金の調達，製品の販売，原材料の仕入れなどで不利な立場にあるが，こうした不利を補うための政策は講じられていない。

問12　下線部⑿に関連して，国際連合に関する記述としてもっとも適切なものを，次の①～④の中からひとつ選び，その番号をマークせよ。　24

①　本部はスイスのジュネーヴにある。

②　表決手続きは加盟国全部の同意が必要である（全会一致制）。

③　アメリカのウィルソン大統領が発表した平和14か条にもとづきパリ講和会議で設立が決定された。

④　国際連合の通常予算分担率（2022年通常予算）において，アメリカ，中国に次いで日本は3番目に多く分担金を拠出している。

問13　下線部⒀に関連して，次のA～Cの核軍縮・核不拡散に関する条約について調印または採択された年代順に古いものから新しいものへ並べた配列を下の①～⑥の中からひとつ選び，その番号をマークせよ。　25

A　中距離核戦力全廃条約

B　核拡散防止条約

C　核兵器禁止条約

①　A　→　B　→　C

②　A　→　C　→　B

③　B　→　A　→　C

④　B　→　C　→　A

⑤　C　→　A　→　B

⑥　C　→　B　→　A

Ⅳ　次の文章を読み，それにつづく問１～15に答えよ。

【A】

(1)欧州連合（EU）は2004年に旧共産圏のポーランドやチェコなど10カ国が加盟し，東方に拡大，一気に25カ国になった。(2)旧ユーゴスラビアの地域紛争を抑えられなかった教訓から，(3)欧州の「安定と平和」には中・東欧の加盟が必要という政治熱が高まっていた時期だった。あれから10年。大戦で分断された欧州の再統一は５億人の経済圏を創出した半面，(4)ウクライナ危機という形でロシアとの対立を再燃させた。EUは28カ国でスムーズに意思決定できない現実にも直面する。

1997年12月。ルクセンブルクで開いたEU首脳会議の記者会見で，軽快に話していた英国の(5)ブレア首相の顔がにわかに曇った。

「本当に中・東欧の国をEUの加盟候補にすると考えているなら，ルーマニアの首相の名前くらい言ってみてほしい」とルーマニアの記者が挑んだのだ。

「あなたの国の大統領にEUと(6)北大西洋条約機構（NATO）加盟を支持すると伝えた」ブレア首相は(7)大統領と首相の名前を言わぬまま切り抜けたが，このやり取りは，首脳会議に渦巻く中・東欧各国の緊張といら立ちを映し出していた。

抜粋　2014年（平成26年）５月11日の日本経済新聞「シリーズ検証　大欧州深化の60年」

【B】

1999年に欧州連合（EU）は(8)単一通貨ユーロをつくり，2002年から(9)貨幣と紙幣の流通が始まった。09年にはスロバキアの参加を得てユーロ圏は16カ国にまで拡大，(10)人口３億人と(11)米国並みの単一通貨圏が生まれていた。そこを最大の危機が襲った。

「前政権は09年のギリシャ(12)財政赤字の対(13)国内総生産（GDP）比率を3.7％と想定していたが，実際は12％に達する」。09年10月，ユーロ圏財務省会合でギリシャのパパコンスタンティヌ財務相は「不都合な真実」を明らかにした。

ギリシャでは10月４日に選挙が終わったばかり。前政権が(14)財政データの粉飾に手を染めていた。EUの［　a　］条約（1993年発効）を源流とする安定・成長協定（財政協定）は，ユーロ導入国財政赤字をGDPの３％以内，債務残高をGDPの60％以内に収めることを求めていた。ギリシャの協定破りは明白だ。

「早急な調査が必要だ」。財務省会合終了後の記者会見で，アルムニア欧州委員は怒りをぶちまけた。

抜粋　2014年（平成26年）５月25日の日本経済新聞「シリーズ検証　大欧州深化の60年」

問1　下線部(1)に関連して，1967年，欧州連合（EU）の前身である欧州共同体（EC）に統合された組織として適切でないものを，下の①～④の中からひとつ選び，その番号をマークせよ。 26

① 欧州石炭鉄鋼共同体（ECSC）

② 欧州経済共同体（EEC）

③ 欧州自由貿易連合（EFTA）

④ 欧州原子力共同体（EURATOM）

問2　下線部(2)に関連した記述としてもっとも適切なものを，下の①～④の中からひとつ選び，その番号をマークせよ。 27

① ボスニア・ヘルツェゴビナではセルビア人とクロアチア人とイスラム教徒の間で地域紛争が起こった。

② ボスニア・ヘルツェゴビナ紛争では国際連合の平和維持軍（PKF）のみが軍事介入した。

③ 1992年までに5つの共和国に分裂した旧ユーゴスラビア圏で，その後に独立を宣言した地域はない。

④ 旧ユーゴスラビアは1992年までに5つの共和国に分裂したことで地域紛争が解消された。

問3　下線部(3)に関連して，第二次世界大戦後の欧州の安全保障の動向に関する記述として適切でないものを，下の①～④の中からひとつ選び，その番号をマークせよ。 28

① 1947年，イギリスは戦争で疲弊した欧州復興のためにマーシャル・プランを発表した。

② 1949年，アメリカ・カナダと西欧諸国によって北大西洋条約機構（NATO）が結成された。

③ 1955年，ソビエト連邦と東欧諸国によってワルシャワ条約機構（WTO）が結成された。

④ 1968年，アルバニアがワルシャワ条約機構（WTO）から脱退し，1991年にWTOは解体された。

問4　下線部(4)に関連して，ロシアとウクライナに関する記述として適切でないものを，下の①～④の中からひとつ選び，その番号をマークせよ。 29

① 2014年，ロシアはウクライナ南部のクリミア半島を占拠し，同地域を一方的に編入した。

② 2022年，ロシアはウクライナ東部2州の独立を承認した。

③ 2022年，ロシアはウクライナのNATO加盟阻止や非軍事化などを掲げて大規模な侵略を開始した。

④ 2022年，ロシアの大規模侵攻を受けて，ウクライナは主に東側諸国の支援の下で抵抗した。

問5　下線部(5)に関連して，次のA～Cはイギリスの民主政治にかかわる歴史的な出来事である。これらの出来事を年代順に古いものから新しいものへ並べた配列を下の①～⑥の中からひとつ選び，その番号をマークせよ。 30

A　チャーチスト運動

B　名誉革命

C　ピューリタン革命（清教徒革命）

① A → B → C
② A → C → B
③ B → A → C
④ B → C → A
⑤ C → A → B
⑥ C → B → A

問6　下線部(6)に関連して，北大西洋条約機構（NATO）の軍事組織が空爆で介入した紛争を，下の①～④の中からひとつ選び，その番号をマークせよ。 31

① 1950～53年　朝鮮戦争
② 1982年　フォークランド紛争
③ 1994～97年　チェチェン紛争
④ 1998～99年　コソボ紛争

問7　下線部(7)に関連して，現在の各国の政治体制に関する記述としてもっとも適切なものを，下の①～④の中からひとつ選び，その番号をマークせよ。 32

① イギリスの政治機構は二院制の議院内閣制であり，上院と下院のすべての議員が選挙で選ばれ，下院で多数を占める政党の党首が首相に選出される。

② アメリカの政治機構は二院制の大統領制であり，大統領は両院の議員による投票で任命され，任期の4年間は議会から不信任されることがない。

③ 中国の政治機構は一院制の権力集中制（民主集中制）になっており，国家主席は全国

人民代表大会で選出される。

④ 日本の政治機構は一院制の議院内閣制であり，首相は国会議員の中から国会が指名する。

問8 下線部(8)に関連して，ユーロに関する記述としてもっとも適切なものを，下の①〜④の中からひとつ選び，その番号をマークせよ。 33

① 1999年，経済通貨同盟（EMU）が発足し共通通貨ユーロが導入されたが，ユーロ導入国は現在も自国通貨を放棄したわけではない。

② ユーロ経済圏はドル経済圏より小さいため，ユーロは国際通貨基金（IMF）の特別引き出し権（SDR）の価値に影響しない。

③ ギリシャの財政悪化により，現在ギリシャではユーロ通貨の使用が認められていない。

④ 欧州中央銀行（ECB）は共通通貨ユーロ圏の金融政策を一元的に運営している。

問9 下線部(9)に関連して，通貨に関する記述としてもっとも適切なものを，下の①〜④の中からひとつ選び，その番号をマークせよ。 34

① 1929年の大恐慌まで，金本位制を採用した国はなかった。

② 商品に対して通貨の価値が持続的に下落する現象をインフレーションという。

③ 法定通貨として暗号資産（仮想通貨）を採用した国はない。

④ 発券が認められた中央銀行以外の機関が通貨をつくることはできない。

問10 下線部(10)に関連して，人口に関する記述として適切でないものを，下の①〜④の中からひとつ選び，その番号をマークせよ。 35

① 現在の日本の人口を維持するためには，2.07程度の合計特殊出生率が必要とされる。

② 日本の生産年齢人口とは，満15歳以上65歳未満の人口を意味し，就業状況と関係ない。

③ 2019年の中国の二酸化炭素の年間排出総量は世界で一番多かったが，人口でこれを割った値は世界で一番ではなかった。

④ 賦課方式の年金制度の下では，どのような人口動態でも現在働いている世代の負担が年を追うごとに大きくなる。

問11 下線部(11)に関連して，米国の通貨と金融に関する記述としてもっとも適切なものを，下の①〜④の中からひとつ選び，その番号をマークせよ。 36

① 1944年以降のブレトン・ウッズ体制（ブレトン・ウッズ協定）においては，米ドルを

国際取引の基軸通貨として固定為替相場制が導入された。

② 1971年のオイル=ショックによって，固定為替相場制から変動為替相場制に変更された。

③ 1985年，米・英・西独・仏・日によってドル安を是正するプラザ合意が交わされた。

④ 2008年，信用力の高い個人を対象にした住宅ローン融資を商品化した証券の価格が大暴落を起こし世界経済に影響を与えた。

問12　下線部⑿に関連して，日本の財政に関する記述としてもっとも適切なものを，下の①～④の中からひとつ選び，その番号をマークせよ。 37

① 所得や資産の平等化をはかるための累進所得税は，経済の自動安定化装置（ビルト・イン・スタビライザー）としても機能する。

② 裁量的財政政策（フィスカル・ポリシー）における税制調整では，原則として好況期において減税し，不況期のときに増税する。

③ 日本の累進税制は，水平的公平を実現する役割を担う。

④ 1975年の特例国債発行開始後，日本の国債依存度は上昇の一途をたどっている。

問13　下線部⒀に関連して，いまある国の国内産出額が900兆円であるとする。そして，この国の中間投入額は350兆円，固定資本減耗が150兆円，補助金，間接税，海外からの純所得がそれぞれ50兆円とする。このとき，この国の国内総生産（GDP）はいくらか。もっとも適切なものを，下の①～④の中からひとつ選び，その番号をマークせよ。 38

① 350兆円

② 400兆円

③ 500兆円

④ 550兆円

問14　下線部⒁に関連して，その後のギリシャ国債に対する債券価格の記述としてもっとも適切なものを，下の①～④の中からひとつ選び，その番号をマークせよ。 39

① ギリシャ国債市場が超過供給となり，債券価格は下落した。

② ギリシャ国債市場が超過供給となり，債券価格は上昇した。

③ ギリシャ国債市場が超過需要となり，債券価格は下落した。

④ ギリシャ国債市場が超過需要となり，債券価格は上昇した。

問15　空欄 a に入る地名としてもっとも適切なものを，下の①～④の中からひとつ選び，その番号をマークせよ。 40

① ニース
② リスボン
③ アムステルダム
④ マーストリヒト

数　学

（60分）

解答上の注意

1.　問題の文中の［ア］，［イウ］，［エオカ］などの［　］には，特に指示がない限り，数字（0～9），アルファベット（a～d）または負の符号（−）が入る。ア，イ，ウ，…… の一つ一つは，これらのいずれか一つに対応する。それらを解答用紙のア，イ，ウ，…… で示された解答欄にマークせよ。

［例1］［アイウ］に − 86 と答えたいとき

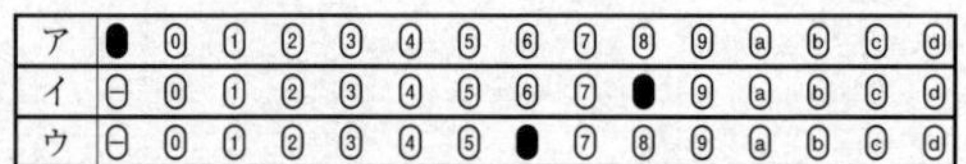

	−	0	1	2	3	4	5	6	7	8	9	a	b	c	d
ア	●	0	1	2	3	4	5	6	7	8	9	a	b	c	d
イ	−	0	1	2	3	4	5	6	7	●	9	a	b	c	d
ウ	−	0	1	2	3	4	5	●	7	8	9	a	b	c	d

［例2］［エ］ − ［オ］ に $9-a$ と答えたいとき

	−	0	1	2	3	4	5	6	7	8	9	a	b	c	d
エ	−	0	1	2	3	4	5	6	7	8	●	a	b	c	d
オ	−	0	1	2	3	4	5	6	7	8	9	●	b	c	d

2.　分数で解答するときは，既約分数（それ以上約分できない分数）で答えよ。符号は分子に付け，分母に付けた形では答えないこと。

［例3］$\dfrac{\boxed{\text{カキ}}}{\boxed{\text{ク}}}$ に $-\dfrac{2}{7}$ と答えたいときは，$\dfrac{-2}{7}$ として

	−	0	1	2	3	4	5	6	7	8	9	a	b	c	d
カ	●	0	1	2	3	4	5	6	7	8	9	a	b	c	d
キ	−	0	1	●	3	4	5	6	7	8	9	a	b	c	d
ク	−	0	1	2	3	4	5	6	●	8	9	a	b	c	d

3.　根号を含む形で解答する場合は，根号の中に現れる自然数が最小となる形で答えよ。

例えば，$4\sqrt{2}$，$\dfrac{\sqrt{13}}{2}$ と答えるところを，$2\sqrt{8}$，$\dfrac{\sqrt{52}}{4}$ のように答えないこと。

1 次の各問の [　　] に適する答を解答欄にマークせよ。

[1] 2次方程式 $x^2+3x+6=0$ の2つの解を α, β とするとき, $\alpha^2+\beta^2=$ [アイ],

$\alpha^3+\beta^3=$ [ウエ], $\dfrac{\alpha}{\beta}+\dfrac{\beta}{\alpha}=\dfrac{[\text{オカ}]}{[\text{キ}]}$ である。

[2] $a:b:c=3:4:5$, $a^2+b^2+c^2=450$ のとき, $a=\pm$ [ク], $b=\pm$ [ケコ], $c=\pm$ [サシ] （複号同順）である。

[3] 実数 a, b, c, d を

$$a=\log_3 2^{1.5}$$
$$b=\log_{\frac{1}{3}}\frac{2}{5}$$
$$c=\log_9 7$$
$$d=\log_{27}20$$

と定義すると, a, b, c, d の大小関係を表す不等式として

[ス] ＜ [セ] ＜ [ソ] ＜ [タ] が成り立つ。

[4] a を定数とする方程式

$$|x^2-3x|+x-a=0 \quad \cdots\cdots①$$

が実数解をもつのは $a\geqq$ [チ] のときであり, $a=$ [ツ], [テ] のとき, 異なる実数解の個数は3個である。ただし, [ツ] ＜ [テ] とする。

また, 方程式①の異なる実数解の個数が2個であるとき, それらの差の絶対値が6以上となるのは $a\geqq$ [ト] のときである。

2 次の各問の [　　] に適する答を解答欄にマークせよ。

[1] 5進法で表された数 $203_{(5)}$ を10進法で表すと [アイ] となり, 7進法で表すと [ウエオ]$_{(7)}$ となる。

[2] a, b は整数とする。a を6で割ると x 余り, b を6で割ると1余る。a^2+b^2 を12で割った余りが5であるとき, $x=$ [カ], [キ] である。ただし, [カ] ＜ [キ] とする。

[3] 4個の数字1, 2, 3, 4を重複を許して使ってできる3桁の整数のうち, 偶数は [クケ] 個あり, また, 220以上の整数は [コサ] 個ある。

[4] a, b は自然数で, $a>b$ とする。長さが8, $a-b$, $2a+b$ の線分を3辺とする三角形が存在するような a, b の組は, 全部で [シ] 個ある。

3　次の各問の［　　］に適する答を解答欄にマークせよ。

［1］　下の図のような，1辺の長さが1の正十二角形 $A_0A_1A_2A_3A_4A_5A_6A_7A_8A_9A_{10}A_{11}$ がある。点 A_0 を出発点とし，この正十二角形の辺上を動く点Pがある。

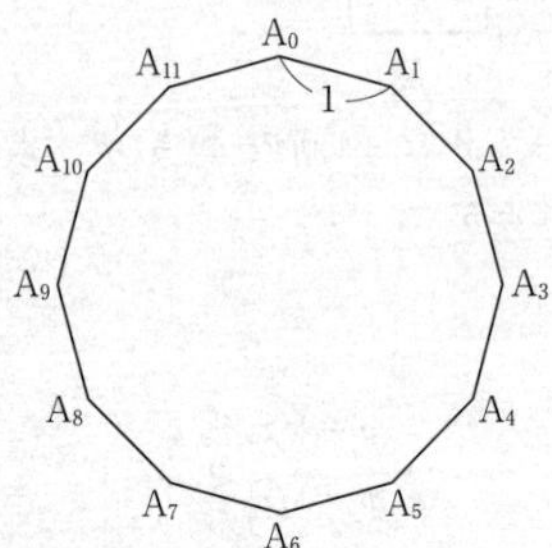

(1)　1個のさいころを投げて，点Pは出た目の数だけ時計回りに動く。さいころを3回続けて投げたとき，点Pがちょうど頂点 A_4 にある確率は $\dfrac{\boxed{\text{ア}}}{\boxed{\text{イウ}}}$ である。

(2)　1個のさいころを投げて，1の目が出たときには点Pは6だけ時計回りに動き，2または3の目が出たときには点Pは3だけ反時計回りに動き，4以上の目が出たときには点Pは動かない。さいころを3回続けて投げたとき，点Pがちょうど頂点 A_0 にある確率は $\dfrac{\boxed{\text{エ}}}{\boxed{\text{オ}}}$ である。

(3)　1個のさいころを投げて，偶数の目が出たときには点Pは出た目の数だけ時計回りに動き，奇数の目が出たときには点Pは出た目の数だけ反時計回りに動く。さいころを2回続けて投げたとき，点Pがちょうど頂点 A_8 にある確率は $\dfrac{\boxed{\text{カ}}}{\boxed{\text{キク}}}$ であり，点Pがちょうど頂点 A_9 にある確率は $\dfrac{\boxed{\text{ケ}}}{\boxed{\text{コサ}}}$ である。

（**3** は次ページに続く。）

[2]　分数を次のように並べた数列を考える。

$$\frac{1}{2},\ \frac{2}{3},\ \frac{1}{3},\ \frac{3}{4},\ \frac{2}{4},\ \frac{1}{4},\ \frac{4}{5},\ \frac{3}{5},\ \frac{2}{5},\ \frac{1}{5},\ \frac{5}{6},\ \frac{4}{6},\ \frac{3}{6},\ \frac{2}{6},\ \cdots\cdots \qquad \cdots\cdots①$$

(1)　①の表し方の中で $\frac{20}{24}$ は，第 シスセ 項に現れる。

(2)　①の表し方の中で第2024項に現れる分数の分子は ソタ ，分母は チツ である。

(3)　初項から第666項までの和は テトナ である。

4　次の各問の □ に適する答を解答欄にマークせよ。

座標平面で，方程式 $y = x^3 - 6x^2 + 3x + 10$ の表す曲線を C とする。また，定数 a に対し，方程式 $y = 3x + a$ の表す直線を $l(a)$ とする。曲線 C と直線 $l(a)$ の共有点の個数は2個であるとする。

(1)　曲線 C の形状より，曲線 C と直線 $l(a)$ は2個の共有点のうちの1点で接していることがわかる。このときの接点の x 座標は ア または イ である。
ただし， ア ＜ イ とする。

(2)　接点の x 座標が ア のとき，曲線 C と直線 $l(a)$ の接点の座標は (ア ， ウエ) である。よって $a=$ オカ である。さらに，曲線 C と直線 $l(a)$ の接点ではない方の共有点の座標は (キ ， クケ) である。以下，$a=$ オカ のときの直線 $l(a)$ を l_1 とする。

(3)　接点の x 座標が イ のとき，曲線 C と直線 $l(a)$ の接点の座標は (イ ， コサシ) である。よって $a=$ スセソ である。さらに，曲線 C と直線 $l(a)$ の接点ではない方の共有点の座標は (タチ ， ツテト) である。以下，$a=$ スセソ のときの直線 $l(a)$ を l_2 とする。

(4)　直線 l_1 と直線 l_2 の距離は $\dfrac{\boxed{ナニ}\sqrt{\boxed{ヌネ}}}{\boxed{ノ}}$ である。

(5)　曲線 C と直線 l_1 で囲まれる領域の面積は ハヒフ である。

5 次の各問の □ に適する答を解答欄にマークせよ。

$AB=7$，$AC=4$，$\overrightarrow{AB}\cdot\overrightarrow{AC}=20$ である△ABCの内接円の中心をIとし，直線AIと辺BCの交点をDとする。

(1) ベクトル$\overrightarrow{AB}$，$\overrightarrow{AC}$のなす角をθとするとき，$\cos\theta=\dfrac{\boxed{ア}}{\boxed{イ}}$であり，辺BCの長さは $\boxed{ウ}$ である。

(2) △ABCの面積は $\boxed{エ}\sqrt{\boxed{オ}}$ であり，内接円の半径は$\sqrt{\dfrac{\boxed{カ}}{\boxed{キ}}}$である。また，△ABDの面積は$\dfrac{\boxed{クケ}\sqrt{\boxed{コ}}}{\boxed{サシ}}$である。

(3) $\overrightarrow{AD}=\dfrac{\boxed{ス}}{\boxed{セソ}}\overrightarrow{AB}+\dfrac{\boxed{タ}}{\boxed{チツ}}\overrightarrow{AC}$ と表すことができ，$AD=\dfrac{\boxed{テ}\sqrt{\boxed{トナ}}}{\boxed{ニヌ}}$である。

(4) $\overrightarrow{AI}=\dfrac{\boxed{ネ}}{\boxed{ノ}}\overrightarrow{AB}+\dfrac{\boxed{ハ}}{\boxed{ヒフ}}\overrightarrow{AC}$ と表すことができる。

6 次の各問の □ に適する答を解答欄にマークせよ。

座標平面で，点Aをとり，Aの座標を(1, 3)とする。

(1) 2点B$(2\sqrt{2},\ 0)$，C$\left(\dfrac{\sqrt{2}}{2},\ 0\right)$に対して，BP : CP = 2 : 1 であるような点Pの軌跡は，中心が点$\left(\boxed{ア},\ \boxed{イ}\right)$，半径が$\sqrt{\boxed{ウ}}$の円である。この円を$D$とする。

(2) 中心が点A，半径がrの円と円Dが外接するのは，$r=\sqrt{\boxed{エオ}}-\sqrt{\boxed{カ}}$のときである。

(3) 点Aを通り，円Dに接する直線の方程式は

$y=x+\boxed{キ}$ ……①

$y=\boxed{クケ}\,x+\boxed{コサ}$ ……②

の2つである。円Dと接線①の接点の座標は$\left(\boxed{シス},\ \boxed{セ}\right)$であり，円$D$と接線②の接点の座標は$\left(\dfrac{\boxed{ソ}}{\boxed{タ}},\ \dfrac{\boxed{チ}}{\boxed{ツ}}\right)$である。

(4) 4点A(1, 3)，$\left(\boxed{ア},\ \boxed{イ}\right)$，$\left(\boxed{シス},\ \boxed{セ}\right)$，$\left(\dfrac{\boxed{ソ}}{\boxed{タ}},\ \dfrac{\boxed{チ}}{\boxed{ツ}}\right)$を頂点とする四角形の周および内部を領域$E$とする。点$(x,\ y)$が領域$E$を動くとき，$ax+y$が$x=1$，$y=3$で最大値をとり，$x=\boxed{シス}$，$y=\boxed{セ}$で最小値をとるのは，定数$a$の値の範囲が$\boxed{テ}\leqq a\leqq\boxed{ト}$のときである。

(5) 4点A(1, 3)，$\left(\boxed{ア},\ \boxed{イ}\right)$，$\left(\boxed{シス},\ \boxed{セ}\right)$，$\left(\dfrac{\boxed{ソ}}{\boxed{タ}},\ \dfrac{\boxed{チ}}{\boxed{ツ}}\right)$を頂点とする四角形の面積は$\boxed{ナ}$である。

解答編

英語・国語

I **解答**　**問1.** 2　**問2.** 1　**問3.** 4　**問4.** longer
問5. 5　**問6.** **6.** birds　**7.** stone　**問7.** 4
問8. 3　**問9.** 1　**問10.** 3・6（順不同）
問11. **A.** 表象　**B.** **イ**－5　**ウ**－3　**オ**－2　**C.** 首　**D.** 4

全訳

《レイモンド＝カーヴァー「保存されたもの」抜粋》

1　サンディの夫は3カ月前に解雇されて以来，ずっとソファーの上にいた。3カ月前のあの日，彼は青ざめ，おびえた様子で，仕事道具をすべて箱に入れて帰ってきた。「ハッピー・バレンタインデー」と彼はサンディに言い，ハート型のキャンディーの箱とジム・ビームのボトルをキッチンテーブルに置いた。彼は帽子を脱ぎ，それもテーブルの上に置いた。「今日仕事を首になったんだ。なあ，これから僕たちはどうなると思う？」

2　サンディと夫はテーブルにつき，ウイスキーを飲んでチョコレートを食べた。新しい家に屋根をふく代わりに，彼に何ができるだろうかについて話し合った。しかし何も思いつかなかった。「何か思いつくわよ」とサンディは言った。彼女は励ましたかった。けれども彼女も怖かった。結局，彼はソファーで寝ると言った。そして実際，寝た。その夜，彼はソファーをベッド代わりにし，そのことが起こって以来，そこが毎晩彼の寝るところとなった。

3　解雇された翌日は，失業手当の手続きをする必要があった。彼はダウンタウンの役所に行き，書類を書いて次の仕事を探した。しかし，彼のような職種でも，ほかのどの職種でも仕事はなかった。サンディにそこでひしめき合っていた男女について言葉にしようとすると，彼の顔は汗ばんできた。その晩，彼はソファーに戻った。彼女が考えるに，まるで，もはや仕事がなくなった今となっては，それが彼のやるべきことであるかのように，そこで自分の時間をずっと過ごし始めた。時々，職を得られる可能性について誰かに話をしに行かなければならなかったし，失業手当を受け取るために2週間ごとに何かにサインをしに行かなければならなかった。しかし，それ以外の時間はソファーにいた。まるでそこに住んでいるようね，とサンディは思った。彼はリビングに住んでいるのね，と。時々，彼は彼女が食料品店から持ち帰った雑誌に目を通し，彼女が帰ってきたときには，彼女がブッククラブに入会した特典としてもらった大きな本──『過去の謎』(Mysteries of the Past) と呼ばれる本──を，彼が見ていることが時々あった。

4　新聞は毎日家に届いた。彼はそれを最初のページから最後のページまで読んだ。合併や金利を伝えるビジネスニュースの欄同様に，死亡記事欄から主要都市の気温を示す部分まで，彼がすべてを読むのを彼女は見た。朝，彼は彼女より先に起きてトイレに行った。それからテレビをつけ，コーヒーをいれた。その時間帯の彼は明るく元気そうだと彼女は思った。しかし，彼女が仕事に出かけるころには，彼はソファーに腰を下ろしテレビがついていた。たいていの場合，彼女がその日の午後に再び帰ってきたときには，まだテレビはついていた。彼はジーンズにフランネルのシャツという，仕事に行くときに着ていた服を着て，ソファーに座るか，横になるかしていた。しかし，テレビが消えていて，本を抱えて座っていることもあった。

5　「冷蔵庫をもう一台買おう」と夫が言った。「絶対に買おう。必要でしょ？　冷蔵庫がないとやっていけない。問題は，どこで買えるのか，いくらで買えるのかということだね。中古ならいくらでも広告に載っているにちがいないよ。ちょっと待ってくれたら，新聞に載っているものがわかるよ。僕は広告の専門家なんだ」と彼は言った。

6　彼ら（サンディと夫）は広告に目を通し始めた。彼はある欄に指を走らせ，また別の欄に指を走らせた。彼は「求人募集」の欄を素早く通り過ぎた。彼女はいくつかの項目にチェックが入っているのを見たが，彼が何をマークしたのかは見ようとしなかった。それはどうでもよかった。OUTDOOR CAMPING SUPPLIES という見出しの欄があった。そして，APPLIANCES NEW AND USED を見つけた。

⑦「ほら」と彼女は言い，紙の上に指を置いた。

⑧ 彼は彼女の指をどけた。「見せて」と言った。

⑨ 彼女は指を元の場所に戻した。「冷蔵庫，レンジ，洗濯機，乾燥機など」と彼女は言った。その欄の枠内にある広告を読んだのだ。「『納屋競売』何のこと？　納屋競売だって」 彼女は読み続けた。「『毎週木曜日の夜，新品と中古の家電製品などを販売。競売は7時』今日よ。今日は木曜日よ」と彼女は言った。「この競売は今夜よ。この場所はそんなに遠くない。ここから下りたとこ，あのバスキン・ロビンスの近くよ」

⑩ 夫は何も言わなかった。彼は広告を見つめた。彼は手を上げ，２本の指で下唇を引っ張った。「納屋競売」と彼は言った。

⑪ 彼女は彼を見つめた。「行ってみましょう。どうする？　外に出るのもいいし，冷蔵庫を見つけられないか見てみましょう。一石二鳥よ」と彼女は言った。

⑫「競売なんて行ったことないよ。今さら行きたいとは思わないね」と彼は言った。

⑬「ねえねえ」とサンディは言った。「どうしたの？　競売は楽しいわよ。子供のとき以来，もう何年も行ってないわ。父とよく行ったわ」 彼女は突然，この競売にとても行きたくなった。

⑭「君のお父さん」と彼は言った。

⑮「ええ，私の父よ」 彼女は夫を見つめて，彼が何か他のことを言うのを待った。最低限何か一言。しかし彼は何も言わなかった。

⑯「競売は楽しいわよ」と彼女は言った。

⑰「たぶんそうなんだろうけど，僕は行きたくないんだよ」

⑱「ベッドランプも必要なの」 彼女は続けた。「そこにはベッドランプがあるはずよ」

⑲「なあ，必要なものはたくさんあるよ。でも，僕は仕事してないんだよ。覚えてる？」

⑳「私はこの競売に行くわよ」と彼女は言った。「あなたが行こうが行くまいが。どうせなら一緒に来ればいいんじゃない。でも私は気にしないわ。本当のことを言うと，私にとってはどうだっていいの。でも私は行くの」

解説

問1． 1つ目の空所について，仕事を解雇されて帰宅した状況で，直前の

pale「青ざめた」と親和性の高い語句は何かと考えると，正解は2．scared「おびえた」である。2つ目の空所にもうまく当てはまる。

問2． 空所を含む文の直前，第2段第2～4文（They talked … Sandy said.）「新しい家に屋根をふく代わりに，彼に何ができるだろうかについて話し合った。しかし何も思いつかなかった。『何か思いつくわよ』とサンディは言った」から，夫を励ましたいというサンディの意図が読み取れる。したがって正解は1．encouraging となる。

問3． 第1段第1文（Sandy's husband had …）に「サンディの夫は3カ月前に解雇されて以来，ずっとソファーの上にいた」とあり，解雇された日からずっとソファーの上にいるとわかる。したがって正解は4．being terminated である。下線部を含む文を訳すと「その夜，彼はソファーをベッド代わりにし，そのことが起こって以来，そこが毎晩彼の寝るところとなった」となる。

問4． 夫は解雇されて職がない状態だから，空所には longer を入れて「もはや仕事がなくなった」とすればよい。否定表現の語彙問題である。

問5． 下線部を訳すと「まるでそこに住んでいるようね，とサンディは思った。彼はリビングに住んでいるのね，と」となる。第3段第7文（Once in a while …）からわかるように，夫は時々誰かに会いに行くか，2週間に1度，失業手当を受け取りに行く以外はずっとソファーに座っている。下線部はその様子を形容したものとなる。したがって正解は5である。2は「まったく」が不適。

問6． 空所のある文の直前，第11段第4文（It'll do you …）に「外に出るのもいいし，冷蔵庫を見つけられないか見てみましょう」とある。納屋競売に行けば，ずっとソファーにいる夫が外出することと，冷蔵庫を見つけられるという2つのいいことがある。それを表す言葉として，Two birds with one stone.「一石二鳥」という文を作ればよい。したがって空所（ 6 ）には birds，空所（ 7 ）には stone が入る。

問7． 下線部を訳すと「今さら行きたいとは思わないね」となる。サンディが納屋競売に行っていい冷蔵庫があるかどうか見てみようと提案した際の返答である。この返答の理由になるのは，第19段第2文（But I don't …）「僕は仕事してないんだよ」である。職に就いていないから冷蔵庫を買うお金がないという意味の選択肢を選べばよい。したがって正解は4となる。

問8． 下線部を訳すと「彼女は突然，この競売にとても行きたくなった」となる。この文の直前の発言に「競売は楽しいわよ。子供のとき以来もう何年も行ってないわ。父とよく行ったわ」とあるように，「突然」行きたくなったのは，父とかつて競売に行ったことを思い出したからと考えられる。したがって正解は3となる。

問9． 下線部を含む表現 if you want the truth は「本当のことを言うと，正直言って」という意味。the truth「本当のこと」すなわちサンディの本心に当てはまりそうな事柄は，この段の第1文（"I'm going to …）の「私はこの競売に行く」という内容である。これは下線部を含む文の直後で「でも私は行くの」と念押しされている内容でもある。したがって，the truth が意味するのは「私は1人でも競売に行く」という内容だと考えられる。正解は1となる。

問10． 第2段第5・6文（She wanted to … was（　1　）, too.）「彼女は励ましたかった。けれども彼女も怖かった」より，3の「不安」が当てはまる。また，最終段（"I'm going to … But I'm going."）の夫が行かなくとも自分だけで競売に行くというサンディの発言より，6の「自立心」が当てはまる。5の「まごころ」について，サンディは夫のことを気にかけてはいるが，最終段にあるように，夫のことを見限るような発言をしているため，当てはまらない。

問11． **A．**「状況を的確に表わすヒョウショウ」なので「表象」となる。

B． マルクス主義思想を基盤として労働者の視点で描かれるプロレタリア小説では，労働者が善人で，資本家が悪人として描かれることが通例であり，空所（　イ　）が空所（　ウ　）を「不当に解雇する」という説明から，空所（　イ　）には5．「資本家」，空所（　ウ　）には3．「労働者」を入れる。空所（　オ　）について，直前の内容より「人々の生活を外から規定しているはずの」ものが入るとわかる。プロレタリア小説およびマルクス主義が前提とする社会観では，資本家や労働者といった階級などに基づく社会構造が人々を規定していると考えられることから，（　オ　）には2．「システム」を入れればよい。

C． 1つ目の空所を見ると「（　　　）を切った」とあるので，サンディの夫が解雇されたことを意味する「首」を入れればよい。

D.　4の小林多喜二が正解。彼の代表作には『蟹工船』『党生活者』などがある。

Ⅱ 解答　**問1．** **1**－3　**2**－6　**4**－1　**5**－5　**8**－2　**9**－4
問2． 3　**問3．** responsible　**問4．** 5　**問5．** 2・7（順不同）
問6． 5・6（順不同）　**問7．** 3

全訳

《グローバリゼーションと技術革新による倫理観の進化のために》

倫理観と政治理論の新時代

1　旧来の「国際化」ではなく，「グローバリゼーション」という言葉が暗に示しているのは，私たちは国家間の結びつきが強まる時代を超えつつあり，国家主権という既存の考え以上のものについて考え始めているという考え方である。しかし，この変化は私たちの思考のあらゆるレベルに，とりわけ倫理に関する思考や政治理論に反映される必要がある。

2　倫理に関する私たちの思考がどれほど変化する必要があるかを知るために，20世紀後半のアメリカのリベラルな制度下における正義に関する思想を，他のどの著作よりもよく表す著作を考えてみればよい。それはジョン＝ロールズの『正義論』である。1971年に出版された後すぐにこの本を読んだとき，600ページ近くもあるこのタイトルの本が，社会間に存在する貧富の両極端にある不公正についてまったく論じていないことに驚かされた。ロールズの方法は，自分がどのような境遇で暮らすことになるのかを人々が知らなかった場合に選択するならば，彼らはどのような原則を選択するかを問うことによって，正義の本質を追求するものである。つまり，自分たちが富裕層になるか貧困層になるか，支配的な多数民族の一員になるか少数民族の一員になるか，宗教的信者になるか無神論者になるか，高度な技能をもつことになるか未熟練者になるか，などといったことを知らずに選択しなければならない。仮にこの方法を特定の社会というよりむしろ，グローバルに適用するとすれば，選択を行う人々が知らないはずの事実は，彼らがアメリカのような豊かな国の国民なのか，それともハイチのような貧しい国の国民なのかということだとすぐにわかるだろう。しかし，ロールズは原初状態を設定する際に，選択を行う人々はすべて同じ社会に属しており，その社会の中で正義を達成するための原則を選択していると仮定するだけである。それゆえ，ロールズが，自分の規定する条件のもとで選択する人々は，最も貧しい人々の立場を改善しようとする原則を選ぶだろうと主張するとき，彼は最も貧しい人々の概念を自分の社会内の人々に限定しているのである。正当に選択するためには，人々は自分の市民権も無視せねばならないことをもし彼が認めれば，彼の理論は，世界で最も貧しい人々の見通しを改善するための力強い論拠になるだろう。しかし，20世紀アメリカで書かれた正義に関する最も影響力のある著作では，この論点はまったく出てこない。ロールズは晩年，短い著作『万民の法』の中でこの問題に取り組んでおり，彼がそこで語っていることについては後で述べることにしたい。しかし，彼の方法論は相変わらず，何が正義であるかを決定する単位が，今日の国民国家のようなもののままであるという考えに強固に基づいている。

テクノロジーは（ほとんど）すべてを変える

3 テクノロジーはすべてを変える，これは（カール＝）マルクスの主張であり，危ない半端な真実であったとしても，それでも示唆に富むものであった。テクノロジーが距離を克服するにつれて，経済のグローバル化が進んだ。飛行機がケニアから新鮮な野菜を運び，ロンドンのスーパーマーケットで近くのケントの野菜と肩を並べる。飛行機は，悪の手に渡れば，高層ビルを倒壊させる凶器にもなる。即時のデジタル・コミュニケーションは，国際貿易の本質を物理的なモノから熟練したサービスへと広げる。1日の取引の終わりには，ニューヨークを拠点とする銀行の口座は，インドに住む行員によって清算されているかもしれない。単一の世界経済が存在する度合いが高まっていることは，新しいグローバル・ガバナンスの発展にも反映されており， その中で最も議論を呼ぶのは世界貿易機関(WTO) である。

4 マルクスは長い目で見れば，私たちが物質的欲求を満たす手段の進歩を拒むことはないと主張した。それゆえ，歴史は生産力の成長によって動かされるのである。グローバリゼーションは，ダボスの世界経済フォーラムに集う企業経営者たちの陰謀によって世界に押し付けられたものだという指摘を，マルクスは軽蔑しただろうし，グローバリゼーションに関する最も基本的な真実が「誰も責任をもっていない」という（トーマス＝）フリードマンの発言に同意したかもしれない。しかし，マルクスにとって，この発言の意義は，陰謀論者が間違っているということではなく——陰謀論者が間違っていることにはマルクスも同意しただろうが——，私たちが生きているのは，私たち自身でルールを決めるのではなく，私たち自身が作り出したグローバル経済に支配されている，疎外された世界だということなのだ。

5 マルクスはまた，社会の倫理はその社会の技術が生み出した経済構造の反映であるとも考えていた。

6 マルクスは，私たちの倫理的判断を現実的なものにしたかった。倫理的判断は神や理性からではなく，私たちの社会の経済的基盤や，私たちが消費する商品を生産するために使用する手段から生まれると考えたのである。彼は，私たちの倫理的判断が，社会的哺乳類としての私たちの起源に生物学的基礎をもつという，別の粗野な可能性を考えなかった。私たちが多くの物事を正しいか間違っているか判断する直感的な反応は，私たち人類や人類以前の祖先の行動や感情に起源をもち，誰もがお互いを知っている小さな集団での生活に適していた。それは今日私たちが生きている世界とは大きくかけ離れているが，私たちの最も深い道徳的直観の多くは根強く残っている。本書のテーマの１つは，世界が直面する問題を克服するためには，どのような点でこうした直観を変える必要があるかということだ。

7 もし，私たちが自分たちを正当化しなければならない集団が部族や国家であるならば，私たちの道徳観も部族的か国家的なものになるだろう。しかし，コミュニケーションの革命によってグローバルな聴衆が生まれたのであれば，私たちは全世界に向けて自分たちの行動を正当化する必要性を感じるかもしれない。

8 インターネットの存在と，それに伴う国境を越えたコミュニケーションの可能性の向上だけで，これまでの倫理では成し得なかったような形でこの惑星に住むすべての人々の利益にかなう，新しい倫理をもたらすのに十分だと信じるのは幼稚であろう。とはいえ，グローバルな聴衆とグローバルな議論の存在は，真にグローバルな倫理のために，十分ではないが，必要な条件であるように思われる。

解説

問1．1．空所の直後の第2段第1文（To see how…）に「倫理に関する私たちの思考がどれほど変化する必要があるかを知るために」とあるので，空所に入るのは，倫理に関する思考の変化に関する話題であると考えられる。よって，3.「しかし，この変化は私たちの思考のあらゆるレベル，とりわけ倫理に関する思考や政治理論に反映される必要がある」が最もよく当てはまる。

2．空所の直前に「ロールズの方法は，自分がどのような境遇で暮らすことになるのかを人々が知らなかった場合に選択するならば，彼らはどのような原則を選択するかを問うことによって，正義の本質を追求するものである」とある。抽象的な「自分がどのような境遇で暮らすことになるのかを人々が知らなかった場合に選択する」を具体的に表した，6.「つまり，自分たちが富裕層になるか貧困層になるか，支配的な多数民族の一員になるか少数民族の一員になるか，宗教的信者になるか無神論者になるか，高度な技能をもつことになるか未熟練者になるか，などといったことを知らずに選択しなければならない」が続くと考えられる。

4．第2段第6文（In setting up…）に「しかし，ロールズは原初状態を設定する際に，選択を行う人々はすべて同じ社会に属しており，その社会の中で正義を達成するための原則を選択していると仮定するだけである」とあるように，著者はロールズの『正義論』の問題として，正義の適用範囲が世界ではなく特定の社会であることを挙げている。空所の直前の文（Rawls addressed it…）に「ロールズは晩年，短い著作『万民の法』の中でこの問題に取り組んだ」とはあるものの，ロールズに批判的な論調に鑑みると，結局は一定の社会内での正義だという論旨で締めくくると予測されるので，正解は1.「しかし，彼の方法論は相変わらず，何が正義であるかを決定する単位が，今日の国民国家のようなもののままであるという考えに強固に基づいている」となる。

5．第3段第2文（As technology…）に「テクノロジーが距離を克服するにつれて，経済のグローバル化が進んだ」とあり，同段第3文（Planes can bring…）はその具体例で，空所も同様だと考えられる。選択肢の中で経済のグローバル化の具体例を示しているのは，5.「即時のデジタル・コミュニケーションは，国際貿易の本質を物理的なモノから熟練したサービスへと広げる。1日の取引の終わりには，ニューヨークを拠点とする銀行の口座は，インドに住む行員によって清算されているかもしれない」である。

8． 空所の直前の第6段第1文（Marx wanted to…）に「マルクスは，私たちの倫理的判断を現実的なものにしたかった」とある。第5段（Marx also believed…）より，マルクスにとっての倫理は科学技術がもたらした経済構造の反映であり，「現実的」とは，社会の経済構造を根本として倫理的判断がなされることだと考えられる。その論旨に最も近い2.「倫理的判断は神や理性からではなく，私たちの社会の経済的基盤や，私たちが消費する商品を生産するために使用する手段から生まれると考えたのである」が入る。

9． 空所の直前には「もし，私たちが自分たちを正当化しなければならない集団が部族や国家であるならば，私たちの道徳観も部族的か国家的なものになるだろう」とある。本文のテーマとなるのは，空所（　8　）の2文後からの内容（The intuitive responses… the world faces.）にあるように，道徳観や倫理観に関して小さな民族的集団や従来の国家，社会に限定されている状態をいかにしてグローバルなものに変えていくかということである。空所に入るのは，直前の文に対する逆接的内容となり，本文のテーマにも関わる4.「しかし，コミュニケーションの革命によってグローバルな聴衆が生まれたのであれば，私たちは全世界に向けて自分たちの行動を正当化する必要性を感じるかもしれない」である。

問2． be ignorant of～で「～を無視する，～に無知である」となる。

問3． in charge は「責任をもっている」という意味なので，言い換えには responsible がふさわしい。

問4． 空所を含む文を訳すと「マルクスはまた，社会の倫理はその社会の技術が生み出した経済構造の反映であるとも考えた」となる。関係代名詞節を元の文に戻すと，Its technology has given rise to the economic structure. となる。したがって正解は5となる。give rise to～で「～を生み出す」という意味である。

問5． 第2段第6文（In setting up…）に「しかし，ロールズは原初状態を設定する際に，選択を行う人々はすべて同じ社会に属しており，その社会の中で正義を達成するための原則を選択していると仮定するだけである」とある。著者は原初状態の設定の仕方を問題視しているのであって，原初状態という手法を用いたことを問題視しているわけではない。よって，2が適切である。第2段第5文（If we were…）に「仮にこの方法を特定の社会というよりむしろ，グローバルに適用するとすれば，選択を行う人々が知らないはずの事実は，彼らがアメリカのような豊かな国の国民なのか，それともハイチのような貧しい国の国民なのかということであるとすぐにわかるだろう」とあり，著者にとって選択を行う際に無視すべきことは，特定の社会や国家などの限定された枠組みであると考えられる。ロールズは原初状態を設定する際に著者が無視すべきだと考える事柄を前提としていることから，7が適切である。4は第2段第10文（Rawls addressed it…）より，社会格差について論じた可能性があり，少なくとも「生涯のうち論じることはなかった」という意見は述べられていない。5は，「世界中の最も不遇な者たち」が第2段第7文（Hence when he…）の「最も貧しい人々の概念を自分の社会内の人々に限定している」と矛盾する。

問6． 第4段第4文（For Marx, however,…）に「マルクスにとって，この発言の意義は，…私たちが生きているのは，…私たち自身が作り出したグローバル経済に支配されている，疎外された世界だということなのだ」とあることから，5が適切である。最終段第1文（It would be…）に「インターネットの存在と，それに伴う国境を越えたコミュニケーションの可能性の向上だけで，…この惑星に住むすべての人々の利益にかなう，新しい倫理をもたらすのに十分だと信じるのは幼稚であろう」とあることから，6が適切である。

問7． まずは，アの「そうした自己啓発的な側面」に注目する。指示詞「そうした」より，この前には「自己啓発的な側面」について述べたものが入る。ウに，効果的利他主義には「自己啓発的な側面もあ」るという記述があるのでウ→アの順番になる。また，ウの後半に「シンガーに影響を受けて生き方を変えたという人々の話」とあるが，これはオの「シンガーの長年の主張が一定の成功を収めた証」につながると考えられるので，ウの後にオを入れて，ウ→オ→アの順番になる。次に，アの後半にある「シンガーの根本の主張」に注目すると，それを受けるものとして，エの「その主張」がある。エの内容を「この主張」として受け，著者の意見として

「批判的な吟味を行なう必要がある」と述べるイが次に来て，さらにカ「その結果として彼の結論を受け入れるなら，我々は自分の態度や生き方を変え」ていく必要があるという流れで進むと考えられる。したがって，ウ→オ→ア→エ→イ→カの順番となる。

Ⅲ　解答　**問1**．形容詞　**問2**．1　**問3**．5　**問4**．断念
問5．無　**問6**．回路
問7．**ア**．movement　**イ**．everyday　**問8**．3　**問9**．媒介者
問10．4

全訳

問7．言文一致（書き言葉と話し言葉との統一）とは，作家が以前の文語体の日本語の代わりに日常的な表現を用いて，口語体の日本語に近い文体で物書きをすべきだと主張し，それを実践した明治時代の運動を指し，さらにはその文体で書かれた作品を指す。それは話すように和文を書くことを意味するわけではない。

解説

問1．第1段落に，川端康成の講演を評して，「美しいもの」であり，「あいまいなもの」だとある。「あいまいな」は「美しい」という語と同様な文法的働きがあるととらえていることになる。なお，厳密にいうと，「あいまいな」は，日本語文法では「形容動詞」と説明されるが，ここはニューヨークでの講演であり，英文法に従った説明であろう。

問2．空所の前に「(川端の『あいまいさ』を）悪い意味でいっているのではありません」とある。続いて「それは（　2　）だったり，questionable だったり shady であったりはしません」とあることから，空所には「あいまいさ」を表す否定的な意味合いの語が入ることがわかる。doubtful は「疑わしい」の意。

問3．空所（　2　）とは対照的に，空所（　3　）には文字通りの「あいまいさ」を表す語が入ることになる。ambiguous は「両義的な，不明瞭な」の意。

問5．東洋の禅にいう「虚空」を言い換えた語。西洋流の「ニヒリズム」と対比して「虚無」ともある。“空っぽ，何もない”意をいう1語の漢字。

問6．下線部6の前後の語句は，いずれも，「つなぐ…」「閉じられた…」

「…を開いて」「…を閉ざし」といった，自分と外の世界（ここでは西洋）との交流，つながりに関わる語である。

問7． 言文一致とは明治時代の「運動」なので，空所（ ア ）には movement を入れる。口語体に近い文体を用いて書くことなので，空所（ イ ）には everyday を入れて，「日常的な表現を用いて」とすればよい。

問8．『小説神髄』は坪内逍遥の小説論。『行人』は夏目漱石の小説。『浮雲』は二葉亭四迷による最初の言文一致体小説。『金色夜叉』は尾崎紅葉の小説。『舞姫』は森鷗外の小説。

問9． 直前にある「日本と西欧との間で」仲立ちをする者，仲介する者の意を表している。

問10． 1は「川端康成は…日本人ならば必ず理解できるものであると信じていた」が不適切。第8段落最終文に「川端さんは現代の日本人による理解すらをもダンネンしていた」とあることに反する。

2は，著者大江健三郎が「川端康成が主張した…あいまいさのない『美しい日本の私』が最良であると確信していた」とする点が不適切。2つ目の空所（ 5 ）の次段落に「川端康成の表現に習うとするならば，むしろ『あいまいな日本の私』というのが妥当であるように思います」とある。

3は「南方熊楠は…日本の知識人にも発信し続け」が不適切。下線部9の段落に「(南方は) 東京の知識人一般に対してはカイロを閉ざしていました」とある。

4は，2つ目の空所（ 5 ）の段落で「『美しい日本の私』のなかには…西洋流のニヒリズムは介入しない…入りこみえない…西欧，アメリカが入ってくることはない」とした上で，さらに次の段落で「私には，『美しい日本の私』という言葉を発することはできません」「むしろ『あいまいな日本の私』というのが妥当である」としていることに合致する。

5は「夏目漱石は…西欧に対して発信し続けていった」が不適切。下線部8の2段落後に「(漱石は) 決して西欧人に語りかける姿勢を持つことはない」とある。

日本史

I **解答**　**問1.** ⑤　**問2.** ④　**問3.** ①　**問4.** ③　**問5.** ②
問6. ①　**問7.** ③　**問8.** ④　**問9.** ⑥　**問10.** ④
問11. ①　**問12.** ⑤　**問13.** ③　**問14.** ③　**問15.** ②

解説

《日本の首都の歴史》

問1. ⑤誤文。飛鳥浄御原令が施行されたのは689年で，694年の藤原京遷都の前である。

問2. ④誤文。検非違使を設けたのは桓武天皇ではなく嵯峨天皇である。

問3. ①正解。a．後白河法皇の幽閉（1179年）→b．福原京への遷都（1180年）→c．平清盛の死（1181年）の順である。

問4. ③誤文。鎌倉から軍を率いて京都を占領したのは，北条義時ではなく子の北条泰時と弟の時房である。

問5. ②誤り。永享の乱は，1438年に関東管領上杉憲実を攻めた鎌倉公方足利持氏を，将軍足利義教が関東で討った事件。

問6. ①正文。京都には二条城代（1699年廃止）がおかれた。大坂城代・二条城代のほか，駿府城代・伏見城代（1619年に城の破却）がおかれた。

②誤文。京都・堺・長崎の商人から最初の糸割符仲間が結成され，のちに江戸・大坂の商人が加わった。

③誤文。中山道は江戸日本橋を起点に草津で東海道と合流する。

④誤文。大坂―江戸間の航路は，当初菱垣廻船によってむすばれていたが，後発の樽廻船は荷役が早く多様な荷物を安価で輸送して優勢となった。

⑤誤文。大坂に二十四組問屋，江戸に十組問屋が結成された。

問7. ③誤文。寛政の改革での七分積金は，町入用の7割ではなく節約分の7割を積み立てる制度である。

問8. ④誤り。生麦事件は武蔵国生麦村でおこった事件である。

問9. ⑥正解。c．五箇条の誓文の公布（1868年3月）→b．政体書の制定（1868年閏4月）→a．首都を東京に移す（1869年）の順である。

問10. ④誤文。愛国社は東京ではなく大阪で結成された。

問11. ①正解。日比谷公園は1903年に開園した。この日比谷公園で1905年，日露講和条約反対国民大会が強行され，日比谷焼打ち事件へと発展した。

問12. ⑤誤文。虎の門事件で総辞職したのは大隈重信内閣ではなく第2次山本権兵衛内閣である。

問13. ③正解。b．東京大空襲（1945年3月）→a．米軍の沖縄本島上陸（1945年4月）→c．ドイツ無条件降伏（1945年5月）の順である。

問14. ③誤文。B・C級戦犯は米・英・蘭など連合国側の関係諸国がアジアに設置した軍事法廷で裁判にかけられた。

問15. 東京オリンピックの開催は1964年である。

①誤文。第1回原水爆禁止世界大会は，1955年に東京ではなく広島で開かれた。

③誤文。東京に美濃部革新都政が誕生したのは1967年である。

④誤文。東京の砂川でアメリカ軍基地反対闘争（砂川事件）がおこったのは1955年からである。

⑤誤文。東京三鷹で無人電車が暴走した（三鷹事件）のは1949年である。

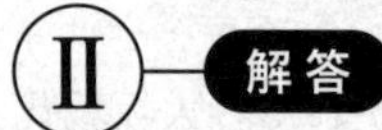

問1．① **問2**．⑥ **問3**．⑤ **問4**．② **問5**．③
問6．⑤ **問7**．④ **問8**．① **問9**．②

解説

《古代～中世の銭貨の歴史》

問1．①誤文。富本銭の鋳造が始められたのは持統天皇ではなく天武天皇の時代である。

問2．⑥正解。c．元明天皇即位（707年）→b．和同開珎鋳造の開始（708年）→a．平城京へ遷都（710年）の順である。

問3．①誤文。乾元大宝が鋳造されたのは醍醐天皇ではなく村上天皇の在位期である。

②誤文。醍醐天皇の時代には『延喜格』『延喜式』が編纂され，『弘仁格』『弘仁式』が編纂されたのは嵯峨天皇の時代である。

③誤文。承平・天慶の乱は朱雀天皇のときの939年から941年におこった。村上天皇のときの958年乾元大宝鋳造の直前ではない。

④誤文。朱雀天皇の時代に藤原忠平が摂政・関白をつとめた。

問4．②誤文。宋を圧迫したのは華北に成立した金。

問6．①誤文。宋が成立したのは10世紀である。

②・③誤文。栄西が『興禅護国論』を著し，道元が『正法眼蔵』を著した。

④誤文。無学祖元は南宋から渡来した曹洞宗ではなく臨済宗の僧侶である。また，義堂周信は日本の臨済僧である。

問7．④誤文。京都五山の僧侶が幕府に納めたのは五山官銭・五山献上銭で，段銭は田地一段ごとに賦課された税で，棟別銭は家屋の棟数に応じて賦課された税である。

問8．②誤文。室町幕府の署名は「日本国王源」ではなく「日本国王臣源」である。

③誤文。勘合は将軍ではなく明の皇帝が発行する証票である。

④誤文。日明貿易を再開したのは5代将軍義量ではなく6代将軍義教である。

⑤誤文。日明貿易を独占したのは細川氏を排除した大内氏である。

問9．②正解。雪舟の『秋冬山水図』の冬景である。なお，①如拙の『瓢鮎図』，③狩野元信の『大徳院花鳥図』，④狩野永徳の『唐獅子図屏風』，⑤俵屋宗達の『風神雷神図屏風』である。

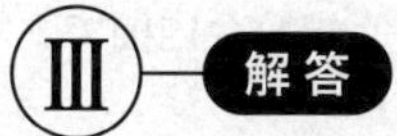

問1．①　**問2．**③　**問3．**②　**問4．**②　**問5．**④
問6．④　**問7．**④　**問8．**①　**問9．**④

解説

《江戸時代～明治時代の騒乱・一揆》

問1．①誤文。高山右近は1614年の禁教令によってマニラへ追われている。

問2．③正解。b．日本人の海外渡航と帰国の全面禁止（1635年）→a．島原の乱（1637年）→c．ポルトガル船の来航禁止（1639年）の順である。

問3．②誤文。サン＝フェリペ号はポルトガル船ではなくスペイン船である。

問4．②誤文。大塩の乱の年に，徳川家斉は将軍職を家慶に譲り大御所となった。

問6．①誤文。『経済録』は太宰春台の著書である。

②誤文。渡辺崋山は『慎機論』を著し，『戊戌夢物語』は高野長英が著した。
③誤文。『稽古談』は海保青陵の著作で，本多利明の著作では『西域物語』『経世秘策』が有名である。
⑤誤文。『自然真営道』は安藤昌益の著作である。
問7．④誤文。神風連の乱は大分県ではなく熊本県でおこった。
問9．④誤り。『民約訳解』は加藤弘之ではなく中江兆民による訳書である。

問1．④ **問2．**④ **問3．**⑤ **問4．**② **問5．**①
問6．② **問7．**② **問8．**① **問9．**③

解説

《金本位制》

問1．④誤文。日本銀行が設立されたのは1882年で，銀兌換の日本銀行券が発行されたのは1885年である。
問3．①誤文。特別融資は大蔵省ではなく日本銀行によって行われた。
②誤文。東京渡辺銀行破綻の失言をした大蔵大臣は高橋是清ではなく片岡直温である。
③誤文。若槻礼次郎内閣（第1次）は立憲政友会ではなく憲政会内閣である。
④誤文。台湾銀行救済の緊急勅令案は国会審議ではなく枢密院の審議で否決された。
問5．①誤文。重要産業統制法が制定されたのは金解禁が断行された翌年の1931年である。
問6．②正解。a．世界恐慌の始まり（1929年）→c．金解禁の断行（1930年）→b．農業恐慌の深刻化（1931年）の順である。
問8．①誤文。アメリカの対日政策の転換は，1949年の中華人民共和国の成立前，中国内戦で共産党の優勢が明らかとなった1948年には始まっていた。
問9．③正解。b．ドルと金の交換停止（1971年）→a．ニクソン大統領の訪中（1972年）→c．ベトナム和平協定の調印（1973年）の順である。

世界史

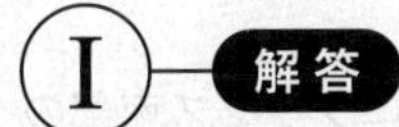

問1．① 問2．④ 問3．① 問4．③ 問5．③
問6．④ 問7．⑤ 問8．① 問9．⑤ 問10．②

解説

《秦・漢時代の中国，海の道》

問1．①誤文。殷ではなく周王朝の封建制度である。

問3．②誤文。焚書・坑儒の説明であり，武帝ではなく秦の始皇帝が行った。

③誤文。隋の時代の記述。

④誤文。唐の時代の記述。

問4．①誤文。漢からの亡命者がたてたのは李朝ではなく衛氏朝鮮。

②誤文。琉球が統一され琉球王国が成立したのは1429年。

④誤文。7世紀に百済は倭（日本）と結んだが，唐と新羅の連合軍に白村江の戦いで敗れた。

問6．ア．誤文。林邑（チャンパー）はベトナム中部に建国された。

イ．誤文。扶南はメコン川下流域に建国された。

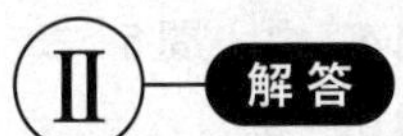

問1．④ 問2．① 問3．② 問4．⑤ 問5．③
問6．① 問7．④ 問8．④

解説

《ムスリム商人の活動》

問3．①誤文。トゥール・ポワティエ間の戦いで敗れたのは，アッバース朝ではなくウマイヤ朝。

③誤文。『大旅行記』の著者はイブン＝バットゥータ。

④誤文。ニザーミーヤ学院は，セルジューク朝の宰相ニザーム＝アルムルクによって設立された。

問7．④誤り。トンブクトゥは西アフリカのニジェール川流域にある都市。

Ⅲ 解答

問1. ③ **問2.** ③ **問3.** ④ **問4.** ③ **問5.** ①
問6. ① **問7.** ① **問8.** ④ **問9.** ⑥ **問10.** ②
問11. ③ **問12.** ④ **問13.** ③ **問14.** ① **問15.** ⑥ **問16.** ③

解説

《ヨーロッパの宗教改革》

問7. イ．誤文。スペイン生まれのドミニコは13世紀にフランス南部のトゥールーズに托鉢修道会のドミニコ修道院を設立した。

問12. ①誤文。イタリア戦争はフランス王シャルル８世のイタリア侵入で始まった。

②誤文。イタリア戦争の時期は1494～1559年。ルイ13世の治世は1610～43年。

③誤文。マキァヴェリは『君主論』の著者で，王権神授説を唱えてはいない。

問13. ③誤文。問われている条約はウェストファリア条約。アルザスはフランス領とされた。

問16. ①誤文。北アメリカ東海岸を探検したのはカボット（父子）。

②誤文。パナマ地峡を横断して太平洋に到達したのはバルボア。

④誤文。価格革命の説明。アメリカ大陸から大量の銀がヨーロッパにもたらされた影響で，銀の価格が下落し物価が上昇した。

Ⅳ 解答

問1. ④ **問2.** ① **問3.** ② **問4.** ② **問5.** ⑤
問6. ③ **問7.** ① **問8.** ③ **問9.** ②

解説

《19世紀のヨーロッパ》

問1. ①誤文。飛び杼を発明したのはジョン＝ケイ。

②誤文。第１次囲い込みではなく，第２次囲い込み。

③誤文。蒸気機関を発明したのはニューコメン。ワットは蒸気機関を改良した。蒸気機関車はトレヴィシックが開発し，実用化したのはスティーヴンソン。

問2. ②誤文。トラファルガーの海戦では，ナポレオンはネルソン率いるイギリス海軍に敗れた。

③誤文。大陸封鎖令はベルリンで発布された。

④誤文。オーストリアではなくプロイセン改革の説明である。

問3．①誤文。正統主義を唱えたのはフランスのタレーラン。

③誤文。ドイツ連邦は，オーストリアを含む35君主国と4自由市で形成された。

④誤文。神聖同盟の提唱者はアレクサンドル1世。

問4．①誤文。二月革命によって，国王ルイ＝フィリップが亡命した。

③誤文。ビスマルクが首相となったのは1862年。

④誤文。「民衆を導く自由の女神」の題材はフランス七月革命。

問5．⑤正しい。クリミア戦争の時期は1853～56年。デカブリストの乱がおこったのは1825年。

問7．②誤り。南北戦争の時期は1861～65年。アメリカ労働総同盟の結成は1886年。

③誤り。最初の大陸横断鉄道の完成は1869年。

④誤り。アラスカの買収は1867年。

問8．①誤文。マフディー運動がおこったのはスーダン。

②誤文。ベルギーのコンゴ進出に対して，1884年にベルリン会議（ベルリン＝コンゴ会議）が開かれた。

④誤文。ファショダ事件ではフランスが譲歩し撤退した。

問9．②正しい。ケインズは1936年に『雇用・利子および貨幣の一般理論』を著し，政府による経済への積極的介入を主張した。

①ゲーテは18世紀から19世紀前半のドイツの詩人・作家，③サン＝シモンは18世紀後半から19世紀前半の社会主義者，④ベンサムは18世紀半ばから19世紀前半の哲学者，⑤ボードレールは19世紀前半から半ば頃までの詩人で誤り。

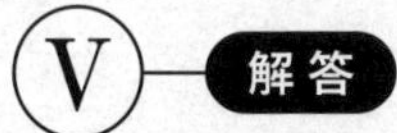

問1．③　**問2．**④　**問3．**②　**問4．**③　**問5．**①
問6．③　**問7．**①

解説

《20～21世紀の国際情勢》

問1．①誤文。バルカン同盟がオスマン帝国に宣戦布告して，第1次バルカン戦争がおこった。

②誤文。イタリアと日本は開戦後に連合国側に加わったため，大戦の始ま

りからは参戦していない。

④誤文。ポーツマス条約ではなく，ヴェルサイユ条約。

問2．④誤文。スターリンは，ネップにかわって第一次五カ年計画を打ち出した。

問3．②誤文。ベッサラビアはルーマニアから獲得した。

問4．③誤り。「プラハの春」がおこったのはブレジネフ第一書記・書記長の時代。

問5．②誤文。ASEANの結成時に参加したのは，インドネシア・マレーシア・フィリピン・タイ・シンガポールの5カ国。

③誤文。BRICSは，ブラジル・ロシア・インド・中国・南アフリカの5カ国。

④誤文。マーストリヒト条約の締結は1992年。

問6．①誤文。日韓協約では，朝鮮総督府ではなく統監府の設置が決められた。

②誤文。三・一独立運動がおこったのは1919年。

④誤文。金日成の後継者は金正日。

問7．①誤文。パレスティナの調停を試みロードマップを作成したアメリカ大統領はブッシュ（子）。

政治・経済

I 解答

問1．②　問2．①　問3．④　問4．①　問5．④
問6．③

解説

《戦後の国際情勢と日本の外交》

問1．②正文。1960年代，アメリカの国際収支悪化によってドルの信認が低下し，各国がドル売り金買いを行った。それによってアメリカから金が流出する状況を受けて，ニクソン大統領は，金とドルとの交換を一時停止した（ニクソン・ショック）。

問2．①正文。アメリカと中国の国交樹立に伴い，アメリカは台湾との国交を断絶し，中華人民共和国を中国として承認した。結果として，台湾は国際的に孤立することとなった。いわゆる中国の代表権問題のこと。

問5．④誤文。改革開放政策への転換後，中ソ対立が生じたという説明は誤り。中ソ対立が起きたのは1969年，それに対して鄧小平が改革開放政策を打ち出したのは1978年である。

問6．③正文。①誤文。防衛関係費の１％枠の決定は大平正芳内閣ではなく三木武夫内閣のとき。②誤文。防衛関係費の１％枠を初めて突破したのは1987年度である。④誤文。2023年度予算において，防衛関係費は6兆8219億円で，GDP比１％を超えた。

II 解答

問1．①　問2．③　問3．B－②　C－⑩
問4．①　問5．①

解説

《国際収支》

問1．①正文。②誤文。雇用者報酬や利子・配当などの投資収益および支払い費用は第一次所得収支に計上される。③誤文。輸送・旅行・保険や著作権・特許権などから生まれる収益および支払い費用はサービス収支に計上される。④誤文。新しい金融商品取引は金融収支に計上される。

問2．③適切。景気が拡大し，原材料などの輸入量が増大すると，貿易収支が悪化するので，政府は景気を引き締める政策をとらざるを得なくなる。このことを国際収支の天井という。

問3．B．②が適切。貿易収支は，「輸出－輸入」で求められる。したがって，67.4兆円－64.4兆円＝3兆円。

C．⑩が適切。金融収支は「直接投資＋証券投資＋金融派生商品＋その他投資＋外貨準備」で求められる。したがって，11.3兆円＋4.2兆円＋0.9兆円－2.2兆円＋1.2兆円＝15.4兆円。

問4．①正文。②誤文。対日証券投資の増加は，金融収支における証券投資で計上される。③誤文。外国企業の日本企業の買収が日本の第一次所得収支に影響を与えることはない。④誤文。サービス収支の増加が第一次所得収支の増加に直接つながることはない。

問1．①　**問2．**④　**問3．**①　**問4．**②　**問5．**④
問6．②　**問7．**④　**問8．**①　**問9．**⑤　**問10．**③
問11．④　**問12．**④　**問13．**③

解説

《戦後の国際秩序》

問1．①正文。日本国憲法68条参照。②誤文。行政手続法に基づいて，国民は地方自治体や公共団体の行政行為に異議を申し立てることができる。③誤文。一票の格差に関する違憲判決の例として，1976年の衆議院選挙制度の違憲判決などがある。

問2．④正文。日本国憲法6条2項参照。①誤文。2009年に裁判員制度が導入されている。②誤文。日本では知的財産高等裁判所で知的財産権に関する訴訟を扱う。③誤文。国民審査の対象は最高裁判所の裁判官であり，高等裁判所の裁判官は含まれない。

問3．①正文。②誤文。朝鮮戦争の勃発は1950年，自衛隊の発足は1954年である。③誤文。アメリカとソ連の間で直接武力衝突は起きていないものの，朝鮮戦争やベトナム戦争などの代理戦争は起きた。④誤文。キューバ危機は1962年，ジュネーブ四巨頭会談は1955年。

問4．②誤文。日本国憲法33条では令状主義が定められている。

問5．④誤文。日本において，男性は1925年，女性は1945年に普通選挙権が認められた。

問6．②正解。A．バージニア権利章典（1776年）→C．フランス人権宣言（1789年）→B．ワイマール憲法（1919年）の順。

問7．④誤文。『社会契約論』の著者で一般意思にもとづく社会契約論を説いたのは，ロックではなく，ルソーである。

問8．①誤文。「国内法と同じく」という点が誤り。国内法には統一的な立法機関（国会）や法の執行機関（内閣）が存在する。

問10．③誤文。新国際経済秩序（NIEO）樹立宣言は，1974年の国連資源特別総会で採択された。

問11．④誤文。1963年に大企業との格差是正のために，中小企業基本法が制定された。

問12．④正文。①・②・③はすべて国際連盟に関する内容である。

問13．③正解。B．核拡散防止条約（1968年）→A．中距離核戦力全廃条約（1987年）→C．核兵器禁止条約（2017年）の順。

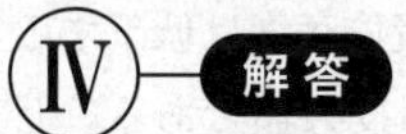

問1．③　**問2．**①　**問3．**①　**問4．**④　**問5．**⑥
問6．④　**問7．**③　**問8．**④　**問9．**②　**問10．**④
問11．①　**問12．**①　**問13．**④　**問14．**①　**問15．**④

解説

《欧州の統合》

問2．①正文。②誤文。ボスニア－ヘルツェゴビナ紛争では，北大西洋条約機構（NATO）軍も軍事介入した。③誤文。セルビアのほか，スロベニア，マケドニア，クロアチア，ボスニア－ヘルツェゴビナがそれぞれ独立した。④誤文。1992年以降も，たとえば1998年にセルビアとコソボ自治州との間でコソボ紛争が勃発した。

問3．①誤文。マーシャル－プランを発表したのはアメリカ。

問5．⑥正解。C．ピューリタン革命（1642年）→B．名誉革命（1688年）→A．チャーチスト運動（1830年代）の順。

問7．③正文。①誤文。イギリスの上院議員の一部は世襲貴族や聖職者であり，すべてが選挙で選ばれた議員ではない。②誤文。アメリカの大統領は国民による間接選挙によって選出される。④誤文。日本の国会は衆議院と参議院の二院制をとっている。

問8．④正文。①誤文。ユーロ導入国は自国通貨を放棄する。②誤文。ユーロも，ドルと同様IMFのSDRの価値に影響を及ぼす。③誤文。ギリシャにおいてユーロ通貨の使用は認められている。

問9. ②正文。③誤文。2021年にエルサルバドルが，ビットコインを法定通貨として採用することを発表した。

問11. ①正文。②誤文。アメリカが固定為替相場制から変動為替相場制へ変更したのは1973年。③誤文。プラザ合意は，貿易赤字と財政赤字（双子の赤字）に苦しむアメリカを救うために，ドル高を是正するという内容であった。④誤文。サブプライムローンは，低所得者を対象とした住宅ローン融資であった。したがって，「信用力の高い個人を対象にした」という記述は誤り。

問12. ①正文。②誤文。裁量的財政政策（フィスカル－ポリシー）では，好況期に増税，不況期に減税の税制調整が行われる。③誤文。累進税制は垂直的公平を実現する。④誤文。「上昇の一途をたどっている」という記述は誤り。国債依存度は，歳入に占める公債金の発行割合だから，国債が増えたとしても，それ以上に歳入が増えていれば，国債依存度は低下する。

問13. ④適切。国内総生産（GDP）＝国内産出額－中間投入額である。したがって，900兆円－350兆円＝550兆円となる。

数学

1 解答

[1]アイ. -3　**ウエ.** 27　**オカ.** -1　**キ.** 2
[2]ク. 9　**ケコ.** 12　**サシ.** 15
[3]ス. b　**セ.** c　**ソ.** d　**タ.** a
[4]チ. 0　**ツ.** 3　**テ.** 4　**ト.** 8

解説

《小問4問》

[1]　解と係数の関係により

$$\begin{cases}\alpha+\beta=-3\\ \alpha\beta=6\end{cases}$$

よって

$$\alpha^2+\beta^2=(\alpha+\beta)^2-2\alpha\beta$$
$$=(-3)^2-2\cdot 6$$
$$=-3 \quad \to \text{アイ}$$
$$\alpha^3+\beta^3=(\alpha+\beta)^3-3\alpha\beta(\alpha+\beta)$$
$$=(-3)^3-3\cdot 6(-3)=27 \quad \to \text{ウエ}$$
$$\frac{\alpha}{\beta}+\frac{\beta}{\alpha}=\frac{\alpha^2+\beta^2}{\alpha\beta}$$
$$=\frac{-3}{6}$$
$$=-\frac{1}{2} \quad \to \text{オ〜キ}$$

[2]　$a:b:c=3:4:5$ から，$a=3k$，$b=4k$，$c=5k$ とおくと，$a^2+b^2+c^2=450$ のとき

$$(3k)^2+(4k)^2+(5k)^2=450$$
$$k^2=9$$
$$k=\pm 3$$

$\therefore$　$a=\pm 9$，$b=\pm 12$，$c=\pm 15$（複号同順）　→ク〜シ

[3]　$a=\log_3 2^{\frac{3}{2}}=\log_3 2\sqrt{2}$

$$b=\frac{\log_3\frac{2}{5}}{\log_3\frac{1}{3}}=-\log_3\frac{2}{5}=\log_3\frac{5}{2}$$

$$c=\frac{\log_3 7}{\log_3 9}=\frac{1}{2}\log_3 7=\log_3\sqrt{7}$$

$$d=\frac{\log_3 20}{\log_3 27}=\frac{1}{3}\log_3 20=\log_3\sqrt[3]{20}$$

$\left(\frac{5}{2}\right)^2=\frac{25}{4}$，$(\sqrt{7})^2=7$ であり，$\frac{25}{4}<7$ より　$\frac{5}{2}<\sqrt{7}$

$(\sqrt{7})^6=7^3=343$，$(\sqrt[3]{20})^6=20^2=400$，$(2\sqrt{2})^6=8^3=512$ であり，$343<400<512$ より　$\sqrt{7}<\sqrt[3]{20}<2\sqrt{2}$

よって

$$\log_3\frac{5}{2}<\log_3\sqrt{7}<\log_3\sqrt[3]{20}<\log_3 2\sqrt{2}$$

$\therefore$　$b<c<d<a$　→ス～タ

[4]　①$\Longleftrightarrow|x^2-3x|+x=a$

$$|x^2-3x|+x=\begin{cases}x^2-2x=(x-1)^2-1 & (x<0,\ 3<x)\\ -x^2+4x=-(x-2)^2+4 & (0\leqq x\leqq 3)\end{cases}$$

$y=|x^2-3x|+x$ と $y=a$ のグラフの共有点から，①が実数解をもつのは

$a\geqq 0$　→チ

のときであり

$a=3,\ 4$　→ツ，テ

のとき異なる実数解の個数は3個である。

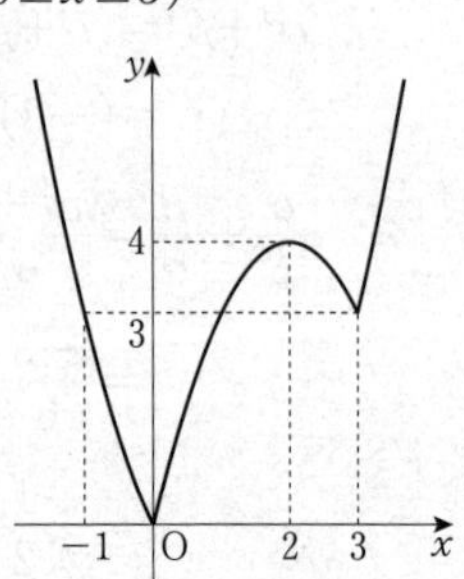

異なる実数解の個数が2個で，差が6以上のとき，グラフより，$a>3$ であり

$x^2-2x=a\Longleftrightarrow x^2-2x-a=0$

の2解を α，β とすると，解と係数の関係より

$\alpha+\beta=2$，$\alpha\beta=-a$

よって

$|\alpha-\beta|\geqq 6$

$(\alpha-\beta)^2\geqq 36$

$(\alpha+\beta)^2-4\alpha\beta \geqq 36$

$2^2-4(-a) \geqq 36$

$a \geqq 8$　→ト

これは $a>3$ を満たす。

2　解答　**[1]アイ.** 53　**ウエオ.** 104
[2]カ. 2　**キ.** 4
[3]クケ. 32　**コサ.** 44
[4]シ. 4

解説

《小問4問》

[1]　$203_{(5)}=2\cdot 5^2+3=53$　→アイ

$53=1\cdot 7^2+4=104_{(7)}$　→ウ～オ

[2]　m, n を整数とすると

$a=6m+x$, $b=6n+1$

$a^2+b^2=(6m+x)^2+(6n+1)^2$

$=12(3m^2+3n^2+mx+n)+x^2+1$

a^2+b^2 を12で割った余りが5であるから，x^2+1 を12で割った余りが5であり，x は $0 \leqq x \leqq 5$ を満たす整数であるから

$x=2$, 4　→カ，キ

[3]　偶数は一の位が2または4であるから

$2\times 4^2=32$ 個　→クケ

220以上の数は

(i)　百の位が2，十の位が2，3，4のいずれかの数

$3\times 4=12$ 個

(ii)　百の位が3または4の数

$2\times 4^2=32$ 個

よって

$12+32=44$ 個　→コサ

[4]　長さが8, $a-b$, $2a+b$ の線分を3辺とする三角形が存在するとき

$$\begin{cases} 8+(a-b)>2a+b \\ (a-b)+(2a+b)>8 \\ (2a+b)+8>a-b \end{cases} \iff \begin{cases} 8>a+2b \\ 3a>8 \\ a+2b>-8 \end{cases}$$

a, b は $a>b$ を満たす自然数より

$$(a,\ b)=(3,\ 1),\ (3,\ 2),\ (4,\ 1),\ (5,\ 1)$$

であり，a, b の組は 4 個ある。→シ

3　解答

[1](1)ア. 1　**イウ.** 24

(2)エ. 2　**オ.** 9

(3)カ. 5　**キク.** 36　**ケ.** 1　**コサ.** 18

[2](1)シスセ. 257

(2)ソタ. 57　**チツ.** 65

(3)テトナ. 333

解説

《小問2問》

[1](1)　頂点 A_4 にあるのは，出た目の数の和が 4 または 16 になるときであり，この目の組合せは

$$(1,\ 1,\ 2),\ (4,\ 6,\ 6),\ (5,\ 5,\ 6)$$

であるから，求める確率は

$$\frac{3\times3}{6^3}=\frac{1}{24}\quad \to ア〜ウ$$

(2)　1 の目が出る，2 または 3 の目が出る，4 以上の目が出る事象をそれぞれ X，Y，Z とすると，頂点 A_0 にあるのは

(i)　X が 1 回と Y が 2 回

(ii)　X が 2 回と Z が 1 回

(iii)　Z が 3 回

出る場合であるから

$$_3C_1\frac{1}{6}\left(\frac{1}{3}\right)^2+{}_3C_2\left(\frac{1}{6}\right)^2\cdot\frac{1}{2}+\left(\frac{1}{2}\right)^3=\frac{2}{9}\quad \to エ，オ$$

(3)　頂点 A_8 にあるのは，出る目の組合せが

$$(1,\ 3),\ (2,\ 6),\ (4,\ 4)$$

のときであり，求める確率は

$$\frac{5}{6^2}=\frac{5}{36}$$ →カ～ク

頂点 A_9 にあるのは，出る目の組合せが

(2, 5)

のときであり，求める確率は

$$\frac{2}{6^2}=\frac{1}{18}$$ →ケ～サ

[2]　分母が $k+1$ である項の集まりを第 k 群とする群数列と考える。

(1)　第 k 群の項数は k であるから，数列の初項から第 k 群の末項までの項数は

$$1+2+\cdots+k=\frac{k(k+1)}{2}$$

である。

$\frac{20}{24}$ は第 23 群の 4 番目の項であるから

$$\frac{22\cdot 23}{2}+4=257$$

第 257 項に現れる。 →シ～セ

(2)　第 2024 項が第 k 群にあるとすると

$$\frac{(k-1)k}{2}<2024\leqq\frac{k(k+1)}{2}$$

ここで

$$\frac{63\cdot 64}{2}=2016,\quad \frac{64\cdot 65}{2}=2080$$

であるから，第 2024 項は第 64 群の 8 番目の項であり，分子は 57，分母は 65 である。 →ソ～ツ

(3)　第 666 項が第 k 群にあるとすると

$$\frac{(k-1)k}{2}<666\leqq\frac{k(k+1)}{2}$$

$\frac{36\cdot 37}{2}=666$ であるから，第 666 項は第 36 群の末項である。

第 k 群に含まれる項の和は

$$\sum_{i=1}^{k}\frac{i}{k+1}=\frac{1}{k+1}\cdot\frac{k(k+1)}{2}=\frac{k}{2}$$

であるから，求める和は

$$\sum_{k=1}^{36}\frac{k}{2}=\frac{1}{2}\cdot\frac{36\cdot 37}{2}=333 \quad \to テ〜ナ$$

4 解答

(1)ア. 0　**イ.** 4
(2)ウエ. 10　**オカ.** 10　**キ.** 6　**クケ.** 28
(3)コサシ. −10　**スセソ.** −22　**タチ.** −2　**ツテト.** −28
(4)ナニ. 16　**ヌネ.** 10　**ノ.** 5
(5)ハヒフ. 108

解説

《3次関数のグラフに接する直線の方程式，接点，直線間の距離，3次関数のグラフと接線で囲まれる部分の面積》

(1)　接線の傾きが3であるから

$$y'=3x^2-12x+3=3$$

$$3x(x-4)=0$$

$$\therefore \quad x=0,\ 4 \quad \to ア,\ イ$$

(2)　$x=0$ のとき $y=10$ であり，接点の座標は　(0，10)　→ウエ

$$a=10 \quad \to オカ$$

C と $l(a)$ の共有点の座標は

$$\begin{cases} y=x^3-6x^2+3x+10 \\ y=3x+10 \end{cases}$$

$$x^3-6x^2+3x+10=3x+10$$

$$x^2(x-6)=0$$

よって，接点でない方の共有点の座標は　(6，28)　→キ〜ケ

(3)　$x=4$ のとき $y=-10$ であり，接点の座標は　(4，−10)　→コ〜シ

$$a=-22 \quad \to ス〜ソ$$

C と $l(a)$ の共有点の座標は

$$\begin{cases} y=x^3-6x^2+3x+10 \\ y=3x-22 \end{cases}$$

$$x^3-6x^2+3x+10=3x-22$$

$$x^3-6x^2+32=0$$

$$(x-4)^2(x+2)=0$$

よって，接点でない方の共有点の座標は　$(-2,\ -28)$　→タ～ト

(4)　点 $(0,\ -22)$ は l_2 上の点であり，$l_1 /\!/ l_2$ であるから，l_1 と l_2 の距離は点 $(0,\ -22)$ と l_1 の距離に等しいので

$$\frac{|3\cdot 0-(-22)+10|}{\sqrt{3^2+(-1)^2}}=\frac{32}{\sqrt{10}}=\frac{16\sqrt{10}}{5}\quad \text{→ナ～ノ}$$

(5)　C と l_1 で囲まれる領域の面積は

$$\int_0^6\{(3x+10)-(x^3-6x^2+3x+10)\}dx$$

$$=\int_0^6(-x^3+6x^2)dx$$

$$=\left[-\frac{x^4}{4}+2x^3\right]_0^6$$

$$=108\quad \text{→ハ～フ}$$

2024年度　経済学部　数学

5　**解答**　**(1)ア.** 5　**イ.** 7　**ウ.** 5

(2)エ. 4　**オ.** 6　**カ.** 6　**キ.** 2　**クケ.** 28

コ. 6　**サシ.** 11

(3)ス. 4　**セソ.** 11　**タ.** 7　**チツ.** 11　**テ.** 8　**トナ.** 42

ニヌ. 11

(4)ネ. 1　**ノ.** 4　**ハ.** 7　**ヒフ.** 16

解説

《内接円の半径，内心と内分点の位置ベクトル》

(1)　$\cos\theta=\dfrac{\overrightarrow{AB}\cdot\overrightarrow{AC}}{|\overrightarrow{AB}||\overrightarrow{AC}|}=\dfrac{20}{7\cdot 4}=\dfrac{5}{7}$　→ア，イ

$$|\overrightarrow{BC}|^2=|\overrightarrow{AC}-\overrightarrow{AB}|^2$$

$$=|\overrightarrow{AC}|^2-2\overrightarrow{AB}\cdot\overrightarrow{AC}+|\overrightarrow{AB}|^2$$

$$=16-2\cdot 20+49$$

$$=25$$

$\therefore$　$BC=5$　→ウ

(2)　$\triangle ABC=\dfrac{1}{2}\sqrt{|\overrightarrow{AB}|^2|\overrightarrow{AC}|^2-(\overrightarrow{AB}\cdot\overrightarrow{AC})^2}$

$$=\frac{1}{2}\sqrt{7^2\cdot 4^2-20^2}$$

$$=4\sqrt{6} \quad \to エ,\ オ$$

内接円の半径を r とすると

$$\frac{1}{2}r(7+4+5)=4\sqrt{6}$$

$$\therefore \quad r=\frac{\sqrt{6}}{2} \quad \to カ,\ キ$$

AD は ∠A の二等分線であるから

$$BD:DC=7:4 \quad \cdots\cdots ①$$

であり

$$\triangle ABD=\frac{7}{11}\triangle ABC$$

$$=\frac{28\sqrt{6}}{11} \quad \to ク\sim シ$$

(3) ①から

$$\overrightarrow{AD}=\frac{4}{11}\overrightarrow{AB}+\frac{7}{11}\overrightarrow{AC} \quad \to ス\sim ツ$$

$$|\overrightarrow{AD}|^2=\left(\frac{1}{11}\right)^2|4\overrightarrow{AB}+7\overrightarrow{AC}|^2$$

$$=\left(\frac{1}{11}\right)^2(16|\overrightarrow{AB}|^2+56\overrightarrow{AB}\cdot\overrightarrow{AC}+49|\overrightarrow{AC}|^2)$$

$$=\left(\frac{1}{11}\right)^2(16\cdot7^2+56\cdot20+49\cdot4^2)$$

$$=\left(\frac{4}{11}\right)^2\cdot7(7+10+7)$$

$$=\left(\frac{8}{11}\right)^2\cdot7\cdot6$$

$$\therefore \quad AD=\frac{8\sqrt{42}}{11} \quad \to テ\sim ヌ$$

(4) $$BD=5\times\frac{7}{11}=\frac{35}{11}$$

BI は ∠B の二等分線であるから

$$AI:ID=7:\frac{35}{11}$$

$$=11:5$$

よって

$$\overrightarrow{AI}=\frac{11}{16}\overrightarrow{AD}$$

$$=\frac{1}{4}\overrightarrow{AB}+\frac{7}{16}\overrightarrow{AC}$$ →ネ～フ

6 解答 **(1)ア.** 0　**イ.** 0　**ウ.** 2

(2)エオ. 10　**カ.** 2

(3)キ. 2　**クケ.** −7　**コサ.** 10　**シス.** −1　**セ.** 1　**ソ.** 7

タ. 5　**チ.** 1　**ツ.** 5

(4)テ. 1　**ト.** 7

(5)ナ. 4

解説

《アポロニウスの円，接線，領域と最大・最小》

(1) $P(x,\ y)$ とすると

$$BP=\sqrt{(x-2\sqrt{2})^2+y^2},\ CP=\sqrt{\left(x-\frac{\sqrt{2}}{2}\right)^2+y^2}$$

BP：CP＝2：1から

$$4CP^2=BP^2$$

$$4\left\{\left(x-\frac{\sqrt{2}}{2}\right)^2+y^2\right\}=(x-2\sqrt{2})^2+y^2$$

$$3x^2+3y^2=6$$

$$\therefore\quad x^2+y^2=2$$

Pの軌跡は中心が点 $(0,\ 0)$，半径が $\sqrt{2}$ の円である。→ア～ウ

(2) $OA=\sqrt{10}$ であるから

$$r=\sqrt{10}-\sqrt{2}$$ →エ～カ

(3) 直線の方程式を $y=m(x-1)+3$ とおくと，D の方程式と連立して

$$x^2+\{m(x-1)+3\}^2=2$$

$$(m^2+1)x^2-2(m^2-3m)x+m^2-6m+7=0 \quad \cdots\cdots③$$

$$\frac{(判別式)}{4}=(m^2-3m)^2-(m^2+1)(m^2-6m+7)=0$$

$$m^2+6m-7=0$$

$$(m+7)(m-1)=0$$

$m=-7,\ 1$

③の重解は $x=\dfrac{m^2-3m}{m^2+1}$ であるから

$m=1$ のとき　$x=-1$

$m=-7$ のとき　$x=\dfrac{7}{5}$

よって，接線の方程式は

$y=x+2$　→キ

$y=-7x+10$　→ク～サ

$x=-1,\ \dfrac{7}{5}$ のとき，$y=1,\ \dfrac{1}{5}$ であるから，接点の座標は

$(-1,\ 1),\ \left(\dfrac{7}{5},\ \dfrac{1}{5}\right)$　→シ～ツ

(4)　領域 E は右図の網かけ部分（境界を含む）であり，$ax+y=k$ とおくと

$y=-ax+k$

これは傾きが $-a$，y 切片が k である直線を表す。

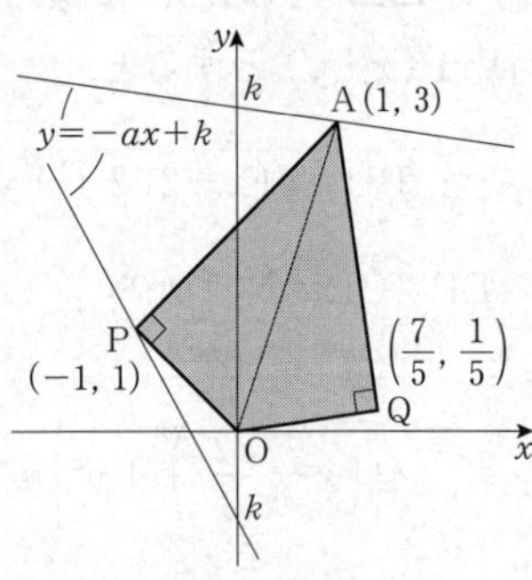

$\mathrm{P}(-1,\ 1)$，$\mathrm{Q}\left(\dfrac{7}{5},\ \dfrac{1}{5}\right)$ とおくと，k が $(x,\ y)=(1,\ 3)$ で最大値をとり，$(x,\ y)=(-1,\ 1)$ で最小値をとるとき

（直線 AQ の傾き）$\leqq -a \leqq$（直線 OP の傾き）

より

$-7\leqq -a\leqq -1$

よって

$1\leqq a\leqq 7$　→テ，ト

(5)　0と $(-1,\ 1)$ を結ぶ線分の長さは $\sqrt{2}$，Aと $(-1,\ 1)$ を結ぶ線分の長さは $2\sqrt{2}$ であり，これらは直交する。

また，$\triangle\mathrm{OAP}\equiv\triangle\mathrm{OAQ}$ であるから，四角形の面積は

$\dfrac{1}{2}\sqrt{2}\cdot 2\sqrt{2}\times 2=4$　→ナ

3教科型学部個別入試（A方式）：経営学部

問題編

▶試験科目・配点

教　科	科　目	配　点
外国語	コミュニケーション英語Ⅰ・Ⅱ・Ⅲ，英語表現Ⅰ・Ⅱ	150点
地歴・数学	日本史Ｂ，世界史Ｂ，「数学Ⅰ・Ⅱ・Ａ・Ｂ（数列，ベクトル)」のうちから１科目選択	100点
国　語	国語総合（近代以降の文章），現代文Ｂ	100点

▶備　考

数学Ａの出題範囲は，全分野とする。

英　語

（60 分）

I　次の英文の空所に入る語句として最も適切なものを，空所 [1] ～ [7] についてはSet A，空所 [8] ～ [13] についてはSet B の中からそれぞれ一つずつ選び，その番号をマークしなさい。なお，Set A と Set B 内の番号はどちらも一度ずつしか使えないが，不要な選択肢がそれぞれ三つずつ含まれている。また，文頭にくる語も小文字で示してある。

Andy: Hi, are you [1] ?

Bob: I think so. I know where I am, but I can't find where I want to go. I'm trying to go to a place called the Seikei Cafe. I'm supposed to [2] a friend there.

Andy: Hmm. I don't know this neighbourhood very well [3] , but maybe I can help you. Do you have a map?

Bob: Yes. My friend made [4] for me. I can find the station, where we are now, at the top of the map, but something doesn't seem right. The streets here are totally different from those on the map.

Andy: May I take a [5] ?

Bob: Please do!

Andy: I think I understand. I think the map is supposed to be the other way around.

Bob: Oh, I [6] . So that means I left the station out of the wrong exit. I went to the south exit, but I should have gone to the north.

Andy: I'm not busy right now, so [7] be happy to go with you to the north exit to see if the map makes more sense there.

Bob: Thank you!

Set A

① fine	⑥ meet
② I'd	⑦ myself
③ I'm	⑧ one
④ lost	⑨ see
⑤ look	⑩ try

Andy: Here we are at the north exit. Let's check the map again.

Bob: That street in front of us is this one on the map, [8] it?

Andy: I think you're [9].

Bob: So that means I should go down that street until I reach a traffic light, and then turn left?

Andy: Yes. And if you follow that street for five [10], the Seikei Cafe should be on your right.

Bob: Thank you! [11] your help, I would still be on the other side of the station, totally confused.

Andy: [12] problem! I'm glad I was able to help. I hope you enjoy lunch with your friend.

Bob: Thank you, but we're not going to be having lunch. We're going to be interviewed for a part-time job there.

Andy: Oh, I misunderstood. In that [13], good luck with your interview!

Set B

① blocks
② case
③ right
④ is
⑤ isn't
⑥ left
⑦ no
⑧ times
⑨ without

Ⅱ 次の英文を読み，各設問に答えなさい。なお，文章の左にある［1］～［6］は各段落の番号を表したものである。

［1］ Enter an IKEA store anywhere in the world and you recognize it instantly. Global strategy standardization is everywhere! Its warehouse-type stores all sell the same broad range of affordable home *furnishings, kitchens, accessories, and food. Most of the products are instantly recognizable as IKEA's, with their functional design. With its Swedish roots (IKEA was founded in 1943 as a mail-order company, and the first store opened in Sweden in 1958), the outside of the store is wrapped in blue and yellow: the colors of the Swedish flag. IKEA has annual sales of about $37 billion and employs more than 150,000 workers. Interestingly, IKEA is responsible(ア) for about 1 percent of the world's commercial-product wood consumption.

［2］ Overall, Sweden has 20 IKEA stores, which is fewer than that in Germany (49 stores), the United States (42), France (32), and Italy (21). With 351 stores in 46 countries, IKEA is the largest furniture retailer in the world. Basically, the furniture market is one of the least global markets, with local tastes(イ), needs, and interests, which is very different from other products.

［3］ A typical IKEA store will be laid out as a **maze that requires customers to walk through every department before they reach the checkout stations. The stores are often structured(ウ) as a one-way layout, leading customers counterclockwise along what IKEA calls "the long natural way." This "way" is designed to encourage customers to see the entire store.

［4］ Just before the checkout, there is an in-store warehouse where customers can pick up the items they purchased. The furniture is packed flat for ease of transportation and requires assembly by the customer. (a)Value (the price customers pay for the quality furniture they get) is stressed to a great extent. IKEA sells to the same basic customers worldwide: young, upwardly mobile people who are looking for tasteful yet inexpensive furniture of a certain quality standard for the price they are willing to pay.

［5］ A global network of more than 1,000 suppliers in more than 50 countries manufactures most of the 12,000 or so products that IKEA sells. IKEA itself focuses on the design of products and works closely with suppliers to bring down manufacturing costs. Developing a new product line can be a painstaking process that takes years. IKEA's designers will develop a prototype design (a small sofa, for example), look at the price that rivals charge for a similar piece, and then work with suppliers to figure out(エ) a way to cut prices without compromising on quality. IKEA also manufactures about 10 percent of what it sells in-house and uses the knowledge gained to help its suppliers improve their productivity, thereby lowering costs across the entire supply chain.

[6] Look a little closer, however, and you will see subtle(オ) differences among the IKEA offerings in North America and Europe. In North America, sizes are different to reflect(カ) the American demand for bigger furnishings. When IKEA first entered the United States in the late 1980s, it thought consumers would flock to its stores the same way they had in western Europe. At first, consumers did, but they didn't buy as much, and sales fell short of expectations. IKEA discovered that its European-style sofas and beds were not big enough, and glasses were too small. So the company set about(キ) redesigning its offerings to better match American tastes and was rewarded with accelerating sales growth.

*furnishings：家具類（カーペット，カーテン等を含む）

**maze：迷路

問1 文中で使われている下線部(ア)〜(キ)の意味として最も適切なものをそれぞれ①〜⑤の中から一つ選び，その番号をマークしなさい。

(ア) responsible 14

① accountable ② appropriate ③ dependable

④ loyal ⑤ responding

(イ) tastes 15

① colors ② practices ③ preferences

④ recipes ⑤ smells

(ウ) structured 16

① adjusted ② built ③ continued

④ located ⑤ restricted

(エ) figure out 17

① complement ② count ③ define

④ discover ⑤ substitute

出典追記：International Business: Competing in the Global Marketplace by Charles W. L. Hill, McGraw-Hill Education

(オ) subtle 18

① artificial ② forceful ③ small

④ substantial ⑤ wide

(カ) reflect 19

① conclude ② deny ③ meet

④ observe ⑤ pretend

(キ) set about 20

① changed ② considered ③ influenced

④ ordered ⑤ started

問2 第2段落で家具市場はグローバルな市場になりにくいと述べられている。その理由として最も適切なものを①～④の中から一つ選び，その番号をマークしなさい。 21

① 輸入国の関税が高いため，海外に輸出することが難しいから。

② IKEAの店舗数が多すぎるため。

③ 他の製品と比較して，家具は国によって好みやニーズや興味が大きく異なるから。

④ IKEAの戦略は，ヨーロッパ以外では通用しないから。

問3 IKEAの店舗のレイアウトに関する特徴として本文と合致しないものを①～⑤の中から一つ選び，その番号をマークしなさい。 22

① 迷路のような作りになっている。

② すべての売り場を通らなければならない設え（しつらえ）になっている。

③ 入り口から時計回りに店内を進む。

④ 店舗内の進路は「長く自然な道」と呼ばれている。

⑤ 最後にレジで支払いを済ませる前に倉庫があり，購入した製品を受け取る。

問4 第4段落下線部(a)の意味として最も適切なものを①～④の中から一つ選び，その番号をマークしなさい。 23

① 家具の品質と比べた価格の安さという意味での価値をIKEAは大いに強調している。

② 家具の品質に比べて価格を安く抑えているため，IKEAにとって価値を保つことは大いにストレスとなっている。

③ 家具の品質に比べて価格が高いため，顧客にとってIKEA製品に価値を見出すことは大いにストレスとなっている。

④ 顧客の価値観が大いに圧力となって，IKEAは家具の価格と品質を決定している。

問5　IKEAの製品と主な顧客層に関する以下の記述のうち，本文と合致するものを①〜⑤の中から三つ選び，その番号をマークしなさい。 24 25 26

① 製品は機能的なデザインになっている。

② 購入した家具は運びやすいように平らに包装されている。

③ 大型家具については，組み立て設置サービスが付いている。

④ 主な顧客層は若い世代が多い。

⑤ 購入者は子育て世代が多いため，子ども用家具の品揃えが豊富である。

問6　第5段落で述べられている内容のうち，正しいものを①〜⑦の中から一つ選び，その番号をマークしなさい。 27

① IKEAは，50ヶ国以上の国で1,000以上のサプライヤーとグローバル・チェーンを築いている。

② IKEAは新製品のデザインを開発する際，顧客からの意見や要望を反映させる方針を重視している。

③ サプライヤーは，約12,000以上の製品すべてを製造している。

④ ①と②　⑤ ①と③

⑥ ②と③　⑦ ①，②，③すべて

問7　以下の項目のうち，IKEAが全世界的に共通化せず，進出先の現地市場に合わせたものはどれか。①〜⑤の中から一つ選び，その番号をマークしなさい。 28

① 製品の種類　② 製品のサイズ　③ 製品のデザイン

④ 価格帯　⑤ 店舗のレイアウト

問8　IKEAがアメリカに進出したときの記述として正しくないものを①〜⑤の中から一つ選び，その番号をマークしなさい。 29

① IKEAは，1980年代後半に初めてアメリカに店舗を出した。

② 当初IKEAは，西ヨーロッパにおける消費者同様にアメリカの消費者が大勢で来店して，買い物をすると期待していた。

③ IKEAが期待したほどアメリカで商品は売れなかった。

④ 調査の結果，ヨーロッパ調の照明器具や電気製品は，アメリカの電圧に合わないことをIKEAは発見した。

⑤ IKEAはアメリカ人消費者の好みに合うように製品の仕様を再設計して，その後販売額は増加した。

問9 以下の①〜⑦のうち，本文の内容と合致するものを二つ選び，その番号をマークしなさい。 30 31

① IKEAは，世界中で約15万人の従業員を雇用し，月間売上高は3,700万ドルに達する。

② IKEAは，スウェーデンで1943年に最初の店舗を開店した。

③ IKEAは，世界最大の家具小売店として，アメリカや複数のヨーロッパ諸国でスウェーデン本国よりも多くの店舗を運営している。

④ 世界の商業製品用の材木の1%は，IKEAが消費している。

⑤ IKEAは，巨大な駐車場を確保するために郊外に店舗を配置することが多い。

⑥ IKEAは近年ネット販売に力を入れており，全売り上げの3割はネット販売によるものである。

⑦ IKEA店舗のうち世界で最大規模の店は，アメリカにある。

Ⅲ 次の英文を読み，下記の問いの答えとして最も適切なものをそれぞれの選択肢の中から一つずつ選び，その番号をマークしなさい。なお問8については，二つ選び，その番号をマークしなさい。

At the 1992 United Nations Earth Summit in Rio de Janeiro, celebrities like Jane Fonda and Pelé mingled with the likes of the Dalai Lama and US President George H. W. Bush. But when it came time for presidents, prime ministers, and other world leaders to gather for an official photo, they only cared about one public figure. As they gathered for the photographer, the leaders called for the aging Jacques-Yves Cousteau to join them.

Described as "Captain Planet" at the event, the legendary French explorer, *oceanographer, and advocate had come to ask leaders to recognize future generations' right to enjoy an unspoiled planet − responsibilities the UN eventually officially recognized. Nearly 30 years later, Jacques Cousteau is still remembered for his contributions not just to the way people see the world, but to the environment itself.

Cousteau is known as one of the fathers of scuba diving, which he helped pioneer in the mid-20th century. A former French naval pilot, Cousteau had become increasingly interested in ocean exploration. In 1943, as he searched for ways to make the depths more accessible to divers, he experimented with modifications to existing underwater breathing technology that would allow divers to stay below the surface longer without being tied to an air hose from a nearby ship.

The result was the **demand regulator, or aqualung, which delivered air on demand at the correct pressure. The device freed divers from their ships and allowed them to spend time exploring beneath the surface. There, they encountered a new world full of undiscovered life. Scuba diving meant people could conduct scientific research, observe animals, and even conduct archaeological expeditions under the sea. (a)<u>And the mystery he helped unlock continues: To date, an estimated 80 percent of the ocean has yet to be explored.</u>

Cousteau was fascinated by the idea of photographing under the ocean even as a teenager, when he began modifying and inventing photography equipment such as an underwater sled that enabled him to film on the ocean floor. After innovating scuba gear, he worked with Massachusetts Institute of Technology professor Harold Edgerton to create lighting suited to extreme underwater conditions. From flashing lights that revealed deep-sea animals to lights that were able to shine through deep water, Cousteau helped reveal what was below.

He also co-created the first true underwater camera, the Calypso. Named after his favorite ship, the 1961 camera could be used up to 600 feet underwater and was also usable above the surface. These and other innovations made it possible to take photos and even film movies underwater. (b)<u>Cousteau's striking underwater images were featured in *National Geographic*, which funded some of his early exploration.</u>

Cousteau turned that medium into an art form with astonishing photography and influential films like *The Silent World* (1956), *World Without Sun* (1964), and *Voyage to the Edge of the World* (1977). The rise of underwater photography didn't just benefit explorers and scientists – it helped the public understand the wonders of the ocean and feel committed to its conservation.

Cousteau's endless exploration of the world beneath the ocean surface led him to feel a sense of deep responsibility not just for the people and animals of his time, but for those of the future. In 1991, he began collecting signatures for a petition for the rights of future generations in hopes of pressuring the United Nations to modify its charter to include the rights of those yet to come to enjoy the natural world.

(c)<u>Cousteau ultimately gathered nine million signatures from around the world</u>, and in 1997 the United Nations Educational, Scientific and Cultural Organization made a declaration on the responsibilities of present generations toward future ones that included language about environmental preservation and the responsibility to give "future generations an Earth which will not one day be ***irreversibly damaged by human activity."

出典追記：Erin Blakemore, 5 ways Jacques Cousteau pushed to protect the planet, National Geographic 一部改変

*oceanographer：海洋学者

**demand regulator, or aqualung：レギュレータまたはアクアラング（スキューバダイビングの器材）

***irreversibly：不可逆的に

問1　Which of the following best describes the meaning of the first paragraph of the passage? 32

① Jane Fonda, Pelé and the other famous people wanted a photo with Cousteau because they were all close friends.

② Even though there were many other famous people there, the world leaders were most interested in having a photo taken with Cousteau.

③ Cousteau was invited to the 1992 United Nations Earth Summit by the Dalai Lama and US President George H. W. Bush so that they could be photographed together.

④ Cousteau asked the world leaders at the 1992 United Nations Earth Summit to join him for a photo.

問2　Which of the following is <u>NOT</u> true about the aqualung? 33

① It is a piece of equipment invented by Cousteau and used for scuba diving.

② It enables divers to spend more time underwater.

③ It was developed in the middle of the 1900's.

④ It includes a hose connecting a diver to a nearby ship.

問3　Which of the following best describes the meaning of the underlined sentence (a)? 34

① Cousteau's contributions have helped people explore roughly 20% of the ocean so far.

② Cousteau's contributions have helped people explore roughly 80% of the ocean so far.

③ Of the questions about the ocean that Cousteau raised, 20% remain unanswered.

④ Of the questions about the ocean that Cousteau raised, 80% remain unanswered.

問4　Which of the following best describes the meaning of the underlined sentence (b)? 35

① Cousteau paid to have some of his most striking photos published in *National*

Geographic.

② *National Geographic* supported Cousteau's work, and he published some of his photos there.

③ Cousteau worked with *National Geographic* to develop new underwater cameras.

④ Striking images in *National Geographic* inspired some of Cousteau's early exploration.

問5 Which of the following best describes the meaning of the underlined phrase (c)? **36**

① 9,000,000 people around the world supported Cousteau's petition.

② 9,000,000 people around the world opposed Cousteau's petition.

③ Cousteau's petition would help preserve the environment for 9,000,000 people around the world.

④ Cousteau's petition revealed the dangers faced by 9,000,000 people around the world.

問6 In which order did the events in Cousteau's life take place? **37**

(a) He invented the aqualung.

(b) He worked as a pilot.

(c) He made the film *World Without Sun.*

(d) He helped create the Calypso, an underwater camera.

① (a), (d), (c), (b)

② (a), (b), (d), (c)

③ (b), (a), (d), (c)

④ (b), (d), (c), (a)

問7 In addition to developing the aqualung, which of the following best describes what Cousteau is most remembered for? **38**

① the films he directed with Harold Edgerton

② helping companies use the environment, particularly the sea, in more effective ways

③ changing how people see the world and helping preserve the environment

④ his close friendships with several world leaders and celebrities

問8 Which two of the following are true about Cousteau? [39] [40]

① He spoke at the United Nations Earth Summit in 1943.

② He was already interested in photography when he was a teenager.

③ He graduated from the Massachusetts Institute of Technology.

④ He spent most of his life in Rio de Janeiro.

⑤ He has been called "Captain Planet" on at least one occasion.

⑥ He was made head of the United Nations Educational, Scientific and Cultural Organization in 1997.

Ⅳ 次の英文⑴,⑵の空所 [(ア)] と [(イ)] に入る最も適切なものをそれぞれ①〜④の中から一つ選び，その番号をマークしなさい。

⑴ Creating strong passwords may seem like a troublesome task, especially when the recommendation is to have a unique password for each site you visit. Anyone would be overwhelmed if they had to create and memorize multiple passwords like "Wt4e-79P-B13^qS." As a result, you may be using one identical password even though you know it's unsafe. Or you may use several passwords, but they are all short simple words or include numbers that relate to your life that are still quite [(ア)] to guess.

The key aspects of a strong password are length (the longer the better); a mix of letters (upper and lower case), numbers, and symbols; no ties to your personal information; and no dictionary words. The good news is that you don't have to memorize awful strings of random letters, numbers, and symbols in order to incorporate all of these aspects into your passwords. You simply need a few tricks. Use [(イ)] shortcut codes. For example, the "one for all and all for one" from **The Three Musketeers* by Dumas may be turned into a password like "14A&A41dumaS." Similarly, "to be or not to be, that is the question" from Shakespeare may be changed into a password like "2BorNot2B_ThatIsThe?." This way, you can easily create a strong and memorable password with minimal effort.

* *The Three Musketeers*：『三銃士』アレクサンドル・デュマ著

出典追記：⑴ How Do I Create a Strong and Unique Password?, Webroot, Copyright © 2024 Open Text Corporation

(ア) 41

① easy
② personal
③ random
④ unsafe

(イ) 42

① a book title and create
② a famous phrase and incorporate
③ a foreign word and translate it into
④ a slang expression and insert

(2) In all walks of life – in companies, government, and even families – effective decision making is important. The right decision can lead to success, while the wrong one can cause disaster. Organizations must consider a range of ideas and choose the best from these. An excellent way to ensure that the widest possible range of ideas is considered is to consult with people outside the organization. This is because different people have different experiences, all of which may help in dealing with the issue. Also, consulting with [(ア)] people helps to avoid groupthink.

Groupthink occurs when people who get along well and know each other well reinforce each other's ideas rather than questioning them. This can [(イ)]. Someone from outside brings in new ideas, especially if that person will not allow old habits of the organization to prevent questioning of old ideas. Fresh ideas from outside an organization can greatly assist in decision making. Thus, it is important for organizations to consult with others whenever possible.

(ア) 43

① aggressive
② domestic
③ external
④ intuitive

(イ) 44

① prevent useless discussion and strengthen team spirit as a whole

② reduce the level of critical thinking and lead to bad decisions
③ create an unproductive workplace where members criticize each other
④ help identify the leader who should make final decisions

V 次の英文(1), (2)の空所 [(ア)] ～ [(ウ)] に入る最も適切な語句をそれぞれ①～④の中から一つ選び，その番号をマークしなさい。

(1) In the past, audiobooks [(ア)] neglected in the corner of the library, but recent technology has given them a whole new life. We can now enjoy great works of classic literature and contemporary stories anywhere, [(イ)] is perfect for today's busy lifestyle. Great narrators can breathe new life into characters, and they have brought the listening experience of an audiobook to new heights. Indeed, researchers say that listening to audiobooks stimulates the brain as much as reading [(ウ)].

(ア) **45**

① used to be　② used to being
③ were used to be　④ were being used to

(イ) **46**

① what　② when　③ whose　④ which

(ウ) **47**

① does　② do　③ is　④ it

(2) The sandwich is a popular food consisting of two pieces of bread with fillings such as meat and cheese [(ア)] between them. We do not really know who invented the sandwich but we know it is named [(イ)] the 4th Earl of Sandwich, an English nobleman from the 18th century. The story is [(ウ)] Lord Sandwich loved playing cards and he ordered the servants to bring meat and bread to him at the table so that he could continue playing while eating. Soon people started ordering "the same as Sandwich," and the name stuck.

(ア) **48**

① have placed　② placing　③ placed　④ place

(イ) 49

① across　② after　③ among　④ away

(ウ) 50

① that　② if　③ since　④ as

日本史

（60分）

I 日本の思想・宗教・学問の歴史に関する以下のA～Cの文章を読み，問1～問15に対する答えを選択肢より一つずつ選び，その番号を解答用紙の所定の欄にマークせよ。

A

(ア)日本に体系的な思想・宗教である儒教や仏教が朝鮮半島から伝えられたのは6世紀である。その後，仏教の受容が積極的に進められ，仏教を新しい政治理念として重んじるようになり，仏教興隆は国家的に推進された。

奈良時代には，仏教は国家の保護を受けてさらに発展した。教育機関として，官吏養成のために中央に大学がおかれ，算道などの教科が学ばれた。これらのほかに，天文などの諸学が各官司で教授された。

平安時代になると，文章経国の思想が広まり，勅撰漢詩集があいついで編まれた。大学での学問も重んじられ，(イ)紀伝道などがさかんになった。仏教では新たに伝えられた天台宗・真言宗が広まり密教がさかんになった。また，奈良時代におこった神仏習合の動きがさらに広まっていった。現世利益を求める信仰と並んで，(ウ)10世紀以降，現世の不安から逃れようとする浄土教も流行してきた。

院政期には，浄土教の思想は全国に広がり，(エ)地方豪族のつくった阿弥陀堂や浄土教美術の秀作が各地に残されている。

鎌倉時代になると，仏教は，それまでの祈禱や学問を中心としたものから，内面的な深まりをもちつつ，庶民など広い階層を対象とする新しいものへと変化していった。鎌倉時代に広がった新仏教に共通する特色は，念仏・題目・禅のうちただ選びとられた一つの道によってのみ救いにあずかることができると説き，広く武士や庶民にもその門戸を開いたところにあって，教団の形をとって後世に継承されていった。

(オ)室町時代には，幕府の保護のもとで禅宗が栄え，幕府の政治・外交顧問として活躍する禅僧も現われた。鎌倉時代の末期には，宋学（朱子学）が伝えられ，その大義名分論は後醍醐天皇を中心とする討幕運動の理論的なよりどころともなったが，禅僧のあいだでは，宋学の研究や漢詩文の創作もさかんであり，中国文化の普及にも大きな役割を果たした。15世紀以降，鎌倉仏教の各宗派は，武士・農民・商工業者などの信仰を得て，都市や農村に広まっていった。神道についても新たな動きがおこった。

問1　下線部(ア)に関連して，以下の記述のうち，誤りを含むものはどれか。　1

① 6世紀には百済から渡来した五経博士により儒教が伝えられたほか，医・易・暦といった学術も支配層に受け入れられた。

② 6世紀中頃には，ヤマト政権内で，仏教の受容に積極的な蘇我氏と，反対する物部氏とが対立するようになった。

③『上宮聖徳法王帝説』によれば，仏教が日本に公式に伝えられたのは538年とする。

④ 7世紀前半に，舒明天皇創建と伝える薬師寺，厩戸王（聖徳太子）創建といわれる法隆寺（斑鳩寺）が建立された。

⑤『日本書紀』によれば，7世紀の初めに定められた憲法十七条は，豪族たちに国家の官僚としての自覚を求めるとともに，仏教に関して「篤く三宝を敬へ。」とうたっている。

問2　下線部(イ)の紀伝道は，9世紀になって大学の教科として名実ともに成立したと考えられているが，この紀伝道の説明としてもっとも適切なものはどれか。　2

① 吉凶・禍福を判定する方術を学ぶ教科

② 儒教の経典を学ぶ教科

③ 中国の歴史や漢文学を学ぶ教科

④ 仏教理論を学ぶ教科

⑤ 律令などの法律を学ぶ教科

問3　下線部(ウ)に関連して，以下の記述のうち，もっとも適切なものはどれか。　3

① 慶滋保胤の『日本往生極楽記』をはじめ，多くの往生伝がつくられた。

② 浄土教は，末法思想と結びついて修験道の源流となった。

③ 藤原道長以降，摂関家によって，六勝寺と呼ばれる大寺院が造営された。

④ 仏師定朝は，一木造の手法を完成し，仏像の大量需要にこたえた。

⑤ 曼荼羅と呼ばれる，往生しようとする人を阿弥陀仏がむかえにくる情景を描いた絵画がさかんにつくられた。

問4　下線部(エ)の例にあげられる富貴寺大堂の所在地としてもっとも適切なものはどれか。

4

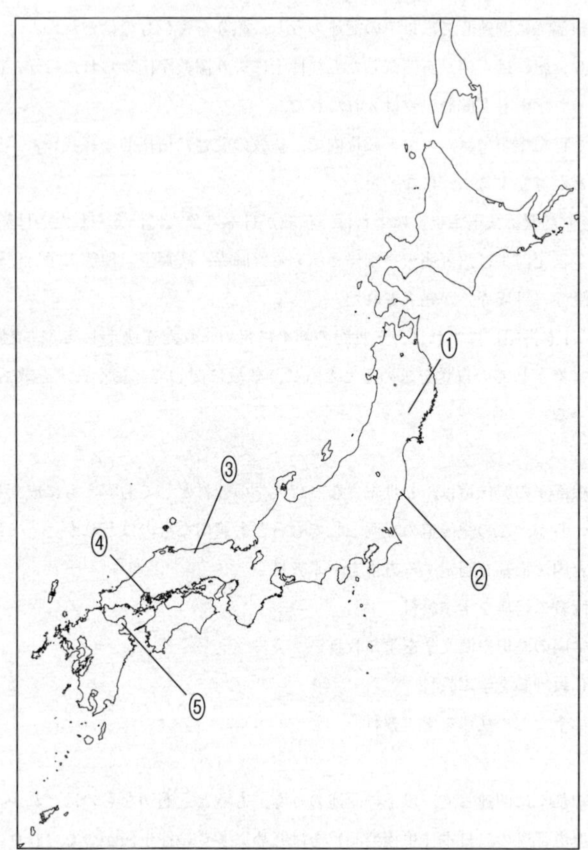

問5　下線部(オ)に関連して，以下の記述のうち，誤りを含むものはどれか。　5

① 如拙による『瓢鮎図』といった，禅の精神を具体化した水墨画が禅僧によって描かれた。

② 禅宗の五山派が室町幕府の衰退とともに衰えたのに対し，林下の禅は，地方武士・民衆の支持を受けて各地に広がった。

③ 天文法華の乱では，日蓮宗の信者によって結ばれた法華一揆は延暦寺と衝突し，焼打ちを受けて，一時京都を追われた。

④ 浄土真宗の蓮如は，阿弥陀仏の救いを信じれば，だれでも極楽往生ができることを御文で説き，北陸・東海・近畿の各地に布教をすすめた。

⑤ 吉田兼倶は，神本仏迹説にもとづき，神道を中心に儒学・仏教を統合しようとする伊勢神道を完成した。

B

戦国時代のヨーロッパ人の渡来によってキリスト教が伝えられたが，統一政権の成立に(ア)よってキリスト教は取締りの対象になっていった。江戸幕府はキリスト教に対して禁教政策をとった。

幕藩体制が安定するにつれて，儒学がさかんになった。とくに朱子学は，君臣・父子の別をわきまえ，上下の秩序を重んじる学問であったため，幕府や藩に受け入れられた。元禄期になると，朱子学の思想は大義名分論を基礎に，封建社会を維持するための教学として幕府や藩に重んじられるようになっていった。また，(イ)朱子学派以外にもさまざまな学派がうちたてられて儒学が発達した。そういった中から，現実の政治・経済に対する統治の具体策を説く経世論に道を開く動きも現われた。儒学の発達は，合理的で現実的な考え方という点で他の学問にも大きな影響を与えた。

18世紀になると，学問・思想の分野では，幕藩体制の動揺という現実を直視してこれを批判し，古い体制から脱しようとする動きが生まれた。西川如見や新井白石が世界の地理・物産・民俗などを説いて，先駆けとなったが，将軍徳川吉宗が漢訳洋書の輸入制限をゆるめたことによって，(ウ)洋学が本格的に発達するようになった。日本では西洋の学術・知識はオランダ語によって学ばれたので，洋学はまず蘭学として発達し始めた。

明治維新の変革は，思想界・宗教界に大きな変動を引きおこした。(エ)思想界では，明治初期の文明開化期には自由主義・個人主義などの西洋近代思想が流行し，天賦人権思想がとなえられた。この時期の啓蒙主義や西洋思想導入の動きは，自由民権運動に継承されたが，明治10年代後半の朝鮮問題を機に，民権論者の中にも国権論をとなえるものが現われた。欧化主義と国権論の対立は，条約改正問題をきっかけにさらに鋭くなった。日清戦争での勝利は，思想界の動向に決定的な変化を与え，対外膨張を支持する国家主義は，日露戦争以前に思想界の主流となっていた。

宗教界では，1868年，政府は王政復古による祭政一致の立場から，古代以来の神仏習合を禁じて神道を国教とする方針を打ち出した。そのため全国にわたって一時廃仏毀釈の嵐が吹き荒れた。政府は1870年に大教宣布の詔を発し，また神社制度などを制定し，神道を中心に国民教化をめざした。神道国教化の試みは失敗したが，民間の(オ)教派神道は政府の公認を受け，さらに庶民のあいだに浸透していった。廃仏毀釈で一時は大きな打撃を受けた仏教もまもなく立ちなおった。

問6　下線部(ア)に関連して，以下の記述のうち，もっとも適切なものはどれか。　**6**

① 日本布教を志した宣教師フランシスコ＝ザビエルが1549年に鹿児島に到着し，豊後府内の有馬晴信らの大名の保護を受けて布教を開始した。

② 16世紀後半には，ヴァリニャーノ（ヴァリニャーニ）らのフランシスコ会宣教師が

来日し，南蛮寺（教会堂）やコレジオ・セミナリオといった学校をつくってキリスト教の布教につとめた。

③　1587年，豊臣秀吉は，長崎が寄付されて教会領になっていることを知って，バテレン追放令を出し，高山右近らをマニラに追放した。

④　江戸幕府は，初めキリスト教を黙認していたが，1612年に直轄領に禁教令を出し，翌年これを全国におよぼして信者に改宗を強制した。

⑤　江戸幕府は，キリスト教とともに修験道・陰陽道も禁じ，これらの宗教を信仰させないために，将軍徳川家光の頃より宗門改めを実施した。

問7　下線部(イ)に関連して，以下の儒学者熊沢蕃山についての説明文中の空欄［A］と［B］に該当するもののもっとも適切な組み合わせはどれか。［7］

熊沢蕃山は，知行合一を重んじる陽明学を受容して陽明学派をうちたてた［A］の門人で，岡山藩主池田光政にまねかれ，岡山城下に［B］を設けたとされている。

①　［A］－伊藤仁斎　［B］－花畠教場
②　［A］－伊藤仁斎　［B］－閑谷学校
③　［A］－中江藤樹　［B］－花畠教場
④　［A］－中江藤樹　［B］－閑谷学校
⑤　［A］－木下順庵　［B］－花畠教場
⑥　［A］－木下順庵　［B］－閑谷学校

問8　下線部(ウ)の洋学に関連する以下のできごとa～cを古いものから年代順に正しくならべたものはどれか。［8］

a　前野良沢や杉田玄白らが『解体新書』を刊行した。
b　高橋至時らによって西洋暦を取り入れた寛政暦が完成した。
c　オランダ商館医であったシーボルトが帰国の際，持ち出し禁止の日本地図をもっていたために，地図をわたした幕府天文方の関係者が処罰された。

①　a→b→c
②　a→c→b
③　b→a→c
④　b→c→a
⑤　c→a→b
⑥　c→b→a

問9　下線部(エ)に関連して，以下の記述のうち，誤りを含むものはどれか。　**9**

① 中江兆民は，ルソーの著書の一部を漢訳した『民約訳解』を刊行した。

② 中村正直訳のミルの『自由之理』が啓蒙書としてさかんに読まれた。

③ 徳富蘇峰は，政府が条約改正のためにおこなった欧化政策を批判して，平民的欧化主義をとなえた。

④ 福沢諭吉は，甲申事変での独立党によるクーデタ失敗後に，『時事新報』に「脱亜論」を発表した。

⑤ 陸羯南は，雑誌『太陽』で日本主義をとなえて日本の大陸進出を肯定した。

問10　下線部(オ)の教派神道のうち，天理教の創始者はだれか。　**10**

① 黒住宗忠

② 中山みき

③ 島地黙雷

④ 内村鑑三

⑤ 川手文治郎

C

(ア)大正政変を契機として民衆運動は高揚し，市民的自由（言論・出版・集会）の拡大，大衆の政治参加要求を具体的内容とする大正デモクラシーと呼ばれる時代思潮や社会運動が広がっていった。大正デモクラシーの風潮のもとで，(イ)多様な学問や芸術が発達した。欧米諸国のさまざまな思想や文学が紹介され，急進的な自由主義が主張される一方，マルクス主義が知識人に大きな影響を与えた。

(ウ)1930年代に入ると，政府のきびしい取締りや国家主義的気運の高まりの中で，転向者があいつぎ，マルクス主義の思想的影響力もしだいに衰えて，日本の伝統的文化・思想への回帰に向かい，学問への弾圧事件もおこった。1930年代後半にはこの傾向はいっそう濃厚となり，戦時体制の形成にともなって，国体論にもとづく思想統制，思想に対する弾圧がいちだんときびしくなった。

(エ)太平洋戦争終了後，日本は連合国の占領下におかれた。沖縄・奄美などをのぞいて軍政はしかれず，間接統治の方法がとられ，マッカーサー元帥を最高司令官とする連合国軍最高司令官総司令部（GHQ／SCAP）の指令・勧告にもとづいて軍国主義・天皇崇拝思想が排除されていった。思想や言論に対する国家の抑圧が取り除かれ，個人の解放・民主化という理念が占領軍の手で広められるとともに，アメリカ的な生活様式や大衆文化が流れ込み，日本国民によってしだいに受け入れられていった。天皇制に関するタブーもとかれ，またマルクス主義が急速に復活をとげる中，人文・社会科学各分野の研究に新しい分野が開かれ，考古学研究もさかんになった。自然科学の分野では，理論物理学者の湯川秀樹が1949年に日本人ではじめてノーベル賞を受賞した。そして同年，あらゆる分野の科学者を代表する機関として日本学術会議が設立された。

高度経済成長期には，耐久消費財が普及し，いわゆる大衆消費社会が形成された。(オ)マス＝メディアによって大量の情報が伝達されると，日本人の生活様式はしだいに画一化され，国民の多くが中流意識をもつようになった。そうした中で高等教育の大衆化が進んだ。

問11　下線部(ア)に関連して，第二次護憲運動がおこる中，1924年に実施された衆議院議員総選挙の結果，衆議院第一党となった政党はどれか。　11

① 憲政会
② 政友本党
③ 立憲政友会
④ 立憲同志会
⑤ 立憲民政党

問12　下線部(イ)に関連して，この時期の代表的な学者として柳田国男があげられる。以下の記述のうち，柳田国男を説明したものとしてもっとも適切なものはどれか。　12

① 憲法学の領域で天皇機関説をとなえ政党政治を根拠づけた。
② 民間伝承の調査・研究を通じて民俗学を確立した。
③ 歴史学の分野で『古事記』『日本書紀』に科学的分析を加えた。
④ 『善の研究』を著して独自の哲学体系を打ち立てた。
⑤ 『東洋経済新報』で朝鮮や満州など植民地の放棄を主張した。

問13　下線部(ウ)に関連して，1930年代におこった以下の事件a～cを古いものから年代順に正しくならべたものはどれか。　13

a　人民戦線結成をはかったとして東京帝国大学の大内兵衛らの教授グループが検挙された。
b　自由主義的刑法学説をとなえていた滝川幸辰京都帝国大学教授が，鳩山一郎文相の圧力で休職処分を受けた。
c　植民地経済政策の研究者であった矢内原忠雄東京帝国大学教授が，政府の大陸政策を批判したことで辞職させられた。

① a→b→c
② a→c→b

③　b→a→c
④　b→c→a
⑤　c→a→b
⑥　c→b→a

問14　下線部(エ)に関連して，以下の記述のうち，誤りを含むものはどれか。　14

①　昭和天皇によって，1946年1月，いわゆる人間宣言がおこなわれた。
②　1946年1月の公職追放指令によって，翼賛選挙の推薦議員はすべて失格とされた。
③　修身・日本歴史・地理の授業が一時禁止された。
④　人権指令によって，出版物の事前検閲が廃止された。
⑤　神道指令によって，政府による神社・神道への支援・監督が禁じられた。

問15　下線部(オ)に関連して，以下のグラフXは，第二次世界大戦後の耐久消費財の普及率の推移を表わしたものである。ここで，耐久消費財として，カラーテレビ，乗用車，電気洗濯機，電気冷蔵庫，ルームエアコンをとっている。グラフXの折れ線①～⑤のうち，乗用車の普及率の推移を表わしたものはどれか。　15

グラフX：耐久消費財の普及率の推移

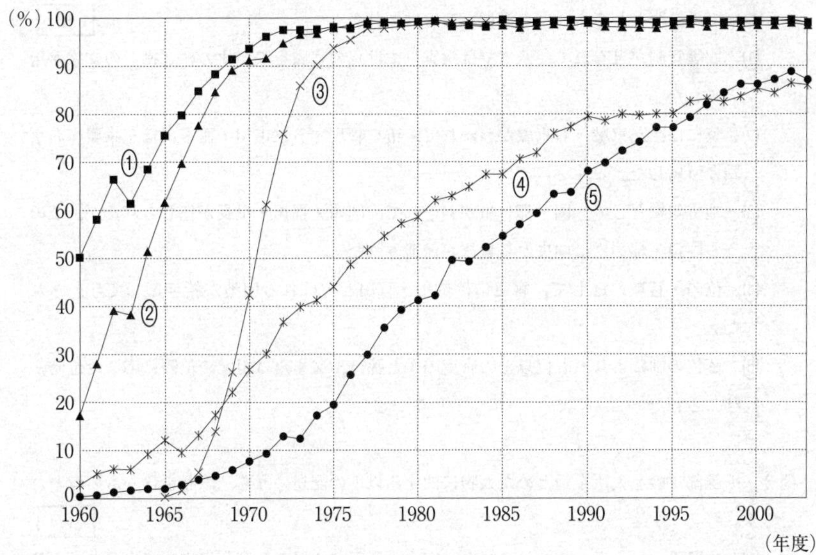

(データ出所)『統計でみる日本』『消費動向調査』

Ⅱ 以下のA～Cの文章を読み，問1～問9に対する答えを選択肢より一つずつ選び，その番号を解答用紙の所定の欄にマークせよ。

A

刑部親王らによって大宝律令が701年に完成し，律令制度もほぼ整えられた。(ア)中央行政組織には，神祇官と太政官の二官があり，太政官のもとで八省が政務を分担した。行政の運営は，太政大臣・左大臣(イ)・右大臣・大納言などの太政官の公卿による合議によって進められた。

律令国家では，民衆は戸籍に登録され，戸籍にもとづいて班田収授が実施された。ところが，8世紀後半から9世紀になると，戸籍には，偽籍が増え，手続きの煩雑さもあって班田収授は実施が困難になっていった。班田収授を励行させるため，6年ごとの戸籍作成にあわせて6年1班であった班田の期間を12年1班に改める政策などがとられたものの，効果はなく，9世紀には班田が30年，50年とおこなわれない地域が増えていった。10世紀前半，［(ウ)］の時代には，班田が命じられ，延喜の荘園整理令が出されるなど，律令体制の復興がめざされた。しかし現実には，もはや戸籍の制度は崩れ，班田収授も実施できなくなり，律令体制の変質にそった政策が展開されることとなった。

問1 下線部(ア)に関連して，以下の記述のうち，大宝律令・養老律令にもとづく律令制度についての説明としてもっとも適切なものはどれか。 ［16］

① 四等官制がとられて，八省では次官（すけ）の官職を表わすのに「卿」の文字が用いられた。

② 京には，左京職・右京職がおかれて，市を管理する東市司・西市司は左京職・右京職に所属した。

③ 地方組織として，国・郡・里がおかれて，国司・郡司・里長が任じられたが，このうち国司・郡司には中央から貴族が派遣された。

④ 位階・官職に応じて，官吏には位田・官田と呼ばれる田地が給与として与えられた。

⑤ 蔭位の制により，五位以上の官吏の子と孫は，父または祖父の位階に応じた位階が与えられた。

問2 下線部(イ)の左大臣をつとめた人物に関する以下の記述のうち，誤りを含むものはどれか。 ［17］

① 長屋王は，藤原武智麻呂・房前・宇合・麻呂の4兄弟の策謀によって自殺させられた。

② 藤原時平は，策謀を用いて右大臣の菅原道真を政界から追放した。

③ 藤原頼長は，保元の乱で崇徳上皇側についた。

④ 源高明は，承和の変で左遷させられた。

⑤ 源信(みなもとのまこと)は，大納言伴善男によって応天門に放火した罪を着せられそうになった。

問3　空欄 (ウ) に該当する天皇の時代に完成した，六国史のうちの最後の正史の名称はどれか。 18

① 『日本文徳天皇実録』

② 『日本三代実録』

③ 『日本後紀』

④ 『続日本紀』

⑤ 『続日本後紀』

B

(ア)鎌倉幕府が確立した時期の幕府の支配機構は，簡素で実務的なものであった。鎌倉には中央機関として政所（初めは公文所）などがおかれ，(イ)地方には守護と地頭がおかれた。

幕府政治は源頼朝が将軍独裁の体制で運営していたが，頼朝の死後，貴族出身の頼朝側近と，有力御家人からなる合議制によって政治がおこなわれた。それとともに有力な御家人のあいだで政治の主導権をめぐる激しい争いが続き，多くの御家人が滅んでいった。その中で勢力をのばしてきたのが北条氏である。北条時政は，将軍源頼家を廃し，弟の実朝を立てて幕府の実権を握った。この時政の地位は執権と呼ばれて，子の義時に継承され，以後，執権は北条氏一族のあいだで世襲されるようになっていった。

承久の乱後，幕府は，京都に新たに六波羅探題をおいて，朝廷を監視し，京都の内外の警備，および西国の統轄に当たらせた。執権北条泰時は，執権を補佐する連署をおいて，北条氏一族中の有力者をこれに当て，ついで有力な御家人や政務にすぐれたものを評定衆に選んで，執権・連署とともに幕府の政務の処理や裁判に当たらせ，合議制にもとづいて政治をおこなった。やがて評定衆は北条氏一族が多く任命されるようになった。さらに執権 (ウ) は，評定衆の会議である評定のもとに新たに引付をおいて引付衆を任命し，御家人たちの所領に関する訴訟を専門に担当させ，敏速で公正な裁判の確立につとめた。こうして執権政治が確立・強化され，しだいに北条氏独裁の性格を強めていった。

問4　下線部(ア)の鎌倉幕府が確立した時期の前後にあった以下のできごとａ～ｃを古いものから年代順に正しくならべたものはどれか。 19

ａ　源頼朝が侍所を設置した。

b　源頼朝が征夷大将軍（将軍）に任ぜられた。

c　源頼朝が問注所を設置した。

① a→b→c
② a→c→b
③ b→a→c
④ b→c→a
⑤ c→a→b
⑥ c→b→a

問5　下線部(イ)に関連して，以下の記述のうち，鎌倉時代（鎌倉幕府が確立される時期を含む。）の守護・地頭に関する説明文としてもっとも適切なものはどれか。 20

① 寿永二年十月宣旨により，源頼朝は，朝廷から，諸国に守護を任命する権利を獲得した。
② 平時の守護の職務のうち，大犯三カ条とは，諸国の御家人による京都大番役の催促と，刈田狼藉の取締り，使節遵行をいう。
③ 承久の乱前の地頭の設置範囲は，源頼朝が朝廷から与えられた関東御分国に限られた。
④ 承久の乱後に，荘園領主の中には，地頭に荘園の管理いっさいを任せるかわりに，一定の年貢納入だけを義務づける下地中分の取決めをおこなうものもいた。
⑤ 蒙古襲来後，得宗専制のもと，全国の守護の半分以上が北条氏一門によって占められるようになっていった。

問6　空欄 (ウ) に該当する人物が執権の時におこった宝治合戦で滅ぼされたのはだれの一族か。 21

① 安達泰盛
② 梶原景時
③ 比企能員
④ 三浦泰村
⑤ 和田義盛

C

足利義満(ア)が将軍になる頃には室町幕府は安定の時を迎え，14世紀後半から15世紀にかけてその権力を確立していった。幕府の機構・職制も，この時代にはほぼ整備された。将軍のもとに，将軍を補佐する管領が，京都内外の警備や刑事裁判をつかさどる侍所などの中央諸機関を統括するとともに，諸国の守護に対する将軍の命令を伝達した。幕政の運営に当たる有力守護は在京して重要政務を決定した。また一般の守護も領国は守護代に統治させ，自身は在京して幕府に出仕するのが原則であった。

(イ)嘉吉の変後，将軍の権威は大きくゆらぐこととなり，将軍権力の弱体化にともなって有力守護家や将軍家にあいついで内紛がおこり，対立が激化して，応仁の乱に発展した。応仁の乱は，和議が結ばれて終戦を迎え，守護大名の多くも領国にくだったが，争乱はその後も地域的争いとして続けられ，全国に広がっていった。この争乱により，有力守護が在京して幕政に参加する幕府の体制は崩壊し，同時に荘園制の解体も進んだ。

応仁の乱により京都が荒廃すると，京都の公家たちの中には地方へくだるものも多く，地方の武士たちも積極的にこれを迎えた。とくに大内氏の城下町山口には，(ウ)文化人が多く集まった。

問7　下線部(ア)の足利義満によってなされた以下のできごとa～cを古いものから年代順に正しくならべたものはどれか。　22

a　祖阿を正使，肥富を副使とする使者を明に派遣した。
b　山名氏一族の内紛に介入して山名氏清らを滅ぼした。
c　京都の室町に邸宅（室町殿・花の御所）をつくった。

① a→b→c
② a→c→b
③ b→a→c
④ b→c→a
⑤ c→a→b
⑥ c→b→a

問8　以下の記述のうち，下線部(イ)の前後におこったできごとの説明として誤りを含むものはどれか。　23

① 嘉吉の変では，将軍足利義教が，有力守護の赤松満祐によって殺害された。
② 将軍家では，将軍足利義政の弟義視と，子の足利義尚を推す義政の妻日野富子のあいだに家督争いがおこった。
③ 応仁の乱では，守護大名はそれぞれ東軍の細川勝元方と西軍の山名持豊（宗全）方の両軍にわかれて戦った。
④ 管領家の斯波氏の領国であった越前は，守護代であった長尾氏に奪われた。

⑤ 山城の国一揆は，南山城地方で争っていた畠山政長と畠山義就の両軍を国外に退去させた。

問9 下線部(ウ)の文化人の例として宗祇をあげることができる。宗祇が撰した連歌集はどれか。 24

① 『閑吟集』
② 『節用集』
③ 『犬筑波集』
④ 『菟玖波集』
⑤ 『新撰菟玖波集』

Ⅲ 以下のA～Cの文章を読み，問1～問9に対する答えを選択肢より一つずつ選び，その番号を解答用紙の所定の欄にマークせよ。

A

14世紀頃には，蝦夷ヶ島と呼ばれた北海道の南部に和人居住地がつくられていたと考えられている。その和人地の支配者に成長した蠣崎氏は，近世になると松前氏と改称して，古くから北海道に住み，漁労・狩猟や交易を生業としていたアイヌとの交易独占権を，1604年，徳川家康から保障され，藩制を敷いた。農産物による収入が期待できなかった松前藩では，アイヌとの交易によって収入を得，上級家臣にもアイヌ集団との交易対象地域における交易権を与えて （ア） がとられた。それが，18世紀前半頃までには変質し，多くの交易対象地域において （イ） 。こうして長崎・対馬・薩摩と並ぶ四つの窓口の一つとして，蝦夷地とは松前氏を通じて関係がもたれた。

(ウ)アイヌ集団はシャクシャインを中心に松前藩と対立して戦闘をおこなったが，津軽藩の協力を得た松前藩によって鎮圧され，松前藩への従属を深めた。

また江戸時代には蝦夷地の漁業がさかんになった。漁獲物をもとに俵物(エ)と呼ばれる海産物が生産され，松前から積み出され，長崎を窓口にして中国向けに輸出された。

問1 空欄 （ア） と （イ） に該当するもののもっとも適切な組み合わせはどれか。 25

① （ア） －俸禄制度
（イ） －アイヌとの交易を和人商人に請け負わせた

② （ア） －俸禄制度

[(イ)] －アイヌとの交易を和人商人が直接おこなうことを禁じた

③ [(ア)] －地方知行制
[(イ)] －アイヌとの交易を和人商人に請け負わせた

④ [(ア)] －地方知行制
[(イ)] －アイヌとの交易を和人商人が直接おこなうことを禁じた

⑤ [(ア)] －商場知行制
[(イ)] －アイヌとの交易を和人商人に請け負わせた

⑥ [(ア)] －商場知行制
[(イ)] －アイヌとの交易を和人商人が直接おこなうことを禁じた

問2　下線部(ウ)がおきたのは，将軍徳川家綱の時代である。以下の記述のうち，将軍徳川家綱の時代のできごとではないものはどれか。 [26]

① 会津藩主で叔父の保科正之などが幼少の将軍を補佐した。
② 殉死の禁止が命じられた。
③ 神社・神職に対して，諸社禰宜神主法度が制定され，統制がはかられた。
④ 富士山が大噴火し，駿河・相模などの国々が降砂の被害を受けた。
⑤ 明暦の大火により江戸城と江戸の市街が甚大な被害を受けた。

問3　下線部(エ)の俵物に関連して，通常，俵物に該当するとされる代表的な3品のうち，ふかひれ（鱶鰭）以外の組み合わせとしてもっとも適切なものはどれか。 [27]

① 昆布・〆粕
② 昆布・干し鮑
③ 昆布・いりこ
④ 〆粕・干し鮑
⑤ 〆粕・いりこ
⑥ 干し鮑・いりこ

B

18世紀後半に国後島のアイヌによる蜂起がおこり，松前藩に鎮圧されたが，江戸幕府はアイヌとロシアの連携の可能性を危惧した。このようにロシアに警戒心を抱いていたところに，(ア)ロシア使節ラクスマンが根室に来航し，通商を求めた。その際，江戸湾入航を要求されたことが契機となって，幕府は江戸湾と蝦夷地の海防の強化を諸藩に命じた。

1799年，幕府は東蝦夷地を直轄にした。1804年にはロシア使節レザノフが長崎に来航したが，幕府はこの正式使節に冷淡な対応をして追い返したため，ロシア船は樺太や択捉島を攻撃した。1807年には，幕府は松前藩と蝦夷地をすべて直轄にして，箱館奉行から改称した松前奉行(イ)の支配のもとにおき，東北諸藩をその警備に当たらせた。そののち，ロシアとの関係が改善されたため，幕府は1821年に蝦夷地を松前藩に還付した。これにより，松前奉行は廃止された。

1853年，アメリカ東インド艦隊司令長官ペリーが6月に浦賀沖に現われ，フィルモア大統領の国書を提出して日本の開国を求めた(ウ)。ついで7月には，ロシアの使節プチャーチンも長崎にきて，開国と国境の画定を要求した。ペリーは翌1854年，ふたたび来航し，条約の締結を強硬にせまり，幕府は日米和親条約を結んだ。

日米和親条約では，箱館が下田とともに開港地とされた。幕府は，松前藩に松前城下とその近在を残す形で，1855年，蝦夷地をふたたびすべて直轄にして，再置された箱館奉行の支配のもとにおいた。

問4　下線部(ア)の前後におこった以下のできごとａ～ｃを古いものから年代順に正しくならべたものはどれか。　28

ａ　老中田沼意次により，最上徳内らが蝦夷地調査に派遣された。

ｂ　桂川甫周が大黒屋光太夫の見聞をもとに『北槎聞略』を著した。

ｃ　工藤平助が『赤蝦夷風説考』を著し，幕府に献上した。

① ａ→ｂ→ｃ
② ａ→ｃ→ｂ
③ ｂ→ａ→ｃ
④ ｂ→ｃ→ａ
⑤ ｃ→ａ→ｂ
⑥ ｃ→ｂ→ａ

問5　下線部(イ)の松前奉行は，いわゆる遠国奉行の一つである。以下の記述のうち，江戸幕府の機構・職制についての説明として誤りを含むものはどれか。ただし，特に断りがなければ，将軍徳川家光の頃までに整備された機構・職制にもとづいて答えること。　29

① 大坂には城代と町奉行がおかれた。
② 京都所司代は朝廷の統制や西国大名の監視をおこなった。
③ 幕府直轄領（幕領）に派遣された郡代は，若年寄によって統轄された。
④ 五街道は17世紀半ばからは道中奉行によって管理された。
⑤ 将軍徳川家斉の時代におかれた関東取締出役は，関東の代官配下の役人から選任さ

れた。

問6　以下の記述のうち，下線部(ウ)の前後にとられた幕府の政策の説明として誤りを含むものはどれか。　30

① 江戸に蕃書調所を設けて，洋学の教授などに当たらせた。
② 国防を充実させる必要から江戸湾に台場（砲台）を築かせた。
③ 洋式兵制の導入の一環として海軍伝習を横須賀で始めた。
④ 前水戸藩主徳川斉昭を幕政に参画させた。
⑤ 大船建造の禁を解いた。

C

1869年5月には，箱館の五稜郭に立てこもっていた旧幕府海軍の榎本武揚らの軍が降伏し，国内は新政府によってほぼ統一された。(ア)同年，政府は，開拓使をおき蝦夷地を北海道と改称した。開拓使は，1882年に開拓事業が終わったので，廃止された。

金融の分野では，北海道に本店をおいたはじめての銀行として第百十三国立銀行をあげることができる。第百十三国立銀行は，改正された国立銀行条例にもとづき，1878年に設立され翌年開業したが，開業当初は［(イ)］銀行券を発行した。また，日本勧業銀行・各府県の農工銀行・台湾銀行などの特殊銀行の設立が相次いだ［(ウ)］の時期に，北海道に本店をおく北海道拓殖銀行が設立された。特殊銀行は特定の目的のために特別の法令によって設立された銀行であり，北海道拓殖銀行は，北海道拓殖銀行法により，北海道の拓殖事業に資本を供給することを目的として設立された特殊銀行であった。

地方統治制度の整備や地方自治制度の確立については，北海道は本州よりおくれた。大日本帝国憲法と同時に公布された最初の衆議院議員選挙法は北海道には施行されなかった。その後，(エ)衆議院議員選挙法は改正されて選挙人の納税資格が直接国税10円以上に引き下げられ選挙区制が変更された。この改正により，北海道に衆議院議員選挙法が施行されることとなった。さらに，北海道会法と北海道地方費法が公布・施行され，北海道会が設置された。

問7　以下の記述のうち，下線部(ア)の前後におこったできごとの説明としてもっとも適切なものはどれか。　31

① 日本は，樺太・千島交換条約を結んで，樺太にもっていたいっさいの権利をロシアにゆずり，そのかわりに千島全島を領有した。
② イギリスの農業技術の導入をはかるため，政府は，イギリスからクラークをまねいて札幌農学校を開校した。
③ 徴兵令が北海道で施行された結果，屯田兵制度が設けられた。

④　開拓使が廃止された年に，かわって北海道庁が設置された。

⑤　開拓使官有物払下げ事件は，開拓使廃止後に発覚した。

問8　空欄 ⑴ と ⑴ に該当するもののもっとも適切な組み合わせはどれか。 32

①　⑴ －兌換　⑴ －日清戦争より前

②　⑴ －兌換　⑴ －日清戦争と日露戦争の間

③　⑴ －兌換　⑴ －日露戦争より後

④　⑴ －不換　⑴ －日清戦争より前

⑤　⑴ －不換　⑴ －日清戦争と日露戦争の間

⑥　⑴ －不換　⑴ －日露戦争より後

問9　以下の記述のうち，下線部㈤で述べられている，衆議院議員選挙法が改正された年と，同じ年のできごととしてもっとも適切なものはどれか。 33

①　清国政府が義和団に同調して日本を含む列国に宣戦を布告した。

②　朝鮮が国号を大韓帝国と改めた。

③　ドイツが山東半島の膠州湾を租借した。

④　対露同志会が結成された。

⑤　閔妃殺害事件がおこった。

Ⅳ 以下のA～Cの文章を読み，問1～問9に対する答えを選択肢より一つずつ選び，その番号を解答用紙の所定の欄にマークせよ。

A

桂園時代と呼ばれる時期は，10年以上にわたって桂太郎と西園寺公望が交互に内閣を担当した。(ア)1913年2月に第3次桂太郎内閣が退陣したあとは，第1次山本権兵衛内閣・第2次大隈重信内閣・寺内正毅内閣が続いた。寺内内閣が総辞職したあとは，政党内閣である原敬内閣が成立し，原の死後，高橋是清が後継内閣を組織した。

五・一五事件のあと，政党内閣は太平洋戦争後まで復活しなかった。(イ)斎藤実内閣・岡田啓介内閣と，2代の海軍穏健派内閣が続いたが，二・二六事件がおこり，陸軍の一部青年将校たちが，約1400名の兵を率いて首相官邸・警視庁などを襲い，国会を含む国政の中枢が4日間にわたって占拠された。このクーデタは反乱軍として鎮圧されたが，二・二六事件後，陸軍の政治的発言はいっそう強まり，以後の諸内閣に対する軍の介入をまねくこととなった。

1937年6月に第1次近衛文麿内閣が成立した直後に，盧溝橋事件が発生し，日中戦争に発展した。(ウ)第1次近衛文麿内閣が退陣したあとは，平沼騏一郎内閣・阿部信行内閣・米内光政内閣・第2次近衛文麿内閣・第3次近衛文麿内閣・東条英機内閣が続いた。この時期中の，1939年9月に第二次世界大戦が始まり，東条内閣の時に太平洋戦争が開始された。

問1　下線部(ア)に関連して，以下の記述のうち，誤りを含むものはどれか。　34

① 第1次山本権兵衛内閣の時に，文官任用令が改正されて，政党員にも高級官僚の道が開かれた。
② 第2次大隈重信内閣の時に，金輸出が禁止され，金本位制が停止された。
③ 寺内正毅内閣の時に，交換公文の形式により石井・ランシング協定が結ばれた。
④ 原敬内閣の時に，三・一独立運動がおこった。
⑤ 高橋是清内閣の時に，ワシントン海軍軍縮条約が調印された。

問2　以下の記述のうち，下線部(イ)の斎藤実内閣の時におこったできごとの説明としてもっとも適切なものはどれか。　35

① 血盟団事件がおこった。
② 日満議定書が調印された。
③ 金輸出再禁止が断行された。
④ 日本が第2次ロンドン海軍軍縮会議を脱退した。
⑤ 天皇機関説問題に対して，国体明徴声明が出された。

問3　下線部(ウ)の期間中におこなわれた以下のできごとa～cを古いものから年代順に正しくならべたものはどれか。　36

a　日独伊三国同盟の締結

b　独ソ不可侵条約の締結

c　日ソ中立条約の締結

① a→b→c
② a→c→b
③ b→a→c
④ b→c→a
⑤ c→a→b
⑥ c→b→a

B

(ア)ポツダム宣言受諾とともに鈴木貫太郎内閣は総辞職し，皇族の東久邇宮稔彦が組閣した。東久邇宮内閣が総辞職したあとは，幣原喜重郎内閣・第1次吉田茂内閣が続いた。

衆参両議院議員の選挙がおこなわれ，その結果，日本国憲法下最初の首班指名で片山哲が選出され，片山哲内閣が発足した。片山内閣が与党内の対立で退陣したあとは，芦田均内閣・第2次吉田茂内閣が続いた。このうち，芦田均内閣は，［(イ)］の総裁をつとめる芦田均が，第2次吉田茂内閣は，［(ウ)］の総裁をつとめる吉田茂が，それぞれ組織して発足させた内閣である。

(エ)第2次吉田内閣以後，1954年12月に第5次吉田内閣が退陣するまで，吉田茂が内閣を組織し，かわって鳩山一郎が3次にわたって内閣を組織した。

問4　下線部(ア)に関連して，以下の記述のうち，誤りを含むものはどれか。　37

① 東久邇宮稔彦内閣の時に，東京湾内の軍艦ミズーリ号上で，降伏文書が調印された。

② 幣原喜重郎内閣の時に，労働組合法が制定され，労働者の団結権・団体交渉権・争議権が保障された。

③ 幣原喜重郎内閣の時に，いわゆる独占禁止法が制定されて持株会社やカルテル・トラストなどが禁止された。

④ 第1次吉田茂内閣の時に，官公庁労働者を中心に，ゼネラル＝ストライキが計画されたが，GHQの指令で直前に中止された。

⑤ 第1次吉田茂内閣の時に，GHQの勧告案にもとづいて自作農創設特別措置法が公

布された。

問5　空欄 (イ) と (ウ) に該当する政党名のもっとも適切な組み合わせはどれか。 38

① (イ) －日本自由党　(ウ) －民主自由党
② (イ) －日本自由党　(ウ) －民主党
③ (イ) －民主自由党　(ウ) －日本自由党
④ (イ) －民主自由党　(ウ) －民主党
⑤ (イ) －民主党　(ウ) －日本自由党
⑥ (イ) －民主党　(ウ) －民主自由党

問6　下線部(エ)の期間中におこなわれた以下のできごとa～cを古いものから年代順に正しくならべたものはどれか。 39

a　MSA協定が締結された。
b　日本の国際連合加盟が承認された。
c　日本がIMF（国際通貨基金）に加盟した。

① a→b→c
② a→c→b
③ b→a→c
④ b→c→a
⑤ c→a→b
⑥ c→b→a

C

1955年，日本社会党の左右両派の統一が実現すると，保守陣営でも，保守合同が実現して自由民主党が結成され，初代総裁には鳩山一郎首相が選出された。ここに保守勢力がほぼ3分の2，革新勢力がほぼ3分の1の議席を占め，保守一党優位のもとでの保革対立という政治体制である55年体制が成立した。

保守合同後の第3次鳩山一郎内閣が退陣したあとは，石橋湛山内閣・岸信介内閣（第1次・第2次）・池田勇人内閣（第1次・第2次・第3次）が続いた。この期間中の (ア) 内閣の時に，日本はGATT 11条国に移行した。GATT 11条国は，国際収支上の理由から (イ) をすることはできないとされている。

(ウ)1960年代後半におけるアメリカの国際収支の著しい悪化により，アメリカのドルへの信頼がゆらぎ始めると，第二次世界大戦後の世界経済の機軸であったブレトン＝ウッズ体制は根底からゆらぐこととなった。さらに第1次石油危機により，世界経済の繁栄は一変し，経済成長率の低下，物価・失業率の上昇という深刻な事態に直面し，こうした事態に対応するため，先進国首脳会議（サミット）などが開催され，経済成長や貿易・通貨問題など，国際的な経済政策の調整がはかられることとなった。

(エ)1980年代後半においても自由民主党はひきつづき政権政党の座にあったが，1993年6月に自由民主党は分裂し，7月の衆議院議員総選挙で過半数割れの大敗北を喫し，宮沢喜一内閣は退陣して，非自民8党派の連立政権が，日本新党の細川護熙を首相として発足した。ここに1955年以来，38年ぶりに政権が交代し，55年体制は崩壊した。

問7　空欄 (ア) と (イ) に該当するもののもっとも適切な組み合わせはどれか。 40

① (ア) －石橋湛山　(イ) －輸入制限
② (ア) －石橋湛山　(イ) －為替管理
③ (ア) －岸信介　(イ) －輸入制限
④ (ア) －岸信介　(イ) －為替管理
⑤ (ア) －池田勇人　(イ) －輸入制限
⑥ (ア) －池田勇人　(イ) －為替管理

問8　下線部(ウ)に関連して，以下のグラフYは，1米ドルと交換される円の額で表わされた，日本円と米ドルの間の月中平均の為替相場の推移を示している。とられている期間は，1米ドル＝308円で固定相場制の復活がはかられた10カ国蔵相会議の翌月から10年間である。グラフYの折れ線上の点①～⑤は，この期間の首相が最初に内閣を組織して担当した時の為替レートの水準を順に表わしている。点①～⑤のうち，鈴木善幸内閣成立時に対応するものはどれか。 41

グラフY：為替相場の推移（銀行間中心為替レート，月中平均）

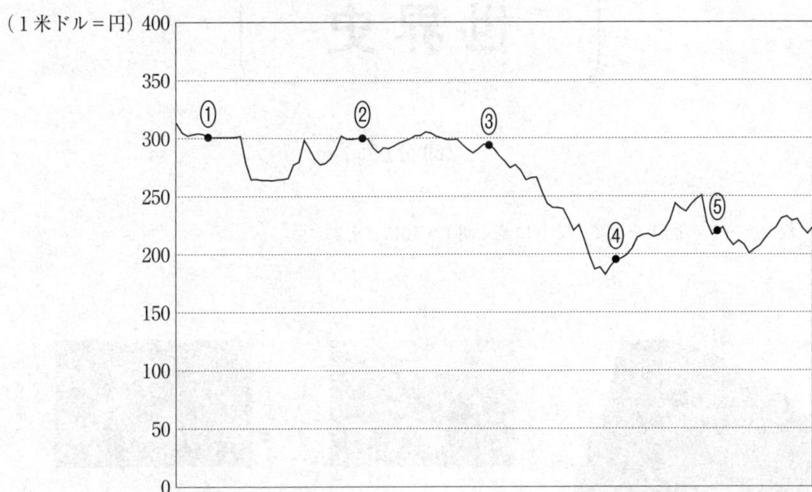

（データ出所）『金融経済統計月報』

問9　下線部(エ)に関連して，以下の記述のうち，1980年代後半におこったできごとの説明として誤りを含むものはどれか。 42

① 円高不況により，金融機関は大量に不良資産を抱え込み，大手金融機関の経営破綻があいついだ。

② 就業人口に占める第三次産業の比重が増加し，経済のサービス化が進んだ。

③ 低金利政策がとられ，資金が不動産市場や株式市場に流入し，地価・株価の高騰がおこった。

④ 農産物の輸入自由化をせまられ，政府は，牛肉・オレンジの輸入自由化を決定した。

⑤ 労働組合の再編が進み，日本労働組合総連合会（連合）が結成され，日本労働組合総評議会（総評）は解散して連合に合流した。

世界史

（60分）

I　次のA～Eの図版を見て，それに続く問1～10に答えよ。

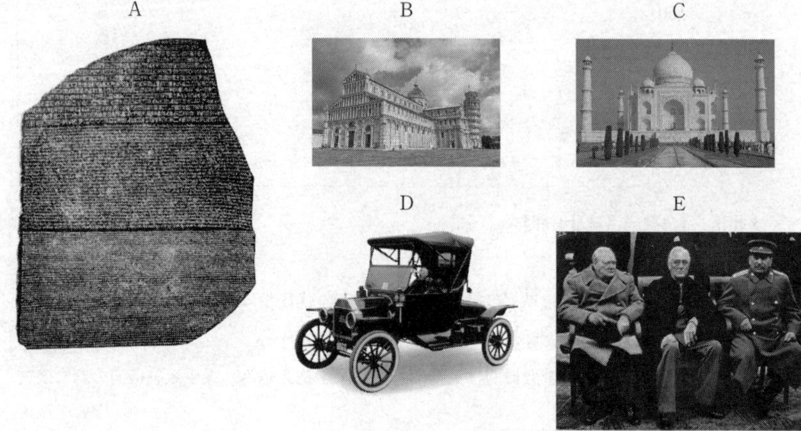

B・D：ユニフォトプレス提供
B・Cは著作権の都合により，類似の写真と差し替えています。

問1　Aはエジプトで発見された石碑である。これに関する記述としてもっとも適切なものを次のなかからひとつ選び，その番号をマークせよ。　1

① この石碑は，アクティウムの海戦より後に設置された。
② イギリス軍がロゼッタでこの石碑を発見した。
③ この石碑は3段にわかれており，下段はラテン文字で書かれている。
④ この石碑は，「ブリュメール18日のクーデタ」より前に発見された。
⑤ 同害復讐法を中心とした法典がこの石碑に記されている。

問2　Aの碑銘を手がかりにエジプトの神聖文字を解読した人物は誰か，次のなかからひとつ選び，その番号をマークせよ。　2

① ヴェーバー
② ヴェントリス
③ シャンポリオン

④　トーマス=マン

⑤　ローリンソン

問3　Bは西ヨーロッパ中世の建築物である。この建築物の様式としてもっとも適切なものを次のなかからひとつ選び，その番号をマークせよ。　[3]

①　ゴシック様式

②　バロック様式

③　ビザンツ様式

④　ルネサンス様式

⑤　ロココ様式

⑥　ロマネスク様式

問4　Bの建築物に関する記述としてもっとも適切なものを次のなかからひとつ選び，その番号をマークせよ。　[4]

①　この大聖堂のある町で生まれ育ったエラスムスは『愚神礼賛』を著した。

②　ここでガリレイが物体落下の実験をおこなったと伝えられる。

③　この丸屋根（ドーム）を設計したのはブルネレスキである。

④　マルティン=ルターはこの教会の門扉に「九十五カ条の論題」を掲示した。

⑤　ミケランジェロがこの大聖堂の祭壇画として「最後の審判」を描いた。

問5　Cの建築物に関する記述としてもっとも適切なものを次のなかからひとつ選び，その番号をマークせよ。　[5]

①　アクバルが妃のために造営した。

②　インド様式とイスラーム様式が融合した建築物である。

③　建設着工時，この国では人頭税（ジズヤ）が復活していた。

④　シヴァージーがマラーター王国を建てたのはこの建築物の着工前のことである。

⑤　パンジャーブ地方のインダス川沿いに建てられた墓廟である。

問6　Cの建築物の建てられた場所としてもっとも適切なものを次のなかからひとつ選び，その番号をマークせよ。　[6]

①　アグラ（アーグラー）

②　アムリットサール

③　デリー

④　パーニーパット

⑤　ラホール

問7　Dの自動車に関する記述としてもっとも適切なものを次のなかからひとつ選び，その番号をマークせよ。 7

① この自動車のメーカーが初めてガソリンエンジンを発明し，自動車に搭載した。
② このモデルの自動車は熟練工により受注生産された。
③ この自動車は1500万台以上を売り上げ，モータリゼーションの象徴となった。
④ この自動車が発売されたのは，日清戦争の開戦より前である。
⑤ この自動車は，スコットランド系の移民が設立したドイツのメーカーによって開発された。

問8　Eは第二次世界大戦中に，かつてイランでおこなわれた会談と同じ首脳が集まり開かれたある首脳会談の写真である。この会談に関する記述としてもっとも適切なものを次のなかからひとつ選び，その番号をマークせよ。 8

① イタリアのバドリオ政府はこの会談後，無条件降伏を申し出た。
② ソ連の対日参戦などの秘密協定を結んだ。
③ この会談後，大西洋憲章を発表した。
④ ドイツ管理問題を協議するとともに，日本の降伏を求める宣言を発表した。
⑤ ドイツの無条件降伏後に開催された。

問9　Eの会談の開催地を次のなかからひとつ選び，その番号をマークせよ。 9

① カイロ
② ジュネーヴ
③ テヘラン
④ ポツダム
⑤ ヤルタ

問10　Eの会談の首脳のうち，向かって左側の二人の組合せとしてもっとも適切なものを次のなかからひとつ選び，その番号をマークせよ。 10

① アトリーとアイゼンハワー
② アトリーとトルーマン
③ アトリーとローズヴェルト
④ チャーチルとアイゼンハワー
⑤ チャーチルとトルーマン
⑥ チャーチルとローズヴェルト

Ⅱ 次の文章を読み，それに続く問1～10に答えよ。

西ヨーロッパではルネサンス以降に古代地中海文明を規範とする文芸運動が盛んとなり，これがその文明の基層を形成するようになった。それまでも学僧などの中世の知識人は，古代ローマ(1)以来のラテン語文献に接していたが，ギリシアとの直接的な接点ではなく，イスラーム世界経由で得られるアリストテレス文献などの翻訳を通じてのものにとどまっていた。しかし，オスマン帝国(2)がバルカン半島をも席巻する15世紀の動乱期にイタリアを訪問したギリシア人学者たちの指導や薫陶により，プラトンをはじめとする古代ギリシア語文献に直接あたることができるようになると，知的世界のパラダイムシフトが進行していった。

その源泉となる古代のオリエントと地中海に目を向けると，前2千年紀の後半に東地中海世界とでも呼ぶべき一つの交流圏の存在に気付く。この世界を構成するのは，小アジアに勃興した［　3　］王国，これとシリアをめぐって対峙したエジプトの新王国(4)，そしてギリシア本土で勃興したミケーネ文明の勢力である。しかし，この東地中海世界は「海の民」などの民族移動のなかで，突然，崩壊を迎えた。

その後，前8世紀の前半，ギリシアでは突如ポリス(5)と呼ばれる都市国家が多数成立した。そのほとんどは貴族が政治と司法を掌握する貴族政の段階にあったが，人口の増大にともない農地を持たない無産市民が増加すると，彼らの不満はポリスの存亡にかかわるような社会的危機をもたらした。貴族政ポリスはこの問題を植民活動で解決しようとした。すなわち，オイキステスと呼ばれるリーダーに率いられた無産市民が地中海や黒海沿岸に新天地を求め，新たなポリスとして植民市を建設し，そこで土地を獲得して新生活をはじめたのである。この大植民時代は前6世紀の半ばまで続き，結果としてギリシア人の世界が拡大し商工業と貨幣経済が発達した。ところが，貴族政ポリスを温存させるためにとった植民活動は，皮肉にも貴族政そのものの存立を脅かす状況をつくりあげることとなった。それはこの時期に戦い方が一変した(6)ことも関連する。この戦術の変化は結果的に富裕平民層の参政権要求につながり，貴族政ポリスから民主政ポリスへの移行がはじまった。参政権をめぐる両者の抗争は，市民団全体の貧富差の拡大という社会経済問題とも絡みあいながら複雑な展開を見せていった。

アテネでは，ドラコンの立法やソロンの改革でもこの抗争は解決にいたらず，ついに無産市民の支持を背景に革命独裁政権ともいうべき僭主政(7)が出現して国家改造がおこなわれた。しかし，僭主政が倒されると，半世紀におよんだ長い政治的空白を埋めるためにあらたな国制が必要とされ，クレイステネスの改革(8)によって民主政の基礎が据えられた。この改革の成果はアケメネス朝の遠征軍を撃退したマラトンの戦いで発揮された。アテネは前5世紀後半にエーゲ海覇権を握って経済的繁栄を享受しつつ，国内的には徹底民主政を推進するペリクレス(9)時代を迎え，文化的にも人類史を画する繁栄を享受した。ところが，彼のすすめた覇権の追求はもう一方のギリシアの雄スパルタとその同盟国との間に政治的軋轢や地域紛争を各地で生じさせることとなり，前431年にはギリシア世界を二分するペロポネソス戦争が勃発した。この戦争はアテネの無条件降伏で終わったが，戦勝国スパルタでも戦後処理をめぐって押し寄せた貨幣経済の前にリュクルゴス体制が破綻し，前4世紀のギリシア世界は多極化の時代を迎えた。宿痾ともいうべきギリシアの慢性的戦争状態はマケドニア(10)やアケメネス朝の介入を呼び，ついにポリスの政治的自立は失われ，さらに西方に興ったローマに併呑された。しかし，その過程でローマはギリシア文化に接し，文化的には，征服したローマがギリシアに征服される結果となったのである。

問1　下線部(1)に関する次の記述としてもっとも適切なものを次のなかからひとつ選び，その番号をマークせよ。　11

① カラカラ帝は帝国内の全自由人にローマ市民権を与えた。

② コンスタンティヌス帝はコンスタンティノープルへの遷都後にミラノ勅令を発した。

③ テオドシウス帝は法学者トリボニアヌスらに『ローマ法大全』を編纂させた。

④ ローマ帝国の領土は，マルクス＝アウレリウス＝アントニヌス帝の時代に最大となった。

⑤ ユリアヌス帝はキリスト教を保護し，キリスト教は事実上の国教となった。

問2　下線部(2)に関連する次のア，イの正誤の組合せとしてもっとも適切なものを下の①～④のなかからひとつ選び，その番号をマークせよ。　12

ア：バヤジット1世がアンカラの戦いでティムール軍に大敗して捕虜となり，オスマン帝国は一時打撃を受けたが再建され，メフメト2世はビザンツ帝国を滅ぼした。

イ：ビザンツ帝国が滅ぼされた後，モスクワ大公イヴァン3世は最後のビザンツ皇帝の姪ソフィアと結婚してローマ帝国の後継者と自任し，ツァーリの称号を用いた。

① アもイも正しい。

② アのみ正しい。

③ イのみ正しい。

④ アもイも誤っている。

問3　[3]の国名としてもっとも適切なものを次のなかからひとつ選び，その番号をマークせよ。　13

① アッシリア

② カッシート

③ カルデア

④　ヒッタイト
⑤　ミタンニ
⑥　メディア

問4　下線部(4)に関する次の記述としてもっとも適切なものを次のなかからひとつ選び，その番号をマークせよ。　14

①　エジプト最大のクフ王のピラミッドはこの時期につくられた。
②　アメンホテプ4世はみずからイクナートンと改名し，新都アマルナをつくった。
③　この時期にユダ王国は滅ぼされ，住民はバビロンに強制移住させられた。
④　この時代の末期にヒクソスがナイル=デルタに侵入して，エジプトを支配した。
⑤　ラメス2世の治世下に，エジプトは豊富な鉄資源を背景に繁栄期を現出した。

問5　下線部(5)に関する次のア，イの正誤の組合せとしてもっとも適切なものを下の①～④のなかからひとつ選び，その番号をマークせよ。　15

ア：貴族政ポリス時代は線文字Bを用いていたが，フェニキア人の文字を改良してギリシア=アルファベットがあらたにつくられた。

イ：アクロポリスは砦であると同時に守護神の神殿がある宗教的中心であり，さらにその麓にあるアゴラでは市場や集会が開かれた。

①　アもイも正しい。
②　アのみ正しい。
③　イのみ正しい。
④　アもイも誤っている。

問6　下線部(6)に関する記述としてもっとも適切なものを次のなかからひとつ選び，その番号をマークせよ。　16

①　軽装歩兵として傭兵が盛んに用いられるようになった。
②　三段櫂船がマリウスによって導入され，戦争捕虜などが漕ぎ手となった。
③　重装騎兵の一騎討ち戦法が採用され，富裕平民も騎士身分を獲得した。
④　重装歩兵密集隊がポリス防衛の主力となった。
⑤　ポリスから供与される武具を備えた歩兵がファランクスを組んで戦うようになった。

問7　下線部(7)に関する次のア，イの正誤の組合せとしてもっとも適切なものを下の①～④のなかからひとつ選び，その番号をマークせよ。　17

ア：僭主政はアテネだけに出現した。

イ：ペイシストラトスは中小農民の保護や商工業の奨励などにより，平民の経済力を充実させた。

① アもイも正しい。
② アのみ正しい。
③ イのみ正しい。
④ アもイも誤っている。

問8 下線部(8)に関する記述としてもっとも適切なものを次のなかからひとつ選び，その番号をマークせよ。 18

① 血縁的4部族制度を地縁的10部族制度にあらためた。
② 市民団の貧富差の発生を防ぐために土地の譲渡や貴金属貨幣の使用を禁じた。
③ 所有する財産に応じて市民の参政権を定めた。
④ はじめて慣習法を成文化して，法の支配をめざした。
⑤ 有力者に占有されていた公有地を再分配することで，中小農民の再建をめざした。

問9 下線部(9)に関する記述としてもっとも適切なものを次のなかからひとつ選び，その番号をマークせよ。 19

① アクロポリスにパンテオンを造営するプロジェクトを企画した。
② コリントス同盟を結成して，他のギリシアポリスを支配下においた。
③ 海軍を拡充し，サラミスの戦いでペルシア軍を大敗させた。
④ 参政権は両親ともにアテネ人の生まれである成年男性のみに限る法を提案した。
⑤ ペロポネソス戦争を指導し，最後には無条件降伏する決定を下した。

問10 下線部(10)に関する次のア，イの正誤の組合せとしてもっとも適切なものを下の①～④のなかからひとつ選び，その番号をマークせよ。 20

ア：マケドニア人はギリシア人の一派で，ポリスを形成していた。

イ：カイロネイアの戦いでアテネ・スパルタの連合軍を破った。

① アもイも正しい。
② アのみ正しい。
③ イのみ正しい。
④ アもイも誤っている。

Ⅲ　次のA～Cの文章を読み，それに続く問1～10に答えよ。

A　ザクセン家の東フランク王オットー1世は，東方からアウクスブルク周辺に侵入したマジャール人を［ 1 ］の戦いで破り，962年に教皇ヨハネス12世からローマ皇帝の位をあたえられた。これが神聖ローマ帝国の起源とされる。歴代の皇帝はイタリアに介入する政策に熱心に取り組んだ。イタリア政策とも皇帝政策とも呼ばれるこの政策は，時に応じて離合集散するコムーネ（自治都市）や教皇の抵抗を受けた。なかでも(2)12～13世紀にシュタウフェン朝の皇帝に抵抗するため，2回にわたって同盟が結成されたのはそのよい例である。イタリア政策は，結果としてドイツにおける諸侯勢力の拡大と帝権の弱体化にもつながったが，16世紀にはじまった宗教改革運動は，帝国のまとまりをさらに困難にした。そして17世紀の［ 3 ］条約で領邦はほぼ完全な主権を獲得して，領邦国家体制が確立することとなった。

B　17世紀後半から19世紀前半にかけて，イギリスとフランスとの間には，激しい抗争が続いた。いわゆる第2次英仏百年戦争である。それは(4)名誉革命でイギリスがオランダと同君連合を形成した年にはじまった［ 5 ］からナポレオン戦争の終結にいたるまで断続的に続いたが，インドやアメリカを含む世界規模の抗争でもあった。海洋国家として世界進出を図るイギリスに対し，フランスはヨーロッパ大陸における覇権掌握へ舵を切ったが，(6)イギリスの覇権が確立した七年戦争とそれ以降の戦費負担は，双方に深刻な財政危機をもたらした。その財政危機の穴埋めを誰が負担するかは大きな問題となり，アメリカ独立革命と(7)フランス革命の引き金になった。いずれも，環大西洋革命あるいは二重革命というダイナミズムのなかに位置づけられている。

C　ドイツ帝国はヴェルサイユ宮殿でのヴィルヘルム1世の戴冠式を経て，ドイツ帝国憲法（ビスマルク憲法）を公布した。ドイツ帝国の構造的な特徴は，時に外見的立憲主義と評されることがある。多くの国でいまだ採用されていなかった男性普通選挙を導入して議会が構成されているにもかかわらず，宰相ビスマルク率いる行政府を議会が統制することができず事実上無力であったためである。(8)ビスマルクは国家体制を安定させ国力の充実を図るため，いわゆる文化闘争に着手したが，途中から社会主義の浸透をより警戒する姿勢に転じ，1878年には社会主義者鎮圧法を制定した。そのいっぽうで，国民生活を安定させるための社会政策を打ち出した。そして，1879年には［ 9 ］を制定して「鉄と穀物の同盟」すなわちブルジョワとユンカーの連携を実現し，対外的には(10)フランスを孤立させる外交政策を展開した。

問1　Aの文中の [1] に入る語としてもっとも適切なものを次のなかからひとつ選び，その番号をマークせよ。 [21]

① カタラウヌム
② コソヴォ
③ モハーチ
④ ニコポリス
⑤ レヒフェルト

問2　下線部(2)の同盟に関する次のア，イの正誤の組合せとしてもっとも適切なものを下の①～④のなかからひとつ選び，その番号をマークせよ。 [22]

ア：シチリア島を含むイタリア南部のコムーネが結成した。
イ：加盟するコムーネは共同で軍隊を編成した。

① アもイも正しい。
② アのみ正しい。
③ イのみ正しい。
④ アもイも誤っている。

問3　[3] に入る語としてもっとも適切なものを次のなかからひとつ選び，その番号をマークせよ。 [23]

① ウェストファリア
② カトー=カンブレジ
③ カルロヴィッツ
④ ユトレヒト
⑤ ラシュタット

問4　Bの文中の下線部(4)に関する記述としてもっとも適切なものを次のなかからひとつ選び，その番号をマークせよ。 [24]

① ウィレム夫妻が発した「権利の宣言」を議会は「権利の章典」として制定した。
② カトリック復活をめざすジェームズ2世に対抗するため，トーリー・ホイッグ両党が共同して，王の娘メアリの夫のオランダ総督ウィレムに介入を求めた。
③ この時確立した立憲王政のもとで，不当な逮捕や投獄を禁ずる人身保護法が制定された。
④ メアリ2世の妹のアン女王時代に，イングランドとアイルランドが合併してグレート

ブリテン王国が成立した。

⑤　名誉革命時のフランス王はルイ14世で，宰相マザランが中央集権化政策を引き継いでいた。

問5　[5] に入る語としてもっとも適切なものを次のなかからひとつ選び，その番号をマークせよ。 [25]

①　オーストリア継承戦争

②　王政復古

③　外交革命

④　スペイン継承戦争

⑤　ファルツ継承戦争（アウクスブルク同盟戦争）

問6　下線部(6)と同時期の出来事に関する記述としてもっとも適切なものを次のなかからひとつ選び，その番号をマークせよ。 [26]

①　イギリスはインド統治に際して，それまでの慣行だったザミンダーリー制やライヤットワーリー制を廃止して，あらたな地税制度を導入した。

②　イギリスは北アメリカではカナダをうしなったものの，ミシシッピ川より東側の地をおさえて強大な支配権を確立した。

③　インド大反乱（シパーヒーの反乱）の後，インドは綿花や藍などの原材料をイギリスに輸出し，イギリスから工業製品を大量に輸入するようになった。

④　プロイセンのフリードリヒ２世は，オーストリアと有利な和平を結んでシュレジエン地方の確保に成功した。

⑤　ヨーロッパでの七年戦争に際して，フランスのルイ15世はプロイセン・オーストリア双方から中立の立場をとった。

問7　下線部(7)に関する記述としてもっとも適切なものを次のなかからひとつ選び，その番号をマークせよ。 [27]

①　1791年憲法は，フランス最初の憲法で自由主義的な規定をもち，共和政に移行して革命の終結を図ろうとするものであった。

②　テルミドール９日のクーデタで，ダントン，エベール，ロベスピエールら公安委員会の中心的な人物は倒された。

③　ネッケルの罷免や軍隊のヴェルサイユ集結の動きに危険を感じたパリ市民は，バスティーユ牢獄を襲撃した。

④　パリ市民は普段着としてキュロットをはいていたため，サン=キュロットといわれる

ようになった。

⑤ フェミニストの先駆者とされるグージュの主張を受け入れて，「人間および市民の権利の宣言」は男性と同等な権利を女性にも認めた。

問8　Cの文中の下線部(8)に関する次のア，イの正誤の組合せとしてもっとも適切なものを下の①～④のなかからひとつ選び，その番号をマークせよ。 28

ア：カトリック教徒やその政党である中央党が弾圧された。

イ：この当時，プロイセンではプロテスタントが多数を占めていた。

① アもイも正しい。
② アのみ正しい。
③ イのみ正しい。
④ アもイも誤っている。

問9　[9] に入る法の名としてもっとも適切なものを次のなかからひとつ選び，その番号をマークせよ。 29

① 関税撤廃法
② 航海法
③ 災害保険法
④ 農奴解放法
⑤ 保護関税法

問10　下線部(10)に関する記述としてもっとも適切なものを次のなかからひとつ選び，その番号をマークせよ。 30

① 1873年に三帝同盟が結ばれたが，ロシアとオーストリアが対立するようになった。
② 1882年にはドイツ，オーストリア，ロシアとの間で三国同盟が結成された。
③ 1887年にドイツはオーストリアと再保障条約を結んだ。
④ フランスではユダヤ系軍人ブーランジェをめぐる冤罪事件がおこった。
⑤ イタリアはオーストリアとの敵対関係から，フランスに接近して同盟を結成した。

Ⅳ　次のAとBの文章を読み，それに続く問1～10に答えよ。

A　秦の始皇帝(1)による中国統一と郡県制の実施は，専制官僚制国家の誕生を画する出来事であった。秦に続く漢は当初郡国制を採用した後，諸王や諸侯の反乱(2)の鎮圧に成功すると実質的な郡県制を全国的に施行した。武帝(3)は優秀な人材を獲得するために郷挙里選という制度を採用した。秦の統治イデオロギーは法家思想であったが，武帝は，官僚が身につけておくべき素養として儒学を必修としたことから，儒教と官僚制は中国社会にとって切っても切れない存在となり，日常生活の隅々にまで多大な影響をおよぼすようになった。皇帝の周囲には，法律や土木あるいはその他の知見に通じた専門家（スペシャリスト）を「吏」として束ねる広い教養をもった高位の文人官僚（ジェネラリスト）が統治にあたる仕組みが整備された。官僚に対抗できる勢力は，皇帝に直接・間接に影響をあたえることのできる立場にいた宮廷内の外戚(4)や宦官，あるいは内外の軍などに限られるようになった。

三国時代の魏では九品中正制度(5)が用いられたが，隋では科挙が導入された。以降，一時後退する時期はあったものの，清朝末期の1905年に廃止されるまで基本的には科挙が中国エリート官僚への狭き門として機能することとなった。

B　「長い19世紀」のユーラシア大陸では，イギリスとロシアが各地で熾烈な攻防を展開したが，帝国主義勢力による分割が進んでいなかった中央アジアでは特に両国間の一進一退の攻防が続いた。チェスになぞらえてこれをグレート=ゲームと呼ぶことがある。

なかでもアフガニスタンは，中央アジアからインド亜大陸への交通の要衝として地政学上重要な意味をもち，アーリヤ人の移動以降もさまざまな勢力がこの地で興隆を繰り広げてきた(6)。グレート=ゲーム中にインドを植民地としたイギリスは，アフガニスタンへのロシアの進出をおそれ，2度にわたるイギリス・アフガニスタン戦争を仕掛けて1880年にアフガニスタンを保護国とした。

20世紀初頭，イギリスとロシアの対立は日露戦争(7)で頂点を迎えたが，ロシア第一革命(8)，ドイツの世界政策に対応する必要から歩み寄りが始まり，1907年に英露協商(9)が締結されたことで，一時解消されることとなった。その後，第一次世界大戦で疲弊したイギリスとアフガニスタンの間で第三次イギリス・アフガニスタン戦争が勃発したが，これを機にアフガニスタンは外交権を回復してイギリスからの完全独立を果たすことに成功し，立憲君主制のもとでの近代化に着手した。第二次世界大戦後になって，アフガニスタンは英露に代わった米ソの対立を利用しながら自国の経済力の拡充につとめ，1973年には王政が打倒されて共和国となった。1978年にはさらにクーデタによりソ連の支援を受ける社会主義国家となり，これに抵抗するイスラーム勢力との間で内戦が続いた。

2001年の同時多発テロに際し，アメリカはアフガニスタンのターリバーン政権が実行グループを保護しているとし，同盟国の支援のもとに対テロ戦争(10)をかかげてアフガニスタンへの攻撃を開始した。この侵攻によりターリバーン政権はいったん排除されたが，その後成立した政権の腐敗と経済の停滞が続くなか，2021年のアメリカ軍などの完全撤退を機に，勢力を温存していたターリバーンが政権に復帰した。

問1　下線部(1)に丞相として仕えた人物は誰か，次のなかからひとつ選び，その番号をマークせよ。 31

① 韓非
② 荀子
③ 商鞅
④ 蘇秦
⑤ 李斯

問2　下線部(2)の反乱としてもっとも適切なものを次のなかからひとつ選び，その番号をマークせよ。 32

① 呉楚七国の乱
② 黄巾の乱
③ 三藩の乱
④ 陳勝・呉広の乱
⑤ 八王の乱

問3　下線部(3)に関する記述としてもっとも適切なものを次のなかからひとつ選び，その番号をマークせよ。 33

① 越南国を滅ぼしてベトナム北部までを支配下に入れた。
② 鄭玄の提案により儒学を官学とした。
③ 大月氏と同盟して匈奴を攻撃するため，張騫を派遣した。
④ この時代に党錮の禁がおこり，官僚と宦官とが対立した。
⑤ 倭人の使者に「漢委奴国王印」を授けた。

問4　下線部(4)の地位から皇帝に即位した中国史上の人物は誰か，次のなかからひとつ選び，その番号をマークせよ。 34

① 呉三桂
② 朱元璋
③ 曹操

④ 楊堅

⑤ 李自成

問5 下線部(5)に関する次のア，イの正誤の組合せとしてもっとも適切なものを下の①～④のなかからひとつ選び，その番号をマークせよ。 35

ア：地方におかれた中正官が，郷里の人望により官吏にふさわしいとされる人物を9等級にわけて推薦させる制度だった。

イ：結果的に有力豪族の子弟が上級官職を独占するようになり，世襲化して門閥貴族が形成されることとなった。

① アもイも正しい。

② アのみ正しい。

③ イのみ正しい。

④ アもイも誤っている。

問6 下線部(6)に関する記述としてもっとも適切なものを次のなかからひとつ選び，その番号をマークせよ。 36

① アレクサンドロスの軍勢はこの地域を経由してガンジス川中流域に入った。

② エフタルはササン朝とウイグルに挟撃されて滅亡した。

③ クシャーナ朝のカニシカ王は大乗仏教を保護した。

④ バーブルは北インドに進出して奴隷王朝を打倒した。

⑤ パルティアはプトレマイオス朝から自立した後にこの地を支配した。

問7 下線部(7)に関する次のア，イの正誤の組合せとしてもっとも適切なものを下の①～④のなかからひとつ選び，その番号をマークせよ。 37

ア：アメリカ大統領セオドア=ローズヴェルトの斡旋でポーツマス条約が結ばれた。

イ：日本はこの戦争の前に韓国併合を完了し，統監府をおいていた。

① アもイも正しい。

② アのみ正しい。

③ イのみ正しい。

④ アもイも誤っている。

問8 下線部(8)に関する記述としてもっとも適切なものを次のなかからひとつ選び，その番号

をマークせよ。 38

① 司祭ガポンはデモ行進をする民衆に発砲するよう指示した。

② ストルイピンはミール共同体の強化を通じて専制体制の立て直しをはかった。

③ ニコライ1世はウイッテ（ヴィッテ）の起草した十月宣言を発した。

④ 民主化や戦争中止を求めた労働者・市民に対する発砲事件が発端となった。

⑤ この時期に，レーニンはすでに亡命先のスイスから帰国していた。

問9 下線部(9)に関する次のア，イの正誤の組合せとしてもっとも適切なものを下の①～④のなかからひとつ選び，その番号をマークせよ。 39

ア：トルコにおける両国の勢力範囲を定めた。

イ：アフガニスタンをイギリスの勢力範囲とし，チベットでの清の宗主権を認めた。

① アもイも正しい。

② アのみ正しい。

③ イのみ正しい。

④ アもイも誤っている。

問10 下線部(10)に関する記述として誤っているものを次のなかからひとつ選び，その番号をマークせよ。 40

① イスラーム過激派がハイジャックした旅客機は，ニューヨークの世界貿易センタービルとワシントンの国防総省ビルに突入した。

② アフガニスタンに対する対テロ戦争は，共和党のブッシュ（子）大統領が主導して実行した。

③ アメリカはアフガニスタンへの攻撃後も，イラクのフセイン政権が国際的なテロ行為にかかわり中東地域の脅威になっているとして，この政権を打倒した。

④ イラクのフセイン政権は，スンナ派によって支えられていて，シーア派住民を抑圧していた。

⑤ アメリカによるイラクへの攻撃にあたっては，イギリス，フランス，ドイツの3か国が参戦した。

V　20世紀史に関して下の問1～10に答えよ。

問1　1922年のワシントン海軍軍備制限条約の調印国ではない国を次のなかからひとつ選び，その番号をマークせよ。　41

① アメリカ
② イギリス
③ イタリア
④ オランダ
⑤ 日本
⑥ フランス

問2　1930年代後半以降にタキン党を率いて独立運動を継続した人物は誰か，次のなかからひとつ選び，その番号をマークせよ。　42

① アウン＝サン
② アギナルド
③ スカルノ
④ スハルト
⑤ バオダイ
⑥ ホー＝チ＝ミン

問3　ムスタファ=ケマルが武力で回復し，ローザンヌ条約でトルコ領とされた港町を次のなかからひとつ選び，その番号をマークせよ。　43

① イズミル
② エフェソス
③ サルデス
④ トロイア
⑤ ミレトス
⑥ ロドス

問4　日本陸軍の関東軍が1931年9月におこし満洲事変の発端となった出来事としてもっとも適切なものを次のなかからひとつ選び，その番号をマークせよ。　44

① 西安事件
② 上海事変
③ ノモンハン事件

④　奉天事件

⑤　柳条湖事件

⑥　盧溝橋事件

問5　クメール=ルージュを率いて政権を奪取し，1976年に民主カンプチア（民主カンボジア）の首相に就任し，原始生活への復帰をめざす極端な共産主義政策や反対派や知識人の大虐殺をおこなった人物は誰か，次のなかからひとつ選び，その番号をマークせよ。 45

①　ゴ＝ディン＝ジエム

②　シハヌーク

③　ファン＝ボイ＝チャウ

④　ヘン＝サムリン

⑤　ポル＝ポト

⑥　ロン＝ノル

問6　戒厳令解除後の台湾で，1988年に本省人としてはじめて総統に就任した人物は誰か，次のなかからひとつ選び，その番号をマークせよ。 46

①　蔣介石

②　蔣経国

③　張学良

④　陳水扁

⑤　段祺瑞

⑥　李登輝

問7　1980年5月，光州民主化運動を武力鎮圧して大統領となり，開発独裁を継続した人物は誰か，次のなかからひとつ選び，その番号をマークせよ。 47

①　金泳三

②　金大中

③　全斗煥

④　盧泰愚

⑤　朴正熙

問8　1989年の民主化運動高揚時に中国共産党総書記を解任された人物は誰か，次のなかからひとつ選び，その番号をマークせよ。 48

①　華国鋒

② 江沢民

③ 胡錦濤

④ 胡耀邦

⑤ 趙紫陽

⑥ 鄧小平

問9　次の①～⑤の人物のうち，1938年9月のミュンヘン会談に参加していなかった首脳をひとり選び，その番号をマークせよ。 49

① ダラディエ

② ネヴィル=チェンバレン

③ ヒトラー

④ フランコ

⑤ ムッソリーニ

問10　次の①～⑤のうち，スターリン独裁の最中におこった出来事ではないものをひとつ選び，その番号をマークせよ。 50

① 全市民の平等な諸権利をうたったスターリン憲法が制定された。

② ソ連領東部に住んでいた朝鮮人が中央アジアに強制移住させられた。

③ 多数の人々が処刑されたり，ラーゲリ（強制収容所）に送られたりした。

④ 農産物を大量に供給させられたウクライナやカザフスタンで大量の餓死者が出た。

⑤ 米英仏ソ4か国首脳によるジュネーヴ4巨頭会談が開催された。

数　学

（60 分）

解答上の注意

1．　問題の文中の [ア]，[イウ]，[エオカ] などの [　] には，特に指示がない限り，数字（0～9），アルファベット（a～d）または負の符号（－）が入る．ア，イ，ウ，…… の一つ一つは，これらのいずれか一つに対応する．それらを解答用紙のア，イ，ウ，…… で示された解答欄にマークせよ．

［例 1］ [アイウ] に－86 と答えたいとき

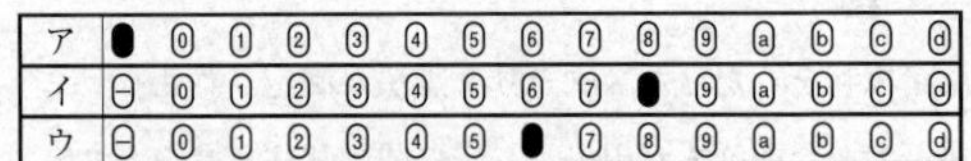

ア	●	0	1	2	3	4	5	6	7	8	9	a	b	c	d
イ	⊖	0	1	2	3	4	5	6	7	●	9	a	b	c	d
ウ	⊖	0	1	2	3	4	5	●	7	8	9	a	b	c	d

［例 2］ [エ] － [オ] に $9-a$ と答えたいとき

エ	⊖	0	1	2	3	4	5	6	7	8	●	a	b	c	d
オ	⊖	0	1	2	3	4	5	6	7	8	9	●	b	c	d

2．　分数形で解答するときは，既約分数（それ以上約分できない分数）で答えよ．符号は分子に付け，分母に付けた形では答えないこと．

［例 3］ $\dfrac{\boxed{\text{カキ}}}{\boxed{\text{ク}}}$ に $-\dfrac{2}{7}$ と答えたいときは，$\dfrac{-2}{7}$ として

カ	●	0	1	2	3	4	5	6	7	8	9	a	b	c	d
キ	⊖	0	1	●	3	4	5	6	7	8	9	a	b	c	d
ク	⊖	0	1	2	3	4	5	6	●	8	9	a	b	c	d

3．　根号を含む形で解答する場合は，根号の中に現れる自然数が最小となる形で答えよ．

例えば，$4\sqrt{2}$，$\dfrac{\sqrt{13}}{2}$ と答えるところを，$2\sqrt{8}$，$\dfrac{\sqrt{52}}{4}$ のように答えないこと．

1 次の各問の □ に適する答を解答欄にマークせよ．

[1] 方程式 $3x^2 - x - 14 = 0$ の解は，$x = -2, \dfrac{\boxed{ア}}{\boxed{イ}}$ であり，

方程式 $3x^2 - 2x - 14 = 0$ の解は，$x = \dfrac{1 \pm \sqrt{\boxed{ウエ}}}{\boxed{オ}}$ である．

[2] 整数 a，b について，a を9で割ると2余り，b を9で割ると7余る．ab を9で割ったときの余りは $\boxed{カ}$ である．

[3] 座標空間の2点 A(2, 5, 5)，B(6, −2, 3) と点 P(x, y, 1) が同一直線上にあるとき，
$x = \boxed{キク}$，$y = \boxed{ケコ}$ である．

[4] 関数 $f(x) = x^3 - 8x^2 + 5x - 2$ について考える．$f(x)$ は $x = \dfrac{\boxed{サ}}{\boxed{シ}}$ で極大値，
$x = \boxed{ス}$ で極小値をとる．よって，$x \geqq 0$ の範囲における $f(x)$ の最小値は $\boxed{セソタ}$ である．

[5] 方程式 $|x + 1| + |2x - 1| = \dfrac{5}{2}$ を満たす x の値は，$\dfrac{\boxed{チツ}}{\boxed{テ}}$，$\dfrac{\boxed{ト}}{\boxed{ナ}}$ である．

2 次の各問の □ に適する答を解答欄にマークせよ．

k，a，b，c を実数の定数とする．x の4次式

$x^4 + 6x^3 + 10x^2 + kx - 8$

は

$(x^2 + ax + 4)(x^2 + bx - c)$

と因数分解されているとする．

(1) $c = \boxed{ア}$ である．

(2) $a < b$ ならば，$a = \boxed{イ}$，$b = \boxed{ウ}$ であり，このとき $k = \boxed{エオ}$ となる．
$a \geqq b$ ならば，$a = \boxed{カ}$，$b = \boxed{キ}$ であり，このとき $k = \boxed{ク}$ となる．

(3) $(x^2 + ax + 4)(x^2 + bx - c) = 0$ を満たす正の実数 x について考える．
$a < b$ のとき，x の値は $\boxed{ケコ} + \sqrt{\boxed{サ}}$ である．
$a \geqq b$ のとき，x の値は $\boxed{シス} + \sqrt{\boxed{セ}}$ である．

3 次の各問の［　］に適する答を解答欄にマークせよ.

実数x, yが3つの不等式

$x+2y \leqq 8$

$2x+y \geqq 7$

$x-y \leqq 5$

をみたすとき,

(1) $x+y$は$(x, y)=($［ア］, ［イ］$)$で最大値［ウ］をとり,
$(x, y)=($［エ］, ［オカ］$)$で最小値［キ］をとる.

(2) $\dfrac{y}{x}$は$(x, y)=($［ク］, ［ケ］$)$で最大値$\dfrac{［コ］}{［サ］}$をとり,

$(x, y)=($［シ］, ［スセ］$)$で最小値$\dfrac{［ソタ］}{［チ］}$をとる.

(3) x^2+y^2は$(x, y)=\left(\dfrac{［ツテ］}{［ト］}, \dfrac{［ナ］}{［ニ］}\right)$で最小値$\dfrac{［ヌネ］}{［ノ］}$をとる.

4 次の各問の［　］に適する答を解答欄にマークせよ. 以下の問題に分数形で解答する場合は, 解答上の注意にあるように, それ以上約分できない形で答えよ.

自然数m, nについて, 次のような数列$\{a_n\}$を分母の値ごとに群に分けて考える.

$$\frac{1}{1}\ \Big|\ \frac{1}{2}, \frac{2}{2}\ \Big|\ \frac{1}{3}, \frac{2}{3}, \frac{3}{3}\ \Big|\ \cdots\ \Big|\ \frac{1}{m}, \frac{2}{m}, \frac{3}{m}, \ \cdots, \ \frac{m-1}{m}, \frac{m}{m}\ \Big|\ \cdots$$

第1群 第2群　第3群　…　第m群　…

(1) $a_{14}=\dfrac{［ア］}{［イ］}$である. 第6群の初項は数列$\{a_n\}$の第［ウエ］項であり, 第7群の末項は数列$\{a_n\}$の第［オカ］項である.

(2) 第m群の初項を数列$\{a_n\}$の第b_m項とすると,

$$b_m=\frac{［キ］}{［ク］}m^2-\frac{［ケ］}{［コ］}m+［サ］$$

である.

$b_{［シス］}=92<94<b_{［セソ］}=106$ であるから

$$a_{94}=\frac{［タ］}{［チツ］}$$

である．

(3)　第 m 群の初項から末項までの和を C_m とすると，

$$C_m = \frac{m + \boxed{\text{テ}}}{\boxed{\text{ト}}}$$

である．数列 $\{a_n\}$ の初項から第 m 群の末項までの総和を S_m とすると，

$$S_m = \frac{m(m + \boxed{\text{ナ}})}{\boxed{\text{ニ}}}$$

である．

したがって，数列 $\{a_n\}$ の初項から第 96 項までの総和は，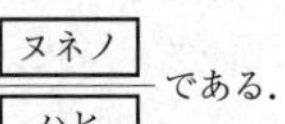 $\frac{\boxed{\text{ヌネノ}}}{\boxed{\text{ハヒ}}}$ である．

5　次の各問の $\boxed{}$ に適する答を解答欄にマークせよ．ただし，$\boxed{\text{ス}}$ は⓪～③より適切なものを一つ選べ．

[1]　10 本の中に 3 本のあたりが入っているくじがある．A さん，B さんの 2 人がこの順に 1 本ずつくじを引くことになった．ただし，引いたくじは元に戻さないものとする．

A さんがあたりを引く確率は $\frac{\boxed{\text{ア}}}{\boxed{\text{イウ}}}$ である．次に B さんがあたりを引く確率は，「A さんがあたりくじを引き，B さんもあたりくじを引く」確率 $\frac{\boxed{\text{エ}}}{\boxed{\text{オカ}}}$ と「A さんがはずれくじを引き，B さんがあたりくじを引く」確率 $\frac{\boxed{\text{キ}}}{\boxed{\text{クケ}}}$ の和 $\frac{\boxed{\text{コ}}}{\boxed{\text{サシ}}}$ となるので，$\boxed{\text{ス}}$ ．

$\boxed{\text{ス}}$ の選択肢

⓪　1 番目にくじを引く A さんの方があたりくじを引く確率が高い

①　2 番目にくじを引く B さんの方があたりくじを引く確率が高い

②　1 番目にくじを引く A さんも 2 番目にくじを引く B さんもあたりくじを引く確率は同じである

③　どちらがあたりくじを引く確率が高いか判断がつかない

[2]　X 地域には 3 つのダンススクール A，B，C があり，生徒は 1 校のみにしか所属できない．これら 3 校からのみ受験できるオーディションがあり，A，B，C に所属する各生徒の合格率はそれぞれ 2 %，4 %，5 %となっている．

ある年度のこれら 3 校からのオーディション受験者数は，それぞれ 500 人，300 人，200 人であった．

このとき，合格者の1名に無作為にインタビューした場合，A校の生徒である確率は $\frac{\boxed{セ}}{\boxed{ソタ}}$ である．また，B校の生徒である確率は $\frac{\boxed{チ}}{\boxed{ツ}}$，C校の生徒である確率は $\frac{\boxed{テ}}{\boxed{トナ}}$ である．

6 次の各問の $\boxed{}$ に適する答を解答欄にマークせよ．

信号機のない横断歩道での歩行者横断時における車の一時停止状況（一時停止を実行していた車の割合，以下「一時停止率」と呼び，パーセントで表す）全国調査結果が47の都道府県別に日本自動車連盟から公表されている．

(1) 図1は2022年における都道府県別の一時停止率のデータの箱ひげ図である．一時停止率の値が小さい方から数えた24番目の値は $\boxed{アイ}$ である．

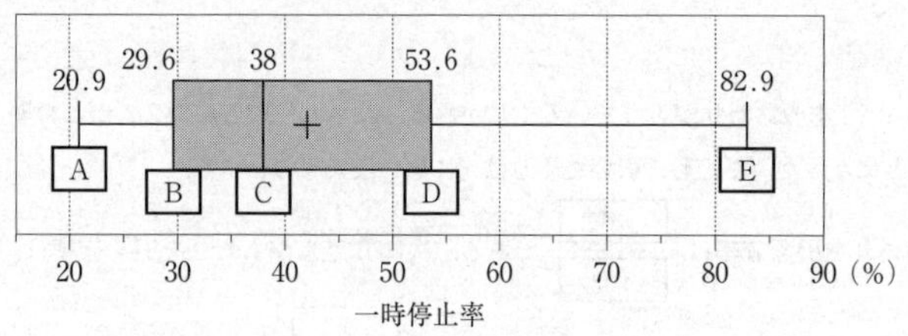

図1：一時停止率の箱ひげ図

(2) 図1より，一時停止率の四分位範囲は $\boxed{ウエ}$ であり，範囲は $\boxed{オカ}$ である．

(3) 次の $\boxed{キ}$ に当てはまるものを，下の⓪～④のうちから一つ選べ．図1から読み取れることとして，正しい記述は $\boxed{キ}$ である．

⓪ $\boxed{D}$ と $\boxed{E}$ の区間には $\boxed{A}$ と $\boxed{B}$ の区間より多くの個数の値がある．

① $\boxed{A}$ と $\boxed{B}$ の区間には $\boxed{D}$ と $\boxed{E}$ の区間より多くの個数の値がある．

② 中央値より大きい値の個数は，中央値より小さい値の個数より多い．

③ 外れ値（他の値と比べて極端に大きい値や小さい値）の影響を受けて平均値が中央値よりも大きい．

④ $\boxed{C}$ は第2四分位数であり，中央に並ぶ2つの値の平均値である．

(4) 都道府県別の一時停止率を X，交通事故死者数を Y とし，X の標準偏差の値を求めたい．表1より X の標準偏差は小数第2位を四捨五入すると，$\boxed{クケ}$ ． $\boxed{コ}$ である．

表1：平均，標準偏差，共分散，および相関係数

Xの平均値	Yの平均値	Yの標準偏差	XとYの共分散	XとYの相関係数
42.0	55.5	36.0	-22.8	-0.05

(5)　一時停止率（横軸）と交通事故死者数（縦軸）の散布図に一時停止率が30％以下かつ交通事故死亡者数が35人以下の都道府県を黒丸（●）で示したのが図2である．次の［サ］に当てはまるものを，下の⓪～⑤のうちから一つ選べ．黒丸で示した都道府県データを除外したときの相関係数をrとおくと，図2から読み取れることとして，正しい記述は［サ］である．

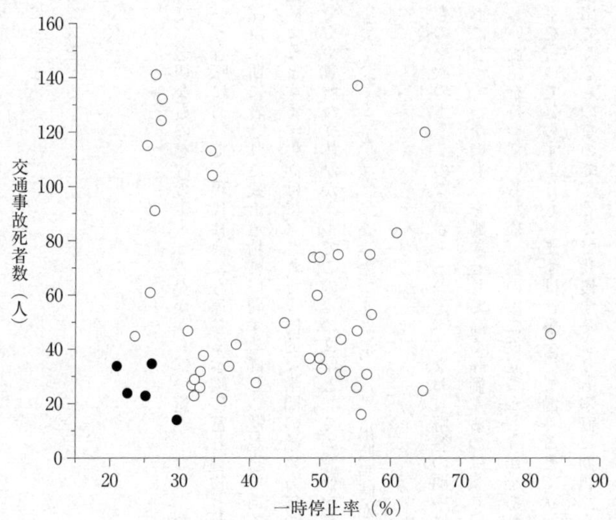

図2：一時停止率と交通事故死者数の散布図

［サ］の選択肢

⓪　$r < -0.05$

①　$r = -0.05$

②　$-0.05 < r < 0$

③　$r = 0$

④　$0 < r < 0.05$

⑤　$r \geqq 0.05$

問4 空欄 ウ に入る語句としてもっとも適切なものを次の1～5のなかから一つ選べ。解答番号 45

1 心と働きとが互いに反発し合う
2 それぞれ心と働きが独自に機能する
3 心が働きを統合してひとつにまとまる
4 心と働きとがきちんとバランスをとる
5 働きが心を支配してうまくいく

問5 『学問のすすめ』の説明として、適切なものを次の1～5のなかから二つ選べ。なお、解答の順序は問わない。解答番号 46・47

1 仕事をする意欲を励ますという意味において、現代社会にも通じる示唆に富む書物として高く評価されている。
2 明治維新の混乱を予感して江戸末期に著された武士道精神に関する詳しい解説書である。
3 これから勉学を本格的に始めようとする学生向けに著された専門的な学問の始め方についての指南書である。
4 美辞麗句を駆使した華やかでやや難解な文体がかえってこの本の文学としての評価を高めている。
5 「天は人の上に人を造らず、また人の下に人を造らず」で始まるこの本は、出版当時から評判をよびベストセラーとなった。

問6 本文の内容と合致していないものを次の1～7のなかから三つ選べ。なお、解答の順序は問わない。解答番号 48・49・50

1 心に思っているのみでまだ形になっていないものを働きとして高く評価するのは誤りである。
2 人の就く仕事はいずれも等しい価値を持っているため、世の中に役立つかどうかをあれこれ比べて自分の就く仕事を選ぶべきではない。
3 高望みして仕事に就けず不平を言って暮らすよりも、まずは仕事を得て働くことで状況は好転するだろう。
4 どの仕事に就いても不平は出てくるものなので、そこで我慢するよりも率直に問題点を周りと共有して解決策を模索すべきだ。
5 眺めているだけではなく、自分でやってみることによって他者が行っている仕事の実情がわかることがある。
6 心と働きのバランスを整えるには自然の中に身を置いて生活するのも良い方法だ。
7 自分の基準に照らして他者に優劣をつけて接していると良い人間関係は築きにくい。

問2　空欄 ア に入る語句としてもっとも適切なものを次の1〜5のなかから一つ選べ。解答番号 43

1　同一人物の議論と実行は本質的に同じ性質を持つと主張
2　著者の議論と実行が一致しないことを予言
3　議論と実行が一致することに感嘆
4　議論と実行とが食い違っていることを批判
5　もともと議論と実行は一致不可能であると諦観

問3　傍線(イ)「働きをなすには、時と場所とをわきまえなければならない」の具体例として、筆者が適切と考えるものには○、不適切と考えるものには×をつけた。その記号がもっとも適切なものを次の1〜8のなかから一つ選べ。解答番号 44

あ　文化祭実行委員はイベントで使う音響機器の動作確認をお昼休みと放課後に繰り返した。
い　社長が社員の結婚式に招かれてスピーチをした際、その社員の勤務態度について今後直してほしいところを細かく申し述べた。
う　日本の新幹線に初めて乗った外国人旅行者が乗り心地の良さに感激してSNSでメッセージ文を車内から発信した。

1　あ＝×　い＝×　う＝×
2　あ＝○　い＝×　う＝×
3　あ＝○　い＝○　う＝×
4　あ＝○　い＝○　う＝○
5　あ＝×　い＝○　う＝○
6　あ＝×　い＝×　う＝○
7　あ＝×　い＝○　う＝×
8　あ＝○　い＝×　う＝○

(d) カシコさ　解答番号 40

1 平安時代の小野小町はサイショクケンビの歌人としても知られ、小倉百人一首にも作品が選ばれている。
2 犯罪を捜査すること、控訴を提起・維持すること、裁判の執行を監督することが、ケンサツカンに求められる主な働きである。
3 ケンソンが美徳とされる文化の中で、人はどのように自己アピールすればよいのだろうか。
4 明治時代、多くの女学校では未来のリョウサイケンボを育成するための教育がなされたという。
5 あの俳優は持って生まれた優れた素質に磨きをかけて、見事にその才能を舞台でケンザイカさせた。

(e) ハンジョウ　解答番号 41

1 温暖化の影響を大きく受けて、かつてこの浅瀬にたくさんハンモしていた海藻類はすっかり姿を消してしまった。
2 太平洋上で風を受けながらゆっくりと進むハンセンの姿はとても美しい。
3 初心者向けの茶道教室では、毎回、まず先生がモハンを示しながら、丁寧にお点前の基本を教えてくれる。
4 ゼッパンとなった名著は新しく増刷されないので、古本としての価値が上がるらしい。
5 イタリアの画家ミケランジェロはバチカンの礼拝堂に「最後のシンパン」と呼ばれる壁画を描いた。

(f) ゴウマンブレイ　解答番号 42

1 二人一組による面白い掛け合いで笑わせるマンザイの起源は、平安時代の伝統芸能にさかのぼると言われている。
2 若いうちに世に出て成功したことが、マンシンにつながらないように、周りも本人もよく注意すべきである。
3 推理小説の真犯人は概してギマンに満ちた言動をするいかにもあやしい人物ではないことが多い。
4 小学生の時に初めて高原でのキャンプに参加して、マンテンの星を見上げたときの感動は今も鮮やかに思い出せる。
5 コロナという疫病のマンエンを経験して、全世界の人々が伝染病のおそろしさを認めざるをえなくなった。

2024年度　経営学部　国語

問1　傍線(a)～(f)を漢字表記に改めた場合、それと同じ漢字を用いるものを、次の語群の1～5のなかから、それぞれ一つずつ選べ。

(a)　ショウサン　解答番号 37

1　長い山道を登った末に素晴らしい峡谷が目の前に開けたとき、ショウドウテキにヤッホーと叫んでしまった。
2　大人が冷静になって先入観なく話を聞こうとすれば、子供も心を開いてショウジキに感じたままを話してくれるだろう。
3　食べ物を効率よくネンショウさせて体内でエネルギーに変えるために、各種のビタミンは食事には欠かせない。
4　囲碁や将棋などゲームをする局面で相手より先に始めた方が必ず有利になることをセンテヒッショウという。
5　フードロス削減にもつながるので、スーパーマーケット等がショウミキゲンが近くなった食品を安価に提供することに賛成だ。

(b)　コウカイジュツ　解答番号 38

1　えびや蟹などのコウカクルイはとてもおいしいが、食べ過ぎるとアレルギー症状を発する場合がある。
2　コウソクイハンかどうかを判定する前に、そもそも何のためにその決まりが中学にあるのかを議論してみよう。
3　これは文豪が一文字一文字ていねいに万年筆で書いた非常に貴重なジキヒツゲンコウです。
4　政府の行き過ぎた取り締まりに対して、多くの若者が路上コウギカツドウを行っている映像をニュースで見た。
5　今年最大級の台風接近にともなって、たくさんの飛行機が次々とケッコウを発表している。

(c)　ジュウジ　解答番号 39

1　大学卒業後すぐに起業して以来30年間余り、彼女は社長というジュウセキを担い続けています。
2　このサーカス団ではライオンやトラを自由に操るモウジュウツカイによる出し物が人気を集めているらしい。
3　大きい声で自信たっぷりに発言する人の意見には多くの人がツイジュウしがちになる。
4　難民が急激に増えたためにキャンプAでは必要な医療物資がホジュウできずに大変困っているとの知らせが届いた。
5　北海道で出会った学生たちは、これからまさに南に向かって日本列島をジュウダンする自転車の旅に出るところだと言っていた。

もし、これらの人を、それぞれの働きのあるところにしたがって勤めさせたら、自然と活発に仕事をする喜びを覚えて、事業は次第に進歩し、最終的には［ウ］ようになるはずである。なのに、まったくこれに気づかず、働きのレベルは一なのに、心のレベルは十のままで、レベル一の状態でレベル十のことを望み、十の状態で百を求め、これが手に入らないからといって、いたずらに憂えているというのが、これらの不平家なのだ。

（中略）

また、心だけが高尚で働きに乏しい者は、人に嫌われて孤立することがある。自分の働きと他人の働きとを比較すれば、最初からかなわなかったとしても、自分の心の高尚さを基準に他人の働きを見れば、これに飽き足りなく思って、ひそかに軽蔑の念を持たざるをえなくなる。やたらに人を軽蔑する者は、また必ず他人から軽蔑されるものだ。お互いに不平を抱き、互いに軽蔑し合って、ついには奇人変人と嘲笑され、世間の仲間入りができなくなるに至る。

今日、世間のありさまを見ると、ゴウマン(f)ブレイで嫌われている人がいる。人に勝つことばかり考えて嫌われている人がいる。相手に多くを求めすぎて嫌われる人がいる。人の悪口を言って嫌われている人がいる。どれもみな、他人と自分とを比較する基準を誤っているのだ。自分の高尚な考えを基準にして、これを他人の働きと照らし合わせる。自分勝手な理想像を基準にし、それで人に嫌われる原因を作って、最後には自分から他人を避けるようになり、孤独で苦しい状態におちいるのだ。

ここで言っておこう。次代の若者たちよ、他人の仕事を見て物足りないなあ、と思えば、自分でその仕事を引き受けて、試しにやってみるのがよい。他人の商売を見て、下手だなあ、と思えば、自分でその商売を試してみるのがよい。隣の家がだらしない生活をしていると思えば、自分はしっかりと生活してみよ。他人が書いた本を批判したかったら、自分でも筆をとって本を書いてみよ。学者を評しようとするなら、学者となれ。医者を評しようとするなら、医者となれ。

非常に大きいことから細かいことまで、他人の働きに口を出そうとするならば、試しに自分をその働きの立場において、そこで反省してみなければいけない。あるいは、職業がまったく違ってその立場になれない、というのであれば、その働きの難しさと重要さを考えればよい。違った世界の仕事であっても、ただ、その働きと働きを比較することができれば、大きな間違いはないであろう。

（福澤諭吉著　齋藤孝訳『現代語訳　学問のすすめ』による）

第三に、人の働きには規則がなければならない。(イ)働きをなすには、時と場所とをわきまえなければならない。（中略）

この時と場所柄をわきまえて、その規則にしたがうのが、すなわち心の(d)カシコさということになる。働きのみ活発であってこのカシコさがない場合は、蒸気はあってもエンジンがないような、あるいは船に舵がないようなものだ。ただ、プラスにならないだけではなく、かえって害になることが多い。

働きがともなわない弊害

第四に、以上は働きがあって心の方が行き届かなかったことによる弊害だが、これに対して、心だけが高尚遠大で、実際の働きがないというのも、またたいへん不都合なものである。

心が高いところにあって働きが乏しい者は、常に不平を持たざるをえない。仕事を求めるに当たって世間の仕事を一渡り見てみると、自分にできるような仕事はすべてみな自分の心の基準に満たないものなので、その仕事に就くのは好まない。かといって、自分の理想にかなうような仕事に当たるには、実力が足りない。

こうなってもその原因を自分に求めようとせず、他を批判する。「時代に合わなかった」とか、あるいは「めぐり合わせが来なかった」とか言って、まるで世界中にするべき仕事がないかのように思い込んで、ただ引きこもってひとりで煩悶するだけ。口にはうらみ言、顔には不満を表し、自分以外はみな敵のようで、世間はみな不親切に思える。その心のようすをたとえてみれば、かつて人に金を貸したこともないのに、返済が遅いといってうらみに思うようなものだ。

儒者は自分のことを評価してくれる者がないのを憂い、学生は自分を援助してくれる者がいないのを憂い、役人は出世の手がかりがないのを憂い、町人は商売が(e)ハンジョウしないのを憂い、士族は藩が廃されたことによって生計を立てる手段がなくなったことを憂い、役職に就けなかった華族は自分を敬ってくれる者がないのを憂い、毎朝毎晩に憂いがあって、楽しみはない。

（中略）

のもこれに当たる。

「言行に齟齬（そご）がある」とは、議論に言うことと実行することが一致しないということである。「功を評価して志を評価しない」とは、「実際の仕事のようすによって物を与えるべきであり、心ではなんと思っていようとも、形のない心のあり方を(a)ショウサンしてはならない」という意味である。また、俗に「あいつの言うことはともかく、そもそもが働きのない人物だ」と言ってこれを軽蔑することがある。いずれも、［ア］したものである。

であるから、議論と実行とは、少しも齟齬しないよう、間違いなくバランスを取らなければいけないのだ。ここでは、初心者の人にもわかりやすいように、人の「心」と「働き」という二語を使って、それが相互に支えあってバランスを取ることによって、どのように人間にメリットをもたらすか、という仕組みと、このバランスを失うことによってどんな弊害があるか、ということを以下に論じてみる。

心が行き届かない弊害

第一に、人の働きには、大小軽重の区別がある。

芝居も人の働きであるし、学問も人の働きである。人力車を引くのも、蒸気船を運転するのも、鍬をとって農業するのも、筆をふるって本を書くのも、同じく人の働きであるけれども、役者になるのを好まないで学者をつとめ、車引きの仲間に入らずに(b)コウカイジュツを学び、百姓の仕事を不満足として本を書く仕事に(c)ジュウジするのは、働きの大小軽重をわきまえて軽小を捨てて重大を取ったものである。よいことだ。

ところで、この区別の基準となるものは何であろうか。本人の心であり、また志である。このような心と志を持つものを、名づけて「心が高尚な人」と言う。人間の心は高尚でなくてはならない。心が高尚でなければ、また働きも高尚にはならないものなのだ。

第二に、人の働きには、難易度に関係なく、有用なものと不用なものがある。

囲碁や将棋などは簡単なものではなく、これらの技術を研究して工夫を追求することの難しさは、天文・地理・機械・数学の諸学問と変わらないほどだ。しかし、この役に立つことの大小に至っては、比較にならない。いま、これらが役に立つかどうかをはっきりと知って、役に立つものの方を選ぶのは、すなわち心の見通しがよい人物である。心の見通しがよくなければ、いたずらに苦労するばかりで、働きに効果がない場合がある。

4　弁慶の泣き所

5　河童の川流れ

問23　文章Dにおける筆者の主張として、もっとも適切なものを次の1〜5のなかから一つ選べ。解答番号 36

1　かつての日本企業は、知識集約型の耐久消費財市場における破壊的イノベーションの担い手として、卓越した優位性を誇っていた。

2　垂直統合か、水平分業かの企業組織構造の重要な選択でどっちつかずの形態を選択したことが、米国企業の衰退の大きな原因である。

3　トランジスタラジオや小型車などの成功は、当初から意図した通りの戦略が奏功した持続的イノベーションによるものである。

4　職能集団中心の組織はセクショナリズムが有効に機能するため、「デザイン・イン」による製品開発で大きな成果を収めやすい。

5　高度経済成長期には経済の規模が拡大したために、労使対立に代表される雇用問題が日米両国で時を同じくして深刻化した。

Ⅲ　文章を読んで、後の問いに答えよ。

「議論と実行とは両立させなければならない」とは多くの人が言うことだけれども、この言葉自体が議論にとどまり、これを実行する人はたいへん少ない。

そもそも議論というのは、心に思うことを言葉として発したもの、あるいは、書き記したものである。いまだ言葉にせず書き物にもしなければ、これをその人の心事、または志という。したがって、議論は外界の事物に関係しないもの、と言ってもいいだろう。つまるところ、内側に存在するものであって、自由な、制限のないものである。

一方、実行というのは、心に思ったことを外に表して、外界の事物に接して処理することである。したがって、実行には必ず制限がある。事物に制せられて、自由を得られないのだ。

むかしの人がこの二つを区別するときは、「言」と「行」と言ったり、「志」と「巧」と言ったりした。また、今日、俗に「説」と「働き」と言う

4 全体を管理するシステムの重要性

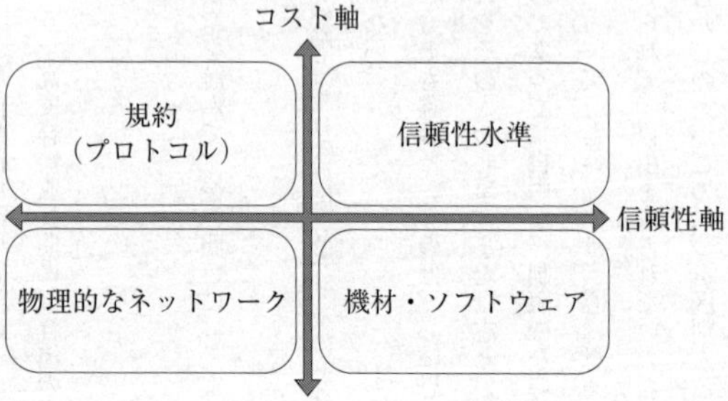

5 インターネットは通信ではない

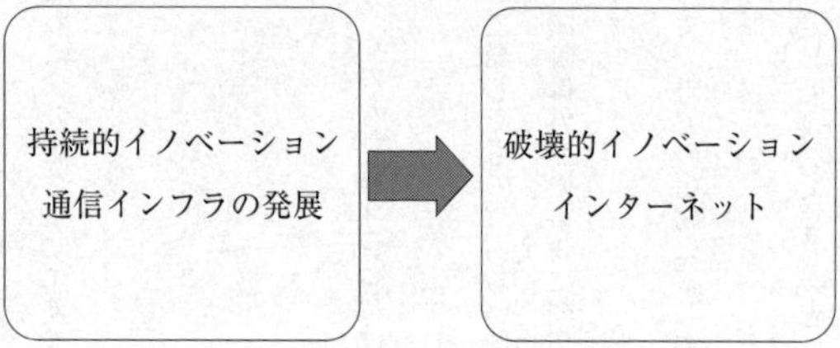

問22 傍線(ト)「アキレス腱」とあるが、意味的に類似した慣用表現として、もっとも適切なものを次の1～5のなかから一つ選べ。解答番号 35

1 クレオパトラの鼻
2 ソロモン王の指輪
3 人間万事塞翁が馬

問20　傍線(テ)「ベスト・エフォート」とあるが、ここではどのような意味か。もっとも適切なものを次の1〜5のなかから一つ選べ。解答番号 33

1　利用者側が状況に応じてソフトウェアや機材を自由にコントロールすることを認めた契約形態のこと。
2　提供側は最大に良い結果を得られるよう絶えず努力し、利用者側が満足する品質を保証した契約形態のこと。
3　利用者側に対して、公益性、社会性に配慮し、満足すべき結果を得られるよう不断のモニタリングを求めた契約形態のこと。
4　提供側は最高の結果を得られるよう努力するが、利用者側には品質の保証がなされない契約形態のこと。
5　利用者側と提供側の双方に対して、環境被害が起きないように、相互に立場を尊重し合う努力を最大限求めた契約形態のこと。

問21　文章C全体の内容を一覧するスライド（図解）として、本文の内容に即してもっとも適切なものを次の1〜5のなかから一つ選べ。解答番号 34

1　社会を劣化させる破壊的イノベーション

1980年代	VAN、ISO
1990年代	ITU、ISDN
現在	TCP/IP、LAN

2　99%の信頼性では技術とはいえない

次世代ネットワーク → 国際標準 → 集権的管理 → 通信速度と信頼性 → 次世代ネットワーク

3　「通信」というフレーム内での革命

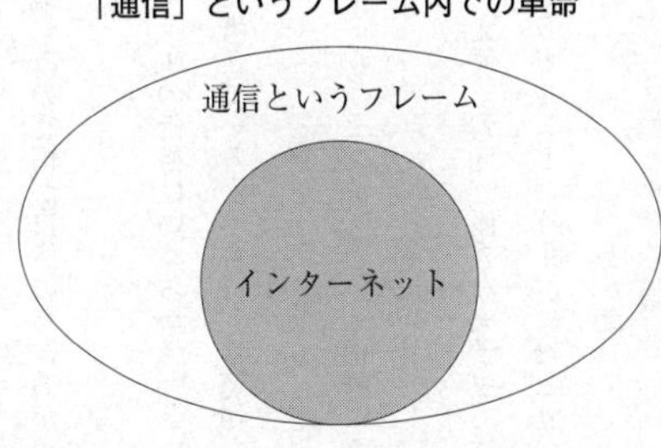

4　自動車の運転中は、初心を忘れることのないよう、常に、自分自身に対する呼びかけや点検を何度も繰り返し、事故防止に努めている。
5　初対面では嫌な点ばかりが目についたが、何度も一緒に仕事をしていると、同僚に対して親しみの感情が自然にわきあがってくる。

問18　傍線(ツ)「たとえば「バットとボールが合計1．1ドルで、バットはボールより1ドル高い。ボールの価格はいくらか?」という問題に、プリンストン大学の学生の50%が「10セント」と答えた」とあるが、それに対して筆者はどのように考えているか。もっとも適切なものを次の1～5のなかから一つ選べ。解答番号 31

1　賢明な大学生であれば、システム1とシステム2を併用し、ボールが5セント（バットは1ドル5セント）という正解に直観的にたどりつけるはずだ。
2　ちょっと考えればわかる問題でも誤ってしまうようでは、システム1に熟達しているとはいえず、到底、優秀な大学生ではないだろう。
3　システム1によるバイアスを着実に積み重ねれば、ボールが0．05ドル（バットが1．05ドル）という正解にたどりつくのはきわめて容易である。
4　よく知られた大学の学生でも、ちょっと考えればわかる問題の解答を誤ってしまうほど、システム1によるバイアスの影響力は大きい。
5　将来活躍することを目指す大学生であれば、システム2によるモニターがもたらす「不合理な偏見」には常に自覚的でなければならない。

問19　文章Aと文章Bの関係を説明した文章として、もっとも適切なものを次の1～5のなかから一つ選べ。解答番号 32

1　文章Aで解説した理論に適合する、具体的な事例が文章Bで示されている。
2　文章Aで提起した疑問点に対して、文章Bでは暫定的な解答が提示されている。
3　文章Aで想定している因果関係の例外的事項が文章Bでは記述されている。
4　文章Aで述べられている説と完全に対立する主張が文章Bでは展開されている。
5　文章Aでもちいた重要概念に関する詳細な説明が文章Bでなされている。

問15　傍線(ソ)「このような「環世界」は動物によってまったく違う」とあるが、ここでいう「環世界」の説明として、もっとも適切なものを次の1～5のなかから一つ選べ。解答番号 28

1　各生物が、実際に活動する物理的な空間、移動範囲、時間帯を第三者が観察して、客観的に規定した世界のこと。
2　各生物が、それぞれ、独自の空間として認識、知覚し、主体的に構築している世界のこと。
3　各生物における生存戦略や栄養摂取方法に関するノウハウや知見の集合体としての世界のこと。
4　各生物が物理的に移動できる限界点を結んで表した推定可能な空間としての世界のこと。
5　各生物の心情や喜怒哀楽を機械的にトレースして可視化した、写像としての世界のこと。

問16　傍線(タ)「ヒューリスティックス（発見法）」とあるが、ここでいう「ヒューリスティックス」にもとづく思考・判断にあてはまらない事例として、もっとも適切なものを次の1～5のなかから一つ選べ。解答番号 29

1　昨年は、周囲で誰も自動車事故に遭遇しなかったので、今年は自動車保険に入る必要がなさそうだと考える。
2　どんよりと曇った空模様から判断して、もうすぐ雨が降りそうだから今日は早めに帰ったほうがよいと考える。
3　礼服を着て紙袋をもっている人が帰りの電車で前の座席に座っているが、おそらく、結婚式帰りだろうと考える。
4　飛行機事故の衝撃的なニュースを最近、何度か見たので、飛行機は危険だから、しばらくの間は乗らないようにしようと考える。
5　入手可能なすべての商品の価格と機能の情報を点数づけして、どの商品を購入すべきかをあらゆる面からじっくり考える。

問17　傍線(チ)「これは最初システム2で意識的にコントロールしていた感覚がシステム1の無意識に組み込まれたものと考えることができる」とあるが、この具体例として、もっとも適切なものを次の1～5のなかから一つ選べ。解答番号 30

1　定価1，000円の商品が「タイムセールにつき特価300円」と表示されているのを見て、自ずと購買意欲が高まった。
2　御手本を見ながらでないとできなかったむずかしい振付が、反復練習によって、何も考えなくても正確に踊れるようになった。
3　いつも火曜日には想定外の出来事が起きるので、毎週、火曜日が近づくと知らず知らずのうちにそわそわしてしまう。

1

	システム1 （倫理的規範）	システム2 （経済合理性）
行動	フレーム棄却 情報の取捨選択	フレームの枠外での学習 情報収集の省略

2

	システム1 （利己主義）	システム2 （利他主義）
プロセス	個人の利益最大化 意思決定の重視	社会発展への貢献 意思決定の軽視

3

	システム1 （直観）	システム2 （推論）
過程	高速・自動的 学習が遅い	低速・逐次的 意識的かつ柔軟

4

	システム1 （アルゴリズム）	システム2 （ヒューリスティックス）
特徴	無意識的 コントロールが容易	意識的 コントロールが困難

5

	システム1 （新古典派経済学）	システム2 （社会学）
形態との関係性	前頭葉、新皮質で遂行 論理的な判断（熟慮）	辺縁系で遂行 反射的な反応（短慮）

ら。

4　オートバイ大国である米国市場で、それまで認知されていなかった「スーパーカブ」を売り出すという旺盛な挑戦心と類を見ない無謀さ、果敢さに驚いたため。

5　環境負荷という面で大型のオートバイよりも排気量の小さな「スーパーカブ」のほうが将来性がありそうだという先見の明を誇ったため。

問14　傍線(セ)「図表のように」とあるが、認識と行動の構造をシステム1とシステム2という2段階のモデルで表現した図表として、本文の内容に即して、もっとも適切なものを次の1～5のなかから一つ選べ。解答番号 27

1　単文
2　平叙文
3　複文
4　感動文
5　重文

問12　傍線(シ)「さらに社会の中で特定のフレームが共有されていると、自分だけ違うフレームを持つことは困難なので、集団の同質性が強ければ強いほど、既存のフレームへの執着が強くなり、危機への対応が遅れやすい」とあるが、これはどのような意味か。本文の内容をふまえて言い換えたものとして、もっとも適切なものを次の1～5のなかから一つ選べ。解答番号 25

1　社会の中で特定のフレームが知識として共有されていると回避可能な失敗を繰り返すような事態にはならない。
2　集団構成員の属性や考えかたが似通っているほど、組織内で共有された、既存のフレームを修正するのは困難となる。
3　既存のフレームへの執着が、強いモチベーションの源泉となり得ることに危機管理の担当者は注意すべきである。
4　集団の同質性が強ければそれだけ組織内のチームワークが活性化され、協働によって画期的な成果が期待できる。
5　既存のフレームと外界の齟齬が大きくなって生存が脅かされるような危機的状況は、経営者が事前に介入することで防ぐことができる。

問13　傍線(ス)「ホンダが小型オートバイ「スーパーカブ」を売り出したとき、アメリカのオートバイメーカーは嘲笑したが、スーパーカブは次第に性能を向上させ1970年ごろには大型のオートバイを駆逐してしまった」とあるが、アメリカのオートバイメーカーはなぜ「嘲笑した」のか。もっとも適切なものを次の1～5のなかから一つ選べ。解答番号 26

1　自分たちの製品がホンダの小型オートバイによって駆逐されることになるだろうという運命の皮肉をその時点で確信していたから。
2　自社製品の性能や外観にくらべてホンダの小型オートバイがみすぼらしく見えたので、売れるはずがないと考えたため。
3　ホンダが小型オートバイ「スーパーカブ」を売り出したときの性能から、どんどんと性能を向上させていった勢いに尊敬の念を抱いたか

問9　傍線(ケ)「技術者も「昇れるが、降りられない」」とあるが、これはどのような意味か。本文の内容をふまえて言い換えたものとして、もっとも適切なものを次の1～5のなかから一つ選べ。解答番号 22

1　経営者も技術者も会社の組織階層で上位に昇進することを目指しており、自分が降格することはまったく想定していない。
2　経営者も技術者も、製品やサービスの原価には下方硬直性があり、いったん増加すると削減するのが容易ではないことを認識している。
3　経営者も技術者も品質を向上させ、価格を上げたほうが企業経営上のぞましく、あえて水準を落とすことは選択肢として考えない傾向がある。
4　経営者も技術者も製品やサービスの開発意欲にいったん火がついて、情熱を極限までかきたてられた状態では、理性的な判断ができなくなりがちである。
5　経営者も技術者も所属する業界内での競争には多大な関心を抱いており、マーケットシェアや順位を落とすことには心情面で耐えられない。

問10　傍線(コ)「アーキテクチャ」とあるが、これはどのような意味か。本文の内容をふまえて言い換えたものとして、もっとも適切なものを次の1～5のなかから一つ選べ。解答番号 23

1　全体の構造と仕組み
2　魅力的なデザイン性
3　社会問題を規制する政治勢力
4　市場動向を監視する番人
5　深刻化する対立関係

問11　傍線(サ)「破壊的イノベーションによる失敗が繰り返される原因は、カーネマンの2段階モデルで説明できる」とあるが、この文は、文の構造（組み立て）の観点から、一般にどのように分類されるか。もっとも適切なものを次の1～5のなかから一つ選べ。解答番号 24

2　報恩謝徳
3　陣勝呉広
4　以耳代目
5　三百代言

問7　傍線(キ)「8インチの4大メーカーのうち、5．25インチで生き残ったのは1社だけだった」とあるが、この状況に対する筆者の考えとして、もっとも適切なものを次の1～5のなかから一つ選べ。解答番号 20

1　市場で支配的な地位を確立した企業が、その地位を維持できず、市場占有率首位の座から陥落するのはきわめて例外的な現象である。
2　8インチの4大メーカーは、経営能力に乏しいことがかねてより指摘されていたため3／4が生き残れなかったのは当然である。
3　技術や社会の変化にともなって、市場をリードする企業がその地位を失うのは、しばしば見られることで、めずらしいことではない。
4　技術的資源の豊富な4大メーカーには、より技術の進んだ5．25インチでも指導的な役割を果たしてほしかったが残念である。
5　環境対策や深刻化する社会問題への対応を考えると、4社のうち1社しか存続しなかったのは、大変よろこばしいことである。

問8　傍線(ク)「このようにHDDの主要メーカーは、直径が変わるごとにほとんど入れ替わり、常に新規参入メーカーがトップになった」とあるが、これはなぜか。筆者の考えとして、もっとも適切なものを次の1～5のなかから一つ選べ。解答番号 21

1　主要メーカーの地位を占めたことで、経営陣が油断し、創業当初の意欲やチャレンジ精神を失ってしまったため。
2　業界の大手企業となって多くの売上や顧客を抱えたことで研究開発が後回しになり、技術軽視の風潮が組織内にはびこったため。
3　自社技術の延長線上にない新しい技術や市場を、未熟で魅力がないと判断するバイアスがかかるため。
4　ベンチャー企業によって提案される、高品質・高価格の技術によって、既存企業の品質水準が機能不全に陥るため。
5　直径が変わるごとに、新規参入メーカーに、主要メーカーの優秀な経営者が続々と移籍し、組織能力が充実したため。

3　顧客に寄り添い、消費者の嗜好や感情、心理に最大限配慮した取り組みに由来するイノベーション
4　環境に有害な物質を放出し続けることによって社会から絶えず批判の的となるイノベーション
5　現存する社会構成や市場構造の利点を効果的に活かすことによって可能となるイノベーション

問4　傍線(エ)「陳腐化」とあるが、どのような意味か。本文の内容に即した、この表現の説明として適切ではないものを、次の1～5のなかから一つ選べ。解答番号 17

1　周囲を取り巻く環境や時代の要請に適合しなくなること
2　社会の進歩や変化についていけず、古臭くなること
3　当初はあったはずの価値が時間の経過とともに失われること
4　新しさや刺激がなくなり、ありきたりで、つまらなくなること
5　周囲と上手く調和できず、物理的に腐敗しはじめること

問5　傍線(オ)「持続的イノベーション」の具体例として、適切ではないものを、次の1～5のなかから一つ選べ。解答番号 18

1　自転車メーカーがサスペンションを改良し、悪路で乗り心地が競合製品に劣っているという、懸案のクレーム問題が解消された。
2　ビール会社が原材料の調達先と各工程での配合を継続的に見直し、製品を製造する際に生じていた不良品発生率を低減させた。
3　家電メーカーが、製品設計に変更を施し、消費電力2％削減という目標を実現した、省エネ対応の改良型冷蔵庫の開発に成功した。
4　長年、CD・ビデオのレンタル事業を営んでいた会社が、音楽・動画配信サービス事業に新規参入して、業績を向上させた。
5　住宅メーカーが従来までの工法を精査して一部を変更し、施工期間と費用の相当程度の削減に成功し、顧客満足度を上昇させた。

問6　傍線(カ)「新陳代謝」とあるが、もっとも近い意味内容を示す四字熟語を次の1～5のなかから一つ選べ。解答番号 19

1　新旧交代

（池田信夫『イノベーションとは何か』による）

問1 傍線(ア)「技術革新はイノベーションの必要条件ではないが、その大きな要因である」とあるが、どのような意味か。傍線部の解釈として、もっとも適切なものを次の1～5のなかから一つ選べ。解答番号 14

1 技術革新に対する拘泥はイノベーションを確実に阻害するので経営者はくれぐれも注意が必要である。
2 技術革新がイノベーションを引き起こすことも多く観察されるが、かならずしも前提条件とはならない。
3 技術革新は社会を前進させるイノベーションに不可欠な要因であり、将来のために最大限重視すべきである。
4 技術革新にも様々な種類があり、波及効果の大きい技術革新はイノベーションの十分条件であると考えられる。
5 技術革新によってイノベーションが停滞するのは不可避な現象なので、企業としては別途対応を考えておくしかない。

問2 傍線(イ)「丸投げ」とあるが、どのような意味か。本文に即した説明として、もっとも適切なものを次の1～5のなかから一つ選べ。解答番号 15

1 企業のトップが社内の研究開発部門に対して、詳細な指示をせずに、任せきりの状態で技術開発の成果を求めること。
2 経営者がほかの経営管理者の事情を斟酌して、バランスよく製品開発が進むように事前かつ丁寧に子会社に依頼すること。
3 技術陣が営業部門からの過酷な要求に対して、技術開発の立場から理路整然と反対意見を表明すること。
4 本社の管理部門が技術開発を促進すべく、技術部門からの予算や待遇面での要求を全面的に受け容れること。
5 顧客に徹底したヒアリングを繰り返すことで技術陣の開発能力が、他社が到達できないレベルまで磨かれていくこと。

問3 傍線(ウ)「破壊的イノベーション」の説明として、もっとも適切なものを次の1～5のなかから一つ選べ。解答番号 16

1 既存の技術をこつこつと継続的に改善しつづけることによってもたらされるイノベーション
2 製品やサービスに対して市場や顧客がもっている認知の枠組みを一変させるイノベーション

目標としたイノベーターだったのだ。

クリステンセンも指摘するように、トランジスタラジオや小型車など、1950年代から70年代の日本製品は破壊的イノベーションだった。それはアメリカ製品の過剰品質・大量生産に対して、低価格で多品種・少量生産の市場を創造し、それが普及するとともに性能を上げてアメリカ製品を駆逐した。

これは必ずしも日本メーカーの意図した戦略ではなく、日本が貧しく生産量が少ないため、やむなくとった生産方法だった。たとえばトヨタの有名なカンバン方式は、狭い工場で在庫を減らし、多くの車種をひとつの工場でつくるための工夫だった。

このような（意図せざる）戦略は、製造業の主力がエレクトロニクスや精密機械など知識集約型の耐久消費財に移った時期に、期せずして適合した。20世紀前半の大量生産時代には、垂直統合型の巨大企業が有利だが、消費者の嗜好が多様化すると、不断に改善して品質を改良する日本企業の人的ネットワークが高い効率を発揮したのである。

日本の労働者は、いろいろな職種を転々として「多能工」になるので、職域を超えた協力によって品質を改善することもできた。下請けとの協力関係も強く、設計段階から親会社と一緒に設計する「デザイン・イン」によって情報を共有する。欧米メーカーでは、親会社が設計した通り下請けが製造する貸与図がほとんどだが、日本では部品の60％以上が下請けが設計して親会社が認めた承認図で製造される。

それに対して欧米の職能集団中心の組織は、セクショナリズムが強く、開発部門は現場のことを考えないで設計し、現場は問題があっても開発部門にフィードバックしない。まして下請けはまったく別の会社なので、与えられた設計の通りにつくるだけだ。このため欠陥の発見が遅く、品質管理が困難で、設計に時間がかかる。

他方、日本では高度成長期には経済の規模が拡大したので、雇用の変化には配置転換で対応する仕組みが確立したが、70年代の石油危機が転機となった。激しいインフレに対して、経営側は、労組に賃上げ抑制への協力を求める代わりに雇用の維持を約束し、出向・転籍によって雇用調整を行うシステムができた。このように系列の中で過剰雇用を解決する柔軟性が「日本的経営」の優位性の源泉だった。

いま思えば、日本の企業組織の構造は、製造業型の垂直統合からグローバルな水平分業に変わる中間の過渡的な形態だった。それはGMやIBMのように巨大ではなく、職能別に固定された階層組織としての性格も弱いため、環境の変化に応じて柔軟に変更できるメリットがあった。特に英米企業の(ト)アキレス腱だった労使関係の調整を巧妙に行ったことが、その強みだった。

相互接続できる。

インターネットでは全世界がひとつのプロトコルでつながっているので、全体を管理するシステムはどこにもない。「バケツリレー」のように、多くのルータを経由してデータが渡されるので、途中でデータが欠けたり止まったりするのは日常茶飯事だ。最初からエラーが出ることを見込んで「ベスト・エフォート」(テ)でつくられている。

他方、電話網はNTTの電話局が通信を集権的に管理しており、交換機が故障すると管内の電話機がすべて使えなくなるので、要求される信頼性の水準はきわめて高く、電話網のコストの9割以上はバックアップ用の設備だといわれている。通信速度や信頼性という尺度で考えると、電話網はインターネットよりはるかに優れている。

インターネットは通信の負荷を全世界のネットワークで負担するので、だれも責任をもたないが、電話網よりはるかにコストが安い。村井純氏の表現によれば、「99%の信頼性を実現するコストと、あと1%信頼性を高めるコストはほぼ同じ」だが、その1%を節約することによってインターネットは低コストの通信を実現したのだ。

本質的な違いは、インターネットでは機材やソフトウェアをユーザーがコントロールすることだ。電話網の場合は通信をすべて電話会社が管理しているので、ユーザーが勝手にソフトウェアを付加することはできないが、インターネットにつながるLANはローカルなネットワークだから、何をしてもかまわない。物理的なネットワークは同じでも、端末を変えるだけで性能は向上し、ウェブサーバをつければ全世界に情報を発信できる。

このため、NTTの人々は「インターネットは通信ではない」ときらった。これは正しい。インターネットは、グラハム・ベル以来の電話とはまったく異なるコンピューターの接続手順にすぎない。しかし、ユーザーにとっては、通信かどうかはどうでもよい。信頼性を犠牲にすればコストが大幅に下がるなら、市場はそれを選ぶのだ。インターネットは従来の「通信」というフレームの外側で起こった革命だった。

文章D

かつてスティーブ・ジョブズがソニーの本社を訪れたとき、当時の盛田昭夫社長が初代のウォークマンをプレゼントすると、ジョブズはそれに魅入られ、その場で分解して部品をひとつひとつ見て、それがどのように作られ、組み立てられたのかを調べたという。盛田氏が死去した直後の2000年のMacExpoで、ジョブズは大スクリーンに盛田氏の遺影を掲げ、彼の冥福を祈ることからプレゼンテーションを始めた。ソニーは彼の

く、身体的な感覚と結びついていることが多い。

ただ、システム1の中には前頭葉や新皮質など脳の新しい部分で行われる機能もあり、システム2との区別も固定的ではない。たとえば自転車の運転は、最初は意識して訓練しないと乗れないが、しばらくすると体が自動的にバランスを取るようになる。(チ)これは最初システム2で意識的にコントロールしていた感覚がシステム1の無意識に組み込まれたものと考えることができる。

実験でわかったのは、多くの被験者がまずシステム1で直観的に考え、システム2がそれをモニターするが、その関係はかなりゆるやかなものだということだ。(ツ)たとえば「バットとボールが合計1.1ドルで、バットはボールより1ドル高い。ボールの価格はいくらか?」という問題に、プリンストン大学の学生の50%が「10セント」と答えた。これはもちろん誤りだが、直観的にはシステム1は1.1ドル＝1ドル＋10セントと分解してしまう。これをシステム2がチェックしないで答えてしまうのだ。

しかしシステム1を「不合理な偏見」と考えてはいけない。何らかのヒューリスティックスの導きがなければ、感覚器官に入ってくる無限の情報から何を選ぶべきかはわからないからだ。ただ遺伝的・習慣的にそなわっているヒューリスティックスは、進化の過程で個体保存するメカニズムなので、保守的で現状を維持するバイアスが強く、得るものより失うものに強く反応する。こういうバイアスはイノベーションを阻害する傾向が強いので、それを自覚して仮説を立てる必要がある。

文章C

インターネットも（厳密には技術とはいえないが）破壊的イノベーションのひとつである。1980年代、通信業界では次世代のネットワークはVAN（付加価値通信網）だといわれ、その国際標準を策定する交渉がISO（世界標準化機構）で行われたが、規格が決まらないまま10年以上たち、その間に急速に普及したインターネット（TCP／IP）に国際標準が奪われてしまった。

NTTは80年代にITU（国際電気通信連合）で決まったISDNを採用し、90年代には光ファイバーによるB-ISDN（広帯域ISDN）を次世代技術と位置づけ、90年代までADSL（非対称デジタル加入者線）などのインターネット技術を拒否してISDNの営業を続けた。

この原因は、TCP／IPが通信品質を保証できないネットワークだからである。厳密にいうと、TCP／IPは、ネットワークでさえなく、さまざまなLAN（構内通信網）を相互接続する簡単な規約（プロトコル）でしかない。このプロトコルを守っている限り、どんなネットワークとも

えばホンダが対米輸出を試みた1950年代、欧米のオートバイや長距離を走るハーレーダビッドソンのような大型のものが主流だった。(ス)ホンダが小型オートバイ「スーパーカブ」を売り出したとき、アメリカのオートバイメーカーは嘲笑したが、スーパーカブは次第に性能を向上させ1970年ごろには大型のオートバイを駆逐してしまった。

しかし80年代に世界市場を制覇した日本企業は、新しい市場を創造しないで既存の技術を改良する持続的イノベーションに固執して没落した。特に情報通信の世界ではパソコンやインターネットのような破壊的イノベーションを軽視して世界の流れに大きく乗り遅れた。これを「ものづくり」や「すり合わせ」で乗り切ろうなどという話は時代錯誤だ。必要なのは既存のパラダイムを破壊することだが、これは失うものの大きい大企業には困難だろう。

文章B

カーネマンは、認識と行動の構造をシステム1とシステム2という2段階のモデルで考えた。(セ)図表のように、人間は感覚器官から入力された情報の中から、まずシステム1でフレームを設定して情報を選び、その中でシステム2によって推論する。システム1は直観的で、連想によって自動的に機能するが、学習は遅い。これに対してシステム2は論理的で、ルールによって思考するため柔軟である。新古典派経済学の考えているのは、後者だけである。

感覚器官の出力は遺伝的に限定されており、たとえば人間の目に見える電磁波の波長は400～800ナノメートルに限られている。こうした制約はすべての動物にあり、たとえばダニには目がないが、哺乳類の出す酪酸のにおいに反応する。(ソ)このような「環世界」は動物によってまったく違う。これが本源的なフレーミングである。

システム1はそれほど固定されていないが、進化の早い段階にできた脳の機能と考えられ、高等動物や類人猿にも同様のメカニズムが見られる。たとえば突然、大きな音がしたとき反射的に逃げる反応は、人間も犬も同じである。こうした反応は脳の中の辺縁系と呼ばれる部分で行われており、これは哺乳類で共通の部分が多い。

システム1で行われる直観的な情報処理を、カーネマンは(タ)ヒューリスティックス（発見法）と呼んでいる。これは感覚器官から入力される膨大な情報の中から必要な情報を選ぶ「情報の粗ごなし」で、フレーミングやアンカリングなどはそのひとつである。これには定型的なアルゴリズムはな

社だけだった。

3.5インチHDDは1987年から出荷が始まった。これはラップトップ向けのもので、当初の容量は20MB程度だったため、デスクトップ・パソコンには採用されなかった。5.25インチの主要メーカーのうち、生き残ったのはシーゲートだけで、残りは撤退した。次いで2.5インチのHDDが発売されたが、これはラップトップの小型化に使われたために、既存メーカーも移行した。1992年に出た1.8インチHDDは用途がなかったため、既存メーカーはほとんど生産しなかったが、これがiPodのHDDとなった。

(ク)このようにHDDの主要メーカーは、直径が変わるごとにほとんど入れ替わり、常に新規参入メーカーがトップになった。それは経営者が怠慢だったからでもなければ、技術が劣っていたからでもない。むしろ、すぐれた経営と高い技術を持った企業ほど、こうした落とし穴に落ちやすい。その原因は、新たに登場する破壊的イノベーションが単価が安く、技術的にも劣ったものだからである。

新しい小型ディスクは用途もはっきりしないため、経営者はそれを相手にせず、それより高性能の持続的イノベーションを続ける。(ケ)技術者も「昇れるが、降りられない」。高品質・高価格の製品は開発意欲をかきたて、経営者にも通りやすいが、低品質・低価格の技術を提案する技術者は少ない。それを開発するのは、新しいベンチャー企業だ。

在来企業は、顧客の要求を無視したわけではない。大型機の顧客は容量の少ない8インチのディスクより既存の14インチの大容量化を望み、メーカーはそれに忠実に従った。つまり破壊的イノベーションは、企業と顧客からなる(コ)アーキテクチャを破壊し、ミニコンという新しい市場を創造するのだ。経済学の教科書に出てくるような同じ市場の中での価格競争は経営者にも技術者にもわかるが、競争の土俵を変えるプラットフォーム競争に気づくのはむずかしい。

(サ)破壊的イノベーションによる失敗が繰り返される原因は、カーネマンの2段階モデルで説明できる。進化の過程はきわめて不確実なので、いったん適応に成功した行動パターンをとり続けるのが安全である。脳も、いったん決めたフレームを維持する機能は強力で、システム1の学習は遅いので、既存のフレームと外界の状況の齟齬が大きくなって生存が脅かされたとき、初めてフレームを修正する。(シ)さらに社会の中で特定のフレームが共有されていると、自分だけ違うフレームを持つことは困難なので、集団の同質性が強ければ強いほど、既存のフレームへの執着が強くなり、危機への対応が遅れやすい。

かつて日本の製品が世界市場を席巻したのは、それとは意識しないでこうした破壊的イノベーションを欧米市場に持ち込んだことにあった。たと

Ⅱ　次の文章を読んで、後の問に答えよ。

文章A

(ア)技術革新はイノベーションの必要条件ではないが、その大きな要因である。しかし日本企業のように技術開発を技術陣に(イ)丸投げすると、彼らは「高くてよいもの」を開発しがちだ。他方、消費者は「安くてよいもの」を求める。「高くて悪いもの」は市場には出ないが、「安くて悪いもの」はしばしば市場に出てくる。こういう下位市場から出てくる技術は(ウ)破壊的イノベーションと呼ばれている。

しかしこの訳語はあまり適切ではない。Disruptというのは意図的に破壊するというよりは、新しい技術によって古い技術が結果的に(エ)陳腐化することを意味している。イノベーションは多くの場合、既存の技術を改良する(オ)持続的イノベーションを破壊するのではなく、フレーミングを変えて新しい市場を発見するのだ。

クレイトン・クリステンセンはハーバード・ビジネス・スクールでイノベーションを研究する素材として、ハードディスクドライブ（HDD）を選んだ。それはこの業界が、企業の(カ)新陳代謝が激しいことで有名だったからだ。

1970年代初めのHDDは直径14インチで、大型コンピュータに使われ、容量は130MB（メガバイト）程度で、この容量は年率15％ずつ上がった。これに対して1980年ごろ、8インチのHDDが登場したが、当初の容量は40MB程度で、当時300MB以上になっていた14インチよりはるかに小さかったため大型機には採用されず、価格が安かったのでミニ・コンピュータに採用された。

しかしミニコンのほうが台数は多かったため、8インチのHDDは量産効果が大きく、開発競争も激しかったので、容量も年率40％ぐらい上がった。この結果、80年代後半には8インチの容量が14インチをしのぐようになった。そうなってから14インチのメーカーは8インチを生産するようになったがすでに遅く、すべて市場から撤退した。

1980年に最初の5．25インチHDDが発売されたが、容量は10MBで、8インチに遠く及ばなかったため、ミニコンには採用されなかった。そのメーカーは、当時出始めていたパソコンに売り込んだ。パソコンでは当初はフロッピーディスクが主流だったが、1990年ごろには5．25インチHDDが標準装備されるようになり、容量は年率2倍近いスピードで増えた。コンピュータも90年ごろには大型機やミニコンが没落し、パソコンが主流になったため、HDDも5．25インチが主流になった。(キ)8インチの4大メーカーのうち、5．25インチで生き残ったのは1

1　あることばが持つ複数の意味と、それを表す形式とのつながり
2　ある世代が使う新語Pの意味と、別の世代が使う新語Qの意味とのつながり
3　あることばが持つ中心的な意味と、そこから派生した意味とのつながり
4　あるコミュニティ内で使われる特殊なことばと、その意味とのつながり
5　あることばの伝統的な意味と、そのことばの誤用とされる意味とのつながり

問9　本文の内容と合致するものを次の1〜8のなかから三つ選べ。なお、解答の順序は問わない。解答番号 11 ・ 12 ・ 13

1　オノマトペの語形ないし音がもつアイコン性には体系性があるため、新しいオノマトペを生産的に作り出すことができる。
2　オノマトペと言語は同じ音の体系を共有しているが、オノマトペは音を重複させるという点で、言語にはある経済性に欠けている。
3　オノマトペが作られる際には、実際の音を忠実に写すことが優先されるため、清濁の対比を利用して作られるオノマトペは少数派である。
4　コミュニケーションをより容易にするため、言語は意味ごとに形の異なる短い単語を多く生み出す志向性を持つ。
5　一つの形式が持つ複数の意味の派生パターンが、オノマトペと一般語とで共通している場合がある。
6　オノマトペは聴覚、視覚、触覚のイメージをそのまま音に置き換えた表現であるため、その意味は時代にかかわらず同じである。
7　あるオノマトペに対し、その伝統的な意味とは関係のない意味を備えた同音異義のオノマトペが存在することがある。
8　「やばい」や「普通に」の新しい意味は、世代間のコミュニケーションを円滑にするために特定のコミュニティによって作られた。

5　その事件が起こって以来、それら二か国の関係は急速に冷え込んだ。
6　中世のような街並みに思いをはせると、留学への夢はどんどん膨らんでいった。

問6　傍線(エ)「『カチカチ』と『硬い』は意味の派生パターンを一部共有している」とあるが、どのような意味か。もっとも適切なものを次の1～5のなかから一つ選べ。解答番号 **8**

1　一つのオノマトペが持つ複数の意味は、いくつかの異なる単語を用いて言い換えることができるということ。
2　あるオノマトペの意味と似た意味を持つ特定の一般語を用いて、そのオノマトペの複数の意味に対応した言い方ができるということ。
3　オノマトペもその他の品詞も、「一つの形式が複数の意味を表す」という共通点を持っているということ。
4　音を写したオノマトペが、物理的な意味のみならず比喩的な意味をも派生させることができるということ。
5　オノマトペと一般の単語が、それぞれが表せない微妙なニュアンスの意味をお互いに補い合っているということ。

問7　文章A、B、C、Dを「体系性と生産性」または「経済性」という主題の共通性によってまとまりに分けるとどのようになるか。まとまりは〈　〉で示す。もっとも適切なものを次の1～5のなかから一つ選べ。解答番号 **9**

1　〈文章A〉　〈文章B、文章C、文章D〉
2　〈文章A、文章B、文章C〉　〈文章D〉
3　〈文章A、文章B〉　〈文章C、文章D〉
4　〈文章A、文章C、文章D〉　〈文章B〉
5　〈文章A、文章B、文章D〉　〈文章C〉

問8　傍線(オ)「結果として前の世代にはつながりが見えないほどの隔たりが生じることもある」とあるが、ここで言う「つながり」とはどのような意味か。もっとも適切なものを次の1～5のなかから一つ選べ。解答番号 **10**

3　犬種によって「ワンワン」「キャンキャン」のように鳴き方を区別して表現する。
4　髪の毛の乾いた感じを表す「サラサラ」を雪の感触の表現にも用いる。
5　何度も転がる様子を表すために語根「コロ」を重複させる。
6　「ニコニコ」と「プンプン」のイメージをもとに特定の絵文字を作る。

オノマトペの語形の「体系性と生産性」を示す例　解答番号 [3]
オノマトペの音の「体系性と生産性」を示す例　解答番号 [4]

問4　文章Cに小見出しを付けるとしたら、どのようなものがもっとも適切か。次の1～5のなかから一つ選べ。解答番号 [5]
1　言語とオノマトペの共通点
2　言語の意味派生
3　言語の経済性
4　言語のコミュニケーション機能
5　言語の多義性

問5　傍線(ウ)「換喩（メトニミー）」とあるが、ここで述べられている「換喩」を含む例はどれか。次の1～6のなかから二つ選べ。なお、解答の順序は問わない。解答番号 [6]・[7]
1　うだるような暑さが続いていたが、ここにきてだいぶ秋らしくなった。
2　多くのトラブルに見舞われながらも彼らは鉄の意志でその大事業を成し遂げた。
3　コロナ禍以前に比べて、会社の仲間と一杯やる機会がめっきり減った。
4　総選挙を間近に控え、永田町では熱い論戦が繰り広げられている。

（今井むつみ、秋田喜美『言語の本質　ことばはどう生まれ、進化したか』による）

問1　空欄 [X] に入る語句としてもっとも適切なものを次の1～5のなかから一つ選べ。解答番号 [1]

1　特定の分野をカバーする語彙の体系
2　語尾によって意味が変化するしくみ
3　体系的な組み合わせの規則
4　単語に相当する「音のまとまり」
5　無限の発話を作り出すのに十分な数の音

問2　傍線(ア)「アイコン性」とはオノマトペのどのような特徴を指していると考えられるか。もっとも適切なものを次の1～5のなかから一つ選べ。解答番号 [2]

1　ある対象について、それを類推させる音によって象徴的に表現するという特徴
2　表されるものとは無関係の音の連続によって新しい意味を生み出すという特徴
3　抽象的な概念を具体的なことばに変換できるという特徴
4　ものや人の外観を、それと類似していない音に変換するという特徴
5　ものや人の目立つ特徴に注目して新しい単語を作り出すという特徴

問3　傍線(イ)「語形のアイコン性についても音のアイコン性についても、オノマトペの体系性と生産性は顕著である」とあるが、ここで述べられている、オノマトペの語形ないし音が持つ「体系性と生産性」を示す例はそれぞれどれか。次の1～6のなかから一つずつ選べ。

1　外国の動物の鳴き声には外国語のオノマトペをそのまま用いる。
2　軽い笑いを「ケラケラ」、大笑いを「ゲラゲラ」のように区別して表現する。

2024年度　経営学部　国語

文章Ｅ

ことばの意味変化は、しばしばミスコミュニケーションを生む。多義性にパターンがあるとはいっても、言語によって、方言によって、世代によって、意味の広がり方には少なからず差異が生じる。コミュニティ内における独自の意味の発展には、メンバー同士の絆を深めるような側面もある。

たとえば、若い世代の間で「やばい」が〈とてもよい〉や〈とてもおいしい〉の意味で使われだしてすでにしばらく経つが、使い慣れていない話者にはよい意味なのか悪い意味なのかわからず、解釈に当惑するだろう。また、「普通にかわいい」や「普通にいいね」のような言い方に違和感を抱く読者もいるのではなかろうか。若者たちは「普通に」を、〈ありうる想定に反して十分にかわいい・いい〉のような意味で使っているらしい。

さらに、ＮＨＫ放送文化研究所の２０１９年のウェブ記事には、「カレーがほんとに好きで、なんなら毎日食べてます」のような若者ことばに関する調査報告が紹介されている。「なんなら代わりに行きましょうか？」のような、何かを提案するときに使う「なんなら」にしか馴染みのない読者には、ただの誤用に思えるかもしれない。若者たちは、どうやら〈さらに言えば〉や〈下手をすると〉のようなニュアンスを意図しているらしい。彼らのなかには、伝統的な「提案」の意味を知らない人も多いようだ。

このように、ことばの意味の派生にはある程度のパターンが存在するものの、特定のグループの遊び的な使い方が広がって定着し、(オ)結果として前の世代にはつながりが見えないほどの隔たりが生じることもある。そのようなことばは、前の世代にとっては、多義語というよりも同音異義語である。

このような時代の変化に伴う意味の変容はオノマトペにも見られる。「サクッと済ませる」「サクサク仕事をこなす」のような表現は、すでに若者以外にまで浸透している。一方、「毛がワサワサしたイヌ」や「草がワサワサしてきた」という表現は比較的新しいようである。20世紀初頭には、「ワサワサ」は「ソワソワ」に似た落ち着きのなさを表したという。それが今では、落ち着きのなさとはまるで関係のない、毛や草の量を表すことがあるらしい。多義というよりも同音異義の例であろう。

（注１）　オノマトペ＝擬音語・擬声語・擬態語の総称。

（注２）　音象徴＝ある言語において特定の音が特定の意味と結びつく傾向のこと。

文章D

オノマトペには多義語が豊富に見られる。たとえば、「カチカチ」は、「カチカチと氷を叩く」というように硬いものを叩く音を写すことができる。一方で、「この氷はカチカチだ」という文では〈叩いたらカチカチという音が出るくらい硬い〉という触覚義を、「社長は頭がカチカチで困る」では〈融通が利かない〉という意味を、さらに「受験生はカチカチに緊張している」では〈極度に緊張している〉という意味を表す。興味深いことに、「カチカチ」の代わりに「硬い」という形容詞を用いて、「社長は頭が硬い」や「受験生は緊張で硬くなっている」のような言い方も可能である。つまり、(エ)「カチカチ」と「硬い」は意味の派生パターンを一部共有しているということである。「硬い」と同様に「カチカチ」もまた言語であることの表れと言えよう。

物音を表すオノマトペが、その音を出しそうな触覚的特徴をも表すケースは多く、「ザラザラという音」から「ザラザラした手触り」、「パリパリという音」から「パリパリした食感」、「カリッという音」から「カリッとした歯応え」、「カサカサという音」から「カサカサした肌」のように、ほぼパターン化している。

もう一つ例を見てみよう。「ゴロゴロ」というオノマトペは実に多くの意味を持つ。真っ先に思い浮かぶのは「岩がゴロゴロと転がる」のような回転義だろうか。「雷がゴロゴロ鳴る」や「ネコがゴロゴロいう」の「ゴロゴロ」は音を写しているが、多義というよりは、たまたま同じ音連続で写したという同音異義の関係にあるものと思われる。さらに、「ゴロゴロしていないで働け」というと、横になって怠ける様子が表される。回転義の「ゴロゴロ」からの派生であろう。「この地域には選手がゴロゴロいる」の「ゴロゴロ」はたくさんいることを表す。川辺の石のように転がってきた結果そこにある、という想像に基づいていると考えられ、その意味でやはり回転義をもとにしている。「コンタクトで目がゴロゴロする」という表現も、コンタクトレンズが目の表面であたかも回転しているかのような不快感を引き起こすことをいう。回転義に基づく触覚義と言えよう。

このように、「カチカチ」や「ゴロゴロ」という単一のオノマトペから、無理なく意味の派生が生じ、見事な多義性が実現している。このおかげで、用いるオノマトペの数が少なくて済み、経済性へとつながる。それに加えて、「カチカチ」について見たように、同様の意味派生パターンが他のオノマトペや一般語にも確認されることも多い。この特徴もまた、オノマトペはもとより言語一般の経済性に貢献している。

「さがる」という日本語の動詞は、〈下方向に移動する〉という意味以外にもさまざまな意味を持つ。「危ないから下がっていてください」という文では〈後ろに移動する〉の意味、「無礼者、下がりなさい」という文では〈偉い人の眼前から遠ざかる〉の意味、「物価が下がる」という文では〈値が小さくなる〉という抽象的な意味を表している。同様に、英語の「ストロング strong」という形容詞も、〈力が強い〉という意味以外にいろいろな意味を持つ。strong bookshelf といえば〈壊れにくい本棚〉を、strong relationship といえば〈強く結びついた関係〉を、strong coffee といえば〈濃いコーヒー〉を表す。

言語に多義語が多いのには理由がある。すべての意味について異なる形式が存在していたらどうだろう？　意味の数だけ形式を覚えなければならないことになる。たとえば、コーヒーの濃さを表すのに、すでに〈強い〉という意味で用いている strong という形式が使えない。したがって、たとえば nampy のような新しい単語が必要になる。つまり、英語話者は新たな別の形式を覚えなければならないことになり、非常に効率が悪い。一つの形式に複数の関連する意味が対応していれば、覚える形式が一つで済む。それに加えて、複数の意味についても、バラバラではなく整理して覚えることができる。すなわち、「さがる」にとっての〈下方向に移動する〉のように、中心的な意味がまずあり、そこからの派生として残りの意味を捉えることができる。「あがる」にも「物価が上がる」という言い方が可能であるように、この意味の派生の仕方にはある程度のパターンがある。

意味の派生パターンの一つは、第1章で見た「換喩（メトニミー）」である。「鍋を食べる」のように、ある概念（鍋）をヒントにそれと近い関係にある概念〈鍋の中の料理〉を表す。「手をあげる」という一つの表現で〈立候補する〉意味や〈暴力を振るう〉意味を表すのも、「ワンワン」でイヌを指すのも換喩である。

加えて広範に見られる派生パターンに、「隠喩（メタファー）」が挙げられる。隠喩は、一般に抽象的な概念を具体的な概念で捉えようとする。本来目に見えない物価の変動を、空間的な上下方向で捉えるのは隠喩の例である。

意味派生の仕方にある程度のパターンがあるため、多義語は言語使用者の記憶にとって好都合なのである。仮に strong に〈濃い〉という隠喩の意味があると知らない人であっても、strong coffee と聞けば、〈強い〉という意味から〈薄いコーヒー〉よりは〈濃いコーヒー〉を表すと察しがつくだろう。このように、言語の経済性は、私たちが覚えなければならない形式の数を最小限に抑えてくれているのである。

（中略）

文章B

第2章で述べたとおり、日本語や韓国語といったオノマトペ(注1)が発達した言語では、その(ア)アイコン性がきわめて体系的である。語形のアイコン性を思い出してみよう。日本語のオノマトペの30％以上が、「ブラブラ」「キラキラ」「テクテク」「ドキドキ」「ポチポチ」など、重複形により出来事の反復や継続を表すものであった。さらに、とくにくだけた会話や漫画などでは、新たな重複形オノマトペが作り出されることも多い。たとえば、柔らかい毛で覆われた動物を形容する「モフモフ」は2000年頃にできた新語である。筆者らが漫画で見つけた「コシコシ」は甘えて頭を擦り付ける様子を、「ふるふる」は首を素早く振る様子を表すために新たに作られたオノマトペである。前者は「ゴシゴシ」、後者は「振る」をもとにしているのだろう。オノマトペの重複形は非常に生産的なのである。

音のアイコン性も考えてみよう。日本語のオノマトペでは、語頭の清濁の音象徴(注2)が目立った体系性を見せることを見た。「コロコロ」より「ゴロゴロ」は重く、「サラサラ」より「ザラザラ」は粗い。オノマトペの語根（「コロ」「ゴロ」）の半数強がこの対立を見せる。先ほどの「コシコシ」（弱めのこすり）という例も、「ゴシゴシ」との対比から作られたとすると、清濁の音象徴をうまく利用していることになる。

このように、(イ)語形のアイコン性についても音のアイコン性についても、オノマトペの体系性と生産性は顕著である。オノマトペが言語であることの強力な根拠と言えよう。

（中略）

文章C

私たちは言語により、お互いの考えをやりとりする。先ほどはこれを言語の「コミュニケーション機能」と呼んだ。コミュニケーションを目的とするため、私たちは言語にできる限り多くの情報を盛り込もうとする。情報が豊富な発話のほうが、そうでない発話よりも価値があるはずである。

その一方で、言語には、できる限り形式が単純であったほうがよいという面もある。あまりに複雑な言語は覚えるのが大変であるし、コミュニケーションにも向かない。簡単に済ませたいのだ。言語のこのような特徴は、しばしば「経済性」と呼ばれる。少量の表現でたくさんの内容を伝えたいという志向性は、前項の生産性の話へとつながる。

経済性は言語のさまざまな側面に現れる。その一つが多義性である。どの言語にも、複数の関連する意味を持つ語が大量に存在する。たとえば、

2024年度　経営学部

国語

国語

（六〇分）

I　次の文章を読んで、後の問に答えよ。

文章A

私たちは聞いたことのある文ばかりを、聞いたとおりに暗唱して発話しているわけではない。日々、新たな発話を次々に作り出している。発話の可能性は無限大である。言語のこの特徴を、「生産性」と呼ぶ。

たとえば、ある人が、「コロナも落ち着いたし、せっかくの読書の秋だから、『言語の本質』を持って川沿いのカフェにでも行こうかな」と発話したとする。おそらくこれは、これまで誰も発したことがないし、聞いたこともない発話である。にもかかわらず、何の違和感もなく、理解も容易である。

同じことは、文だけでなく単語のレベルについても言える。私たちは、すでに知っている単語や単語形成の規則をもとに、新たな表現を生み出すことができる。たとえば、book の複数形は books、cat の複数形は cats というパターンに基づいて、はじめて聞いた単数名詞 covidiot（コロナウィルスの感染対策をしない愚か者）からも covidiots という複数形を作り出すことができる。日本語でも、「就活」「婚活」「朝活」「妊活」といったパターンから、新たに「腸活」（腸を整える活動）、「ヨガ活」（ヨガ活動）、「読み活」（読書会）のようなことばが日々生み出されている。

口笛や咳払いや泣き声を考えてみよう。これらはいずれも、口から発せられる音である。しかし、「ピーピピ、ピーーピーーピピー」などと新たなパターンで音を発することは可能だとしても、そうした工夫により何種類ものメッセージが伝えられるようになるとは考えにくい。口笛、咳払い、泣き声は［X］がなく、生産的に新たな表現を作り出せるようにはできていない。

解 答 編

英 語

I 解答 1—④ 2—⑥ 3—⑦ 4—⑧ 5—⑤ 6—⑨ 7—② 8—⑤ 9—③ 10—① 11—⑨ 12—⑦ 13—②

全訳

《アルバイトの面接会場への行き方についての会話》

Set A

アンディ：ねえ，道に迷っているの？

ボブ：そう思うよ。どこにいるかはわかってるんだけど，行きたい場所が見つけられないんだ。僕は成蹊カフェという場所に行こうとしているんだ。そこで友達に会うことになっているんだよ。

アンディ：うーん。僕自身，このあたりのことはあまりよく知らないけど，たぶん手伝えるよ。地図持ってる？

ボブ：うん。僕の友達が作ってくれたんだ。地図の一番上に駅があって，そこに僕たちは今いるんだけど，何かがおかしいように思えるんだ。ここの通りは地図上の通りと完全に違っているんだ。

アンディ：見てもいい？

ボブ：どうぞ！

アンディ：わかったと思うな。その地図は逆になっているんだと思う。

ボブ：ああ，わかった。じゃあ，間違った出口から駅を出たってことなんだね。僕は南口に行ったんだけど，北口に行くべきだったんだ。

アンディ：ちょうどいま忙しくないから，そこでその地図と実際の状況がちゃんと合っているかどうか確認するために，北口まで一緒に行けたら嬉しいかな。

ボブ：ありがとう！

Set B

アンディ：さて，ここが北口だ。もう一度地図を確認しよう。

ボブ：目の前の通りは地図上のこの通りだよね。

アンディ：その通りだと思う。

ボブ：じゃあ，信号に着くまでその通りを歩いて，それから左に曲がるべきだってことだね？

アンディ：うん。そしてその通りを5ブロック進むと，成蹊カフェが右側にあるはずだ。

ボブ：ありがとう！　君の助けがなければ，今でも駅の反対側にいて完全に混乱しているだろうね。

アンディ：どういたしまして！　助けられて嬉しいよ。友達とランチを楽しめたらいいね。

ボブ：ありがとう。でも，ランチを食べるんじゃないんだ。そこでアルバイトの面接を受けるんだよ。

アンディ：ああ，誤解しちゃった。それなら，面接がうまくいくといいね！

解説

1. 空所に入るのは①の fine か④の lost のいずれかとなるが，直後のボブの返答に「どこにいるかはわかってるんだけど，行きたい場所が見つけられないんだ」とあることから，道に迷っているとわかる。したがって正解は④。

2. be supposed to *do*「～することになっている」なので，この空所に入るのは動詞の原形となる。目的語 a friend をとって意味をなす動詞の原形の選択肢は⑥の meet と⑨の see だが，後の空所 6 で see を使うので正解は meet である。

3. 空所に myself を入れると「僕自身，このあたりのことはあまりよく知らないけど，たぶん手伝えるよ」という意味になる。したがって正解は⑦となる。

4. 直前の発言に Do you have a map?　とあることから，この空所には a map を指す代名詞が入る。したがって正解は⑧ one となる。

5. 空所を含む発言の前に，地図がおかしいという旨のボブの発言があることから，「その地図を見てもいいか」という意味になると考えられる。したがって空所には⑤look が入る。take a look で「見る」という意味である。

6． 直後のボブの発言に「じゃあ，間違った出口から駅を出たってことなんだね。僕は南口に行ったんだけど，北口に行くべきだったんだ」とある。よって，直前のアンディの「その地図は逆になっているんだと思う」という発言に対して「わかった」と応えていると考えられるので，⑨see を入れて Oh, I see. とすればよい。

7． be happy の直前に入るのは，選択肢では②の I'd のみである。したがって正解は②となる。I'd は I would の略である。

8． 空所を含む部分は付加疑問文である。直前が肯定文になっているので，⑤を入れて isn't it? と続ければよい。

9． 選択肢の中で you're の後に続くのは，形容詞の right のみである。したがって正解は③となる。you're right「君が正しい，その通りだ」

10. 空所を含む文は，アンディがカフェまでの道を説明している文である。five の後には区画を表す blocks を入れればよい。

11. 空所からカンマまでが１つの句で，直後に名詞 your help があることから，前置詞が入る。選択肢の中で前置詞は⑨ without のみである。主節が I would still be … と仮定法過去になっていることから，「あなたの助けがなければ」という意味になる。

12. No problem! で「どういたしまして！」となるので，正解は⑦である。

13. 前置詞 in の後なので空所には名詞が入る。in that case で「それなら，その場合には」という意味になり，直前の「誤解した」と直後の「面接がうまくいくといいね」とつながる。したがって正解は②となる。

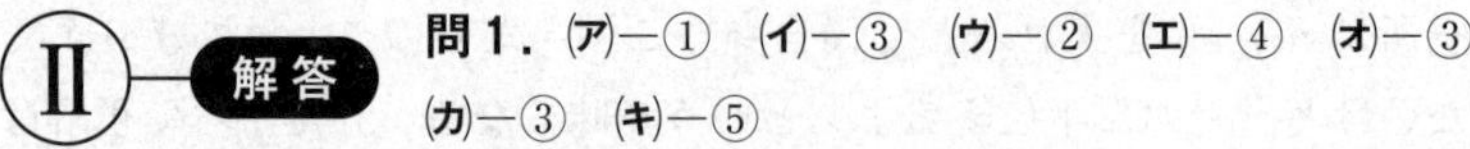

Ⅱ 解答 **問１．** (ア)—① (イ)—③ (ウ)—② (エ)—④ (オ)—③ (カ)—③ (キ)—⑤

問２． ③ **問３．** ③ **問４．** ① **問５．** ①・②・④（順不同） **問６．** ①
問７． ② **問８．** ④ **問９．** ③・④（順不同）

全訳

《イケアの世界戦略》

1 世界のどこでもいいが，イケアの店舗に入ってみると，次のことにすぐに気づく。グローバル戦略の標準化がそこら中にあるのだ！　イケアの倉庫型店舗ではすべて，手頃な価格の家庭用家具類，キッチン，アクセサリー，食料品など幅広い商品を同じように販売している。ほとんどの商品は機能的なデザインで，一目でイケア商品とわかる。スウェーデン発祥（イケアは1943年に通信販売会社として設立され，1958年にスウェーデンに第1号店がオープンした）で，店舗の外壁はスウェーデンの国旗の色である青と黄色で包まれている。イケアの年間売上高は約370億ドルで，15万人以上の従業員を雇っている。興味深いことに，イケアは世界の商業製品での木材消費量の約1％を担っている。

2 スウェーデン全体では，イケアの店舗は20店舗あり，ドイツ（49店舗），アメリカ（42店舗），フランス（32店舗），イタリア（21店舗）の店舗よりも少ない。46カ国に351店舗あり，イケアは世界最大の家具小売業者である。基本的に，家具市場は最もグローバル化していない市場の1つであり，その地域ごとの嗜好，ニーズ，関心があって，そしてそのことは他の商品とは大きく異なる。

3 通常，イケアの店舗は迷路のようにレイアウトされ，顧客はレジにたどり着くまでにすべての売り場を回らなければならない。イケアの店舗は一方通行のレイアウトで作られていることが多く，イケアでは「長い自然の道」と呼んでいるものに沿って顧客は反時計回りに歩く。この「道」は，客が店舗全体を見て回るように設計されている。

4 レジの手前には店内倉庫があり，顧客は購入した商品を受け取ることができる。家具は運びやすいように平らに梱包されており，顧客による組み立てが必要だ。価値（顧客が手に入れる高品質の家具に支払う価格）はかなり強調されている。イケアは世界中で基本的に同じような客層に販売している。その客とは，センスはよいが安価で，支払ってもかまわないと思う値段に対して一定の品質水準を満たす家具を求めている，若くて上昇志向の強い人々なのだ。

5 50カ国以上にある1,000社以上のサプライヤーからなるグローバルネットワークが，イケアが販売する12,000点あまりの商品のほとんどを製造している。イケア自身は製品のデザインに注力し，サプライヤーと緊密に連携して製造コストを下げている。新商品の開発は，何年もかかる骨の折れる過程になりうる。イケアのデザイナーはプロトタイプのデザイン（例えば小型のソファ）を開発し，ライバル企業が似たような商品に付けている価格を調べ，サプライヤーと協力して，品質面で妥協せずに価格を引き下げる方法を考え出す。イケアはまた，販売する商品の約10%を自社で製造し，得た知識をサプライヤーの生産性向上に援用し，それによりサプライチェーン全体のコストを下げている。

6 しかし，もう少し詳しく見てみると，北米とヨーロッパではイケアの商品に微妙な違いがあるとわかる。北米では，大きな家具に対してのアメリカ人の需要を反映して，サイズが異なっている。1980年代後半にイケアが初めて米国に進出したときには，西欧と同じように消費者が店舗に押し寄せると考えていた。当初，消費者は押し寄せたが，それほど多くは買わず，売上は予想を下回った。イケアは，ヨーロッパスタイルのソファやベッドの大きさが十分でないことと，グラスが小さすぎることに気づいた。そこで，その企業は商品の再設計に取りかかり，商品がアメリカ人の嗜好によく合うようにし，そのかいあって，売上を加速度的に伸ばした。

解説

問1． ㋐ responsible for～「～に責任がある，～を担う」で，①の accountable が最も近い。

㋑ tastes「好み，嗜好」で，③の preferences が最も近い。

㋒ structured「組み立てられた」で，②の built が最も近い。

㋓ figure out「考え出す」で，④の discover が最も近い。

㋔ subtle「微妙な」で，③の small が最も近い。

㋕ reflect the demand「需要を反映する」なので，③の meet (the demand)「需要を満たす」が最も近いといえる。

㋖ set about「取りかかった」で，⑤の started が最も近い。

問2． 第2段最終文（Basically, the furniture …）に「家具市場は最もグローバル化していない市場の1つで，（家具には）その地域ごとの嗜好，ニーズ，関心があって，そしてそのことは他の商品と大きく異なる」とあることから，正解は③となる。

問3． 第3段第2文（The stores are …）に「イケアの店舗は一方通行のレイアウトで作られていることが多く，イケアでは…顧客は反時計回りに歩く」とあることから，③が本文と合致しない。

問4． 下線部(a)を訳すと「価値（顧客が手に入れる高品質の家具に支払う価格）はかなり強調されている」となる。高品質で安いことを強調しているということだから，下線部と最も意味が近いのは①となる。

問5． 第1段第4文（Most of the …）「ほとんどの商品は機能的なデザインで，一目でイケア商品とわかる」より①，第4段第2文（The furniture is …）「家具は運びやすいように平らに梱包されており」より②，第4段最終文（IKEA sells to …）「イケアは世界中で基本的に同じような客層に販売している。その客とは…，若くて上昇志向の強い人々だ」より④がそれぞれ本文と合致する。

問6． 第5段第1文（A global network …）「50カ国以上にある1,000社以上のサプライヤーからなるグローバルネットワークが，イケアが販売する12,000点あまりの商品のほとんどを製造している」より①は正しいが，③は「すべてを」が誤り。②は第5段に記述がない。よって①のみが正しい。

問7． 第6段第2文（In North America, …）に「北米では，大きな家具に対してのアメリカ人の需要を反映して，サイズが異なっている」とあることから，製品のサイズを共通化していないことがわかる。したがって正解は②となる。

問8． ①と②は第6段第3文（When IKEA …）に「1980年代後半にイケアが初めて米国に進出したときには，西欧と同じように消費者が店舗に押し寄せると考えていた」とあるので正しい。③は第6段第4文（At first, …）に「当初，消費者は押し寄せたが，それほど多くは買わず，売上は予想を下回った」とあるので正しい。⑤は第6段最終文（So the company …）「そこで，その企業は商品の再設計に取りかかり，アメリカ人の嗜好によく合うようにし，そのかいあって，売上を加速度的に伸ばした」より正しいことがわかる。この選択肢の中で④については本文に言及がない。

問9． 第2段第1文（Overall, Sweden has …）「スウェーデン全体では，イケアの店舗は20店舗あり，ドイツ（49店舗），アメリカ（42店舗），フランス（32店舗），イタリア（21店舗）の店舗よりも少ない」より③が本文と合致し，第1段最終文（Interestingly, IKEA …）「イケアは世界の商業製品での木材消費量の約１％を担っている」より④が本文と合致している。

Ⅲ　解答　問1．②　問2．④　問3．①　問4．②　問5．①
問6．③　問7．③　問8．②・⑤（順不同）

全訳

《ジャック＝イヴ・クストーの功績》

1　1992年にリオデジャネイロで開催された国連地球サミットでは，ジェーン＝フォンダやペレといった有名人がダライ・ラマやアメリカ大統領ジョージ・H・W・ブッシュのような人たちと交流した。しかし，大統領や首相をはじめとする世界の指導者たちが公的な写真を撮るために集まるとき，彼らが気にかけたのはただ１人の有名人だけだった。カメラマンのもとに集まった際に，各国首脳は老齢のジャック＝イヴ・クストーに加わるように望んだ。

2　このイベントで「キャプテン・プラネット」と呼ばれた，この伝説的なフランス人探検家，海洋学者，そして環境保護の唱道者であるクストーは，未来の世代が汚染されていない地球を享受する権利を認めるよう指導者たちに求めるためにやって来ており，それは国連が最終的に公に認めた責務であった。それから30年近くして，ジャック＝クストーは人々の世界観に対してだけでなく，環境そのものに対する彼の貢献によって，今もなお記憶されている。

3　クストーは，スキューバダイビングの父の１人として知られ，20世紀半ばに彼はその開発を促進した。元フランス海軍のパイロットだったクストーは，海洋探査にだんだん関心をもつようになっていた。1943年，彼はダイバーにとって深海がもっと近づきやすいものになる方法を模索する際に，ダイバーが近くの船からのエアホースにつながれることなく水面下に長く留まれるように，既存の水中呼吸技術を改良する実験を行った。

4　その結果，要求に応じて適切な圧力で空気を供給するレギュレータ（アクアラング）が誕生した。この装置によってダイバーは船から解放され，水面下の探検をするのに時間を費やすことができるようになった。そこでダイバーたちは，未知の生命に満ちた新世界に遭遇した。スキューバダイビングは，人々が海中で科学調査を行い，動物を観察し，考古学的探検を行うことさえ可能になることを意味した。そして，彼が解明に役立った謎は今も続いており，現在まで，海洋の80パーセントが未開拓と推定されている。

5 クストーは10代の頃でさえ海中撮影のアイデアに魅了され，海底での撮影を可能にする水中そりなどの撮影機材を改造，発明し始めた。スキューバ・ギアを発明した後，マサチューセッツ工科大学のハロルド＝エドガートン教授と協力して，極限の水中環境に適した照明を開発した。深海の動物を照らすストロボライトから深海を透過するライトまで，クストーは深海にあるものを明らかにする手助けをした。

6 また，カリプソという初の本格的な水中カメラも共同開発した。彼の愛した船にちなんで名付けられた1961年製のこのカメラは，水中600フィートまで使用でき，水面上でも使用可能だった。これらや他の技術革新により，水中での写真撮影や映画撮影でさえ可能になった。クストーの印象的な水中写真は『ナショナル・ジオグラフィック』誌で特集され，本誌は初期の探検に資金を提供した。

7 クストーは驚くべき写真や『沈黙の世界』(1956年)，『太陽のない世界』(1964年)，『世界の果てへの航海』(1977年) といった影響力のある映画によって，この媒体を芸術の域にまで高めた。水中写真の隆盛は探検家や科学者に恩恵をもたらしただけでなく，一般の人々が海の不思議を理解し，その保護に関わりをもちたい気持ちになるのにも役立った。

8 クストーは海面下の世界を絶え間なく探検することで，当時の人々や動物たちだけでなく，未来の人々や動物たちに対しても深い責任感を感じるようになった。1991年，彼は自然界をまだ享受していない未来の人々の権利を盛り込むよう，国連憲章を改正するように国連に働きかけようと，未来の世代の権利を請願する署名を集め始めた。

9 クストーは最終的に，世界中から900万人の署名を集めて，1997年，国連教育科学文化機関は，未来の世代に対する現在の世代の責任についての宣言を行い，その宣言は環境保全と「いつか人間の活動によって不可逆的に損なわれることのない地球を未来の世代に遺す」責任についての言葉を含んでいた。

解説

問1.「本文の第1段の意味を最もよく表しているものを次から選びなさ

い」という設問。第1段第2・3文（But when it … to join them.）に「しかし，大統領や首相をはじめとする世界の指導者たちが公的な写真を撮るために集まるとき，彼らが気にかけたのはただ1人の有名人だけだった。カメラマンのもとに集まった際に，各国首脳は老齢のジャック＝イヴ・クストーに加わるように望んだ」とあることから，正解は②「そこに多くの他の有名人がいたけれども，世界の指導者たちはクストーと写真を撮ってもらうことに最も関心をもっていた」となる。

問2．「アクアラングについて当てはまらないものは次のうちどれか」という設問。第4段第2文（The device …）に「この装置によってダイバーは船から解放され，水面下の探検をするのに時間を費やすことができるようになった」と船から管を用いて空気を供給する必要のないアクアラングの特性について触れていることから，④「それは近くの船とダイバーとをつなぐホースを含む」が誤りとなる。

問3．下線部(a)の意味を最もよく表している選択肢を選ぶ設問。下線部を訳すと「そして，彼が解明に役立った謎は今も続いており，現在まで，海洋の80パーセントが未開拓と推定されている」となる。20%が開拓されたということなので，これと最も近い内容の選択肢は，①「クストーの貢献は，人々がこれまでに海のおよそ20%を開拓するのに役立った」である。

問4．下線部(b)の意味を最もよく表している選択肢を選ぶ設問。下線部を訳すと「クストーの印象的な水中写真は『ナショナル・ジオグラフィック』誌で特集され，本誌は初期の探検に資金を提供した」となる。これと最も近い内容の選択肢は，②「『ナショナル・ジオグラフィック』誌はクストーの活動を支援し，彼はそこに自分の写真のうちいくつかを掲載した」である。

問5．下線部(c)の意味を最もよく表している選択肢を選ぶ設問。下線部を訳すと「クストーは最終的に，世界中から900万人の署名を集めた」となる。これと最も近い内容の選択肢は，①「世界中で900万人がクストーの請願を支持した」である。

問6．クストーの人生で起こった出来事の順序を答える問題。第3段第2文（A former French …）に「元フランス海軍のパイロットだったクストーは，海洋探査にだんだん関心をもつようになっていた」とあることから，最初は(b)「彼はパイロットとして活動した」。第4段第1文（The result was …）に「その結果，…空気を供給するレギュレータ（アクアラング）が誕生した」とあることから，その次は(a)「彼はアクアラングを発明した」。第6段第1文（He also co-created …）に「また，カリプソという初の本格的な水中カメラも共同開発した」とあることから，(d)「水中カメラのカリプソを生み出すのに役立った」が3番目。カリプソの開発が1961年で，(c)「映画『太陽のない世界』を製作した」のは1964年なので，これが最後となる。したがって正解は③である。

問7．「アクアラングの開発に加え，クストーを最も記憶に残る存在にしていることを最もよく表しているのは次のうちどれか」という設問。第2段最終文（Nearly 30 years …）に「ジャック＝クストーは人々の世界観に対してだけでなく，環境そのものに対する彼の貢献によって，今もなお記憶されている」とあることから，クストーは人々の世界観を変え，環境を守ったことで記憶に残っているとわかる。よって，正解は③「人々の世界観を変え，環境を守るのに役立ったこと」である。

問8．クストーに関して当てはまる文を2つ選ぶ設問。第5段第1文（Cousteau was fascinated …）に「クストーは10代の頃でさえ海中撮影のアイデアに魅了され」とあることから，②「彼は10代の頃，写真に既に興味があった」が当てはまる。また，第2段第1文（Described as …）に「このイベントで『キャプテン・プラネット』と呼ばれた，この伝説的なフランス人探検家，海洋学者，そして環境保護の唱道者であるクストー」とあることから，⑤「彼は少なくとも1回は『キャプテン・プラネット』と呼ばれたことがある」も当てはまる。

(1)(ア)―①　(イ)―②

(2)(ア)―③　(イ)―②

全訳

(1)　《強力で覚えやすいパスワードの作り方》

強力なパスワードを生み出すのは，特に訪れるサイトそれぞれに独自のパスワードをもつことが推奨される場合には，骨の折れる作業のように思える。もしも“Wt4e-79P-B13^qS”のようなパスワードを複数生み出し記憶せねばならなければ，誰もが閉口するであろう。結果として，たとえ安全でないとわかっていても，1つの同じパスワードを使っているかもしれない。もしくは数個のパスワードを使うかもしれないが，それらはすべて短く単純な言葉であったり，依然として極めて推測のしやすい，自分の人生に関係する数を含んだりする。

強いパスワードの鍵となる側面は長さ（長ければ長いほどよい）で，文字（大文字と小文字），数字，記号が混在していて，個人情報とのつながりがなく，辞書にない単語であることである。よい知らせといえば，パスワードにこれらの側面をすべて組み込むために，ランダムな文字，数字，記号のひどい文字列を暗記する必要がないということだ。ちょっとしたコツが必要なだけだ。名言を使い，ショートカットコードを組み込むのだ。例えば，デュマの『三銃士』の「1人は皆のために，皆は1人のために」という言葉は，“14A&A41dumaS”のようなパスワードに変換できるかもしれない。同様に，シェークスピアの「生きるべきか死ぬべきか，それが問題だ」は，“2BorNot2B_ThatIsThe?”のようなパスワードに変換できるかもしれない。このようにして，最小限の努力で強力で覚えやすいパスワードを簡単に作れるのだ。

(2) 《正しい決断を行うための方法》

企業，政府，そして家族においてでさえ，あらゆる仕事の場面で効果的な意思決定は重要である。正しい決断が成功につながることもあれば，その一方で間違った決断が災いをもたらすこともある。組織はさまざまな考えを検討し，その中から最良のものを選択しなければならない。可能な限り幅広い考えを検討することを確実にするための優れた方法は，組織外の人々に相談することである。なぜなら，さまざまな人がさまざまな経験をもっており，そのすべてが問題への対処に役立つ可能性があるからだ。また，組織外の人に相談することは，集団的浅慮を避けるのにも役立つ。

集団的浅慮は，仲が良く，互いをよく知る人たちが，互いの考えを疑うのではなく，それを補強し合うことで起こる。これは批判的思考のレベルを低下させ，誤った決断につながる可能性がある。外部からの人が新しい考えを持ち込むのであり，特に，古い考えに疑問を抱くことを組織の古い習慣が妨げるのを，その外部からの人が許さないのであればなおさらである。組織の外部からの新鮮な考えは，意思決定に大いに役立つ。したがって，可能なときはいつでも他者に相談することが組織にとって重要である。

解説

(1)(ア)　自分の人生に関係する数（例えば誕生日や記念日など）を含んだパスワードは「推測するのが簡単」だと考えられるので，正解は①easyである。be easy to *do* で「～しやすい」となる。空所を含む文を訳すと「もしくは数個のパスワードを使うかもしれないが，…依然として極めて推測のしやすい，自分の人生に関係する数を含んだりする」となる。

(イ)　この文の直後に「例えば，デュマの『三銃士』の『1人は皆のために，皆は1人のために』という言葉は，“14A&A41dumaS”のようなパスワードに変換できるかもしれない」とあることから，パスワードに著作の名言を用い，for を 4 に，all を A にするなどの縮約・置換をしてパスワードを作ることがわかる。したがって正解は②a famous phrase and incorporate である。空所を含む文を訳すと「名言を使い，ショートカットコードを組み込むのだ」となる。

(2)(ア)　第1段第4文（An excellent way…）に「可能な限り幅広い考えを検討することを確実にするための優れた方法は，組織外の人々に相談することである」とあるから，よい決断をするための方法として組織外の人々の意見を聞くことが挙げられているとわかる。したがって，正解は③external となる。空所を含む文を訳すと「また，組織外の人に相談することは，集団的浅慮を避けるのにも役立つ」となる。

(イ)　This が指す内容は，直前の第2段第1文（Groupthink occurs…）の「集団的浅慮」である。これは人々が互いの考えを疑わず，それを補強し合うことで起こる。その帰結として考えられる選択肢は②reduce the level of critical thinking and lead to bad decisions である。空所を含む文を訳すと「これは批判的思考のレベルを低下させ，誤った決断につながる可能性がある」となる。

(1)(ア)―①　(イ)―④　(ウ)―①
(2)(ア)―③　(イ)―②　(ウ)―①

全訳

(1)　**《オーディオブックの素晴らしさ》**

以前は，オーディオブックは図書館の片隅で放置されていたが，最近のテクノロジーがオーディオブックにまったく新しい命を与えた。古典文学の名作や現代の物語をどこでも楽しめるようになり，そのことは忙しい現代のライフスタイルにぴったりだ。優れたナレーターは登場人物に新たな命を吹き込むことができ，オーディオブックを聴く体験を新たな高みへと導いた。実際，研究者によると，オーディオブックを聴くことは，読書と同じくらい脳を刺激するという。

(2)　《サンドウィッチの起源》

サンドウィッチは，２枚のパンの間に肉やチーズなどの具を挟んだポピュラーな食べ物だ。誰が発明したのかは定かではないが，18 世紀の英国貴族の第４代サンドウィッチ伯爵にちなんで名付けられたことは確かだ。サンドウィッチ卿はトランプが大好きで，食事をしながらトランプを続けられるよう，使用人たちに肉とパンをテーブルに持ってくるよう命じたという話だ。やがて人々は「サンドウィッチ伯爵と同じものを」と注文するようになり，この名前が定着した。

解説

(1)(ア)　選択肢の中で文法・意味的に正しいのは①used to be のみとなる。used to は「(昔) ～した，～だった」という意味を表す助動詞で，used to *do* の形で使う。似た形に，be used to *do*「～するのに使われる」，be used to *doing*「～するのに慣れている」があるので，それぞれを区別して覚える必要がある。

(イ)　選択肢はすべて関係詞から成っているが，文全体を指して主格となる関係代名詞は④which のみである。空所を含む文を訳すと「古典文学の名作や現代の物語をどこでも楽しめるようになり，そのことは忙しい現代のライフスタイルにぴったりだ」となる。

(ウ)　reading の後には，stimulates the brain を指す代動詞が入る。したがって正解は①does となる。

(2)(ア)　place *A* between *B* で「*B* の間に *A* を挟む」となる。名詞 meat and cheese を修飾する分詞で，「挟まれる」という意味になる語句が入ると考えられる。過去分詞の③placed が正解となる。

(イ)　be named after ～ で「～にちなんで名付けられる」となる。空所を含む文を訳すと「誰が発明したのかは定かではないが，18 世紀の英国貴族の第４代サンドウィッチ伯爵にちなんで名付けられたことは確かだ」となる。

(ウ) is の後なので，補語となる名詞節を導く接続詞が入る。したがって正解は① that となる。

日本史

I 解答

問1. ④ 問2. ③ 問3. ① 問4. ⑤ 問5. ⑤
問6. ④ 問7. ③ 問8. ① 問9. ⑤ 問10. ②
問11. ① 問12. ② 問13. ④ 問14. ④ 問15. ④

解説

《日本の思想・宗教・学問の歴史》

問1. ④誤文。舒明天皇創建と伝えられるのは百済大寺で，のちの大官大寺（大安寺）である。薬師寺は天武天皇の発願によって創建された。

問3. ②誤文。修験道は山岳信仰に仏教・道教・陰陽道などが集合して成立した。

③誤文。白河天皇の発願による法勝寺を初めとする六勝寺は，皇室の御願寺の総称である。

④誤文。仏師定朝が完成した手法は一木造ではなく寄木造である。

⑤誤文。往生しようとする人を阿弥陀仏がむかえにくる情景を描いた絵画は来迎図と呼ばれる。曼荼羅は悟りの境地を描いた仏画で，密教では大日如来を中心に諸仏を描く。

問5. ⑤誤文。伊勢神道は伊勢神宮外宮の度会家行が大成させ，吉田兼倶は唯一神道（吉田神道）を大成した。

問6. ①誤文。豊後府内の大名は大友義鎮（宗麟）で，有馬晴信は肥前の大名である。

②誤文。ヴァリニャーノはフランシスコ会ではなくイエズス会の宣教師である。

③誤文。高山右近がマニラに追放されたのは，江戸幕府の禁教令の発布後である。

⑤誤文。キリスト教とともに禁じられたのは日蓮宗不受不施派で，修験道・陰陽道は容認された。

問8. ①正解。a.『解体新書』の刊行（1774年）→b．寛政暦の完成（1797年）→c．シーボルト事件（1828年）の順である。

問9. ⑤誤文。雑誌『太陽』で日本主義をとなえたのは高山樗牛で，陸羯南は新聞『日本』で国民主義をとなえた。

問12. ②正解。①は美濃部達吉，③は津田左右吉，④は西田幾多郎，⑤は石橋湛山の説明である。

問13. ④正解。b．滝川事件（1933年）→c．矢内原事件（1937年）→a．第二次人民戦線事件（1938年）の順である。

問14. ④誤文。人権指令で思想・言論の自由など市民的自由の保障がすすめられたが，プレス＝コード（新聞発行綱領）で出版物の事前検閲が行われた。

問15. ④正解。①電気洗濯機，②電気冷蔵庫，③カラーテレビ，⑤ルームエアコンである。

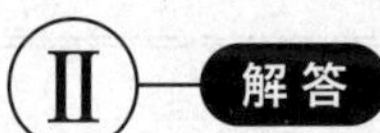

問1. ②　**問2.** ④　**問3.** ②　**問4.** ②　**問5.** ⑤
問6. ④　**問7.** ⑥　**問8.** ④　**問9.** ⑤

解説

《古代～中世の政治・文化》

問1. ①誤文。八省の次官（すけ）は輔で，卿は八省の長官（かみ）である。

③誤文。郡司はかつての国造などの地方豪族が任じられた。

④誤文。官職に応じて給与された田地は職田である。官田は畿内に設けられた政府・皇室の財源となった直営田である。

⑤誤文。蔭位の制は，三位以上の子・孫，五位以上の子が対象となる。

問2. ④誤文。源高明が左遷されたのは安和の変で，承和の変では橘逸勢・伴健岑が配流された。

問4. ②正解。a．侍所の設置（1180年）→c．問注所の設置（1184年）→b．源頼朝が征夷大将軍に就任（1192年）の順である。

問5. ①誤文。寿永二年十月宣旨により，源頼朝は朝廷から東海・東山両道の支配権を獲得した。

②誤文。大犯三カ条とは，京都大番役の催促，謀反人・殺害人の逮捕をする職務である。

③誤文。承久の乱前の地頭の設置範囲は，平家没官領を中心とする謀反人の所領に限られていた。関東御分国は将軍に与えられた知行国のことで，幕府が推薦した御家人が国司に任命され，その国の収入の一部が幕府に納

められた。

④誤文。荘園領主が地頭に荘園の管理いっさいを任せるかわりに，一定の年貢納入だけを義務づけることを地頭請と呼ぶ。下地中分とは下地を領家分・地頭分に分けて，相互の支配権を確認し合うことをいう。

問7．⑥正解。c．花の御所の造営（1378年）→b．明徳の乱（1391年）→a．日明国交（1401年）の順である。

問8．④誤文。斯波氏の領国である越前国を奪った守護代は朝倉氏である。長尾氏は関東管領上杉氏の守護代である。

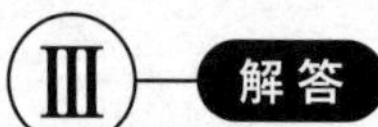

問1．⑤　**問2**．④　**問3**．⑥　**問4**．⑤　**問5**．③
問6．③　**問7**．①　**問8**．⑤　**問9**．①

解説

《江戸時代～明治時代の政治・経済・対外関係史》

問1．⑤正解。アイヌとの交易を和人商人に請け負わせることを場所請負制度という。

問2．④誤文。将軍徳川綱吉のとき，1707年に富士山の大噴火がおこり，これを宝永大噴火とも呼ぶ。

問4．⑤正解。c．工藤平助が『赤蝦夷風説考』を幕府に献上した（1783年）→a．最上徳内らが蝦夷地調査に派遣された（1785年）→b．桂川甫周が『北槎聞略』を著した（1794年）の順である。『赤蝦夷風説考』が田沼意次に献上されたことによって蝦夷地調査が実施されたという知識があれば西暦に頼らなくとも配列はできる。

問5．③誤文。郡代を統轄したのは若年寄ではなく勘定奉行である。

問6．③海軍伝習は横須賀ではなく長崎で行われた。

問7．②誤文。クラークはアメリカから招かれた御雇外国人である。

③誤文。明治30年代に北海道人口が増加して徴兵制が実施され，1904年に屯田兵制度は廃止された。

④誤文。1882年に開拓使が廃止され，函館・札幌・根室の3県が置かれたが，その3県を1886年に廃止して北海道庁が設置された。

⑤誤文。開拓使官有物払下げ事件は，開拓使廃止の目前にしておこり，払下げは中止された。

問8．⑤正解。(イ)1876年の国立銀行条例の改正で国立銀行は不換銀行券の発行が許された。(ウ)北海道拓殖銀行の設立は1900年であるが，日本勧業銀行の設立は1897年，各府県の農工銀行の設立は1898～1900年，台湾銀行の設立は1899年で，どれかの設立年がわかれば日清戦争と日露戦争の間を選択できる。

問9．①正解。1900年に衆議院議員選挙法が改正されて選挙人の納税資格が直接国税10円以上に引き下げられた。同年，清国政府が列国に宣戦布告して北清事変がおこった。②朝鮮が国号を大韓帝国と改めたのは1897年，③ドイツが膠州湾を租借したのは1898年，④対露同志会が結成されたのは1903年，⑤閔妃殺害事件がおこったのは1895年である。

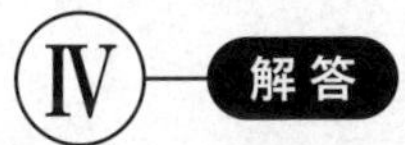

問1．②　**問2．**②　**問3．**③　**問4．**③　**問5．**⑥
問6．⑤　**問7．**⑤　**問8．**⑤　**問9．**①

解説

《近現代の政治・外交・経済》

問1．②誤文。金輸出が禁止され金本位制が停止されたのは1917年で，第2次大隈重信内閣ではなく寺内正毅内閣のときである。

問2．②正解。①不適。血盟団事件は1932年，犬養毅内閣のときにおこった。

③不適。金輸出再禁止が断行されたのは1931年，犬養毅内閣のときである。

④不適。第2次ロンドン海軍軍縮会議を脱退したのは1936年，岡田啓介内閣のときである。

⑤不適。国体明徴声明が出されたのは1936年，岡田啓介内閣のときである。

問3．③正解。b．独ソ不可侵条約の締結（1939年）→a．日独伊三国同盟の締結（1940年）→c．日ソ中立条約の締結（1941年）の順である。

問4．③誤文。独占禁止法が制定されたのは1947年，幣原喜重郎内閣ではなく第1次吉田茂内閣のときである。

問6．⑤正解。c．IMFに加盟（1952年）→a．MSA協定の締結（1954年）→b．国際連合加盟の承認（1956年）の順である。

問8．⑤正解。グラフは1米ドル＝308円の固定相場制の復活（スミソニアン体制）のころから10年間の為替相場の変動を示す。③から④の前にかけて円高（ドル安）に向かったのは第1次石油危機を乗り越えて日本の国際収支が黒字になったからである。しかし，1979年に大平正芳内閣が第2次石油危機に直面し日本の国際収支が悪化すると④のころには円安（ドル高）に向かっていた。その円安が進んでいく1980年に衆参同時選挙で自民党が大勝して鈴木善幸内閣が成立すると，それへの期待がやや円高をもたらしたが，その後は為替の乱高下がおこる。グラフには示されていないが1985年のプラザ合意から円高に向かうことを押さえておきたい。

問9．①誤文。金融機関が大量に不良資産を抱え込み，大手金融機関の経営破綻があいついだのは，バブル経済が崩壊した1990年代である。

世界史

Ⅰ　解答

問1．④　問2．③　問3．⑥　問4．②　問5．②
問6．①　問7．③　問8．②　問9．⑤　問10．⑥

解説

《古代から現代までの図版》

Aはロゼッタ＝ストーン，Bはピサ大聖堂，Cはタージ＝マハル，DはT型フォード車，Eは1945年に行われたヤルタ会談の様子である。

問1．①誤文。ロゼッタ＝ストーンは前2世紀初めにつくられたプトレマイオス朝の碑文。

②誤文。ロゼッタ＝ストーンを発見したのはフランス軍。

③誤文。ロゼッタ＝ストーンの下段はギリシア文字で書かれている。

⑤誤文。同害復讐法はハンムラビ法典の特徴。

問4．①誤り。エラスムスはネーデルラント出身。

③誤り。ブルネレスキはフィレンツェのサンタ＝マリア聖堂の丸屋根（ドーム）を設計した。

④誤り。「九十五カ条の論題」はヴィッテンベルク城の教会に提示された。

⑤誤り。「最後の審判」があるのはヴァチカンのシスティナ礼拝堂。

問5．①誤り。タージ＝マハルを建立したのはムガル帝国の第5代シャー＝ジャハーン。

③誤り。ジズヤが復活したのは第6代アウラングゼーブの治世。

④誤り。シヴァージーがマラーター王国を建てたのはアウラングゼーブの治世。

⑤誤り。タージ＝マハルはガンジス川支流ヤムナー川に位置するアグラに建立された。

問7．①誤文。ガソリンエンジンを発明したのはダイムラー。

②誤文。T型フォードは「組み立てライン」方式による流れ作業によって大量生産された。

④誤文。やや難。T型フォードが発売されたのは1908年。

⑤誤文。やや難。フォードはアイルランド系移民。

問8． ①誤文。イタリアの降伏はヤルタ会談前の1943年。

③誤文。大西洋憲章の発表は1941年。

④誤文。ドイツの管理問題や日本の降伏条件について協議したのはポツダム会談。

⑤誤文。ヤルタ会談はドイツの降伏前に開催された。

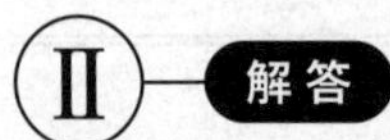

問1． ①　**問2．** ①　**問3．** ④　**問4．** ②　**問5．** ③
問6． ④　**問7．** ③　**問8．** ①　**問9．** ④　**問10．** ④

解説

《古代ギリシア史》

問1． ②誤文。ミラノ勅令の発布は313年，コンスタンティノープルへの遷都は330年。

③誤文。『ローマ法大全』を編纂させたのはユスティニアヌス帝。

④誤文。トラヤヌス帝の時代にローマ帝国は最大領土となった。

⑤誤文。ユリアヌス帝はキリスト教の優遇を廃止し，「背教者」と呼ばれた。

問4． ①誤文。クフ王は古王国時代の国王。

③誤文。新王国時代は前16～前11世紀。バビロン捕囚がおこったのは前586年。

④誤文。ヒクソスが侵入したのは中王国時代末期。

⑤誤文。やや難。エジプトは鉄資源が不足していた。

問5． ア．誤文。線文字Bはミケーネ文明で使用されていた文字。

問6． ①誤文。軽装歩兵ではなく重装歩兵。

②誤文。マリウスは古代ローマの軍人・政治家。

③誤文。重装歩兵密集隊（ファランクス）戦法が主流となり，重装騎兵の一騎討ちなどは廃れた。

⑤誤文。重装歩兵の兵士は武器を自分で用意しなくてはならなかった。

問7． ア．誤文。僭主政はギリシア各地に出現した。

問8． ②誤文。スパルタの制度の説明。

③誤文。財産政治を行ったのはソロン。

④誤文。ローマの十二表法の説明。

⑤誤文。ローマのグラックス兄弟による改革の内容。

問9. ①誤文。パンテオンではなくパルテノン神殿。パンテオンはローマの種々の神をまつった万神殿。

②誤文。アテネが結成したのはデロス同盟。

③誤文。サラミスの戦いがおこったのはペルシア戦争中の前480年で，ペリクレス時代以前のこと。

⑤誤文。ペリクレスはペロポネソス戦争中に病死した。

問10. ア．誤文。マケドニアはポリスではなく王国を形成した。

イ．誤文。カイロネイアの戦いでは，アテネ・テーベ連合軍に勝利した。

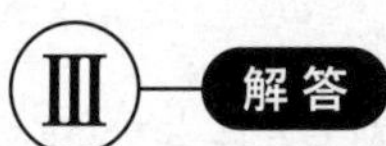

問1. ⑤　**問2.** ③　**問3.** ①　**問4.** ②　**問5.** ⑤
問6. ④　**問7.** ③　**問8.** ①　**問9.** ⑤　**問10.** ①

解説

《神聖ローマ帝国，環太平洋革命，ドイツの統一》

問2. ア．誤文。ロンバルディア同盟に関する問題で，この同盟は北イタリア諸都市が結成した。

問4. ①誤文。権利の宣言は議会が決議したもので，王が発したものではない。

③誤文。人身保護法の制定は名誉革命以前の1679年。

④誤文。グレートブリテン王国はイングランドとスコットランドが合併して成立した。

⑤誤文。名誉革命時，フランスはルイ14世の親政時期で，マザランは1661年に死去している。

問6. ①誤文。イギリスは，インドであらたにザミンダーリー制やライヤットワーリー制を廃止したのではなく導入した。

②誤文。七年戦争後に結ばれたパリ条約で，戦争に勝利したイギリスはカナダを獲得した。

③誤文。七年戦争がおこったのは1756年だが，インド大反乱がおこったのは1857年。

⑤誤文。七年戦争では，フランスはオーストリア側を支援した。

問7. ①誤文。1791年憲法では立憲君主政を定めており，共和政への移行は図られていない。

②誤文。ダントンとエベールは，テルミドール9日のクーデタ以前に処刑

されている。
④誤文。キュロットは貴族らがはいていた半ズボンのこと。サン＝キュロットとはキュロットなし，の意味で長ズボンをはいた都市民衆を指すものである。
⑤誤文。人権宣言では女性の権利については触れられていないことに対し，オランプ＝ド＝グージュは『女性の権利宣言』を刊行して女性と男性の権利は平等であると主張した。
問10. ②誤文。三国同盟はドイツ・オーストリア・イタリアで結成された。
③誤文。再保障条約はドイツとロシアで結ばれた。
④誤文。ユダヤ系軍人として冤罪をうけたのはドレフュス。
⑤誤文。イタリアはチュニジアをめぐってフランスと敵対したことから，ドイツに接近して三国同盟に加盟した。

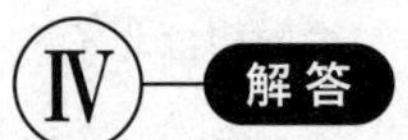

問1. ⑤ **問2.** ① **問3.** ③ **問4.** ④ **問5.** ①
問6. ③ **問7.** ② **問8.** ④ **問9.** ③ **問10.** ⑤

解説

《中国の官僚制，アフガニスタンの歴史》

問3. ①誤文。越南国ではなく南越。
②誤文。鄭玄ではなく董仲舒。
④誤文。党錮の禁は後漢でおこった宦官による儒学派官僚の弾圧事件。
⑤誤文。「漢委奴国王印」が刻まれた金印は，後漢の光武帝が授けた。
問6. ①誤文。アレクサンドロスはインダス川流域に入った。
②誤文。エフタルはササン朝と突厥に挟撃されて滅亡した。
④誤文。奴隷王朝ではなくロディー朝を打倒した。
⑤誤文。パルティアはセレウコス朝から自立した。
問7. イ．誤文。日本の韓国併合は日露戦争後の1910年。
問8. ①誤文。ガポンが指導する民衆のデモに対して，軍が発砲した。
②誤文。ストルイピンはミールを解体した。
③誤文。十月宣言を発したのはニコライ2世。
⑤誤文。レーニンが帰国したのは三月革命（ロシア二月革命）後の1917年。
問9. ア．誤文。イラン・アフガニスタン・チベットの勢力範囲などを取

り決めた。

問10. ⑤誤文。米軍のイラク攻撃はアメリカ合衆国・イギリス軍によって行われた。

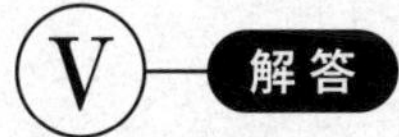

問1．④　問2．①　問3．①　問4．⑤　問5．⑤
問6．⑥　問7．③　問8．⑤　問9．④　問10．⑤

解説

《20 世紀の歴史》

問10. ⑤誤り。ジュネーヴ4巨頭会談が行われたのはフルシチョフの時代。

数学

1 解答

[1]ア. 7 **イ.** 3 **ウエ.** 43 **オ.** 3
[2]カ. 5
[3]キク. 10 **ケコ.** −9
[4]サ. 1 **シ.** 3 **ス.** 5 **セソタ.** −52
[5]チツ. −1 **テ.** 2 **ト.** 5 **ナ.** 6

解説

《小問5問》

[1] $3x^2-x-14=0$

$(3x-7)(x+2)=0$

$\therefore\ x=-2,\ \dfrac{7}{3}$ →ア，イ

$3x^2-2x-14=0$

$$\therefore\ x=\frac{1\pm\sqrt{1+3\cdot 14}}{3}$$

$$=\frac{1\pm\sqrt{43}}{3}$$ →ウ～オ

[2] $k,\ l$ を整数とすると

$a=9k+2$

$b=9l+7$

と表せる。

$ab=(9k+2)(9l+7)$

$=9(9kl+7k+2l+1)+5$

$9kl+7k+2l+1$ は整数であるから，ab を 9 で割った余りは 5 である。

→カ

[3] t を実数の定数とすると，$\overrightarrow{\mathrm{OP}}=\overrightarrow{\mathrm{OA}}+t\overrightarrow{\mathrm{AB}}$ より

$$\begin{pmatrix} x \\ y \\ 1 \end{pmatrix}=\begin{pmatrix} 2 \\ 5 \\ 5 \end{pmatrix}+t\left\{\begin{pmatrix} 6 \\ -2 \\ 3 \end{pmatrix}-\begin{pmatrix} 2 \\ 5 \\ 5 \end{pmatrix}\right\}$$

$$=\begin{pmatrix} 4t+2 \\ -7t+5 \\ -2t+5 \end{pmatrix}$$

$t=2,\ x=10,\ y=-9$　→キ～コ

[4]　$f'(x)=3x^2-16x+5$

$=(3x-1)(x-5)$

$f'(x)=0$ のとき $x=\frac{1}{3}$, 5 であり，右の増減表を得る。

x	$\cdots$	$\frac{1}{3}$	$\cdots$	5	$\cdots$
$f'(x)$	+	0	−	0	+
$f(x)$	↗	極大	↘	極小	↗

よって，$f(x)$ は $x=\frac{1}{3}$ で極大値，$x=5$ で極小値をとる。　→サ～ス

また

$f(0)=-2,\ f(5)=-52$

であるから，$x\geqq 0$ において最小値 -52 をとる。　→セ～タ

[5]　$|x+1|+|2x-1|=\begin{cases} -3x & (x<-1) \\ -x+2 & \left(-1\leqq x<\frac{1}{2}\right) \\ 3x & \left(x\geqq\frac{1}{2}\right) \end{cases}$

$-3x=\frac{5}{2}$　　$x=-\frac{5}{6}>-1$ より，不適。

$-x+2=\frac{5}{2}$　　$x=-\frac{1}{2}$　　これは $-1\leqq x<\frac{1}{2}$ を満たす。

$3x=\frac{5}{2}$　　$x=\frac{5}{6}$　　これは $x\geqq\frac{1}{2}$ を満たす。

以上から

$x=-\frac{1}{2},\ \frac{5}{6}$　→テ～ナ

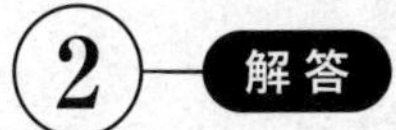

(1)ア.　2

(2)イ.　2　**ウ.**　4　**エオ.**　12　**カ.**　4　**キ.**　2
ク.　0

(3)**ケコ.** -2　**サ.** 6　**シス.** -1　**セ.** 3

解説

《因数分解，4次方程式》

(1)　$x^4+6x^3+10x^2+kx-8=(x^2+ax+4)(x^2+bx-c)$

定数項を比較して

$-4c=-8$

$\therefore\ c=2$　→ア

(2)　(1)の結果から

$$x^4+6x^3+10x^2+kx-8=(x^2+ax+4)(x^2+bx-2)$$
$$=x^4+(a+b)x^3+(ab+2)x^2+(4b-2a)x-8$$

係数を比較して

$$\begin{cases} a+b=6 & \cdots\cdots① \\ ab+2=10 & \cdots\cdots② \\ 4b-2a=k & \cdots\cdots③ \end{cases}$$

①，②から，a，b は

$t^2-6t+8=0$

の解であり

$t^2-6t+8=(t-4)(t-2)=0$

$\therefore\ (a,\ b)=(2,\ 4),\ (4,\ 2)$

③から

$(a,\ b,\ k)=(2,\ 4,\ 12),\ (4,\ 2,\ 0)$　→イ～ク

(3)　$(a,\ b)=(2,\ 4)$ のとき

$(x^2+2x+4)(x^2+4x-2)=0 \Longleftrightarrow \{(x+1)^2+3\}(x^2+4x-2)=0$

より，正の実数 x は　$x^2+4x-2=0$ の正の解であり

$x=-2+\sqrt{6}$　→ケ～サ

$(a,\ b)=(4,\ 2)$ のとき

$(x^2+4x+4)(x^2+2x-2)=0 \Longleftrightarrow (x+2)^2(x^2+2x-2)=0$

より，正の実数 x は　$x^2+2x-2=0$ の正の解であり

$x=-1+\sqrt{3}$　→シ～セ

3 **解答**　**(1)ア.** 6　**イ.** 1　**ウ.** 7　**エ.** 4　**オカ.** −1　**キ.** 3

(2)ク. 2　**ケ.** 3　**コ.** 3　**サ.** 2　**シ.** 4　**スセ.** −1　**ソタ.** −1　**チ.** 4

(3)ツテ. 14　**ト.** 5　**ナ.** 7　**ニ.** 5　**ヌネ.** 49　**ノ.** 5

解説

《領域と最大・最小》

$$\begin{cases} x+2y\leqq 8 \\ 2x+y\geqq 7 \\ x-y\leqq 5 \end{cases} \quad \therefore \quad \begin{cases} y\leqq -\dfrac{1}{2}x+4 \\ y\geqq -2x+7 \\ y\geqq x-5 \end{cases}$$

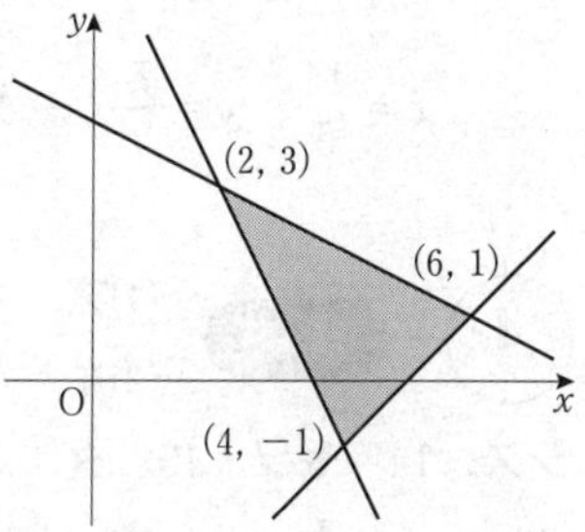

(2, 3)
(6, 1)
O
(4, −1)

連立不等式の表す領域は右図の網かけ部分となる。ただし，境界を含む。

(1)　$x+y=k$ とおくと

$y=-x+k$

傾きが −1 の直線を表し，領域と共有点をもつとき

$(x,\ y)=(6,\ 1)$ で k は最大となり　　$k=7$　→ア～ウ

$(x,\ y)=(4,\ -1)$ で k は最小となり　　$k=3$　→エ～キ

(2)　$\dfrac{y}{x}=m$ とおくと

$y=mx$

傾きが m，原点を通る直線を表し，領域と共有点をもつとき

$(x,\ y)=(2,\ 3)$ で m は最大となり　　$m=\dfrac{3}{2}$　→ク～サ

$(x,\ y)=(4,\ -1)$ で m は最小となり　　$m=-\dfrac{1}{4}$　→シ～チ

(3)　$x^2+y^2=r^2$ とおくと，原点を中心とする，半径 r の円周を表し，領域と共有点をもつとき，円が直線 $2x+y-7=0$ と接する場合に r は最小値をとる。

2つの方程式から，y を消去すると

$x^2+(-2x+7)^2=r^2$

$5x^2-28x+49-r^2=0$　……①

この方程式の判別式を D とすると

$$\frac{D}{4}=14^2-5(49-r^2)=0$$

$$r^2=\frac{49}{5}\quad \to ヌ\sim ノ$$

このとき①は

$$25x^2-5\cdot 28x+4\cdot 49=0$$

$$(5x-14)^2=0$$

$$x=\frac{14}{5},\ y=\frac{7}{5}\quad \to ツ\sim ニ$$

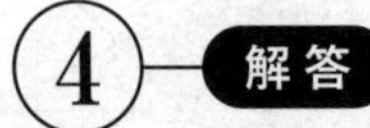

(1)ア. 4　**イ.** 5　**ウエ.** 16　**オカ.** 28
(2)キ. 1　**ク.** 2　**ケ.** 1　**コ.** 2　**サ.** 1　**シス.** 14　**セソ.** 15　**タ.** 3　**チツ.** 14
(3)テ. 1　**ト.** 2　**ナ.** 3　**ニ.** 4　**ヌネノ.** 743　**ハヒ.** 14

解説

《群数列，数列の和》

(1)　第 k 群の末項までの項数は

$$1+2+3+\cdots+k=\frac{k(k+1)}{2}$$

であり，a_{14} が第 k 群にあるとき

$$\frac{(k-1)k}{2}<14\leqq\frac{k(k+1)}{2}$$

$$(k-1)k<28\leqq k(k+1)$$

ここで，$4\cdot 5=20$，$5\cdot 6=30$ であり，第 4 群の末項は第 10 項であるから，a_{14} は第 5 群の 4 番目の項である。よって

$$a_{14}=\frac{4}{5}\quad \to ア，イ$$

第 5 群の末項は

$$\frac{5\cdot 6}{2}=15$$

から，第 15 項であり，第 6 群の初項は第 16 項である。 →ウエ

第 7 群の末項は

$$\frac{7\cdot 8}{2}=28$$

から，第 28 項である。 →オカ

(2)　第 $m-1$ 群の末項は

$$\frac{(m-1)m}{2}=\frac{1}{2}m^2-\frac{1}{2}m$$

から，$\{a_n\}$ の第 $\frac{1}{2}m^2-\frac{1}{2}m$ 項であり

$$b_m=\frac{1}{2}m^2-\frac{1}{2}m+1 \quad \rightarrow キ〜サ$$

$$b_{14}=\frac{1}{2}\cdot 14\cdot 13+1=92 \quad \rightarrow シス$$

$$b_{15}=\frac{1}{2}\cdot 15\cdot 14+1=106 \quad \rightarrow セソ$$

よって，a_{94} は第 14 群の 3 番目の項であり

$$a_{94}=\frac{3}{14} \quad \rightarrow タ〜ツ$$

(3)

$$\begin{aligned} C_m&=\frac{1}{m}+\frac{2}{m}+\cdots+\frac{m}{m}\\ &=\frac{1}{m}\cdot\frac{m(m+1)}{2}\\ &=\frac{m+1}{2} \quad \rightarrow テ,\ ト \end{aligned}$$

$$\begin{aligned} S_m&=\sum_{k=1}^{m}C_k\\ &=\sum_{k=1}^{m}\frac{k+1}{2}\\ &=\frac{1}{2}\cdot\frac{2+(m+1)}{2}\cdot m\\ &=\frac{m(m+3)}{4} \quad \rightarrow ナ,\ ニ \end{aligned}$$

よって

$$\begin{aligned} a_1+a_2+\cdots+a_{96}&=\sum_{m=1}^{13}S_m+\frac{1}{14}+\frac{2}{14}+\frac{3}{14}+\frac{4}{14}+\frac{5}{14}\\ &=\frac{13\cdot 16}{4}+\frac{1}{14}\cdot\frac{5\cdot 6}{2} \end{aligned}$$

$$=\frac{743}{14}$$ →ヌ～ヒ

5 **解答** **[1]ア.** 3 **イウ.** 10 **エ.** 1 **オカ.** 15 **キ.** 7 **クケ.** 30 **コ.** 3 **サシ.** 10 **ス**―②

[2]セ. 5 **ソタ.** 16 **チ.** 3 **ツ.** 8 **テ.** 5 **トナ.** 16

解説

《くじ引きの確率，条件付き確率》

[1]　A さんがあたりを引く確率は

$$\frac{3}{10}$$ →ア～ウ

A さんがあたりを引き，B さんもあたりを引く確率は

$$\frac{3}{10}\times\frac{2}{9}=\frac{1}{15}$$ →エ～カ

A さんがはずれを引き，B さんがあたりを引く確率は

$$\frac{7}{10}\times\frac{3}{9}=\frac{7}{30}$$ →キ～ケ

よって，B さんがあたりを引く確率は

$$\frac{1}{15}+\frac{7}{30}=\frac{3}{10}$$ →コ～シ

したがって，A さんも B さんもあたりを引く確率は同じである。 →ス

[2]　A 校の合格者は

$$500\times\frac{2}{100}=10\text{ 人}$$

B 校の合格者は

$$300\times\frac{4}{100}=12\text{ 人}$$

C 校の合格者は

$$200\times\frac{5}{100}=10\text{ 人}$$

であるから，合格者の 1 名が

A 校の生徒である確率は

$$\frac{10}{10+12+10}=\frac{5}{16}$$ →セ～タ

B 校の生徒である確率は

$$\frac{12}{10+12+10}=\frac{3}{8}\quad \to チ，ツ$$

C 校の生徒である確率は

$$\frac{10}{10+12+10}=\frac{5}{16}\quad \to テ〜ナ$$

6 解答

(1)アイ． 38

(2)ウエ． 24　**オカ．** 62

(3)キ—③

(4)クケ． 12　**コ．** 7

(5)サ—⓪

解説

《中央値，四分位範囲，範囲，相関係数》

(1)　小さい方から 24 番目の値は中央値であり，38 である。 →アイ

(2)　四分位範囲は

$53.6-29.6=24$　→ウエ

範囲は

$82.9-20.9=62$　→オカ

(3)　⓪・①Ⓓと Ⓔの区間と Ⓐと Ⓑの区間の値の個数は等しい。

②中央値より大きい値の個数と，小さい値の個数は等しい。

③最大値は中央値よりも極端に大きく，平均値（＋）が中央値（Ⓒ）よりも大きい。これは正しい。 →キ

④第 2 四分位数（中央値）は小さい方から 24 番目の 1 つの値である。

(4)　$r=\dfrac{S_{XY}}{S_X S_Y}$ であり

$$S_X=\frac{S_{XY}}{rS_Y}$$
$$=\frac{-22.8}{-0.05\times 36.0}$$
$$=12.66\cdots$$
$$\fallingdotseq 12.7\quad \to ク〜コ$$

(5)　黒丸のデータはいずれも X と Y の偏差の積が正である。

よって黒丸のデータを除外したとき，共分散の値は元の値より減ると考えられるので

$r < -0.05$　(⓪)　→サ

うに、まずは自ら行動することを勧めている。

5は最終から二段落目に「自分でその仕事を引き受けて、試しにやってみるのがよい」とあり、最終段落に「自分をその働きの立場において、そこで（自分の独善ぶりを）反省してみなければいけない」とあることに合致する。

6は「自然の中に身を置いて生活する」が本文にはない内容。

7は「他人と自分とを比較する基準を誤っている…それで人に嫌われる」（傍線(f)の段落）とあるのに合致する。

よって正解は、2・4・6。

よって正解は8。

問4　問題文は三つの大段落から成っており、最初の大段落の最終文で「『心』と『働き』という二語を使って、それが…バランスを取ることによって、どのように人間にメリットをもたらすか、…バランスを失うことによってどんな弊害があるか…論じてみる」として、この三つ目の「働きがともなわない弊害」の大段落に至っている。そして空欄ウに続いて「働きのレベルは一なのに、心のレベルは十のままで…」とあり、これは「働き」と「心」がバランスを失っている現状をいっている。このような現状にある人もともかく働いてみたなら、「働き（のレベル）」はどんどん向上してバランスを失った状態は解消されるだろう、というのが空欄ウの文の意味である。よって心と働きの「バランス」を表現した4が正解。

問5　『学問のすすめ』の文学史的な価値を問うている。1について、『学問のすすめ』は、エリートに対して高等な学問を奨励するものではなく、一般庶民に職業人としてのあり方を説いたものである。また、現代においても翻訳されるほどに不朽の価値を持ったものである。よって適切な説明。2は「武士道精神に関する…解説書」が、3は「勉学を…始めようとする学生」に「専門的な学問の始め方についての指南書」が不適切。4は「美辞麗句を駆使した華やかでやや難解な…」は平易な言葉で読者に語りかける本文の文体に合わない。5の「天は…」のフレーズは人口に膾炙した一節。また、当時の大ベストセラーであったことも事実。よって正解は1と5。

問6　1は大段落一の五段落目「功を評価して志を評価しない」の内容に合致する。
2は「あれこれ比べて自分の就く仕事を選ぶべきではない」が合致しない。本文の「働きの大小軽重をわきまえて…重大を取ったものである。よいことだ」（大段落二の二段落目）という考えの逆になっている。
3は「これらの人（＝自分の働きが認められないと不満を持つ人）…働きのあるところにしたがって勤めさせたら、…喜びを覚えて、事業は次第に進歩し…」（空欄ウを含む段落）の内容に合致する。
4は「問題点を周りと共有して」が合致しない。本文では「働きのあるところにしたがって勤めさせ」るといったふ

問1 (a)―5　(b)―5　(c)―3　(d)―4　(e)―1　(f)―2
問2　4
問3　8
問4　4
問5　1・5（順不同）
問6　2・4・6（順不同）

解説

問2　空欄アの直前に「いずれも」とあることから、さらにその前の「実際の…ならない」という発言と「あいつの言うことは…人物だ」という発言に共通する要素を答えることになる。また後者には「これを軽蔑すること」だとの説明があり、「これ」の指示する内容は「言行に齟齬がある」ことである。すると、二つの発言に共通するのは「言行に齟齬がある」ことに対する軽蔑（≠批判）ということになり、4が正解。

問3　傍線(イ)に続いて「この時と場所柄をわきまえて、その規則にしたがうのが…心のカシコさ」だとある。あ、文化祭の準備という「働き」を、「お昼休みと放課後」という授業時間外の「時」に配慮して行っており、適切である。

い、スピーチで「今後直してほしいところを細かく申し述べ」るという「働き」は、お祝いの場である「結婚式」という「時と場所とをわきまえ」ていない。

う、SNSでの発信という「働き」の「時と場所」については、降車前の「車内から」であっても、通話と違って音を発するわけではないのだから、発信自体は問題はないし、発信の内容についても、たとえば他の乗客が映り込んでいる写真を添える、同じ車内にいる人物の名前を書くなど、他者のプライバシーを侵害する内容であれば問題があるが、乗り心地の良さを文章で伝えるだけならば何の問題もない。

問21 文章Cは「インターネット」が「破壊的イノベーションのひとつである」（文章C第一段落）ことの説明であり、「持続的イノベーション」である〝電話通信網（の整備）〟と対比されている。「インターネット」が「従来の『通信』というフレームの外側で起こった革命だった」（文章C最終段落）ことを象徴する言葉が「インターネットは通信ではない」である。これを表題にし、「通信」から「インターネット」へのフレームの転換を図式化した、5が正解。1は表題の「社会を劣化させる」が誤り。2は「電話通信」についての図式であろうが、循環型になっている点が誤り。3は対置・別個のはずの通信とインターネットが包含関係で示されている。4は「物理的なネットワーク」の方が「機材・ソフトウェア」より信頼度もコストも高いはずで誤り。

問22 「アキレス腱」は〝強者が持っている弱点〟を比喩的にいうことば。〝弁慶（＝強者）の持つ泣き所（＝弱点）〟の意の4が正解。1は〝ささいなことが大きなことに影響を与えることがある〟というたとえ。2はソロモンに授けられた、魔人を支配する指輪。3は〝人生には禍福が交互に訪れる〟という意。5は〝その道の達人もたまには失敗することがある〟という意のことわざ。

問23 文章Dは「ソニーは…イノベーターだったのだ」（文章D第一段落）、「日本製品は破壊的イノベーションだった」（文章D第二段落）とあるように、日本がかつて破壊的イノベーションの担い手だったことを述べている。また、それを可能にしたのは「製造業の主力が…知識集約型の耐久消費財に移った時期に…適合した」（文章D第四段落）からだといっている。この二点を踏まえた1が正解。2の「どっちつかずの形態」はアメリカの取った「垂直統合型の巨大企業」に合わない。3は「当初から意図した通り」が、4は「セクショナリズムが有効に機能する」が、5は「雇用問題」に関して「日米両国で時を同じくして深刻化」が、それぞれ本文に合わない。

出典　福澤諭吉著、齋藤孝訳『現代語訳　学問のすすめ』〈第十六編　正しい実行力をつける〉（ちくま新書）

問16　傍線(タ)直前から「ヒューリスティックス」とは「システム1で行われる直観的な情報処理」を指すことがわかる。問14の分類を参考にすれば、5の「…あらゆる面からじっくり考える」が論理的に施行するシステム2に相当し、正解となる。他の選択肢はいずれも直観的な連想、すなわちシステム1による行動である。

問17　システム1（無意識）→システム2（意識）へと向かう通常の認識・行動過程が、逆にシステム2→システム1となったもの。本文では自転車の例で示されている。2の「御手本を見ながら…反復練習」は意識的な行動、「何も考えなくても…踊れる」は無意識の行動であり、これが正解。1の「…を見て、自ずと購買意欲が高まった」はシステム1だけによる認知。3・4・5のいずれもシステム2に相当するものがない、システム1だけによる認知である。

問18　傍線(ツ)に続いて「これはもちろん誤りだが、直観的にはシステム1は…と（誤って）分解して…システム2がチェックしないで答えてしまう」とある。また、このような誤りが起こる原因について「（システム1は）保守的で現状を維持するバイアスが強」（文章B最終段落）いからだとしている。システム2によって論理的に考えれば誤るはずはないのに、システム1のバイアスが強いために直観的に誤りを犯してしまうことが多い例として挙げたのが「プリンストン大学の学生」の例である。よって正解は4。

問19　文章Aでは「破壊的イノベーションによる失敗が繰り返される原因は、カーネマンの2段階モデルで説明できる」（傍線部(サ)）としている。文章Bでは「カーネマンは、…2段階のモデルで考えた」（文章B第一段落）から始めて「2段階のモデル」の内容を具体的に詳しく説明している。つまり文章Aで挙げられた概念について文章Bで詳述しているのである。よって正解は5。1は「具体的な事例」が誤り。「具体的な説明」である。

問20　傍線(テ)はインターネットについて述べられている。同段落にあるように、「途中でデータが欠けたり…日常茶飯事で「最初からエラーが出ることを見込んで」いる。また、二段落後に「インターネットは…だれも責任をもたない」とあることが、4の後半「利用者側には品質の保証がなされない」に相当する。さらに、傍線(テ)「ベスト・エフォート」すなわち〝可能な限りの努力をする〟という意が4の前半に当てはまり、正解となる。

にかかる形容句となり、さらにその「原因は」が、述語である「説明できる」にかかっていることから、3の複文が正解。

問12 傍線(シ)の「集団の同質性が強ければ強いほど」は2の「集団構成員の…考えかたが似通っているほど」に、「自分だけ違うフレームを持つことは困難」は2「既存のフレームを修正するのは困難」に相当するため、2が正解となる。3は「フレームへの執着」が「モチベーションの源泉となり得る」としている点で誤り。「フレームへの執着」はイノベーションを妨げるのである。

問13 「破壊的イノベーション」（日本の小型オートバイ）に対する既存のフレームを維持する側（アメリカのオートバイメーカー）からの「嘲笑」。傍線(ク)を含む段落に「新たに登場する破壊的イノベーション」は「単価が安く、技術的にも劣ったものだ」とある。これが既存のフレームのもとで高品質・高価格を求め続けるアメリカ側からの「嘲笑」の理由ということになる。よって正解は2。他はいずれも「嘲笑」に当たらない。

問14 まず、本文におけるシステム1・システム2についての説明を対比的に整理する。システム1：直観的、連想、自動的、情報選択、学習は遅い。システム2：論理的、推論、柔軟、ルールによって思考、といった具合である。また、「まずシステム1で…情報を選び、その中でシステム2によって推論する」（文章B第一段落）という段階を追った表現から、システム1と2は人間の認識・行動に関する「順序・課程」を説明したものだとわかる。よって正解は3。2は「プロセス」は正しいが「（利己主義）」などの分類が間違い。

問15 「環世界」の「環」は〝まわり、取り巻く〟の意。傍線(ソ)「このような」は、この段落冒頭からの「（生物の）感覚器官の出力は遺伝的に限定されており…においに反応する」を示しており、傍線(ソ)の「『環世界』は動物によってまったく違う」とは、感覚器官によって認知される生物を取り巻く世界はそれぞれに異なることを意味している。よって、この「感覚器官によって認知される生物を取り巻く世界」を「独自の空間として認識、知覚し、主体的に構築している世界」と述べた2が正解。1は「第三者が観察して」が誤り。

落）とし、さらには、「プラットフォーム競争に気づくのはむずかしい」（傍線(コ)の段落）ともいっている。つまり、この状況がやむを得ないことである、という認識である。よって、この状況を一般的でよくあることだとした3が正解。

問8 直接的には「その原因は、新たに登場する破壊的イノベーションが単価が安く、技術的にも劣ったものだからである」（傍線(ク)の段落）と示されているが、問題となっているのは、なぜこのように判断するのかその根本原因である。「すぐれた…企業ほど…落とし穴に落ちやすい」（同じ段落）からだともいっており、後には「失敗が繰り返される原因は、カーネマンの2段階モデルで説明できる」（傍線(サ)）とある。そのカーネマンのモデルを説明した文章Bでは「こういう（＝保守的で現状を維持する）バイアスはイノベーションを阻害する傾向が強い」（文章B最終段落）としている。つまり、破壊的イノベーションを阻害する根本原因は、現状を肯定し、改革を嫌うような保守的なバイアスが働くからということになる。これらについて述べている3が正解。

問9 傍線(ケ)に続いて「高品質・高価格の製品は開発意欲をかきたて、…低品質・低価格の技術を提案する技術者は少ない」とある。いったん高品質・高価格で成功を収めると、低品質・低価格のものに目を向けようとしなくなる（＝バイアスがかかる）というのである。このことを「あえて水準を落とすことは…考えない傾向がある」とした3が正解。

問10 「アーキテクチャ」は建築物や構造のこと。傍線(コ)前後の「破壊的イノベーションは、企業と顧客からなる…を破壊し」という文章に着目し、ここから語意を推定する。「破壊的イノベーション」が「破壊」するとは、「フレーミングを変えて新しい市場を発見する」（文章Ａ第二段落）ことである。よって「アーキテクチャ」とは「フレーミング」に関連する語句だと推定できる。枠組み全体の構造の意だとした1が正解。

問11 文を構造で分類した場合、「述語が一つだけ」のものを単文、「述語が二つ以上で並列の関係になっている」ものを重文、「一つの単文の中に単文が入っている」ものを複文と呼ぶ。また、平叙文・感動文・疑問文・命令文は文の働きに応じた分類である。「文の構造」についての説明であり、「失敗が」（主語）「繰り返される」（述語）が「原因」

問2 「丸投げ」は〝自分の仕事をすっかり相手に任せてしまうこと〟の意。ここでは「企業」側が（何もしないで）、「技術陣」に技術開発を任せてしまうことをいう。よって正解は1。

問3 傍線(ウ)に続く文章A第二段落に「破壊するというよりは、新しい技術によって古い技術が結果的に陳腐化すること」、「持続的イノベーションを破壊するのではなく、フレーミングを変えて新しい市場を発見するのだ」とある。つまり「破壊的イノベーション」とは、「破壊」ではなく新しい「フレーミング（＝枠組み・パラダイム）」を創造することだと言っているので、「枠組みを一変させる」とした2が正解。1や3は「持続的イノベーション」の説明。

問4 「陳腐化」は〝古びてありきたりのものになってしまうこと〟の意。本文は技術革新やイノベーションについて述べており、市場の意識や製品の価値が時代の変化にともなって失われてしまう、という内容を持つ必要がある。5の「周囲と…調和できず」には「時代の変化」の要素がなく、「物理的に腐敗しはじめる」も価値ではなく物質自体が劣化することなので適切ではない。よって正解は5。

問5 傍線(オ)の直前に「既存の技術を改良する」との形容句がある。破壊的イノベーションではなく、技術改良を重ねることによってそれまでの枠組みの中で生き延びようとする動きである。1の「改良し…」、2の「継続的に見直し…」、3の「変更を施し…」、5の「変更し…」は、いずれも現行の技術（＝フレーミング）を改善・改良（し持続）するといった内容で「持続的イノベーション」といえる。これらに対し4は「新規参入」したことをいっている。よって正解は4。

問6 「新」は〝新しい〟、「陳」は〝古い〟、「代」は〝かわる〟、「謝」は〝衰える〟の意。「新陳代謝」で〝新しいものと古いものとが入れかわる〟ことをいう四字熟語。

問7 この具体例を引用するにあたっては、「この業界が、企業の新陳代謝が激しいことで有名だったからだ」（文章A第三段落）といっており、傍線(キ)のような状況はありふれたことだ、というのが筆者の認識である。また、筆者はこの状況が続いたことに対して「経営者が怠慢だったからでもなければ、技術が劣っていたからでもない」（傍線(ク)の段

問8　3
問9　3
問10　1
問11　3
問12　2
問13　2
問14　3
問15　2
問16　5
問17　2
問18　4
問19　5
問20　4
問21　5
問22　4
問23　1

解説

問1　「必要条件ではない」とは〝必ずしも必要ではない〟の意。「が、その大きな要因である」とは〝しかし、その（＝イノベーションを生む）大きなきっかけとなる場合がある〟という意。前者を「かならずしも前提条件とはならない」、後者を「イノベーションを引き起こすことも多く観察される」と言い換えた2が正解。

いる点が合致しない。いずれも本文にはない内容。
4は「意味ごとに…単語を多く生み出す」が、文章Cの「複数の関連する意味を持つ語が大量に存在する」（第三段落）という「（言語の）多義性」に反する。
5は文章Dの「『カチカチ』と『硬い』は意味の派生パターンを一部共有している」（第一段落）に合致する。
6の「その意味は時代にかかわらず同じである」は、文章Eの「時代の変化に伴う意味の変容はオノマトペにも見られる」（最終段落）に反する。
7は文章Eで「時代の変化に伴う意味の変容はオノマトペにも見られる」（最終段落）例を受けて「多義というよりも同音異義の例であろう」（最終段落）としていることに合致する。
8は「世代間のコミュニケーションを円滑にするために」が合致しない。文章Eに「メンバー同士の絆を深めるような側面」（第一段落）、「特定のグループの遊び的な使い方」（第四段落）とあることに反する。

Ⅱ

出典　池田信夫『イノベーションとは何か』〈第一章　イノベーションはどこから生まれるのか〉〈第二章　フレーミングの転換〉（東洋経済新報社）

解答

問1　2
問2　1
問3　2
問4　5
問5　4
問6　1
問7　3

問6 直前に「つまり」とあることから、傍線(エ)は、さらにその前の「興味深いことに…可能である」を要約・発展させた内容ということがわかる。この部分は、オノマトペ「カチカチ」の持つ「〈融通が利かない〉」「〈極度に緊張している〉」などの複数の意味を、一般語「硬い」（が持つ複数の意味）で置き換えることができることを言っている。例示の内容をおさえた2が正解。1は「いくつかの異なる単語を用いて」が誤り。〝ある語の複数の意味を用いて〟である。

問7 「体系性と生産性」「経済性」というそれぞれの語句がどの文章に表現されているかを見ればよい。文章Aは「この特徴を、『生産性』と呼ぶ」（第二段落）から始まり「生産的に新たな表現」（第四段落）で終わっている。文章Bでは「きわめて体系的」（第一段落）、「非常に生産的」（第一段落）などがあり、「体系性と生産性は顕著である」と締めくくられている。文章Cは「しばしば『経済性』と呼ばれる」（第二段落）、「経済性は言語のさまざまな…」（第三段落）と述べ、「このように、言語の経済性は…」（最終段落）とまとめている。文章Dは言語の「多義性」について述べているが、最終段落で「この特徴（＝言語の多義性）もまた…経済性に貢献している」とまとめている。以上より、文章A・Bは「体系性と生産性」、文章C・Dは「経済性」について述べていることがわかる。よって正解は3。

問8 傍線の前に「ことばの意味の派生には…存在する」と述べられている。さらにその前の「このように」が指す「なんなら」の例のように、「伝統的な『提案』の意味」と、そこから派生した「〈さらに言えば〉」や「〈下手をすると〉」といった若者言葉の意味とのつながり、というのが傍線でいう「つながり」の意味である。よって3が正解。

問9 1は文章Bの内容、特に「語形のアイコン性についても…オノマトペの体系性と生産性は顕著である」（最終段落）に合致する。

2はオノマトペが「言語にはある経済性に欠けている」とする点で合致しない。文章D最終行の「オノマトペはもとより言語一般の経済性に貢献している」に反する。

3はオノマトペの創出について「実際の音を忠実に写すことが優先される」や「清濁の対比…少数派である」として

問2　例えば「カチカチ」という「硬いものを叩く音」で緊張感や頭の硬さを表したり、「カサカサ」という音を用いて乾いた肌を表現したりすることについて、文中には「物音を表すオノマトペが、その音を出しそうな触覚的特徴をも表す」（文章Dの第二段落）とある。音を利用してことがらを象徴的に表現するのである。よって正解は1。なお「アイコン性」とは〝ことがらと別のことがらとを結びつける記号性、象徴性〟のこと。

問3　語形については、文章Bの第一段落「語形のアイコン性を思い出してみよう」以降に「重複形により出来事の反復や継続を表すもの」として述べられている。よって「様子を表すために…重複させる」とした5が相当する。音については、文章Bの第二段落「音のアイコン性も考えてみよう」以降に「語頭の清濁の音象徴が目立った体系性を見せる」「清濁の音象徴をうまく利用している」ものとして述べられている。よって、笑い声を「ケラケラ」「ゲラゲラ」と濁音の有無で区別する2が相当。

問4　文章Cでは「オノマトペ」については触れられず、「言語」一般の特色について述べている（次の文章Dで文章Cで述べたような言語の性質がオノマトペにも存在すると述べることで、オノマトペが言語であることを主張しようとしている）。文章Cの第二段落で「言語のこのような特徴は…『経済性』と呼ばれる」としており、以降「経済性」の一つとして「（言語の）多義性」について説明した後、文章C最終行で「このように、言語の経済性は…」とまとめている。よって「経済性」の語句を含む小見出しがふさわしい。

問5　「換喩（メトニミー）」については、傍線(ウ)の次の文に「ある概念（鍋）をヒントにそれと近い関係にある概念（鍋の中の料理）を表す」と定義されている。3の「一杯やる」は、本来〝杯〟とそれを〝行う〟の意だが、杯を用いて酒を飲むことから〝ちょっと酒を飲む〟意を表している。本文の「手をあげる」の例に相当する。4の「永田町」は、本来地名であるが国会の所在地であるという関係性から〝政治の世界〟の意を表している。なお、比喩関係が明らかに示されているものを「直喩（明喩）」と呼び、1の「うだるような暑さ」や6の「中世のような街並み」はその例である。

国語

Ⅰ

出典　今井むつみ・秋田喜美『言語の本質―ことばはどう生まれ、進化したか』〈第三章　オノマトペは言語か〉（中公新書）

解答

問1　3

問2　1

問3　語形：5　音：2

問4　3

問5　3・4（順不同）

問6　2

問7　3

問8　3

問9　1・5・7（順不同）

解説

問1　一般言語と「口笛、咳払い、泣き声」との相違・対比。後者について述べている空欄Xの後には、「生産的に新たな表現を作り出せるようにはできていない」とある。前者について述べた部分には「すでに知っている単語や単語形成の規則をもとに、新たな表現を生み出す」（第三段落）とある。よって「新たな表現を生み出す」には〝既知のことば（の体系）や規則〟が必要だということになる。これに関連した3が正解。

//////////////////// · memo · ////////////////////

//////////////////// · memo · ////////////////////

//////////////////// · memo · ////////////////////

////////////////////// · memo · //////////////////////

//////////////////// · memo · ////////////////////

2023年度

問題と解答

■3教科型学部個別入試（A方式）：経済学部

問題編

▶試験科目・配点

学科	教　科	科　目	配 点
経済数理	外国語・国　語	「コミュニケーション英語Ⅰ・Ⅱ・Ⅲ，英語表現Ⅰ・Ⅱ」，「国語総合（近代以降の文章），現代文B」	200点※
	数　学	数学Ⅰ・Ⅱ・A・B（数列，ベクトル）	200点
現代経済	外国語・国　語	「コミュニケーション英語Ⅰ・Ⅱ・Ⅲ，英語表現Ⅰ・Ⅱ」，「国語総合（近代以降の文章），現代文B」	200点※
	地歴・公民・数学	日本史B，世界史B，政治・経済，「数学Ⅰ・Ⅱ・A・B（数列，ベクトル）」のうちから1科目選択	100点

※外国語100点，国語100点。

▶備　考

数学Aの出題範囲は，全分野とする。

■英語・国語■

(90 分)

I 次の英文は遠藤周作による『沈黙』の英訳の一部である。1639年，キリスト教の布教のためにポルトガル人司祭は長崎の五島列島に渡った。しかし幕府により禁制とされていたキリスト教の布教を行った罪により長崎奉行所に捕らえられる。以下の文章を読み，各設問に答えなさい。

They pushed him into the little hut. Through those brushwood walls standing on the naked soil the white rays of sunlight penetrated like pieces of thread. Outside he could hear the muffled voices of the chattering guards. Where had they brought the Christians? They had simply vanished from sight and that was all. Sitting on the ground and clasping his knees he thought about Monica and her one-eyed companion. Then he thought about the village of Tomogi, about Omatsu and Ichizo and Mokichi. And his heart grew heavy. If (1), if (1) he had a moment for reflection he might at least have given those poor Christians a brief blessing. But he hadn't even thought of it. This was proof that he hadn't had a moment's respite. At least he should have asked them what date it was, what day of the month it was. But he had forgotten that too. Since coming to this country he seemed to have lost all sense of time — of months and days; so that now he could no longer reckon how many days had passed since Easter or what saint's feast was celebrated today.

Since he had no *1rosary he began to recite the Paters and Aves on the five fingers on his hand; but just as the water dribbles back down from the mouth of the man whose lips are locked by sickness, the prayer remained empty and hollow on his lips. Rather was he drawn by the voices of the guards outside the hut. What was so funny that they should keep raising their voices and laughing heartily? His thoughts turned to the fire-lit garden and the servants; 2<u>the figures of those men holding black flaming torches and utterly indifferent to the fate of one man.</u> These guards, too, were men; they were indifferent to the fate of others. This was the feeling that their laughing and talking stirred up in his heart. Sin, he reflected, is not what it is usually thought to be; it is not to steal and tell lies. Sin is for one man to walk brutally over the life of another and to be quite oblivious of the

出典追記：William Johnston 訳

wounds he has left behind. And then for the first time a real prayer rose up in his heart.

Suddenly a ray of bright light broke upon his closed eyelids. Someone was opening the door of the hut, quietly and stealthily, so as to make no noise. Next, tiny and menacing eyes were peering in at him. When the priest looked up [3]<u>the intruder</u> quickly tried to withdraw.

"He's quiet, isn't he?" Someone else was now speaking to the guard who had looked in; and now the door opened. A flood of light rushed into the room and there appeared the figure of a man, not the old samurai but another, without a sword.

"*[2]Señor, gracia," he said.

So he was speaking Portuguese. The pronunciation was strange and halting, but it was certainly Portuguese.

"Señor."

"*[3]Palazera â Dios nuestro Señor."

The sudden inrush of blinding light had made the priest somehow dizzy. He listened to the words — yes, there were mistakes here and there; but [4]<u>there was no doubt about the meaning.</u>

"Don't be surprised," went on the other in Portuguese. "In Nagasaki and Hirado there are a number of interpreters like myself. But I see that you, *[4]father, have quite a grasp of our language. Could you guess where I learnt my Portuguese?"

Without waiting for an answer, the man went on talking; and as he spoke he kept moving his fan just like the old samurai had done. "Thanks to you Portuguese fathers *[5]seminaries were built in Arima and Amakusa and Omura. But this doesn't mean that I'm an *[6]apostate. I was *[7]baptized all right; but from the beginning I had no wish to be a Christian nor a *[8]brother. I'm only the son of a court samurai; nothing but learning could make me great in the world."

[5]<u>The fellow was earnestly stressing the fact that he was not a Christian.</u> The priest sat in the dark with expressionless face, listening to him as he prattled on.

"Why don't you say something?" exclaimed the man, getting angry now. "The fathers always ridiculed us. I knew Father Cabral — he had nothing but contempt for everything Japanese. He despised our houses; he despised our language; he despised our food and our customs — and yet he lived in Japan. Even those of us who graduated from the seminary he did not allow to become priests."

As he talked, recalling incidents from the past, his voice became increasingly shrill and (6). Yet the priest, sitting there with his hands clasping his knees, knew that the fellow's anger was not altogether unjustified. He had heard something about Cabral from Valignano in Macao; he remembered how Valignano had spoken sadly of the Christians and priests who had left the Church because of this man's attitude towards Japan.

"I'm not like Cabral," he said finally.

"Really?" The fellow spoke with a laugh. "I'm not so sure."

"Why?"

In the darkness the priest could not make out what kind of expression the fellow wore. But he somehow guessed that this low laughing voice issued from a face filled with hatred and resentment. Accustomed as he was to hearing the Christians' *9 confessions with closed eyes, he could make such conjectures confidently. But, he thought as he looked towards the other, what this fellow is fighting against is not Father Cabral but the fact that he once received baptism.

"Won't you come outside, father? I don't think we need now fear that you will run away."

"You never know," said the priest with the shadow of a smile, "I'm not a saint. I'm scared of death."

"Father, sometimes courage only causes trouble for other people. We call that blind courage. And many of the priests, fanatically filled with this blind courage, forget that they are only causing trouble to the Japanese."

"Is that all the *10 missionaries have done? Have they only caused trouble?"

"If you force on people things that they don't want, they are inclined to say: '7Thanks for nothing!' And Christian doctrine is something like that here. We have our own religion; we don't want a new, foreign one. I myself learned Christian doctrine in the seminary, but I tell you (8) into this country."

"Your and my way of thinking are different," said the priest quietly dropping his voice. "If they were the same I would not have crossed the sea from far away to come to this country."

This was his first controversy with a Japanese. Since the time of *11 Xavier had many fathers engaged in such an exchange with the Buddhists? Valignano had warned him not to underrate the (9) of the Japanese. They were well-versed in the art of controversy, he had said.

"Well, then, let me ask a question." Opening and closing his fan as he spoke, he came to the attack. "The Christians say that their *12 Deus is the source of love and mercy, the source of goodness and virtue, whereas the buddhas are all men and cannot possess these qualities. Is this your stand also, father?"

"A buddha cannot escape death any more than we can. He is something different from the Creator."

"Only a father who is ignorant of Buddhist teaching could say such a thing. In fact, you cannot say that the buddhas are no more than men. There are three kinds of buddhas — *13*hossin*, *goshin* and *oka*. The *oka* buddha shows eight aspects for delivering human beings and giving them benefits; but the ***hossin*** has neither beginning nor end, and he is unchangeable. It is written in the *14sutras that (10). It is only a Christian who could regard the buddhas as mere human beings. We don't think that way at all."

The fellow kept pouring out his answers as though he had learnt them all *15by rote. Undoubtedly he had examined many missionaries in the past and had kept reflecting on the best way of beating them down. Obviously he had ended up by using big words that he himself did not understand.

"But you hold that everything exists naturally, that the world has neither beginning nor end," said the priest, seizing on the other's weak point and taking the offensive.

"Yes, that is our position."

"But an object without life must either be moved from outside by something else, or from (11). How were the buddhas born? Moreover, I understand that these buddhas have merciful hearts — but *16antecedent to all this, how was the world made? Our Deus is the source of his own existence; he created man; he gave existence to all things."

"Then the Christian God created evil men. Is that what you are saying? Is evil also the work of your Deus?" The interpreter laughed softly as he spoke, enjoying his victory.

"No, no," cried the priest shaking his head. "God created everything for good. And for this good he bestowed on man the power of thought; but we men sometimes use this (12) in the wrong way. This is evil."

The interpreter clicked his tongue in contempt. But the priest had scarcely expected him to be convinced by his explanation. This kind of dialogue soon ceased to be dialogue, becoming a play of words in which one tried vigorously to down one's opponent.

"Stop this *17 sophistry," shouted the interpreter. "You may satisfy peasants with their wives and children in this way; but you can't [13]<u>beguile</u> me. But now let me put you one more question. If it is true that God is really loving and merciful, how do you explain the fact that he gives so many trials and sufferings of all kinds to man on his way to Heaven?"

"Sufferings of every kind? I think you are missing the point. If (1) man faithfully observes the commandments of our Deus he should be able to live in peace. If we have the desire to eat something, we can satisfy it. God does not order us to die of hunger. All we are asked to do is to honour God our Creator, and that is enough. Or again, when we cannot cast away the desires of the flesh, God does not order us to avoid all contact with women; rather does he tell us to have one wife and do his divine will."

As he finished speaking, [14] <u>he felt that his answer had been well framed.</u> In the darkness of the hut he could clearly feel that the interpreter was lost for words and reduced to silence.

*[1]rosary：ロザリオ（カトリック教徒が祈りの際に用いる5連あるいは15連からなる数珠）

*[2]Señor, gracia：「主よ，感謝」の意。正しくは "gracias" である。

*[3]Palazera â Dios nuestro Señor：「我らが主なる神の喜び」の意。一般的には "Placerá a Dios nuestro Señor" と表記される。

*[4]father：カトリックの聖職者への尊称，呼びかけ

*[5]seminary：神学校

*[6]apostate：背教者，棄教者

*[7]baptize：～に（キリスト教徒としての）洗礼を施す

*[8]brother：修道士

*[9]confession：信仰告白

*[10]missionary：宣教師

*[11]Xavier：宣教師フランシスコ・ザビエル

*[12]Deus：神

*[13]*hossin, goshin* and *oka*：原文ではそれぞれ法身，報身（ほうじん），応化（おうげ）と書かれている。法身は永遠なる宇宙の理法そのものとして得られた仏のあり方，報身は過去の修行によって成就した完全で理想的な仏のあり方，応化は仏が衆生を救うために姿を変えて出現すること。

*[14]sutra：仏教の経典

*[15]by rote：丸暗記で

*[16]antecedent to：～より前に

*[17]sophistry：詭弁

問1　文中に3カ所ある(　1　)に入る適切な語を1語書きなさい。　**1**

問2　下線部2のうち，“black flaming torches” から読み取れるものは次のうちどれか。最も適切なものを次の1～5の中から一つ選び，その番号をマークしなさい。　2

1．他人の人生に暴力的に踏み込みながら役人が無関心でいることの罪

2．捕らえられた司祭に向けられた役人の慈悲の心

3．禁制とされているキリスト教を日本で広めようとした司祭の後悔

4．司祭のことを気遣いながらも笑いによってごまかす役人の軽薄さ

5．闇夜の中で燃える炎のように消えることのない司祭の希望

問3　下線部3は誰を指すか。最も適切なものを次の1～5から一つ選び，その番号をマークしなさい。　3

1．司祭を助けにきたキリスト教徒

2．小屋をのぞき込んだ見張り番

3．仲間のキリスト教司祭

4．司祭に興味をもった侍

5．小屋に突如入り込んだ光

問4　下線部4は何を意味するか。最も適切なものを次の1～5から一つ選び，その番号をマークしなさい。　4

1．捕らえられた今，自分が罰せられることは間違いないこと。

2．相手の話すポルトガル語には明らかに間違いがあること。

3．いくら頑張っても相手の言う意味が分からないこと。

4．相手の話すポルトガル語の内容が正しく伝わること。

5．言語は分からずとも，相手の言っていることは明らかであること。

問5　下線部5について，この男がこのような態度を取ったのはなぜか。その理由として最も適切なものを次の1～5から一つ選び，その番号をマークしなさい（なお，通辞とは通訳のことである）。　5

1．通辞役は有馬，天草，大村など各地に神学校が建てられたことに感謝しているが，地侍の息子としてキリスト教の信者を名乗るわけにはいかないため。

2．通辞役はポルトガル語を学ぶために神学校に通い，念願叶ってキリスト教の洗礼を受けることができたが，それを周りの役人に知られたくないため。

3．通辞役が洗礼を受けたのはポルトガル語の習得による立身出世のためであり，幕府が禁止するキリスト教の信者ではないことを強調するため。

4．司祭はキリスト教が禁制であることを知りながら日本へ渡ってきたが，ついに捕らえら

れてしまい，自分の素性を隠さねばならないため。

5．司祭は日本でのキリスト教の布教に尽力したものの，幕府の役人に捕らえられてしまったことで，もはやキリスト教の教えを信じられなくなったため。

問6 （ 6 ）に入る語として最も適切なものを次の1～5から一つ選び，その番号をマークしなさい。 [6]

1．amiable

2．sympathetic

3．delicate

4．benevolent

5．violent

問7 下線部7の意味に合う言葉として，「有難」に続く残りの漢字2文字を書きなさい。 [7]

問8 （ 8 ）について，原文では「われらに入用なるものとは一向に思いませなんだ」となっている。この意味に合うように1～10の語を並べ替えるとき，3番目，5番目，7番目に入る語の番号をマークしなさい。ただし，不要な語が二つある。

3番目― [8] 5番目― [9] 7番目― [10]

1．think

2．to

3．don't

4．I

5．introduced

6．ought

7．it

8．be

9．necessary

10．should

問9 （ 9 ）に入る語として最も適切なものを次の1～5から一つ選び，その番号をマークしなさい。 [11]

1．absurdity

2．intelligence

3．savageness

4．brutality

5．hospitality

問10　（　10　）について，原文は「如来常住，無有変易」（如来：仏のこと）となっている。この訳として最も適切な英文を次の1～5から一つ選び，その番号をマークしなさい。　12

1．the buddha is everlasting and never changes

2．the buddha is transient and always changes

3．the buddha is permanent and never exists in the real world

4．the buddha is interim and easy to change

5．the buddha is always alive and never dies

問11　（　11　）に入るwで始まる1語を書きなさい。　13

問12　（　12　）に入る語句について，原文では「智慧分別」となっている。ここに入る語句として最も適切なものを次の1～5から一つ選び，その番号をマークしなさい（「智慧」とは「知恵」のことである）。　14

1．power of discipline

2．power of equality

3．power of sympathy

4．power of morality

5．power of discrimination

問13　下線部13の語に最も近い意味をもつ単語を次の1～5から一つ選び，その番号をマークしなさい。　15

1．persuade

2．deceive

3．trust

4．threaten

5．satisfy

問14　下線部14のように司祭が感じた理由はなぜか。最も適切なものを次の1～5から一つ選び，その番号をマークしなさい。　16

1．自分の答えが通辞役を納得させ，キリスト教の良さを伝えることができたから。

2．自分の答えによって，通辞役との妥協点を見出すことができたから。

3．自分の答えによって通辞役を論破し，黙らせることに成功したから。

4．自分の答えが通辞役の論法にうまくはめられていることに気がついたから。

5．自分の答えを前もって準備していた通りに伝えることができたから。

問15 通辞役との会話の内容について，正しいものを次の1～5から一つ選び，その番号をマークしなさい（諸仏とはさまざまな階位の仏を意味する)。 17

1．司祭はキリスト教の神は自然の中に存在すると述べるが，通辞役は諸仏が創り出す世界には始まりも終わりもないと説く。

2．慈悲の心をもつキリスト教の神がなぜ人々に苦行を与えるのかという通辞役の問いに対し，司祭は苦行こそが天国へ至る道であると答える。

3．キリスト教の神は悪人をも創ったと指摘する通辞役に対し，司祭は人間の知恵そのものが悪であると反論する。

4．司祭はキリスト教の神は万物の創造主であり諸仏は人間であると主張するが，通辞役は，諸仏は人間を超えた存在であると反駁する。

5．通辞役は諸仏こそが万物の創造主であると信じており，司祭の言うキリスト教の神による創造は子供だましにすぎないと看破する。

問16 遠藤周作の作品を次の1～7から二つ選び，その番号をマークしなさい（順不同)。

18 19

1．『山椒魚』

2．『仮面の告白』

3．『人間失格』

4．『おバカさん』

5．『砂の女』

6．『夕暮まで』

7．『海と毒薬』

Ⅱ　次の山崎正和による二十一世紀の感染症と日本の文明についての文章を読み，下記の各設問に答えなさい。

今回の「新型コロナ・ウイルス肺炎」の蔓延（まんえん）は，二つの意味で「歴史的」な事件と見なされることだろう。まずはもちろん，これが現代史を分かつ画期的な惨事として，未来の文明に深い影響を残すだろうからである。だがそれ以上に大きい意味は，この悲劇が近代人の秘められた傲慢に冷や水を浴びせ，人類の過去の文明，都市文明発祥以来の歴史への復帰を促すと考えられることである。

近代と呼ばれる時代にはいくつかの段階があるが，その段階を自覚するごとに人類は傲慢になってきた。工業が誕生して富が天候に左右されなくなるにつれて，幼児死亡率が減って平均寿命が延びるにつれて，人類は過去とは異質の時代にはいったと錯覚してきた。近代化への「離陸（テイク・オフ）」が世間の標語となり，人は幸不幸の両面を含めて古い昔とは別世界にはいったと[1]<u>モウシン</u>した。

だが悪疫の流行という目前の惨事は，あまりにもあけすけにこの傲慢をあざ笑った。感染という言葉こそ新しいが，病気が移り，はやるという現象には千年前と何の違いがあるのか。目に見えぬ恐怖に脅（おび）えるという実感のうえで，現状は西洋中世のペストや日本の瘧（おこり）（主にマラリアを原因とする熱病）とどこが異なるのか。近代は世界の空間を広げ，グローバル化を達成したと思っていたが，今回のウイルスはその全体を覆っているのだから，逃げ場がないという意味では前近代の村落と同じではないか。

さらに考えると，現代人の不安と恐怖は中世人の怯（おび）えよりも過酷だといえる。中世においてはまず死が日常のなかにあって，人々がそれに耐える感性を備えていたからである。戦争が日々に街なかで闘われ，斬首や獄門という刑も大衆の面前で執行された。もとより餓死者や病死者の数も多く，街頭で行き倒れを見る機会も少なくなかった。人々は家族の死を家庭のなかで看取り，湯灌（ゆかん）から納棺，土葬までみずからの手でおこなっていた。

これに応じて民衆の心の備えも手厚く，信仰心も強ければ世界観としての（　2　）観も身につけていた。とりわけ日本人の（　2　）観は独特の感性であって，特定の宗教宗派を超えてこの世と我が身の儚（はかな）さを見明きらめ，そのことをおびただしい歌に詠んで，[3]<u>諺（ことわざ）にも記してみずからに言い聴かせてきたのだった</u>。

一方，現代人は長らく死から逃避し，死から目をそむける習慣を養ってきた。死体の処理は専門家の手に委ね，葬儀でさえしだいに簡略化する方向を選んできた。とくに第二次世界大戦後の日本人は戦死者を見聞きする機会もなく，長寿社会を謳歌するなかで死を直視する強靭（きょうじん）さを失ってきた。昨今の報道で新型コロナ肺炎による国内外の死者の数を知り，死が他人事ではないことを感じる恐怖は格別に深いはずなのである。

ちなみに近代にも世界的感染拡大（パンデミック）の記録はあって，それがあまり記憶されていないのが不思議とされている。ほかならぬ俗称「スペイン風邪」であって，一九一八年から翌年にかけて世界では二千五百万人，日本でも三十九万人の死者を出した大惨劇であった。これが容易に忘れられたのは不審だという声もあるが，管見によれば理由は単純であって，事件がまさに第一次世界大戦の終末期に起こったからである。人心が人間の死に慣れ，しかも平和の喜びという別の興奮に沸いていたのが特殊事情であった。

（中略）

現在の新型コロナ肺炎の去った後に，どんな将来世界が残るのか，いな，残さねばならないかは今から考えておいてよい課題だろう。

十四世紀のペスト大流行の結果，西洋社会が構造的変化を見せ，封建時代の終わりを準備したというのは有力な説である。人口の激減が荘園経営を困難にし，労働生産性を高めたのが産業近代化への道を開いたというのだが，もしそうなら同じ程度の変化が二十一世紀に起こるとは考え難い。遠い未来に現れる影響は予言できないが，当面の世界は別の緊急の問題を抱えていることが，このコロナ禍によって[4]センエイに暴露されたからである。

ほかならぬグローバル化がそれであって，これが疫病流行の直接の原因だったことは問わないまでも，この災厄の防御に何の役にも立たなかったことは露骨なほど明白だった。民衆を守ったのは国家であって，それも自衛のために一国主義的に働く国家であった。この国家の姿勢の是非は暫く措いて，万人が思い出したのは，市場は富の分配には貢献するが，富の再配分に役立つのは国家だけだ，という永遠の真理ではなかっただろうか。（中略）

もう一つ，その国家が泥沼を脱した後に急ぐべきことは，未来世代との平等の問題であり，今回の緊急対策で生じた天文学的に巨大な将来への借財の処理である。そのためには経済の回復に努めるとともに，思い切った所得税改革による高度累進課税の復活を図るのも一策だろうし，思いつきだが，排他的経済水域内の海底資源を前もって国有化しておくのも知恵だろう。レアメタル，レアアースを含む日本近海は財源の宝庫であり，採掘者に特別に高額の税を課して，未来世代への遺産とすることも一考に値するはずである。

しかしそうした現実の課題と並んで，おそらくそれ以上に重大なのは，やがて起こり始める国民各自の世界観の転換であろう。（中略）今回の歴史的な悲劇を経験することを通じて，誰しも実感したのは自己が密かに抱いてきた近代的な傲慢だったにちがいない。疫病が社会を世界規模で揺るがすのは昔の話であって，現代はつとに別次元の時代を画しているという通念が傲慢にほかならず，ただの[1]モウシンにすぎなかったことを万人が思い知ったのではないだろうか。

現代もまた歴史的に古代や中世に直結しており，その間に多彩な変化や改良は試みられたものの，文明の進歩と呼びうる価値観的な飛躍は起こらなかった。[5]文明は自然との交渉のなかで勝ったことは一度もなく，何千年も暫時の妥協を繰り返してきたにすぎない。今後もその事態は続くだろうし，人類は文明を守る努力は捨てられないが，文明を進歩させるという迷信は諦めるべきである。当面の現実を変える[6]コックベンレイは怠ることなく，しかしそれが歴史を画するという世界観，進歩主義のイデオロギーは忘れなければならない。

おそらく二十一世紀の時代思想として，今後の日本人はこのように考えを改めるだろうし，そうあってほしいというのが私の願いである。そしてさらに私の願いを広げれば，今回の経験が伝統的な日本の世界観，現実を（　2　）と見る感受性の復活に繋がってほしいと考える。（　2　）観は国民の健全な思想であって，間違っても感傷的な虚無主義ではない。現実変革の具体的な知恵と技を発揮しながら，にもかかわらずそれを（　2　）の営み，いずれは塵埃（じんあい）に返るつかのまの達成にすぎないと見明きらめる，醒めた感受性なのである。

[7]「色は匂へと散りぬるを，我か世たれそ常ならむ」。かな文字を読むすべての国民が学んだこの真実が，今，人知れず反芻（はんすう）され共有されつつあるように思われてならない。

山崎正和「二十一世紀の感染症と文明」

問1　文中に2箇所ある下線部1モウシンを漢字で書きなさい。　20

問2　文中に5箇所ある（　2　）に入る適切な語句を漢字2文字で書きなさい。　21

問3　下線部3に関連して，日本人のもつその（　2　）観を表す四字熟語として適切ではないものを次の1～5の中から一つ選び，その番号をマークしなさい。　22

1．生々流転
2．常住不滅
3．盛者必衰
4．会者定離
5．有為転変

問4　下線部4センエイを漢字で書きなさい。　23

問5　下線部5を英語で表現した次の文章を完成させるために，（　1　）～（　3　）に入る適切な単語を1～10の中から一つずつ選び，その番号をマークしなさい。なお，不要な単語が7語含まれています。　（　1　）－ 24　（　2　）－ 25　（　3　）－ 26

Civilization has not once (　1　) in its negotiations (　2　) nature. There have only been thousands of years of repeated (　3　) compromises.

1．permanent
2．with
3．just

4. prevailed
5. survived
6. yet
7. once
8. thrived
9. temporary
10. persistent

問6 下線部6コックベンレイを漢字で書きなさい。 27

問7 下線部7は「いろは歌」の冒頭であるが，著者は引用することで，この部分に現代日本人のもつべき思想を集約させていることがわかる。ここで表現されているのと同じ思想を説いた中世の歌人・随筆家について論じた中野孝次による以下の文章を読んで，各設問に答えなさい。

第一段で（ 1 ）は「ゆく（ 2 ）の流れは絶えずして，しかももとの（ 3 ）にあらず」という名文句を以て文を始め，（中略）すべてのものは時の中でうつろい，滅び，消え，また生まれ，成長しという因果の中にあることをうたう。それを人間と住居に目を据えて具体的に見たのが第一段である。

さらに，人の世がいかに定めなく，人の存在は自然と運命のもとに脆（もろ）くはかないかを，自分の実体験に基いてのべたのが第二段になる。安元の大火（二十三歳），治承四年の辻風（二十六歳），福原遷都（二十六歳），養和の大飢饉（二十七歳），元暦の大地震（三十一歳）という異常事を具体的に述べて，人の生と住居との空しく頼りなきことを客観的に伝える。ここは（ 1 ）のおそるべき好奇心と，事実究明のあくなき関心，それをジョする文章の力とが最も遺憾なく発揮されたところだ。

A. 文中に2箇所ある（ 1 ）に入る人物名として適切なものを次の1～5の中から一つ選び，その番号をマークしなさい。 28

1. 兼好法師
2. 藤原定家
3. 鴨長明
4. 世阿弥
5. 紀貫之

B．文中の（　2　），（　3　）に入る漢字1文字の単語をそれぞれ書きなさい。

（　2　）－ **29**　（　3　）－ **30**

C．下線部ジョするの「ジョ」を，漢字で記したものとして適切なものを次の1～5の中から一つ選び，その番号をマークしなさい。 **31**

1．除
2．序
3．助
4．徐
5．叙

問8　本文の内容に合致するものとしてもっとも適切なものを次の1～5の中から一つ選び，その番号をマークしなさい。 **32**

1．人間は感染症に打ち勝つことで，さらなる文明の進歩を推進させるように努力していくべきである。
2．グローバル化が感染症流行の間接的な原因であったために，人間がウイルスから避難する空間を確保することができて，それを防御することも可能であった。
3．現代世代が感染症の緊急対策に費やした莫大な金額を未来世代が負担することになれば，そこに不平等問題が生じることになる。
4．感染症は目に見えないために近代人の密かにもってきた虚無主義を助長させ，さらなる都市文明の発展を促すことになる。
5．歴史的にみて，中世以降，現代にいたるまで，人間は自然と交渉をしていくことに他ならなかった文明の進歩に対し，常に疑いを持ち続けてきた。

問9　感染症に直面して露わになった現代人の死に対する感覚について，著者はどのように考えているか。以下の文の（　1　）と（　2　）にそれぞれ15文字以内で書きなさい。

（　1　）－ **33**　（　2　）－ **34**

現代人は，中世人に比べて（　1　）ために，死を（　2　）。

日本史

(60分)

I 日本と朝鮮半島との関係の歴史に関する以下のA～Cの文章を読み，問1～問15に対する答えを選択肢より一つずつ選び，その番号を解答用紙の所定の欄にマークせよ。

A

中国大陸ではじまった農耕は，朝鮮半島を経て日本列島に伝播し，弥生文化が成立した。(ア)中国で漢が滅び，のちに続く三国時代や南北朝時代には，周辺に対する中国の支配力は弱まり，東アジアの諸地域では次々と国家形成がすすんだ。日本列島においてもヤマト政権が成立し，朝鮮半島から渡来した人びとが活躍した。6世紀の朝鮮半島での動乱に対して，ヤマト政権では中央集権の制度の確立をめざす動きがおこった。

(イ)7世紀の朝鮮半島での戦争は，律令国家成立の直接的な要因の一つとなった。奈良時代には朝鮮半島とのあいだで使節が往来し，それが途絶えたが，9世紀前半には朝鮮半島の商人が貿易のために来航した。

(ウ)13世紀後半には中国を元が支配し，朝鮮半島の高麗も元によって支配されると，日本に元軍が来襲した。この元寇後も東アジアの交易は発展し，北九州地方を拠点とする倭寇とよばれる海賊集団が朝鮮半島や中国大陸の沿岸をおそった。

その後中国で明が建国されると，倭寇を撃退して建国した朝鮮は，日本などとともに明によって伝統的な国際秩序のなかに組み込まれていった。(エ)その後，日本と朝鮮のあいだにも国交がひらかれた。

さらに(オ)全国を統一した豊臣秀吉は，日本を中心とする東アジアの国際秩序をつくることを目指し，朝鮮に兵をおくった。ついで江戸幕府は朝鮮との講和を実現し，朝鮮から使節が来日することになった。

問1 下線部(ア)に関する以下の記述のうち，誤りを含むものはどれか。 1

① 中国東北部からおこった高句麗が，4世紀には，楽浪郡を滅ぼして朝鮮半島北部を支配した。

② 4世紀には，辰韓から百済が，馬韓から新羅がおこって，朝鮮半島の小国を統一して建国した。

③　4世紀後半に，高句麗が南下策を進めると百済・加耶とともに倭国（ヤマト政権）も高句麗と戦った。

④　5世紀初めから約1世紀のあいだ，讃・珍・済・興・武の倭の五王が次々に中国の南朝に朝貢した。

⑤　ヤマト政権は，朝鮮半島からの渡来人を，錦織部・韓鍛冶部・鞍作部・陶作部などの部に組織した。

問2　下線部(イ)に関する以下の記述のうち，もっとも適切なものはどれか。　2

①　朝鮮半島では，唐と新羅が結んで660年に高句麗を668年には百済を滅ぼした。

②　倭は唐・新羅に対して高句麗復興のために大軍を派遣したが，白村江の戦いで唐・新羅連合軍に大敗した。

③　白村江の戦いののち，倭国では，大宰府を守るため水城や朝鮮式山城が築かれた。

④　朝鮮半島におこった渤海は，日本が従属国として扱おうとしたため，たびたび両国関係が緊張した。

⑤　朝鮮では10世紀はじめに高麗がおこり，やがて高句麗を滅ぼして936年に朝鮮半島を統一した。

問3　下線部(ウ)の元寇の時の鎌倉幕府の執権はだれか。　3

①　北条経時

②　北条時頼

③　北条長時

④　北条政村

⑤　北条時宗

問4　下線部(エ)の日朝関係に関連するできごとa～cを古いものから年代順に正しくならべたものはどれか。　4

a　日朝貿易の開始

b　応永の外寇

c　三浦の乱

①　a→b→c

②　a→c→b

③　b→a→c

④　b→c→a

⑤　c→a→b

⑥　c→b→a

問5　下線部(オ)に関する以下の記述で誤りを含むものはどれか。　5

①　豊臣秀吉は，対馬の宗氏を通して朝鮮に対し入貢と明への出兵の先導とを求めたが，拒否された。

②　豊臣秀吉は，豊前の名護屋に本陣を築き，1594年に15万余りの大軍を朝鮮に派兵した。

③　日本軍は漢城（ソウル）を占領したが，朝鮮水軍の活躍や明からの援軍などにより，苦戦を強いられた。

④　徳川家康は朝鮮と講和し，1609年に朝鮮と対馬の宗氏との間に己酉条約が結ばれ，貿易が再開された。

⑤　朝鮮からは前後12回の使節が来日し，4回目からは通信使と呼ばれた。

B

(ア)明治に入ると，新政府は発足とともに朝鮮に日本を上位とする国交樹立を求めた。朝鮮が拒否すると，征韓論がとなえられ，武力行使をも辞さない強硬策が主張された。しかし，これは反対にあって頓挫した。日本は朝鮮に日朝修好条規の締結を迫り，朝鮮の開国を実現した。

その後，(イ)朝鮮に対する影響力の拡大をめざす日本政府は，宗主国清国を後ろ盾に日本の進出に対抗する朝鮮政府との対立を強めた。(ウ)日本と朝鮮の対立は，やがて日本と清国の対立に拡大し，甲午農民戦争をきっかけとして日清戦争がはじまった。日清戦争に勝利した日本は，朝鮮に対する清国の宗主権を否定した。

しかし日清戦争による日本の遼東半島の獲得に反対するロシアなどの返還勧告を日本が受け入れたことによって，(エ)朝鮮の国内では，ロシアの支援で日本に対抗する動きが強まり親露政権が成立した。その結果，日本とロシアは対立し，日露戦争がはじまった。日露戦争に勝利した日本は，ロシアに韓国に対する日本の指導・監督権を認めさせた。さらに，3次にわたる日韓協約によって外交権・内政権を掌握した日本は，1910年に韓国併合条約を締結して韓国を実質的な植民地とした。

問6　下線部(ア)に関する以下の記述で誤りを含むものはどれか。　6

①　岩倉具視を大使とし大久保利通・大隈重信らを副使とする使節団の米欧派遣の期間に留守政府が征韓論をとなえた。

②　留守政府は，西郷隆盛を使節として朝鮮に派遣して開国を迫り，朝鮮政府が拒否し

た場合には武力行使をすると決定した。

③ 岩倉使節団に参加した大久保利通らは，帰国すると内治の整備が優先として，西郷らの朝鮮派遣に反対した。

④ 西郷隆盛や板垣退助・江藤新平らの留守政府の征韓派参議は，征韓論が否決されると一斉に辞職した。

⑤ 日朝修好条規は，釜山ほか2港の開港と日本の領事裁判権や関税免除を認めさせるなどの不平等条約であった。

問7 下線部(イ)の朝鮮をめぐる日本と清国の対立に関するできごとa～cを古いものから年代順に正しくならべたものはどれか。 7

a 天津条約締結

b 甲申事変

c 壬午軍乱（壬午事変）

① a→b→c
② a→c→b
③ b→a→c
④ b→c→a
⑤ c→a→b
⑥ c→b→a

問8 下線部(ウ)に関する以下の記述のうち最も適切なものはどれか。 8

① 1894年，朝鮮でキリスト教を信仰する東学の信徒を中心に，政府の開化路線に反対する農民反乱がおこった。

② 甲午農民戦争（東学の乱）を鎮圧するために，朝鮮政府は清国と日本に出兵を要請した。

③ 日本は清国に対抗して出兵し，清国に宣戦を布告したのち豊島沖海戦をおこして，日清戦争がはじまった。

④ 日清戦争の直前に，領事裁判権廃止や関税率の引き上げなどを内容とする日英通商航海条約が調印された。

⑤ 1895年，日本全権伊藤博文・青木周蔵と清国全権李鴻章との間で下関条約がむすばれた。

問9 下線部(エ)に関する以下の記述で誤りを含むものはどれか。 9

① 日本の公使三浦梧楼は，公使館守備隊などによって親露派の閔妃を殺害した。

② 国王高宗はロシア公使館に避難して，親露政権を成立させた。

③ 北清事変がはじまると，朝鮮は国号を大韓帝国（韓国）と改め，朝鮮国王も皇帝を名乗った。

④ 第2次日韓協約によって，日本は韓国の外交権を奪い，韓国の外交を統括する統監府をおいた。

⑤ 日本は韓国皇帝高宗を退位させ，第3次日韓協約によって韓国の内政権を掌握した。

問10　日本が設立した朝鮮総督府の初代総督はだれか。　**10**

① 伊藤博文

② 樺山資紀

③ 桂太郎

④ 寺内正毅

⑤ 小村寿太郎

C

(ア)第一次世界大戦期における民族自決の国際世論の高まりを背景に，朝鮮独立を求める運動が盛りあがり，1919年3月朝鮮全土で独立を求める大衆運動が展開された。日本の朝鮮総督府は，警察・憲兵・軍隊を動員してきびしくこれを弾圧した。さらに1923年の関東大震災では，多くの朝鮮人が流言によって殺害される事件がおこった。

(イ)太平洋戦争では朝鮮から多くの人々が動員された。日本による朝鮮半島の植民地統治は1945年の日本の敗北により瓦解した。その後，南北に分断された戦後の朝鮮半島は厳しい冷戦に巻き込まれた。一方で，(ウ)1950年に勃発した朝鮮戦争の特需は戦後日本の経済復興をもたらした。

日本の植民地支配は戦後の日本外交の進展に重大な影響を与えた。日本と大韓民国の国交調整協議は対日講和条約が成立したころから開始された。交渉は難航したが，(エ)佐藤内閣によって日韓基本条約が締結された。

その後，小泉首相は，2002年に国交正常化を求めて朝鮮民主主義人民共和国（北朝鮮）を訪問した。その際に，日本人拉致問題をはじめ，解決すべき多くの課題があきらかになった。

問11　下線部(ア)に関する以下の記述で最も適切なものはどれか。　**11**

① 日本統治下の朝鮮では，多くの農地が国有地に編入され，一部は東洋拓殖会社など

に払い下げられた。

② 第一次世界大戦後のワシントン会議での決議にもとづき，民族自決の原則のもとで東欧に多数の独立国家が誕生した。

③ 1919年3月1日に平壌で，朝鮮の独立を宣言する集会が開かれ，全国に広まっていった。

④ 関東大震災の混乱の中で，多くの朝鮮人が虐殺されるとともに，社会主義者が殺害される虎の門事件がおこった。

⑤ 関東大震災で決済不能となった手形について，手形振り出し企業に対して政府が特別融資をすることで事態が収束した。

問12 関東大震災の直後に災害に対処した首相は次のうちだれか。 12

① 加藤友三郎

② 山本権兵衛

③ 清浦奎吾

④ 高橋是清

⑤ 加藤高明

問13 下線部(イ)に関する以下の記述で誤りを含むものはどれか。 13

① 朝鮮では1943年に徴兵制が施行された。

② 数十万人の朝鮮人が日本本土に連行され，鉱山や土木工事現場などで働かされた。

③ 戦地に設置された「慰安施設」に日本国内や朝鮮などから女性が集められた。

④ 1945年に，朝鮮半島北部には朝鮮民主主義人民共和国が，南部には大韓民国が建国された。

⑤ 1950年，中国での共産主義の台頭に触発された北朝鮮は，武力統一をめざして韓国に侵攻し，朝鮮戦争がはじまった。

問14 下線部(ウ)の戦後の経済復興およびその後の経済成長に関する以下の記述で誤りを含むものはどれか。 14

① 1951年には，鉱工業生産などが戦前の水準をこえた。

② 1952年には，国際通貨基金（IMF）に加盟した。

③ 1956年の『経済白書』には「もはや戦後ではない」と記された。

④ 1964年には，経済協力開発機構（OECD）に加盟した。

⑤ いざなぎ景気から岩戸景気をへて神武景気と大型景気がつづいた。

問15　下線部(エ)の日韓基本条約締結に前後するできごとa～cを古いものから年代順に正しくならべたものはどれか。　15

a　奄美諸島日本返還

b　日韓基本条約締結

c　東海道新幹線開業

① a→b→c
② a→c→b
③ b→a→c
④ b→c→a
⑤ c→a→b
⑥ c→b→a

Ⅱ　以下の資料および画像A～Cを見て，問1～問9に対する答えを選択肢より一つずつ選び，その番号を解答用紙の所定の欄にマークせよ。

A

（寛仁二年十月）十六日乙巳，今日，女御藤原（　ア　）を以て皇后に立つるの日なり。前太政大臣の第三の娘なり，一家三后を立つること，未だ曾て有らず。（中略）太閤，下官を招き呼びて云く，「和歌(イ)を読まむと欲す。必ず和すべし。」者。答へて云く，「何ぞ和し奉らざらむや。」又云ふ，「誇りたる歌になむ有る。但し宿構に非ず。」者。「此の世をば我が世とぞ思ふ望月のかけたることも無しと思へば(ウ)」。余申して云く，「御歌優美なり。酬答に方無し，満座只此の御歌を誦すべし。……」と。……

問1　空欄（　ア　）にあてはまる人物の名として最も適切なものはどれか。　16

① 威子
② 嬉子
③ 妍子
④ 彰子
⑤ 詮子

問2　下線部(イ)に関連して，同時代の文化に関する以下の記述のうち，誤りを含むものはどれか。　17

① かな文字の発達により，日本人の感情や感覚を生き生きと伝えることが可能となった。

② かな物語として，一貴族の生涯を歌物語としてつづった『源氏物語』があらわれた。

③ 『古今和歌集』の繊細で技巧的な歌風は，長く和歌の模範とされた。

④ 書道の名手として，小野道風・藤原佐理・藤原行成があらわれた。

⑤ 日本の風物を題材とした大和絵が，寝殿造の建物で使用された襖や屏風に描かれた。

問3 下線部(ウ)に関連して，藤原北家の摂関家の地位を不動のものとしたできごととして最も適切なものはどれか。 18

① 『古今和歌集』の編纂

② 安和の変

③ 承平・天慶の乱

④ 延喜・天暦の治

⑤ 平城太上天皇の変（薬子の変）

B

一 質券売買地の事

右，所領を以て或いは質券に入れ流し，或いは売買せしむるの条，御家人等侘傺の基なり。向後に於いては，停止に従ふべし。以前沽却の分に至りては，本主領掌せしむべし。但し，或いは御下文・下知状を成し給ひ，或いは知行廿箇年を過ぐるは，公私の領を論ぜず，今更相違有るべからず。若し制符に背き，濫妨を致すの輩有らば，罪科に処せらるべし。

次に非御家人・凡下の輩(ア)の質券買得地の事。年紀を過ぐと雖も，売主知行せしむべし。

問4 Bに関連する以下の記述のうち，誤りを含むものはどれか。 19

① 幕府による貨幣の鋳造にともなって貨幣経済が進展し，御家人のなかには借財を重ねるものもいた。

② 御家人の救済策として，御家人が関係する金銭上の訴訟を受け付けないこととした。

③ 御家人の所領の質入れや売買を禁止し，それまでに質入れ，売却した所領を無償で取り戻させた。

④ 惣領制にもとづく分割相続の繰り返しは，御家人の所領を細分化させた。

⑤ 蒙古襲来の負担に対して，幕府は十分な恩賞を与えることができず，御家人たちの信頼を失った。

問5　下線部(ア)に関連して，史料Bにおける具体例として最も適切なものはどれか。 20

① 借上
② 行商人
③ 下人
④ 御内人
⑤ 名主

問6　鎌倉文化に関する以下の記述のうち，誤りを含むものはどれか。 21

① 禅宗では頂相を崇拝する風習が中国から伝わり，高僧の肖像画が描かれた。
② 尊円は，平安時代の和様をもとに中国の書風を取り入れて，書道の青蓮院流を創始した。
③ 高階隆兼によって，絵巻物の寺社の縁起である『春日権現験記』が制作された。
④ 朝廷の儀式・先例を研究する有職故実の学がさかんになり，順徳天皇が『禁秘抄』を著した。
⑤ 時宗の忍性は，戒律を重んじるとともに，社会事業にも力を尽くした。

C

この建築物は書院造風を基調とした住宅建築様式となっている。

問7　Cを建てた人物と関係の深いできごとは次のうちどれか。 22

① 明徳の乱
② 応仁の乱
③ 応永の乱
④ 永享の乱
⑤ 寧波の乱

問8　Cが建てられた時代の文化についての以下の記述のうち誤りを含むものはどれか。 **23**

① 明からの渡来僧である雪舟は水墨画の様式を創造した。
② 大和絵では土佐光信が土佐派の基礎を固めた。
③ 狩野正信・元信父子は水墨画と大和絵を融合させて狩野派をおこした。
④ 茶の湯では村田珠光が侘茶の方式を編み出した。
⑤ 立花の名手として池坊専慶があらわれた。

問9　Cが建てられた前後の時代のできごとa～cを古いものから年代順に正しくならべたものはどれか。 **24**

a　加賀の一向一揆が始まる
b　嘉吉の徳政一揆（土一揆）がおこる
c　山城の国一揆が始まる

① a→b→c
② a→c→b
③ b→a→c
④ b→c→a
⑤ c→a→b
⑥ c→b→a

Ⅲ　以下の3人の人物A～Cに関する文章を読み，問1～問9に対する答えを選択肢より一つずつ選び，その番号を解答用紙の所定の欄にマークせよ。

A

角倉了以は，土倉である角倉家の出身で，戦国時代から江戸時代初期にかけての京都の豪商である。朱印船貿易の開始とともに安南国(ア)との貿易を行い，さらに糸割符商人(イ)としても活躍した。また江戸幕府の命令によって水上交通(ウ)の発達にも寄与した。

問1　下線部(ア)の安南国とは，以下のうちどの国か。　**25**

① ベトナム
② シャム
③ カンボジア
④ ポルトガル
⑤ スペイン

問2　下線部(イ)の糸割符商人と貿易に関するできごとa～cを古いものから年代順に正しくならべたものはどれか。　**26**

a　中国船以外の外国船の入港を平戸・長崎に限った。
b　スペイン船の来航を禁じた。
c　糸割符制度が始まった。

① a→b→c
② a→c→b
③ b→a→c
④ b→c→a
⑤ c→a→b
⑥ c→b→a

問3　下線部(ウ)の江戸時代の水上交通および海上交通に関する以下の記述のうち誤りを含むものはどれか。　**27**

① 角倉了以は幕府の命により高瀬川を新たに開削した。
② 淀川・利根川などの河川交通や琵琶湖の湖上交通がさかんになった。
③ 河村瑞賢は東廻り航路・西廻り航路を整備した。
④ 西廻り航路は長崎から大坂を経て江戸にいたった。
⑤ 江戸－大坂間で菱垣廻船・樽廻船が就航した。

B

三井高利は江戸時代の有力商人である。伊勢国松坂の生まれで，江戸で呉服店を開業し，屋号を(　ア　)とした。この呉服店は現金掛値無し（現金払いでの定価販売）での店頭販売などの新商法を導入して繁盛した。のちに両替商(イ)も開業し，さらに幕府の御用為替方を引き受けた。三井家はこの事業を代々継承し，明治以降は財閥に成長した(ウ)。

問４　空欄(　ア　)に入る屋号は次のうちどれか。　**28**

① 伊勢屋
② 越後屋
③ 平野屋
④ 近江屋
⑤ 松坂屋

問５　下線部(イ)の両替商および貨幣に関する以下の記述のうち誤りを含むものはどれか。　**29**

① 両替商としては，江戸の三井以外に大坂の鴻池・天王寺屋などが有名であった。
② おもに西日本が銀遣い，東日本が金遣いであったため両替商が必要となった。
③ 徳川家康は，大判小判などの金貨，丁銀などの銀貨，銭貨の三貨を発行し，藩札も発行した。
④ 三貨の単位は，金貨は両・分・朱，銀貨は貫・匁・分・厘・毛，銭貨は貫・文であった。
⑤ 田沼時代には計数貨幣である南鐐二朱銀が鋳造された。

問６　下線部(ウ)の三井家に関係するできごとａ～ｃを古いものから年代順に正しくならべたものはどれか。　**30**

ａ　富岡製糸場の払い下げを受けた。
ｂ　三井合名会社が創立された。
ｃ　政府の依頼で板垣退助・後藤象二郎の洋行費用を負担した。

① ａ→ｂ→ｃ
② ａ→ｃ→ｂ
③ ｂ→ａ→ｃ
④ ｂ→ｃ→ａ
⑤ ｃ→ａ→ｂ
⑥ ｃ→ｂ→ａ

C

渋沢栄一は，江戸時代末期に名主身分から一橋家家臣に取り立てられ，(ア)徳川慶喜の将軍就任にともない幕臣となった。さらに(イ)明治維新後は，民部省を経て大蔵省の官僚となり，さまざまな政策立案を行った。

退官後は実業界に転じ，(ウ)第一国立銀行や大阪紡績会社，東京商法会議所，東京証券取引所といった多種多様な会社や経済団体の経営や設立に関わり，「日本資本主義の父」と称されるようになった。

問７　下線部(ア)の徳川慶喜の将軍就任前後のできごとａ～ｃを古いものから年代順に正しくならべたものはどれか。　31

ａ　日米修好通商条約の勅許

ｂ　第２次長州征討（第２次幕長戦争）の開始

ｃ　徳川慶喜の将軍就任

① ａ→ｂ→ｃ
② ａ→ｃ→ｂ
③ ｂ→ａ→ｃ
④ ｂ→ｃ→ａ
⑤ ｃ→ａ→ｂ
⑥ ｃ→ｂ→ａ

問８　下線部(イ)の明治維新後の官僚制度において，太政官が正院・左院・右院の三院制となったのは，次のどの改革のときか。　32

① 王政復古
② 政体書制定
③ 版籍奉還
④ 廃藩置県
⑤ 漸次立憲政体樹立の詔の発布

問９　下線部(ウ)の渋沢栄一が関係した会社に関する以下の記述で誤りを含むものはどれか。　33

① 第一国立銀行の前提となる国立銀行条例は，渋沢栄一を中心に定められた。
② 第一国立銀行は，正貨と交換できる兌換紙幣を発行する銀行として創立された。
③ 第一国立銀行は，国営ではなく民間の銀行で，設立時には兌換に必要な銀貨を保有していた。

④　大阪紡績会社は，最新の機械を輸入して1万錘の大規模経営に成功した。

⑤　大阪紡績会社は，昼夜2交代制労働の採用が成功の要因とされる。

Ⅳ　以下の政党と政治に関する文章A～Cを読み，問1～問9に対する答えを選択肢より一つずつ選び，その番号を解答用紙の所定の欄にマークせよ。

A

日清・日露戦争，第一次世界大戦とうち続く戦争とそれに伴う軍備拡張は，日本を世界有数の軍事大国に押し上げていくとともに，国民の不満を拡大させ，それを背景として国民の政治参加要求が拡大していった。日比谷焼き打ち事件(ア)や大正政変(イ)などに象徴される国民の不満の高まりは，米騒動を契機として本格的な政党内閣，さらには男子普通選挙にもとづく政党内閣を生みだした(ウ)。こうした政党内閣によって協調外交が進められたが，満州事変とともに政党内閣も終焉を迎えた。

問1　下線部(ア)の日比谷焼き打ち事件のときの首相は，次のうちだれか。　34

①　伊藤博文

②　桂太郎

③　西園寺公望

④　山本権兵衛

⑤　大隈重信

問2　下線部(イ)の大正政変前後のできごとa～cを古いものから年代順に正しくならべたものはどれか。　35

a　加藤高明を総裁とする立憲同志会の結党

b　大正政変

c　シーメンス事件の発覚

①　a→b→c

②　a→c→b

③　b→a→c

④　b→c→a

⑤　c→a→b

⑥　c→b→a

問3　下線部(ウ)の政党内閣・普通選挙に関する以下の記述のうち誤りを含むものはどれか。 36

① 1898年に自由党・進歩党が合同して憲政党が結成され，最初の政党内閣である第一次大隈重信内閣が成立した。

② 第2次山県有朋内閣は，1900年に政党の力が軍部におよぶのをはばむために軍部大臣現役武官制を定めた。

③ 伊藤博文は，憲政党とむすんで1900年に立憲政友会を結成し，これを基盤に第4次伊藤内閣を組織した。

④ 1918年の米騒動をきっかけとして成立した原敬内閣は，男子普通選挙法案を提出したが，野党の反対で成立させることができなかった。

⑤ 1924年の総選挙において普通選挙の実現を唱えて圧勝した護憲三派によって加藤高明内閣が成立し，翌年普通選挙法が制定された。

B

敗戦直後に成立した皇族内閣(ア)以降の占領の進展は親米政権を生み出したが，戦後改革(イ)に呼応して中道連立内閣が登場した。

しかし，冷戦の開始や中国における共産党の勢力拡大によって，GHQの民主化路線は転換し，親米保守政権が誕生した。さらに冷戦や朝鮮戦争などによって日本の戦略的意義を再認識したアメリカは対日講和を急いだ。

(ウ)独立回復後，日本の保守勢力は，憲法改正・再軍備の動きを強めた。これに対して革新勢力も対抗を強め，自由民主党と野党の保革対立という55年体制が成立した。

問4　下線部(ア)の皇族内閣である東久邇宮内閣が辞職する前後のできごとa～cを古いものから年代順に正しくならべたものはどれか。 37

a　東久邇宮内閣の辞職

b　五大改革指令の発令

c　人権指令の発令

① a→b→c

② a→c→b

③ b→a→c

④ b→c→a

⑤ c→a→b

⑥ c→b→a

問5 下線部(イ)の戦後改革に関して，新憲法公布後初の総選挙の結果，首相となったのは次のうち誰か。 38

① 幣原喜重郎
② 鳩山一郎
③ 吉田茂
④ 片山哲
⑤ 芦田均

問6 下線部(ウ)の55年体制成立に関する以下の記述で，最も適切なものはどれか。 39

① 1954年の昭和電工事件で吉田茂内閣に対する批判が強まり，自由党は分裂した。
② 吉田内閣退陣後，鳩山一郎内閣が成立し，憲法改正・再軍備が唱えられた。
③ 1955年，国民協同党と自由党の保守合同が行われ，自由民主党が成立した。
④ 保守合同に対抗して，その後左右に分裂していた日本社会党が統一された。
⑤ 自由民主党初代総裁となった石橋湛山は，日ソ国交回復を実現した。

C

55年体制のもとでは，自由民主党が優位である一方，社会党を中心とした野党勢力が国会内で憲法改正を許さない３分の１の議席を確保した。さらに60年安保における保革の対立激化のなかで，自由民主党は高度経済成長(ア)によって国民を統合していく路線に転換していった。

経済成長によって国民は豊かになったが，一方で，政官財の癒着問題や消費税導入などが国民の不満を買い，非自民連立内閣(イ)が成立して55年体制は崩壊した。その後さまざまな連立内閣をへて自民・公明の連立内閣が誕生した。ついで民主党を中心とした連立内閣が政権を握ることはあったが，現在ではふたたび自公の連立内閣が政権を担っている。(ウ)

問7 下線部(ア)の高度経済成長についての記述で，誤りを含むものはどれか。 40

① 1955年から1973年までの期間，国民総生産の平均成長率は10％前後の高い水準を推移した。
② 鉄鋼・造船・自動車・電気機械・化学などの分野で急激な技術革新が進んだ。
③ 石炭から石油へのエネルギー革命が急速に進んだ。
④ 農業基本法が制定され，農業の合理化や生産性向上などが進められた。
⑤ １ドル＝360円の固定相場のもとで輸入が大きく伸びて，経常収支が大きく赤字化した。

問８　下線部(イ)の非自民連立内閣の首班である細川護熙が所属する政党は，次のうちどれか。　41

①　新生党

②　民主改革連合

③　日本新党

④　新党さきがけ

⑤　社会民主連合

問９　下線部(ウ)の55年体制終焉後の政治状況についての以下の記述のうち，誤りを含むものはどれか。　42

①　細川内閣のあとを継いだ羽田孜内閣が短命に終わると，自民党・社会党・新党さきがけの提携による村山富市内閣が成立した。

②　村山内閣のあと自民党・社会党・新党さきがけの連立を継承した橋本龍太郎内閣は，日米安保共同宣言を発表した。

③　小泉純一郎内閣は，大胆な民営化と規制緩和をすすめたが，所得格差と地域格差が広がった。

④　小泉純一郎首相が任期満了のため辞任すると，自民党・公明党の連立のもとで安倍晋三・小渕恵三・麻生太郎の内閣が成立した。

⑤　麻生内閣のもとでの総選挙で民主党が圧勝し，鳩山由紀夫内閣が成立したが，政権は安定せず，菅直人内閣が成立した。

■世界史■

（60分）

I 次のA，Bの文章を読み，それに続く問1～10に答えよ。

A　メソポタミア北部のアッシリアは，商業と農牧業を背景に，前9世紀ごろから鉄製の武器や馬と戦車などを用いて強力になった。前8世紀には新たに（　a　）を首都とし，前7世紀前半にはメソポタミア，さらにはエジプトを征服して，オリエント初の統一帝国をつくりあげた。その後，(1)オリエントには4つの王国が分立した。オリエントを再統一したのは，インド=ヨーロッパ系ペルシア（イラン）人のたてた(2)アケメネス朝ペルシアであった。前4世紀には，アレクサンドロス大王がアケメネス朝ペルシアを滅ぼして，オリエントを含む広大な大帝国をきずいた。アレクサンドロス大王の東方遠征からプトレマイオス朝の滅亡までの約300年間は(3)ヘレニズム時代とよばれる。この間，前3世紀にイラン系遊牧民のアルサケスがたてたパルティアは，漢とローマを結ぶ通商路をおさえて繁栄した。その後パルティアはローマとの激しい抗争によって衰え，224年ペルセポリス付近からおこったササン朝ペルシアの（　b　）によって滅ぼされた。

B　6世紀後半になると，ササン朝ペルシアが(4)ビザンツ帝国との戦いをくりかえしたために，東西を結ぶ「オアシスの道」は両国間の国境でとだえ，ビザンツ帝国の国力低下とともに紅海貿易も衰えた。そのため東西交易の各種商品はアラビア半島を経由するようになり，メッカの大商人はこの国際的な中継貿易を独占して大きな利益を上げていた。(5)メッカに生まれた商人ムハンマドは，7世紀初めに唯一神アッラーの啓示を受けて預言者であると自覚し，イスラーム教をおこした。ササン朝ペルシアは次第にイスラーム勢力に押されるようになり，642年のニハーヴァンドの戦いでアラブ軍にやぶれ，651年に滅亡した。(6)661年に成立したウマイヤ朝は，史上初のムスリム世襲王朝であった。この王朝は8世紀半ばまでに東は西トルキスタンから西北インドにまで領域を広げ，西は北アフリカ西部を攻略し，イベリア半島の西ゴート王国をほろぼした。8世紀後半以降はアッバース朝イスラーム帝国がウマイヤ朝にかわって繁栄した。その後の分裂の時期を経て，11世紀には(7)トゥグリル=ベクによって（　c　）朝が開かれた。

問1　Aの文中の（　a　）に入る都市名として正しいものを次の①～⑤のなかからひとつ選び，その番号をマークせよ。　1

① ニネヴェ
② バビロン
③ メンフィス
④ スサ
⑤ ペルセポリス

問2 Aの下線部(1)に関して，この4つに含まれない王国を次の①～⑤のなかからひとつ選び，その番号をマークせよ。 2

① バクトリア
② エジプト
③ リディア
④ メディア
⑤ 新バビロニア（カルデア）

問3 Aの下線部(2)に関する次の①～④の記述のうち，正しいものをひとつ選び，その番号をマークせよ。 3

① この王朝をおこしたのはダレイオス1世であり，キュロス2世のとき最大の版図となった。
② この王朝ではキリスト教の一派であるゾロアスター教が広く信仰された。
③ この王朝は全領土を約20の州に分け，各州に知事（サトラップ）をおき，中央集権化をはかった。
④ この王朝はマラトンの戦いでスパルタに勝利した。

問4 Aの下線部(3)に関連する次の①～④の記述のうち，誤っているものをひとつ選び，その番号をマークせよ。 4

① エジプトのアレクサンドリアに王立研究所（ムセイオン）が設けられ，多くの著名な学者が研究活動に従事した。
② 「ミロのヴィーナス」や「ラオコーン」に代表されるヘレニズム美術は，ガンダーラ美術に大きな影響を与えた。
③ この時代にはギリシア風の都市が各地に建設され，多くのギリシア人が移住するとともに，共通語としてギリシア語（コイネー）が普及した。
④ この時代には，とくに自然科学が発達し，平面幾何学を大成したアルキメデス，浮体の原理を発見したエウクレイデスらが活躍した。

問5　Aの文中の（　b　）に入る人名として正しいものを次の①～④のなかからひとつ選び，その番号をマークせよ。　5

① シャープール1世
② ホスロー1世
③ アルダシール1世
④ ネブカドネザル2世

問6　Bの下線部(4)に関連する次の①～④の記述のうち，誤っているものをひとつ選び，その番号をマークせよ。　6

① 6世紀のコンスタンティヌス帝は，北アフリカのヴァンダル王国とイタリアの東ゴート王国を滅ぼした。
② 7世紀初頭のヘラクレイオス1世の治世において，軍管区制（テマ制）がしかれた。
③ ノミスマ金貨とよばれるソリドゥス金貨は，帝国によって価値を保証され，地中海圏の基軸通貨であった。
④ 11世紀から，国家が軍事奉仕を条件として貴族に土地管理をゆだねるプロノイア制が導入された。

問7　Bの下線部(5)に関連して，ムハンマドはメッカの有力者らに迫害を受けたため，ムスリムとともにヒジュラ（聖遷）とよばれる移住をおこなったが，この移住先の都市名として正しいものを次の①～⑤のなかからひとつ選び，その番号をマークせよ。　7

① ダマスクス
② カイロ
③ バグダード
④ メディナ
⑤ イェルサレム

問8　Bの下線部(6)のウマイヤ朝の初代カリフとして正しいものを次の①～⑤のなかからひとつ選び，その番号をマークせよ。　8

① アブー=バクル
② マンスール
③ ムアーウィヤ
④ アリー
⑤ ハールーン=アッラシード

問9　Ｂの文中の（　ｃ　）に入る王朝名として正しいものを次の①～⑤のなかからひとつ選び，その番号をマークせよ。　9

①　サファヴィー
②　セルジューク
③　ガズナ
④　マムルーク
⑤　ファーティマ

問10　Ｂの下線部(7)の（　ｃ　）朝に関する記述として正しいものを次の①～④のなかからひとつ選び，その番号をマークせよ。　10

①　この王朝の首都はイスファハーンであった。
②　シーア派を奉じたこの王朝は，主要都市に学院（マドラサ）を建てて同派の神学を奨励した。
③　軍隊は，イェニチェリという歩兵常備軍とティマールを俸給として与えられた騎兵からなっていた。
④　トゥグリル=ベクはアッバース朝カリフからスルタン（支配者）の称号を与えられた。

Ⅱ　次のＡ，Ｂの文章を読み，それに続く問１～10に答えよ。

Ａ　スカンディナヴィア半島やユトランド半島には，ゲルマン人の一派（北ゲルマン）に属するノルマン人が住んでいた。彼らの一部は８世紀後半から商業や海賊・略奪行為を目的としてヨーロッパ各地に本格的に海上遠征をおこなうようになり，(1)その後12世紀にかけてヨーロッパ諸地域に移住し，さまざまな国をたてた。（　ア　）を首領とするノルマン人の一派（ルーシ）は，スラヴ人地域に進出してノヴゴロド国を，ついで（　イ　）川流域を中心にキエフ公国をたて，別の一派はアイスランドやグリーンランドに移住し，さらに遠く北アメリカまで到達したものもいた。ノルマン人の原住地にはデンマーク・スウェーデン・ノルウェーの諸王国がたてられ，彼らがキリスト教化されると，ようやくノルマン人の移動も終わった。ビザンツ帝国北側に広がっていたスラヴ人の世界は，(2)ローマ=カトリックとギリシア正教会がせめぎ合い，西欧文化とビザンツ文化とが相克する場であったが，(3)諸民族はそれらの影響を大なり小なり受けつつ自立と建国の道を歩んでいった。

Ｂ　中世ヨーロッパにおける(4)封建制と荘園制を基本原理とする社会は封建社会とよばれる。ただし異なった自然地理条件や歴史によって封建社会のあり方も一律ではなく，地域によって多様な姿をあらわした。11世紀ごろから農作業を容易にする鉄製農具や水車が普及し，重い土壌をもつアルプス以北においては，牛馬にひかせる重量有輪犂が土地を深く耕すことを可能にした。また三圃制（三圃農法）(5)が普及して，全体としての生産力が高まった。一方，そのころ，ヨーロッパの都市には商人や手工業者が移住して人口が増加し(6)，交換手段としての貨幣が普及することで貨幣経済が浸透した。遠隔地商業の主な舞台は，地中海商業圏と北ヨーロッパ商業圏(7)であった。この2つの商業圏を結ぶ内陸の通商路にも都市が発達し，とくにフランスの（　ウ　）地方は大規模な定期市で繁栄した。

問1　Aの下線部(1)に関して，この頃成立したノルマン系の国として正しいものを次の①～⑤のなかからひとつ選び，その番号をマークせよ。　11

① シチリア王国
② フランク王国
③ ブルグンド王国
④ ランゴバルド王国
⑤ 西ゴート王国

問2　Aの文中の（　ア　）に入る正しい人物名を次の①～⑤のなかからひとつ選び，その番号をマークせよ。　12

① ロロ
② リューリク
③ クヌート
④ エグバート
⑤ オドアケル

問3　Aの文中の（　イ　）に入る正しい河川名を次の①～⑤のなかからひとつ選び，その番号をマークせよ。　13

① ヴォルガ
② ドニエプル
③ ドナウ
④ ライン
⑤ エルベ

問4　Aの下線部(2)に関連して，ギリシア正教会とビザンツ文化に関連する次の①～④の記述のうち，正しいものをひとつ選び，その番号をマークせよ。　14

① ビザンツ様式とよばれる建築は半円形アーチと重厚な石壁や小窓を特徴とする。
② ビザンツ帝国では7世紀に公用語がラテン語からギリシア語になった。
③ ビザンツ帝国ではイコン（聖像画）の制作と崇拝が一貫して禁止されていた。
④ ギリシア正教を継承したロシアでは，大衆の教化のためにルーン文字が考案された。

問5 Aの下線部(3)に関して，諸民族がたてた国家についての次の①～④の記述のうち，誤っているものをひとつ選び，その番号をマークせよ。 15

① ローマ=カトリックを受容したチェック人は10世紀にベーメン（ボヘミア）王国をたてたが，王国は11世紀には神聖ローマ帝国に編入された。
② マジャール人は黒海北岸からドナウ川中流のパンノニア平原に移動し，10世紀末にハンガリー王国を建国した。
③ ローマ=カトリックを受容したポーランドは10世紀頃に国家形成をとげたが，14世紀には，ポーランド女王がリトアニア大公と結婚して，ヤゲウォ朝リトアニア=ポーランド王国が成立した。
④ 南スラヴ系のブルガール人は7世紀にブルガリア王国を成立させ，ローマ=カトリックを受容して定着した。

問6 Bの下線部(4)に関連する次の①～④の記述のうち，誤っているものをひとつ選び，その番号をマークせよ。 16

① 西ヨーロッパの封建制では，主君と臣下との間に双務契約の関係が結ばれ，主君が臣下に封土を与え保護下におくかわりに，臣下は主君に忠誠を誓い，騎士としての軍務を負った。
② 主君と臣下の法的な関係は，ゲルマン社会の恩貸地制と，臣下が主君に保護の代償として軍事的奉仕をおこなう古代ローマの従士制が結合したものである。
③ 領主は荘園内において裁判権（領主裁判権）を保持し，国王などから役人の立ち入りや課税を免除される特権（不輸不入権）を獲得するようになった。
④ 荘園に住む農民には，自身で農地を所有し領主から独立した自由農民や，家族をもち農具や家畜などを所有しながらも不自由な身分にあった農奴がいた。

問7 Bの下線部(5)に関する次のa，bの説明の正誤の組み合わせ①～④のうち，正しいものをひとつ選び，その番号をマークせよ。 17

a 耕地は春耕地，夏耕地，秋耕地の3つに分けられ，それぞれ3年に一度休耕（休閑）とされた。

b 休耕地（休閑地）には家畜が放牧され，地力の回復がはかられた。

① aのみ正しい
② bのみ正しい
③ aもbも正しい
④ aもbも誤りである

問8　Bの下線部(6)に関連して，この頃のヨーロッパの都市についての次の①～④の記述のうち，誤っているものをひとつ選び，その番号をマークせよ。 18

① ドイツでは，農奴が荘園から都市に逃れて1年と1日住めば自由な身分になるとされ，「都市の空気は（人を）自由にする」といわれた。
② 都市には奉公人や日雇い，乞食などの下層民のほか，ユダヤ人のように，宗教的観点から都市内に特別の居場所（ゲットー）を定められる集団もいた。
③ 北イタリアの自治都市（コムーネ）は，周辺の農村も併合して，一種の都市国家として独立した。
④ 同職ギルド（ツンフト）の組合員になれない職人たちは，市政を担った工房の親方たちに対していわゆるツンフト闘争をおこし，親方資格の獲得をめざした。

問9　Bの下線部(7)に成立したハンザ同盟によっておかれた4大在外商館の所在都市の一つとして正しいものを，次の①～⑤のなかからひとつ選び，その番号をマークせよ。 19

① ブリュージュ
② ケルン
③ ブレーメン
④ リガ
⑤ ハンブルク

問10　Bの文中の（　ウ　）に入る地名として正しいものを次の①～⑤のなかからひとつ選び，その番号をマークせよ。 20

① ブルゴーニュ
② ロンバルディア
③ フランドル
④ ブルターニュ
⑤ シャンパーニュ

Ⅲ アメリカの歴史に関する次の問1～10に答えよ。

問1 メソアメリカ文明圏に関する次の①～④の記述のうち，正しいものをひとつ選び，その番号をマークせよ。 21

① 前1200年頃，メキシコ湾岸地方では，絵文字をもち，聖獣ジャガーを信仰するテオティワカン文明が形成された。

② メキシコ高原では，1世紀頃からオルメカ文明が発展し，「太陽のピラミッド」や「月のピラミッド」をはじめとする大小の神殿がたてられた。

③ マヤ人は，紀元前からユカタン半島を中心に，階段ピラミッドなどをそなえた石造建築の都市を数多く建設し，またマヤ文字とよばれる絵文字（象形文字）を用いた。

④ 紀元前にアステカ王国をたてたアステカ人は，3世紀から9世紀にかけて最盛期をむかえ，ゼロの概念を用いた二十進法による数学を発展させた。

問2 アンデス文明圏に関する次の①～④の記述のうち，正しいものをひとつ選び，その番号をマークせよ。 22

① アンデス高地の南部では15世紀半ばにチャビン文化が成立した。

② チャビン文化は，金・銀・青銅器に加えて，鉄器の使用や車輪・馬の利用によって特徴づけられる。

③ 15世紀中頃から，アンデス高地南部のマチュ=ピチュを都に，インカ帝国が発展した。

④ インカ帝国は，文字はもたなかったが，数量を表すためにキープ（結縄）によって記録を残した。

問3 ヨーロッパ人のアメリカへの進出に関する次の①～④の記述のうち，正しいものをひとつ選び，その番号をマークせよ。 23

① スペイン出身のコロンブス（コロン）は，フィレンツェの天文学者プトレマイオスの地球球体説を信じて，インドへの近道として西回り航路の開拓をくわだてた。

② ピサロはメキシコのアステカ王国を滅ぼしてヌエバ=エスパーニャを建設し，コルテスはペルーのインカ帝国を征服した。

③ スペイン出身のマゼランがパナマ地峡を通って太平洋に達して，インドと思われていた地が大陸であることが明らかとなった。

④ コロンブス（コロン）をはじめヨーロッパ人が到達した地は，数回の探検によりアジアとは別の大陸だと主張したアメリゴ=ヴェスプッチにちなみ，アメリカとよばれるようになった。

問4　アメリカにおける植民地争奪に関する次の①〜④の記述のうち，誤っているものをひとつ選び，その番号をマークせよ。　24

① スペインは，征服領土において，植民者に先住民の支配を委託するアシエンダ制をしき，先住民を大農園や鉱山で酷使した。

② ポルトガルとスペインが両国の勢力範囲を定めたトルデシリャス条約により，ポルトガル人カブラルが漂着した南アメリカの現在のブラジルはポルトガル領とされた。

③ イギリスは17世紀初頭に北アメリカ南東部にヴァージニア植民地を開き，その北方ではピューリタンの一団がニューイングランド植民地の基礎をつくった。

④ 16世紀前半から現在のカナダへの進出を始めたフランスは，セントローレンス河口にケベック植民地をつくった後，五大湖方面に植民し，さらに南下していった。

問5　北アメリカ東海岸にあったイギリス領13植民地が1776年に独立を宣言したとき，その13州のなかに含まれなかった州名として正しいものを，次の①〜⑤のなかからひとつ選び，その番号をマークせよ。　25

① ルイジアナ

② マサチューセッツ

③ ジョージア

④ ニューハンプシャー

⑤ ペンシルヴェニア

問6　1804年に世界初の黒人共和国として独立したハイチの独立時の宗主国名として正しいものを，次の①〜⑥のなかからひとつ選び，その番号をマークせよ。　26

① フランス

② イギリス

③ オランダ

④ スペイン

⑤ ポルトガル

⑥ アメリカ合衆国

問7　独立した中南米の国とその独立を主に指導した人物の組み合わせとして誤っているものを，次の①〜④のなかからひとつ選び，その番号をマークせよ。　27

① ブラジル――トゥサン=ルヴェルチュール

② コロンビア――シモン=ボリバル

③ アルゼンチン――サン=マルティン

④ メキシコ――イダルゴ

問8 南北戦争前後のアメリカ合衆国に関連する次の①～④の記述のうち，正しいものをひとつ選び，その番号をマークせよ。 28

① 民主党のリンカン大統領は，奴隷州になるか否かを住民に決めさせるホームステッド法を制定した。

② 南部諸州は保護関税政策と連邦政府の権限の強化を望んだ。

③ 北部諸州は自由貿易と州権の強化を望んだ。

④ 奴隷制拡大に反対する勢力は共和党を結成した。

問9 19世紀末から20世紀初めにかけてのアメリカ合衆国に関する次の①～④の記述のうち，正しいものをひとつ選び，その番号をマークせよ。 29

① 共和党のウィルソン大統領のとき，キューバの独立支援を理由にアメリカ=スペイン戦争（米西戦争）をおこし，勝利した。

② イギリスやドイツをしのぐ世界一の工業国になった。

③ セオドア＝ローズヴェルト大統領が，アメリカ民主主義の優位を説く「宣教師外交」を推進した。

④ フーヴァー大統領が，パナマ運河の建設など積極的なカリブ海政策を推進した。

問10 キューバ危機より前におこったアメリカ合衆国関連の事柄として正しいものを，次の①～⑤のなかからひとつ選び，その番号をマークせよ。 30

① ベトナム（パリ）和平協定の成立

② ドル=ショック

③ 部分的核実験禁止条約の調印

④ 北大西洋条約機構（NATO）の結成

⑤ ウォーターゲート事件

Ⅳ インドの歴史を中心とする次のA～Dの文章を読み，それに続く問1～12に答えよ。

A インドで最も古い文明は，前2600年頃におこった(1)青銅器時代の都市文明であるインダス文明である。前1500年頃には，インド=ヨーロッパ語系の牧畜民であるアーリヤ人が中央アジアからカイバル峠を越え，（ ア ）に進入し始めた。前1000年をすぎると，アーリヤ人は（ イ ）へ移動を開始し，移動した土地で農耕に従事する先住民と交わって農耕技術を学び，定住農耕社会を形成した。その過程で，(2)ヴァルナ制とよばれる身分的上下観念が生まれた。

B 前6世紀になると城壁で囲まれた都市国家がいくつも生まれた。それらのなかからコーサラ国，続いてマガダ国が有力となった。このような都市国家で勢力を伸ばしてきた社会層の支持を背景にして(3)新しい宗教や思想が生まれ，影響力をもつようになっていった。前4世紀の終わりにはインド最初の統一王朝である（ ウ ）朝が登場した。前2世紀には，（ ウ ）朝の衰退に乗じてギリシア人勢力が西北インドに進出した。続いてイラン系遊牧民が西北インドに進出し，後1世紀になると今度は別のイラン系遊牧民がインダス川流域に入って（ エ ）朝をたてた。（ エ ）朝は2世紀半ばの（ オ ）王の時代，最盛期をむかえた。

C 10世紀になると，中央アジアのイスラーム勢力がインドへの軍事進出を開始した。現在のアフガニスタンを拠点とするトルコ系の（ カ ）朝と，（ カ ）朝から独立したイラン系とされる（ キ ）朝が，富の略奪をめざしてインドへの侵攻をくりかえしたのである。最初のイスラーム政権は，（ キ ）朝のインド遠征に同行し支配地を任された将軍アイバクによってつくられた。彼が奴隷出身であったことから，この王朝を奴隷王朝とよぶ。また奴隷王朝を含め，その後デリーを本拠にしたイスラーム諸王朝は，まとめて(4)デリー=スルタン朝といわれる。16世紀に入ると，中央アジア出身のティムールの子孫バーブルがカーブルを本拠にして北インドに進出し，デリー=スルタン朝最後のロディー朝の軍をやぶって(5)ムガル帝国の基礎をきずいた。

D (6)インド帝国の成立後，イギリスは港と内陸を結ぶ鉄道の建設を本格的に進めたが，これはイギリスの利害に合わせて進められたためインドの人びとに重い負担をもたらし，彼らの不満は高まった。第一次世界大戦中，イギリスは民族自決という国際世論の圧力に押され，インドに自治を約束したが，インド側からするとそれは自治とはほど遠い内容のものであった。こうして(7)両大戦間期においては，植民地政府の圧政に対する激しい民族運動がおこった。(8)最終的にインドが独立するのは第二次世界大戦後の1947年のことであった。

問1 Aの下線部(1)に関する次の①～⑤のうち，この文明を特徴づけるものとして正しいものをひとつ選び，その番号をマークせよ。 31

① スレイマン＝モスク
② アンコールワット
③ 『マハーバーラタ』
④ ハラッパー
⑤ 『マヌ法典』

問2 Aの文中の（ ア ），（ イ ）に入る地名の組み合わせとして正しいものを，次の①～⑥のなかからひとつ選び，その番号をマークせよ。 32

① ア：デカン高原 イ：ガンジス川上流域
② ア：デカン高原 イ：パンジャーブ地方
③ ア：パンジャーブ地方 イ：ガンジス川上流域
④ ア：パンジャーブ地方 イ：デカン高原
⑤ ア：ガンジス川上流域 イ：デカン高原
⑥ ア：ガンジス川上流域 イ：パンジャーブ地方

問3 Aの下線部(2)に関する次の①～④の記述のうち，誤っているものをひとつ選び，その番号をマークせよ。 33

① アーリヤ人と先住民の間に肌の色の差があったために，「色」を意味するヴァルナという語が使われた。
② ヴァルナ制では，バラモン（司祭），ヴァイシャ（武士），クシャトリヤ（農民・牧畜民・商人），シュードラ（隷属民）という4つの身分に分けられた。
③ バラモン教は，祭式の詠歌・詩や呪法を集めたヴェーダ（聖典）をもとに，バラモン（司祭）によって司られた。
④ カースト制度は，ヴァルナ制とさまざまなカースト（ジャーティ）の主張とが組み合わされて，現在にいたるまで長い時間をかけて形成されてきたものである。

問4 Bの下線部(3)に関連する下のa，bの記述の正誤の組み合わせとして正しいものを次の①～④のなかからひとつ選び，その番号をマークせよ。 34

a 仏教の開祖ガウタマ=シッダールタ（尊称ブッダ）は，ヴァルナ制を批判し，輪廻転生という迷いの道から人はいかに脱却するかという解脱の道を説いた。
b ジャイナ教の開祖ヴァルダマーナ（マハーヴィーラ）は，禁欲的な苦行の実践や徹底的な不殺生など，五戒の遵守によって解脱できると説いた。

① aのみ正しい
② bのみ正しい
③ aもbも正しい
④ aもbも誤っている

問5　Bの文中の（　ウ　），（　エ　）に入る次の王朝名の組み合わせとして正しいものを，次の①～⑥のなかからひとつ選び，その番号をマークせよ。　**35**

① ウ：グプタ　　　　エ：クシャーナ
② ウ：グプタ　　　　エ：マウリヤ
③ ウ：クシャーナ　　エ：マウリヤ
④ ウ：クシャーナ　　エ：グプタ
⑤ ウ：マウリヤ　　　エ：グプタ
⑥ ウ：マウリヤ　　　エ：クシャーナ

問6　Bの文中の（　オ　）に入る王名として正しいものを，次の①～④のなかからひとつ選び，その番号をマークせよ。　**36**

① ハルシャ
② チャンドラグプタ
③ アショーカ
④ カニシカ

問7　Cの文中の（　カ　），（　キ　）に入る王朝名の組み合わせとして正しいものを，次の①～⑥のなかからひとつ選び，その番号をマークせよ。　**37**

① カ：ガズナ　　　キ：ゴール
② カ：ガズナ　　　キ：チョーラ
③ カ：ゴール　　　キ：ガズナ
④ カ：ゴール　　　キ：チョーラ
⑤ カ：チョーラ　　キ：ガズナ
⑥ カ：チョーラ　　キ：ゴール

問8　Cの下線部(4)の時代にアジアを舞台におきたことに関する次の①～④の記述のうち，誤っているものをひとつ選び，その番号をマークせよ。　**38**

① 永楽帝は鄭和に命じて，艦隊を率いてインド洋からアフリカ沿岸まで遠征させた。
② モンテ=コルヴィノは，ローマ教皇の使節として大都にいたり，中国最初の大司教となった。

③ スマトラ島のパレンバンを中心に，シュリーヴィジャヤ王国が成立した。

④ ヴァスコ=ダ=ガマは，インド西海岸のカリカットに到達した。

問9 Cの下線部(5)に関する次の①～④の記述のうち，正しいものをひとつ選び，その番号をマークせよ。 39

① この帝国の実質的な建設者は第3代皇帝アウラングゼーブであり，マンサブダール制によって支配階層の組織化をはかった。

② 第6代皇帝アクバルのとき，帝国の領土は最大となったが，ヒンドゥー教寺院の破壊を命じ，人頭税（ジズヤ）を復活するなどして民衆の反発を招き，その治世末期には弱体化が進んだ。

③ シャー＝ジャハーンが，インド様式とイスラーム様式を融合させたタージ＝マハルを建設した。

④ 公用語のヒンディー語がインドの地方語とまざったウルドゥー語が誕生した。

問10 Dの下線部(6)に関して，成立時のこの帝国の皇帝名として正しいものを，次の①～④のなかからひとつ選び，その番号をマークせよ。 40

① クライヴ

② ティラク

③ ヴィクトリア女王

④ エドワード6世

問11 Dの下線部(7)に関連して，両大戦間期にインドでおこったことについての次の①～④の記述のうち，誤っているものをひとつ選び，その番号をマークせよ。 41

① 1935年インド統治法で，中央の財政・防衛・外交がインド人に移譲された。

② 1919年にイギリスはローラット法を制定し，令状なしで逮捕・投獄する権限をインド総督に与えて民族運動にそなえた。

③ 国民会議派内の急進派は，1929年のラホール大会においてプールナ=スワラージ（完全な独立）を決議した。

④ 1920年の国民会議派大会でガンディーは，イギリスに対する非協力運動を提示して民族運動をエリートだけでなく民衆も加わる運動へと脱皮させた。

問12 Dの下線部(8)に関して，インド独立法にもとづいてイギリス連邦の内の自治領，インド連邦として独立したときに初代首相となった人物として正しいものを，次の①～⑤のなかからひとつ選び，その番号をマークせよ。 42

① ガンディー

② ネルー

③ ジンナー

④ スハルト

⑤ スカルノ

V 19~20世紀の東アジアに関する次の問１～８に答えよ。

問１　太平天国の乱をおこした宗教結社，上帝会（拝上帝会）を率いた人物名として正しいものを，次の①～⑤のなかからひとつ選び，その番号をマークせよ。 43

① 康有為

② 林則徐

③ 李鴻章

④ 梁啓超

⑤ 洪秀全

問２　19世紀に清とロシアが国境線をめぐって結んだ条約ではないものを，次の①～④のなかからひとつ選び，その番号をマークせよ。 44

① アイグン（愛琿）条約

② イリ条約

③ 北京条約

④ トルコマンチャーイ条約

問３　19世紀の朝鮮半島をめぐる動きについての次の①～④の記述のうち，正しいものをひとつ選び，その番号をマークせよ。 45

① 全琫準を指導者とする甲午農民戦争（東学の乱）がおこると，日清両国軍が出兵し，日清戦争となった。

② 日清戦争に勝利した日本は清と天津条約を結び，このときの賠償金によって，軍備拡張を目的とした重化学工業がさかんになった。

③ 閔氏（閔妃）殺害事件がおこると朝鮮では反日感情が高まり，朝鮮王朝第26代国王であった大院君は，清の影響下で，皇帝を称して大韓帝国（韓国）を成立させた。

④ 朝鮮総督府の初代総督であった伊藤博文が安重根によってハルビン駅で射殺される事件がおきた翌年，日本は「韓国併合に関する条約」を結んで韓国を植民地化した。

問4　日露戦争に関連する次の①～④の記述のうち，誤っているものをひとつ選び，その番号をマークせよ。　46

① 韓国での権益をめぐって日本はロシアと激しく対立しており，当時ロシアと対立していたイギリスと日英同盟を結び，中国と韓国における利権を認め合った。

② 門戸開放を唱えてロシアの満州占領に反対していたアメリカ合衆国は日英同盟を支持した。

③ ロシアでは第1次ロシア革命がおきて社会不安が高まっていた一方，日本は日本海海戦でロシアに勝利したものの国力を消耗させたので，両者の間に講和の気運が生じた。

④ ポーツマス条約によって，日本はロシアから賠償金を獲得し，さらに韓国の指導・監督権，遼東半島南部の租借権，南満州の鉄道利権，樺太（サハリン）南半の領有権なども得た。

問5　日中戦争期（1937-1945年）におこった事柄として正しいものを，次の①～⑤のなかからひとつ選び，その番号をマークせよ。　47

① 五・一五事件

② 満州事変

③ ノモンハン事件

④ 第一次国共合作

⑤ 五・四運動

問6　朝鮮戦争に関連した次の①～④の記述のうち，正しいものをひとつ選び，その番号をマークせよ。　48

① 1948年，朝鮮半島の南部に金大中を大統領とする大韓民国が成立した。

② 1948年，朝鮮半島の北部に金正日を首相とする朝鮮民主主義人民共和国が成立した。

③ 1953年に休戦したが，朝鮮半島は北緯38度線をはさんだ南北の分断が固定化されていった。

④ アメリカ軍を中心とする国連軍は大韓民国を軍事支援し，ソ連と中華民国は朝鮮民主主義人民共和国を軍事支援した。

問7　1970年代の東アジアでおきたことについての次の①～④の記述のなかから正しいものをひとつ選び，その番号をマークせよ。　49

① アメリカ合衆国から日本への沖縄の返還が実現した。

② プラザ合意によって為替相場が円高ドル安へと誘導され，日本の海外投資が増加した。

③ 台湾では李登輝が本省人としてはじめて総統に就任した。

④ チベットでおこった大規模蜂起が武力で鎮圧された結果，ダライ=ラマ14世はインドに亡命してチベット臨時政府を組織した。

問8 文化大革命の後の中国でおきたことについての次の①～④の記述のうち，正しいものをひとつ選び，その番号をマークせよ。 50

① 江青の指導下に，改革・開放政策が開始され，人民公社の解体，生産請負制の導入，国営企業の独立採算化などが進められた。

② 多数の学生や市民が北京の天安門広場で民主化を求める運動をおこしたが，毛沢東は運動に同情的であった趙紫陽総書記を解任して，武力でこれを弾圧した。

③ 劉少奇の後継者となった江沢民は，かつて毛沢東が唱えた農業・工業・国防・科学技術の「四つの現代化」を再提起した。

④ イギリスから香港が，ポルトガルからマカオが中国に返還され，社会主義と資本主義が共存する一国二制度の体制ができあがった。

政治・経済

（60分）

I　次の文章を読み，それにつづく問１～11に答えよ。

現代の経済では国際的なつながりが強く，財・サービスの輸出入だけでなく，労働や資本の移動など国境を越えた経済活動(1)が盛んになっている。国際的な経済活動のなかでも，重要な位置を占めるのが貿易(2)であり，いくつかの国際的な経済機構(3)が重要な役割を担っている。海外との取引(4)は外国為替を用いて行われることが多く，その際，異なる通貨間の交換比率である為替レート(5)が大切となる。一国の一定期間の国際間の経済取引に関する収支は国際収支によってあらわされ，おおきく経常収支，資本移転等収支，金融収支から構成される。なかでも経常収支は，国境を越える財・サービスなどの取引をあらわしたもので，貿易・サービス収支，第一次所得収支，第二次所得収支からなる。これまでの日本の経常収支の動向をみると，1960年代前半(6)には，景気拡大が続くと輸入の増加などから経常収支が赤字化していたが，1960年代後半に入ると，固定相場制における１ドル＝360円の固定為替レート(7)の下で日本製品の国際競争力が強まり，経常収支の黒字が定着した。その後，1970年代には，1973年～75年及び1979年～80年の２つの期間で，第一次及び第二次石油危機(8)による石油価格の上昇が貿易収支を悪化させ，経常収支が赤字となったが，それ以外の期間ではおおむね黒字で推移した。1980年代に入ると，日本の経常収支の黒字は，一国の経済活動を示す指標(9)のひとつである名目GDPとの比率でみて，平均的に２％台の水準に達した。こうした中，［　a　］年に先進５カ国財務相・中央銀行総裁会議（G5）において，ドル高是正に向けた［　b　］がなされたことから，日本円の為替レートは急速に増価した。その後，［　c　］年に先進７カ国財務相・中央銀行総裁会議（G7）では急激なドル暴落を抑え，外国為替相場の安定を目指す［　d　］がなされた。こうした為替動向の影響などもあり，日本の経常収支の黒字は，対名目GDP比率でみて，1986年の4.1％をピークに減少に転じた。その後，日本の経常黒字の対名目GDP比率は，1990年に1.4％まで低下したが，バブル崩壊と経済成長の鈍化を受けて上昇に転じ，1990年代は平均して2.3％となった。より最近では，日本の経常黒字の対名目GDP比率は，2000年代では平均3.2％，2010年代では平均2.6％となっている。

問１　下線部(1)に関連して，国境を越えた経済活動に関する記述として適切でないものを，次の①～④の中からひとつ選び，その番号をマークせよ。［　1　］

① 発展途上国が原材料となる一次産品を輸出し，それを先進国が加工して工業製品として輸出する国際分業を垂直的分業という。

② 企業の合併・買収（M&A）や資本提携は世界規模で行われている。

③ 自由貿易の主張に対して，ドイツの経済学者ケインズは，幼稚産業を守る保護貿易を行うべきであると主張した。

④ 国境を越えて生産活動をする企業に対する規制の内容は国や地域によって異なる。

問２　下線部(2)に関連して，貿易における国際分業の利益をリカードの比較生産費説に基づいて説明する例を考える。56人の労働者からなるＡ国と，40人の労働者からなるＢ国が，ワインと穀物を生産しており，各国がそれぞれの財の生産に必要な労働者数は下の表にあらわされている。現状である国際分業前は，Ａ国もＢ国もそれぞれワイン２単位と穀物２単位を生産している。この例から読み取れるものとしてもっとも適切なものを，下の①～④の中からひとつ選び，その番号をマークせよ。　**2**

	ワイン２単位の生産に必要な労働者数	穀物２単位の生産に必要な労働者数
Ａ国	40	16
Ｂ国	8	32

① Ａ国がワインの生産にすべての労働力を用い，Ｂ国が穀物の生産にすべての労働力を用いると，現状である国際分業前と比べ両国全体でワインの生産量と穀物の生産量はともに減少する。

② Ａ国が穀物の生産にすべての労働力を用い，Ｂ国がワインの生産にすべての労働力を用いると，現状である国際分業前と比べ両国全体でワインの生産量は増加し穀物の生産量は減少する。

③ 穀物１単位の生産を取りやめその労働力をワインの生産に用いたとき，そのかわりに増産できるワインの生産量は，Ａ国の方がＢ国よりも大きい。

④ ワイン１単位の生産を取りやめその労働力を穀物の生産に用いたとき，そのかわりに増産できる穀物の生産量は，Ａ国の方がＢ国よりも小さい。

問３　下線部(3)に関連して，次のＡ～Ｃは国際機構の設立の目的や特徴をあらわした説明文である。これらの説明文と国際機構の名称との組み合わせとしてもっとも適切なものを，下の①～⑥の中からひとつ選び，その番号をマークせよ。　**3**

Ａ　為替相場の安定と為替制限の除去による世界貿易の拡大，国際収支の赤字国への資金融資などを目的として，1945年に設立された。

B　関税及び貿易に関する一般協定（GATT）を改組して設立され，モノ・サービスの貿易や知的財産権に関する世界共通のルールを定め，紛争処理機関での迅速な解決をはかる。

C　高水準の経済成長の維持，発展途上国の経済発展への援助，世界貿易の拡大を目指す。下部機構に開発援助委員会（DAC）がある。

	国際通貨基金（IMF）	世界貿易機関（WTO）	経済協力開発機構（OECD）
①	A	B	C
②	A	C	B
③	B	A	C
④	B	C	A
⑤	C	A	B
⑥	C	B	A

問4　日本と国際機構の関わりについて，日本が国際収支の悪化を理由に為替制限ができないIMF8条国となったのはいつか。もっとも適切なものを，次の①～⑥の中からひとつ選び，その番号をマークせよ。　**4**

① 1964年
② 1968年
③ 1973年
④ 1975年
⑤ 1985年
⑥ 1987年

問5　下線部⑷に関連して，日本は中国，アメリカ，韓国との経済のつながりが強く，下の表は日本とそれぞれの国の間での2020年の輸出入総額を示したものである。A，B，Cに該当する国の組み合わせとしてもっとも適切なものを，下の①～⑥の中からひとつ選び，その番号をマークせよ。　**5**

国	輸出入総額（単位は億円）
A	200,491
B	325,750
C	76,064

（「日本国勢図会」2021/22より作成）

	A	B	C
①	中国	アメリカ	韓国
②	中国	韓国	アメリカ
③	アメリカ	中国	韓国
④	アメリカ	韓国	中国
⑤	韓国	中国	アメリカ
⑥	韓国	アメリカ	中国

問6　下線部(5)に関連して，為替レートの変化と輸出企業の売上への影響を考える。日本のある企業は自社の電化製品をアメリカで販売しており，1ドル＝125円のとき4000万ドルの売上であった。その1年後，1ドル＝130円になったとき，この企業は同じ数量の同じ製品をアメリカで販売し，同じく4000万ドルの売上があったとすると，円に換算した売上はどのくらい増加または減少するかについてもっとも適切なものを，次の①～④の中からひとつ選び，その番号をマークせよ。　[6]

① 2億円増加
② 2億円減少
③ 20億円増加
④ 20億円減少

問7　下線部(6)に関連して，1960年代前半の日本に関する出来事の記述として適切でないものを，次の①～④の中からひとつ選び，その番号をマークせよ。　[7]

① 農業基本法を制定
② 東海道新幹線が開通
③ 日本が経済協力開発機構（OECD）に加盟
④ 日本が国際連合に加盟

問8　空欄 [a] [b] [c] [d] に当てはまる国際会議における合意とその年の組み合わせとしてもっとも適切なものを，次の①～④の中からひとつ選び，その番号をマークせよ。　[8]

	a	b	c	d
①	1985	ルーブル合意	1987	プラザ合意
②	1987	ルーブル合意	1989	プラザ合意
③	1985	プラザ合意	1987	ルーブル合意
④	1987	プラザ合意	1989	ルーブル合意

問9　下線部(7)に関連して，次のA～Cの為替相場制の変容に関連する出来事を時系列に，古いものから新しいものへ並べた配列を，下の①～⑥の中からひとつ選び，その番号をマークせよ。 9

A　キングストン合意

B　ニクソン・ショック

C　スミソニアン協定

① A → B → C
② A → C → B
③ B → A → C
④ B → C → A
⑤ C → A → B
⑥ C → B → A

問10　下線部(8)に関連して，第一次石油危機，第二次石油危機に関する記述として適切でないものを，次の①～④の中からひとつ選び，その番号をマークせよ。 10

① 日本では第一次石油危機の影響もあり，1974年に第二次世界大戦後初めてマイナス成長になった。

② 第一次石油危機による原油価格の上昇は，スタグフレーションの発生の一因となった。

③ 第二次石油危機は，イラン革命を背景とした石油輸出国機構（OPEC）の石油戦略などに由来して発生した。

④ 第二次石油危機を契機にベトナム戦争が終結した。

問11　下線部(9)に関連して，国民経済全体の活動水準をあらわした指標に関する記述として適切でないものを，次の①～④の中からひとつ選び，その番号をマークせよ。 11

① 国民所得（NI）は，生産，分配，支出の三つの面からとらえることができ，これら

三面の額が等しいことを国民所得の三面等価の原則という。

② 国民所得（NI）は，国内総生産（GDP）に海外からの所得の純受取を加えたものである。

③ 国内総生産（GDP）は，フローをあつかった指標である。

④ 日本の国内総生産（GDP）は，日本国内で働いている外国人の生み出した所得は含むが，国外で働いている日本人が生み出した所得は含まない。

Ⅱ 次の文章を読み，それにつづく問１～13に答えよ。

1997年11月３日には，三洋証券が会社更生法の適用を申請した。この折，戦後初めて短期金融市場(1)においてデフォルト（債務不履行）が生じた。そのことが市場における金融機関の行動を極めて慎重にさせることになり，その後の連鎖的破綻の火種となったといわれている。11月17日には拓銀が破綻し，北洋銀行へ営業譲渡することを発表した(2)。拓銀は既に海外業務からの撤退を表明していたので国際的信用への被害は限定的であったが，日本政府がToo big to failの方針を放棄したとも解される主要銀行の一角の破綻は内外に大きな衝撃を与えた。しかしこのときにはまだ世間の受け取り方は冷静であった。日本も破綻処理を含む思い切った金融再編成に取り組み始めたと好意的に受け止められ，一時は株価が上昇した。

11月24日には４大証券の一社が「飛ばし」による簿外取引2648億円があったことを認め，自主廃業を発表した。以上のような銀行・証券を通ずる金融機関の大規模な破綻は，それぞれ膨大な不良債権や放漫な経営など破綻処理もやむをえない十分な事情のあるケースであった。しかし伝統的な金融行政の発想では，そのような事情は事情として金融システムの動揺が与える影響について慎重に判断し，連続的な破綻回避のため何らかの方策を講じた可能性がある。しかし当時は，Free，Fair，Globalを掲げる日本版ビッグバン(3)に邁進していた「正論」の時代であったので，政府は新たな時代の新たな手法の断行に躊躇しなかった。

26日には第二地銀の徳陽シティ銀行も自主再建を断念し，仙台銀行への営業譲渡を発表した。日本の金融危機はどこまで燃え広がるのか，止まることのない破綻の連続に内外から不安の視線が注がれた。ここまで集中的に金融機関の破綻が続くと，（たとえそれが「正論」の実行であったとしても）日本の金融当局は金融システム安定性維持のための能力を喪失したのかと世界から懸念を持たれるに至る。大蔵大臣と日銀総裁は連名で預金者に対し沈静化を促す談話を発表したものの，預金保険制度(4)上は保護対象になっていない金融債・金銭信託などには換金の動きが激しかった。また先行き不安感からインターバンク市場は取引の激減を招き，それまでは抽象論とされていた金融システムの機能停止が現実に懸念される状態となった。政府は「正論」に委ねすぎ，事態の展開に対する予測を誤った可能性がある。

かねての懸念であったとはいえ，そのような折に財政構造改革法(5)が可決・成立されたことは，特に海外では違和感をもって迎えられた。そういう受け止め方は市場を通して直ちに国内へも跳ね返り，政策転換を求める声が相次いだ。12月16日に自民党は金融システム安定化のための緊急対策を決定，また翌17日には緊急国民経済対策（第３次）を発表した。この頃には，日本の金融危機がアジアの経済危機(6)と連動して世界恐慌の引き金(7)を引きかねないとの危惧も表明され，APEC首脳会議から帰国した［　Ａ　］首相は従来の財政再建路線を緩めざるを得なかった。

（出典：西村吉正『日本の金融制度改革』東洋経済新報社，2003年）

問１　下線部(1)に関連して，短期金融市場に含まれる市場として，適切でないものを，次の①～④の中からひとつ選び，その番号をマークせよ。［12］

① 譲渡性預金市場
② 株式市場
③ コール市場
④ 手形売買市場

問２　下線部(2)に関連して，1997（平成９）年から1999（平成11）年の日本の金融危機時に経営破綻した金融機関はどの金融機関か。適切でないものを，次の①～④からひとつ選び，その番号をマークせよ。［13］

① 日本長期信用銀行
② 日本債券信用銀行
③ 日本振興銀行
④ 山一證券

問３　日本銀行が，2013年から，短期金融市場において実施した公開市場操作の説明として，もっとも適切なものを，次の①～④からひとつ選び，その番号をマークせよ。［14］

① 資金吸収オペレーションを短期金融市場で行い，マネーストックを減少させることでデフレーションの克服を目指した。
② 国債市場において金融機関などへ国債を売却する資金供給オペレーションを行った。
③ 金融緩和政策により金利を下げ，さらに市中に出回る通貨量を増大させた。
④ 預金準備率操作を行い，市中銀行からの貸出額を縮小させることで，株価を上昇させることを試みた。

問４　下線部(3)に関連して，日本版金融ビッグバン構想に関する金融規制改革のうち，これに

含まれないものを，次の①～④の中からひとつ選び，その番号をマークせよ。 15

① 金融持ち株会社解禁

② 外国為替法改正（1998年）

③ 金融システム改革法制定

④ 金融商品取引法施行

問5　日本版金融ビッグバン構想に先駆け，規制が厳しい金融制度を一気に自由化する金融資本市場改革を行った国・地域はどこか。その実施時期と実施国・地域の組み合わせとして，もっとも適切なものを，次の①～⑥の中からひとつ選び，その番号をマークせよ。 16

	実施時期	実施国・地域
①	1975年	イギリス
②	1980年	イギリス
③	1986年	イギリス
④	1992年	アメリカ
⑤	1990年	香港
⑥	1996年	香港

問6　下線部(4)に関連して，2005年から全面的に実施されたペイオフの説明として，もっとも適切なものを次の①～④の中からひとつ選び，その番号をマークせよ。 17

① ペイオフは，銀行等の金融機関が経営不振に陥り，預金の払い戻しに応じることができなくなったとき，その金融機関に代わりすべての預金の払い戻しに応じる制度である。

② ペイオフは，銀行等の金融機関が経営不振に陥り，預金の払い戻しに応じることができなくなったとき，その金融機関に代わり払い戻す預金・利息額に上限を設けることである。

③ ペイオフは，銀行等の金融機関が経営不振に陥り，預金の払い戻しに応じることができなくなったとき，無利子・決済サービスであることなど，払い戻しの対象となる預金の条件のことである。

④ ペイオフは，銀行等の金融機関が経営不振に陥り，預金とその利息の払い戻しに応じることができなくなったとき，その金融機関が保有する資産を差し押さえる手続きのことである。

問7　下線部(5)に関連して，下図に2019年度の日本の国税の内訳が示されている。法人税の国税に占める比率として，もっとも適切なものを，下の①～④の中からひとつ選び，その番号をマークせよ。 18

国税の内訳（財務省資料，2019年度当初予算）

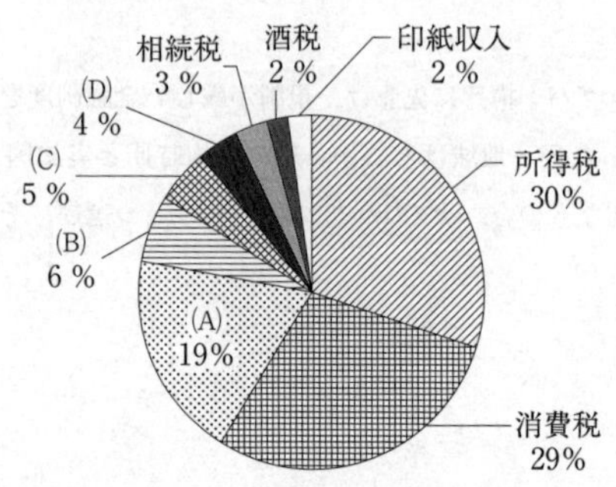

① (A)　② (B)　③ (C)　④ (D)

問8　下線部(6)に関連して，1997年7月にアジア通貨危機の最初のきっかけとなった通貨暴落が最初に発生した国はどこか。もっとも適切なものを，次の①～⑦の中からひとつ選び，その番号をマークせよ。 19

① インドネシア　② フィリピン　③ マレーシア　④ タイ　⑤ ベトナム
⑥ ミャンマー　⑦ ラオス

問9　国境を越える地域統合の潮流を受け発足した，東南アジア，北米，南米の自由貿易協定・関税同盟は，下表のAからIのいずれかの時期に発足している。これらが発足した時期の組み合わせとして，もっとも適切なものを，下の①～⑨の中からひとつ選び，その番号をマークせよ。 20

	ASEAN自由貿易地域（AFTA）	北米自由貿易協定（NAFTA）	メルコスール（南米南部共同市場）
1993年発足	A	B	C
1994年発足	D	E	F
1995年発足	G	H	I

① A：AFTA　B：NAFTA　C：メルコスール

② A：AFTA　E：NAFTA　F：メルコスール

③ A：AFTA　E：NAFTA　I：メルコスール

④ D：AFTA　B：NAFTA　C：メルコスール

⑤ D：AFTA　E：NAFTA　F：メルコスール

⑥ D：AFTA　H：NAFTA　I：メルコスール

⑦ G：AFTA　B：NAFTA　C：メルコスール

⑧ G：AFTA　E：NAFTA　F：メルコスール

⑨ G：AFTA　H：NAFTA　I：メルコスール

問10　環太平洋パートナーシップ協定（TPP）の説明として，もっとも適切なものを，次の①～④の中からひとつ選び，その番号をマークせよ。　21

① 日本，ブルネイ，カンボジア，ラオス，シンガポール，タイ，ベトナム，豪州，中国，ニュージーランドの10カ国において2022年1月に発効した協定

② 1989年のアジア太平洋諸国・地域の閣僚会議を契機として締結された協定

③ 先進国・新興国の20カ国・地域から構成され，2008年以降，年1回首脳会議が開催される協定

④ 2016年に12カ国により署名され，2017年に離脱したアメリカを除く11カ国で，2018年に発効した協定

問11　自由貿易協定（FTA）と経済連携協定（EPA）に関する説明として，もっとも適切なものを，次の①～④の中からひとつ選び，その番号をマークせよ。　22

① 日本政府は経済連携協定よりも自由貿易協定を重視して締結交渉を推進してきた。

② 自由貿易協定は貿易自由化に加えて，流通・金融などのサービス分野の自由化や人の移動の自由化が含まれる。

③ 日本は韓国との二国間としては，自由貿易協定，経済連携協定のいずれも締結していない。

④ 日本はアメリカと1988年に自由貿易協定を締結している。

問12　下線部(7)に関連して，世界恐慌以来の危機と言われる2008年9月に発生したリーマン危機のきっかけとなったサブプライムローンとは，どのようなローンか。もっとも適切なものを，次の①～⑤の中からひとつ選び，その番号をマークせよ。　23

① 大学生向け教育ローン

② 信用力の高い個人向け住宅ローン

③ 信用力の低い個人向け住宅ローン

④ 信用力の低い個人向け自動車ローン

⑤ 使途を制限しない高金利の個人ローン

問13　空欄 [A] に関連して，このときの日本の総理大臣は誰か。もっとも適切なものを，次の①～⑥の中からひとつ選び，その番号をマークせよ。 [24]

① 小渕恵三

② 森喜朗

③ 橋本龍太郎

④ 宮澤喜一

⑤ 海部俊樹

⑥ 小泉純一郎

Ⅲ 次の文章を読み，それにつづく問1～10に答えよ。

【A】

自然環境に国境はなく，一地域の環境負荷は地球規模に広がっていく。一方，地球環境が悪化すればその影響は地域の環境に変化を及ぼす。つまり，環境問題は地域的・大域的に双方向で影響しあう複雑な構造をもつ。この構造を考慮すると，地域段階における取り組み(1)は大域的環境問題への対応(2)の基礎となるため，地域間協調行動が非常に重要であるとわかる。

地球温暖化問題はその一例であり，その対策の変遷から協調行動の難しさと重要性を知ることができる。産業革命以降，人は経済成長とともにエネルギーの消費(3)を急激に増加させ，二酸化炭素などの温室効果ガスの排出量が急激に増加したため，気候変動による災害発生が懸念されている。これまでに国際社会は協調しながら温室効果ガス排出量の削減を進めてきた(4)。しかし，非協調的行動をとる国や国際社会情勢が解決への歩みの障害となった。したがって地域的にも国際的にもエネルギー利用の在り方などの温室効果ガス排出量に対する対策(5)について，さらに野心的な取り組みが継続して求められている。

【B】

各国や各地域が協力的な行動をとるためには，安定した社会の構築が重要である。日本社会の安定について考えるとき，一国として人口動態を無視することはできない。特に日本の人口動態の高齢化(6)は顕著であり，これは社会保障を通じた再分配政策(7)について世代間の対立を生む原因ともなる。さらに，世代間という時間を通じた課題だけでなく，地域間という空間を通じた課題も目立つ。日本は [a] の第8章に「地方自治」(8)を定め，これに基づいて各地方に自治を認めている。ただし，(9)地方公共団体の財政力は地域によって異なるため，地域間格差が生じている。現代の社会は，これらの時間的・空間的な課題を考慮しながら，各地方や一国の安定を確立すると同時に，国際的な問題の解決に向けた協調的な行動をとらなければならない。

問1　下線部(1)に関連して，日本の公害や廃棄物の問題に関する記述としてもっとも適切なものを，次の①～④の中からひとつ選び，その番号をマークせよ。 25

① 循環型社会形成推進基本法は，社会の物質循環の確保や天然資源の消費の抑制などを目的とした，廃棄物の適正処理とリサイクル推進にかかわる基本法である。

② 循環型社会形成推進基本法には，「生産者が製品の生産・使用・廃棄の段階まで責任を負う」という３Ｒの考え方が組み込まれている。

③ 環境基本法は，国連環境計画（UNEP）が勧告した汚染者負担の原則（PPP）だけでなく，無過失責任の原則と環境影響評価の実施に基づいている。

④ 公害健康被害補償法は，公害の被害者が療養費，障がい補償費などを請求するなど，補償裁判を進めるための指針などを定めた。

問2　下線部(2)に関連して，次のＡ～Ｃの国際条約を採択された年代順に古いものから新しいものへ並べた配列を，下の①～⑥の中からひとつ選び，その番号をマークせよ。 26

Ａ　ラムサール条約

Ｂ　気候変動枠組条約・生物多様性条約

Ｃ　バーゼル条約

① Ａ → Ｂ → Ｃ
② Ａ → Ｃ → Ｂ
③ Ｂ → Ａ → Ｃ
④ Ｂ → Ｃ → Ａ
⑤ Ｃ → Ａ → Ｂ
⑥ Ｃ → Ｂ → Ａ

問3　下線部(3)に関連して，次の図は，日本，中国，アメリカ，カナダ，フランス，ドイツの2020年の一次エネルギー消費量の燃料別構成比（単位：%）を，消費総量の多い国順に上から並べたものである。Ａ～Ｅにあてはまる国の組み合わせとしてもっとも適切なものを，下の①～⑩の中からひとつ選び，その番号をマークせよ。 27

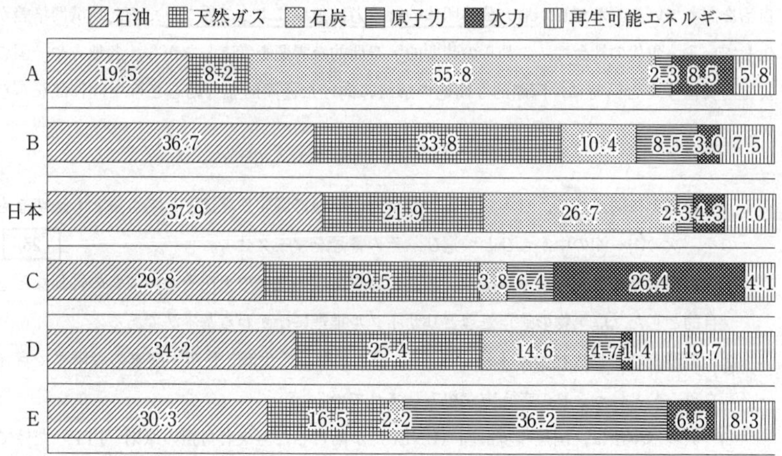

(bp Statistical Review of World Energyより作成)

	A	B	C	D	E
①	アメリカ	中国	フランス	ドイツ	カナダ
②	アメリカ	中国	ドイツ	フランス	カナダ
③	アメリカ	中国	ドイツ	カナダ	フランス
④	アメリカ	中国	カナダ	フランス	ドイツ
⑤	アメリカ	中国	カナダ	ドイツ	フランス
⑥	中国	アメリカ	フランス	ドイツ	カナダ
⑦	中国	アメリカ	ドイツ	フランス	カナダ
⑧	中国	アメリカ	ドイツ	カナダ	フランス
⑨	中国	アメリカ	カナダ	フランス	ドイツ
⑩	中国	アメリカ	カナダ	ドイツ	フランス

問4　下線部(4)に関連して，京都議定書に関する記述としてもっとも適切なものを，次の①～④の中からひとつ選び，その番号をマークせよ。 **28**

① 京都議定書における温室効果ガス排出量削減目標の基準は，産業革命以前レベルとされた。

② 京都議定書は，第一約束期間（2008～2012年）の前にいくつかの国が離脱を表明したが，第二約束期間（2013～2020年）として延長が決定される際には，これを拒否した国はいなかった。

③　京都メカニズムでは，他国と協力して温室効果ガス排出量を削減する事業の実施だけでなく，国家間で直接的に温室効果ガス排出量の排出枠を金銭でやり取りすることも認められた。

④　京都議定書に批准したすべての国には温室効果ガス排出量の具体的な削減目標の達成が義務として定められた。

問5　下線部(5)に関連して，各国の環境・資源・エネルギー政策に関する記述としてもっとも適切なものを，次の①～④の中からひとつ選び，その番号をマークせよ。　29

①　ヨーロッパ諸国を中心とした多くの国で環境税が導入されているが，日本の税制度は一貫して税収を得るために設計されているため，環境税は導入されていない。

②　東日本大震災を機に市民の反原発運動が世界各地で展開したが，原子力発電を廃炉にする時間と費用が莫大であることから，その利用廃止を決定した国はない。

③　持続可能な開発目標（SDGs）は，ミレニアム開発目標（MDGs）の後継として日本で独自に策定された。

④　日本では2011年に再生可能エネルギー特別措置法が成立し，新エネルギーの普及を進めている。

問6　下線部(6)に関連して，少子高齢化に関する記述としてもっとも適切なものを，次の①～④の中からひとつ選び，その番号をマークせよ。　30

①　高齢化率（65歳以上の人口の割合が総人口に占める割合）が７％を超えた社会を高齢化社会，14％を超えた社会を高齢社会という。そして，高齢化率が28.8％を超える社会を超高齢社会と呼ぶため，高齢化率21％の現在の日本はまだ高齢社会である。

②　日本は2005年に合計特殊出生率が1.0を下回る人口減少社会に突入した。

③　日本では，児童福祉法，身体障害者福祉法，知的障害者福祉法，老人福祉法，母子及び父子並びに寡婦福祉法，生活保護法という，いわゆる福祉六法があるが，高度な少子高齢社会では福祉の質が低下すると懸念されている。

④　少子高齢化が進行すると，年金積立方式では税金や保険料を支払う現役世代の負担が増大する。したがって日本では，民間による確定拠出年金制度が開始されている。

問7　下線部(7)に関連して，次の図に，日本（2019年度），アメリカ（2019年），フランス（2019年）の租税負担率と社会保障負担率の和である国民負担率（単位：％）が示されている。図のA～Cにあてはまる国の組み合わせとしてもっとも適切なものを，下の①～⑥の中からひとつ選び，その番号をマークせよ。　31

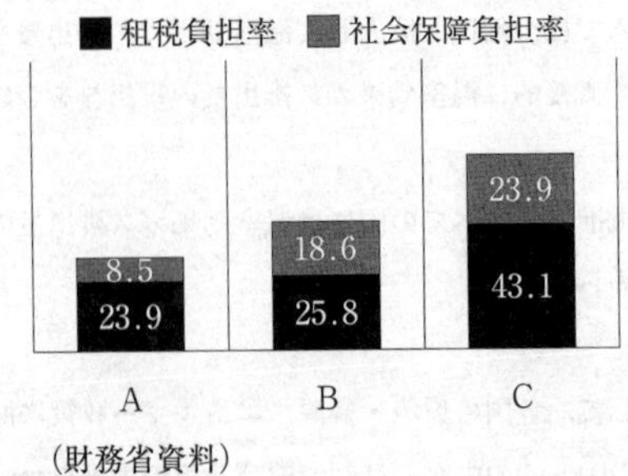

（財務省資料）

租税負担率（％）$= \frac{\text{国税＋地方税}}{\text{国民所得}} \times 100$

社会保障負担率（％）$= \frac{\text{各種社会保険の保険料}}{\text{国民所得}} \times 100$

国民負担率（％）＝租税負担率＋社会保障負担率

	A	B	C
①	日本	アメリカ	フランス
②	日本	フランス	アメリカ
③	アメリカ	日本	フランス
④	アメリカ	フランス	日本
⑤	フランス	日本	アメリカ
⑥	フランス	アメリカ	日本

問８　空欄［ a ］にあてはまる語句としてもっとも適切なものを，次の①～④の中からひとつ選び，その番号をマークせよ。［32］

① 地方自治法
② 日本国憲法
③ 明治憲法
④ 地方分権一括法

問９　下線部(8)に関連して，地方自治に関する記述として適切なものを，次の①～④の中からひとつ選び，その番号をマークせよ。［33］

① 日本の「平成の大合併」を起こしたきっかけは，地方分権一括法の成立である。
② 日本の地方公共団体は都道府県と市町村のみで構成される。

③　イギリスの政治学者ブライスは，民主主義を通して地域の代表者に住民が抱える問題を解決してもらうという意味で，「地方自治は，民主主義の医師である」と述べた。

④　国政と違って地方自治では直接請求権が認められていないため，住民が条例の制定や改廃を請求することができない。

問10　下線部(9)に関連して，日本の地方財政に関する記述としてもっとも適切なものを，次の①～④の中からひとつ選び，その番号をマークせよ。　**34**

①　地方交付税と国庫支出金の合計は歳出の三割を超えることはできないことを三割自治という。

②　地方交付税はその使途を自主的に決定できる一般財源であるのに対して，国庫支出金はその使途が国により定められた特定財源に分類される。

③　総務省によると，47都道府県のうち2019年度で最も財政力の高い地方公共団体は愛知県であり，最も低い地方公共団体は東京都である。

④　2000年代，日本は大きな政府を目指して三位一体改革などが実施された。

Ⅳ　次の文章を読み，それにつづく問１～８に答えよ。

データ分析から，女性の就業行動原理を理解する上でいくつかの重要な発見がありました。第一に，正社員の仕事を見つけるのはかなり難しい(1)ということです。たとえば，ある年に主婦であった人が，翌年，非正規社員の仕事に就く確率は10パーセントほどですが，これが正社員になるとわずか１パーセントにとどまります。本人のスキルや雇用形態についての志望といった要素を考慮しても，正社員として就業するのはかなり難しい(2)という結論は変わりませんでした。いちど正社員の仕事に就いたら，在職中に次の仕事を見つけるのでもない限り，正社員の仕事を辞めないことが，女性のキャリアにとって重要になります。これは，育休による雇用保証が重要であることを示唆しています。

第二に，幼い子供を育てながら働くのはもちろん大変です(3)が，子どもが１歳になると，そうした負担は大きく減るということです。この理由の一つには，０歳児保育を見つけるのに比べると，１歳児保育は比較的見つけやすいことが挙げられます。

（中略）

第三に，大多数の人にとって，育児休業によって大きくスキルを失ってしまう心配は当てはまらないということです。たしかに，育休をとることでキャリアを諦めなければならないくらいの失点になってしまう人もいないわけではありません。そうした人々にとって重大な問題であることは間違いのないことです。しかし，数カ月から１年程度の育休がキャリアにとって

「致命傷」になってしまうのは，ごく限られた高度な専門職，管理職などにとどまります。もちろん，育休から復帰して仕事のやり方を思い出し，調子を取り戻すのには苦労をともないます。それでも，育休取得のために職業上の能力の多くを失ってしまうのは一部の人にだけ当てはまるようです。

（中略）

シミュレーションの結果によると，1年間の育休が取得可能な今の制度は，お母さんの就業を大きく引き上げることがわかりました。(4)育休が全く制度化されていない場合と比べて，現在の育休制度は，出産5年後に仕事をしている母親の割合をおよそ50パーセントから60パーセントに引き上げているようです。ところが，今の制度を変更して育休期間を3年間に延長することにはさほど大きな効果がないと予測されました。育休3年制を導入しても，出産5年後に仕事をしている母親の割合は現在に比べて1パーセントしか増えないようです。育休3年制への移行が大きな効果を持たないと予測されているのは，多くの人は育休を3年間も必要としていないと考えられるためです。待機児童問題が深刻であるとはいえ，子どもが1歳になれば無認可も含めて保育園の利用もより現実的に可能になります。

また，育休3年制のもとでも，給付金がもらえる期間が1年であるならば，2年目以降は家計所得が大きく落ち込みます。多少の苦労があっても，収入のために仕事復帰したいと考えるお母さんが多数派であると予想されています。こうした理由で，育休3年制が導入されたとしても，実際に3年間育休をとる人はあまり多くないのではないかと考えられます。したがって，今よりも手厚い育休3年制に移行したとしても，お母さんの就業に大きな影響を与えないでしょう。

（出典：山口慎太郎『「家族の幸せ」の経済学』光文社新書，2019年）

問1　下線部(1)に関連して，ある年に主婦であった人が翌年以降，正社員の仕事を見つけることが難しい理由として，もっとも適切なものを，次の①～④の中からひとつ選び，その番号をマークせよ。　**35**

① 終身雇用，年功序列賃金などの日本的経営方式が近年，再び強化の方向へ転じたため。

② 労働市場の自由化と規制緩和が，企業の非正規雇用者の雇用を容易にしたため。

③ 労働基準法により2006年まで正規雇用者の転職が禁じられていたため。

④ スタートアップ企業の設立が増えたことで転職市場の規模が縮小しているため。

問2　就職や昇進をめぐる職場での男女差別問題に取り組むため，1985年に初めて成立した法律として，もっとも適切なものを，次の①～④の中からひとつ選び，その番号をマークせよ。　**36**

① 職業安定法　② 男女雇用機会均等法　③ 労働組合法
④ 男女共同参画社会基本法

問3 下線部(2)に関連して，次のA～Cは日本の企業の被雇用者を対象とする法律である。これらの法律が制定された順に，古いものから新しいものへ並べた配列を，下の①～⑥の中からひとつ選び，その番号をマークせよ。 37

A 健康保険法　B 雇用保険法　C 厚生年金保険法

① A → B → C
② A → C → B
③ B → A → C
④ B → C → A
⑤ C → A → B
⑥ C → B → A

問4 下線部(3)に関連して，労働時間に関する説明のうち，適切でないものを，次の①～④の中からひとつ選び，その番号をマークせよ。 38

① 実労働時間は所定内労働時間と所定外労働時間の合計時間である。
② 時間外労働とは使用者と労働組合または従業員代表者が結んだ協定による法定労働時間を延長した労働時間である。
③ 週40時間労働とは一週間の労働時間を40時間以内とする制度である。
④ 長時間労働とは一週間40時間を上限とする時間外労働の限度基準を超える労働のことである。

問5 下線部(4)に関連して，出産後の女性の就業率を高めるための政策として，本文から読み取れるなかでもっとも効果的なものはなにか。もっとも適切なものを，次の①～④の中からひとつ選び，その番号をマークせよ。 39

① 幼児教育の強化を支援することで非認知能力が育まれ，母親の育児負担が軽減される。
② 待機児童問題の解消を目指しつつ，給付金の支給期間に合わせて育休1年制を用いること。
③ 育休1年制を3年の育休制度へ長期化することで家計の経済的な負担を緩和すること。
④ 企業における雇用保証制度を撤廃すること。

問6 育児・介護休業法の説明として，適切でないものを，次の①～④の中からひとつ選び，その番号をマークせよ。 40

① 乳幼児や介護が必要な家族を持つ労働者の一定期間の休業を，労働者からの申し出があった場合，事業者に義務づけた法律である。

② 1985年に育児休業法として制定され，1995年に育児・介護休業法に改正されている。

③ 育児や介護のため休業する労働者には給付金が雇用保険から支給される。

④ 2021年の改正では，子どもの出生直後の父親が休みを取りやすくする「男性版産休」制度ができた。

問7 下図に日本（2004年），日本（2020年），米国（2020年），スウェーデン（2020年）の女性の労働力率の推移が描かれている。この図のA国からD国の組み合わせとして，もっとも適切なものを，次の①～⑥の中からひとつ選び，その番号をマークせよ。 41

① A－日本（2004年） B－日本（2020年） C－米国（2020年）
D－スウェーデン（2020年）

② A－日本（2020年） B－日本（2004年） C－米国（2020年）
D－スウェーデン（2020年）

③ A－日本（2004年） B－米国（2020年） C－スウェーデン（2020年）
D－日本（2020年）

④ A－日本（2020年） B－米国（2020年） C－スウェーデン（2020年）
D－日本（2004年）

⑤ A－米国（2020年） B－スウェーデン（2020年） C－日本（2004年）
D－日本（2020年）

⑥ A－米国（2020年） B－スウェーデン（2020年） C－日本（2020年）
D－日本（2004年）

図表　女性の年齢階級別労働力率（ILO資料）

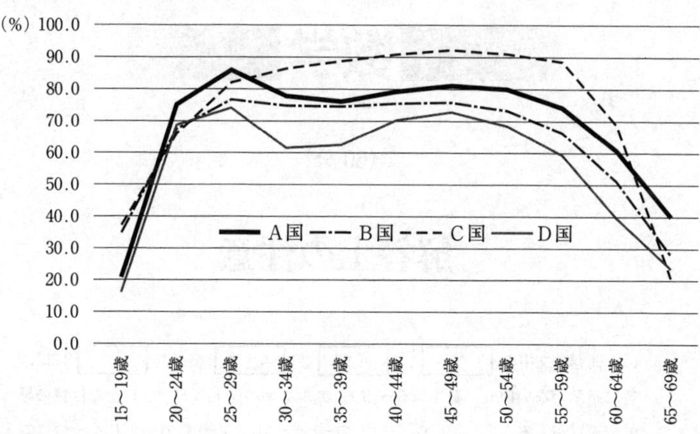

問8　ヨーロッパでは，労働時間の短縮とともに，一人当たりの労働時間を減らして仕事を分かち合い，雇用を創出する仕組みが推進されてきた。その仕組みとして，もっとも適切なものを，次の①～④の中からひとつ選び，その番号をマークせよ。 42

① ワークシェアリング

② フレックスタイム制

③ 成果主義型賃金制度

④ 裁量労働制

数学

（60 分）

解答上の注意

1．　問題の文中の $\boxed{\ \text{ア}\ }$，$\boxed{\ \text{イウ}\ }$，$\boxed{\ \text{エオカ}\ }$ などの $\boxed{\qquad}$ には，特に指示がない限り，数字（0～9），アルファベット（a～d）または負の符号（−）が入る。ア，イ，ウ，…… の一つ一つは，これらのいずれか一つに対応する。それらを解答用紙のア，イ，ウ，…… で示された解答欄にマークせよ。

［例 1］ $\boxed{\ \text{アイウ}\ }$ に − 86 と答えたいとき

ア	●	⓪	①	②	③	④	⑤	⑥	⑦	⑧	⑨	ⓐ	ⓑ	ⓒ	ⓓ
イ	⊖	⓪	①	②	③	④	⑤	⑥	⑦	●	⑨	ⓐ	ⓑ	ⓒ	ⓓ
ウ	⊖	⓪	①	②	③	④	⑤	●	⑦	⑧	⑨	ⓐ	ⓑ	ⓒ	ⓓ

［例 2］ $\boxed{\ \text{エ}\ } - \boxed{\ \text{オ}\ }$ に $9 - a$ と答えたいとき

エ	⊖	⓪	①	②	③	④	⑤	⑥	⑦	⑧	●	ⓐ	ⓑ	ⓒ	ⓓ
オ	⊖	⓪	①	②	③	④	⑤	⑥	⑦	⑧	⑨	●	ⓑ	ⓒ	ⓓ

2．　分数で解答するときは，既約分数（それ以上約分できない分数）で答えよ。符号は分子に付け，分母に付けた形では答えないこと。

［例 3］ $\dfrac{\boxed{\ \text{カキ}\ }}{\boxed{\ \text{ク}\ }}$ に $-\dfrac{2}{7}$ と答えたいときは，$\dfrac{-2}{7}$ として

カ	●	⓪	①	②	③	④	⑤	⑥	⑦	⑧	⑨	ⓐ	ⓑ	ⓒ	ⓓ
キ	⊖	⓪	①	●	③	④	⑤	⑥	⑦	⑧	⑨	ⓐ	ⓑ	ⓒ	ⓓ
ク	⊖	⓪	①	②	③	④	⑤	⑥	●	⑧	⑨	ⓐ	ⓑ	ⓒ	ⓓ

3．　根号を含む形で解答する場合は，根号の中に現れる自然数が最小となる形で答えよ。

例えば，$4\sqrt{2}$，$\dfrac{\sqrt{13}}{2}$ と答えるところを，$2\sqrt{8}$，$\dfrac{\sqrt{52}}{4}$ のように答えないこと。

1 次の各問の □ に適する答を解答欄にマークせよ。

[1] $(x-5)(x-3)(x-1)(x+1)(x+3)(x+5)$ を展開したとき，x^4 の項の係数は [アイウ] である。

[2] 5人でじゃんけんを1回行う。1人だけ勝つ確率は $\dfrac{\boxed{エ}}{\boxed{オカ}}$ であり，2人だけ勝つ確率は $\dfrac{\boxed{キク}}{\boxed{ケコ}}$ である。だれも勝たない確率は $\dfrac{\boxed{サシ}}{\boxed{スセ}}$ である。

[3] 等式 $x^2-8x+y^2+2y=0$ を満たす整数 x, y の組の個数は [ソ] 個であり，そのうち xy が最小となるのは $x=$ [タ]，$y=$ [チツ] のときである。

[4] 2つのベクトル (1, 1, 1) と (1, 2, 3) に垂直なベクトルの中で，大きさが $\sqrt{6}$，x 成分が正のものは ([テ], [トナ], [ニ]) である。

[5] 方程式

$$x(x+1)(x+3)=4\cdot5\cdot7$$

の3つの解は，$x=$ [ヌ]，および $x=$ [ネノ] $\pm\sqrt{\boxed{ハヒ}}\,i$ である。ただし，i は虚数単位とする。

2 次の各問の □ に適する答を解答欄にマークせよ。

[1] 座標平面において，ある2次関数のグラフが3点 (1, 0)，(2, 1)，(−1, 16) を通るとする。この2次関数は $y=$ [ア] x^2- [イ] $x+$ [ウ] である。

[2] 2160の正の約数のうち，9の倍数は [エオ] 個ある。また，2160の正の約数のうち，72の倍数のすべての和は [カキクケ] である。

[3] 不等式

$$\log_6|x-1|+\log_6|x-6|<1$$

の解は

[コ] $<x<$ [サ]，[シ] $<x<$ [ス]，[セ] $<x<$ [ソ]，
[タ] $<x<$ [チ]

である。

ただし，[コ] ≦ [サ] ≦ [シ] ≦ [ス] ≦ [セ] ≦ [ソ] ≦ [タ] ≦ [チ] とする。

[4]　数列の和 S が次のように定められるとする。

$$S=1\cdot 1+2\cdot(-1)+3\cdot(-1)^2+\cdots+n\cdot(-1)^{n-1}$$

このとき，S を求めると

$$S=\frac{\boxed{ツ}}{\boxed{テ}}-(-1)^n\left(\frac{\boxed{ト}}{\boxed{ナ}}n+\frac{\boxed{ニ}}{\boxed{ヌ}}\right)$$

となる。

[5]　1個のさいころを5回続けて投げ，出た目を記録したところ次のようになった。

6　6　1　4　2

さらにさいころを2回続けて投げ，出た目をデータに追加したところ，中央値が1だけ小さくなった。このとき，追加後のデータの平均値がとりうる値の中で最大のものは $\dfrac{\boxed{ネノ}}{\boxed{ハ}}$，最小のものは $\dfrac{\boxed{ヒフ}}{\boxed{ヘ}}$ である。

3　次の各問の $\boxed{}$ に適する答を解答欄にマークせよ。

[1]　△ABC において，AB＝6，BC＝8，AC＝7 のとき，この三角形に内接する円の半径 r を求めたい。

(1)　△ABC の内角∠A の大きさを A とするとき，余弦定理より，$\cos A=\dfrac{\boxed{ア}}{\boxed{イ}}$ である。

$\sin A>0$ であるから，$\sin A=\dfrac{\sqrt{\boxed{ウエ}}}{\boxed{オ}}$ である。

(2)　△ABC の面積 S は，$S=\dfrac{\boxed{カキ}\sqrt{\boxed{クケ}}}{\boxed{コ}}$ と求められる。また，△ABC の面積 S は，

$S=\dfrac{\boxed{サシ}}{\boxed{ス}}r$ とも表すことができる。

(3)　以上より，内接円の半径は $r=\dfrac{\sqrt{\boxed{セソ}}}{\boxed{タ}}$ である。

[2]　a，b を実数とするとき，次の文中の空欄に当てはまるものを，下の選択肢の中から1つ選び，その番号を解答欄にマークせよ。

(1)　$a^2=b^2$ は $a=b$ であるための $\boxed{チ}$。

(2)　$a^3=b^3$ は $a^2=b^2$ であるための $\boxed{ツ}$。

(3)　$a^2>b^2$ は $a^3>b^3$ であるための $\boxed{テ}$。

(4)　$a^4=b^4$ は $a^2=b^2$ であるための $\boxed{ト}$。

[チ], [ツ], [テ], [ト] の選択肢

⓪ 必要条件であるが十分条件ではない

② 十分条件であるが必要条件ではない

③ 必要十分条件である

④ 必要条件でも十分条件でもない

4 次の各問の [　] に適する答を解答欄にマークせよ。

定義域を $0 \leqq x < 2\pi$ とする関数

$$f(x) = 9\sin^2 x + 6\sin x\cos x + \cos^2 x - 1$$

について考える。

(1) 2倍角の公式を使うと

$$f(x) = \boxed{ア}\sin 2x - \boxed{イ}\cos 2x + \boxed{ウ}$$

と変形できる。

(2) さらに三角関数の合成より

$$f(x) = \boxed{エ}\sin(2x+\theta) + \boxed{オ}$$

と変形できる。ただし，$0 \leqq \theta < 2\pi$ とする。このとき，

$$\cos\theta = \frac{\boxed{カ}}{\boxed{キ}}$$

$$\sin\theta = \frac{\boxed{クケ}}{\boxed{コ}}$$

である。

(3) $f(x)$ は，$x = \dfrac{\boxed{サ}}{\boxed{シ}}\pi - \dfrac{1}{2}\theta$ および $x = \dfrac{\boxed{ス}}{\boxed{セ}}\pi - \dfrac{1}{2}\theta$ で，最大値 $\boxed{ソ}$ をとる。

ただし，$\dfrac{\boxed{サ}}{\boxed{シ}} < \dfrac{\boxed{ス}}{\boxed{セ}}$ とする。

(4) $f(x)$ は，$x = \dfrac{\boxed{タ}}{\boxed{チ}}\pi - \dfrac{1}{2}\theta$ および $x = \dfrac{\boxed{ツテ}}{\boxed{ト}}\pi - \dfrac{1}{2}\theta$ で，最小値 $\boxed{ナニ}$ をとる。

ただし，$\dfrac{\boxed{タ}}{\boxed{チ}} < \dfrac{\boxed{ツテ}}{\boxed{ト}}$ とする。

5　次の各問の［　　］に適する答を解答欄にマークせよ。

定義域を $0<x<1$ とする関数 $f(x)=x^2(1-x)$ について考える。また，曲線 $y=f(x)$ 上の点を $\mathrm{A}(a,\ f(a))$ とする。ただし，a は $0<a<1$ の範囲を動くとする。

(1)　関数 $f(x)$ は，$x=\dfrac{\boxed{\text{ア}}}{\boxed{\text{イ}}}$ のとき，最大値 $\dfrac{\boxed{\text{ウ}}}{\boxed{\text{エオ}}}$ をとる。

(2)　直線 $x=0$，直線 $y=0$，点Aを通り y 軸に平行な直線，点Aを通り x 軸に平行な直線で囲まれる長方形の面積は $a=\dfrac{\boxed{\text{カ}}}{\boxed{\text{キ}}}$ で最大になり，そのときの面積は $\dfrac{\boxed{\text{クケ}}}{\boxed{\text{コサシ}}}$ である。

(3)　点Aにおける曲線 $y=f(x)$ の接線の傾きは $\boxed{\text{ス}}\,a-\boxed{\text{セ}}\,a^2$ である。接線の傾きは $a=\dfrac{\boxed{\text{ソ}}}{\boxed{\text{タ}}}$ で最大になり，そのときの接線の方程式は $y=\dfrac{\boxed{\text{チ}}}{\boxed{\text{ツ}}}x-\dfrac{\boxed{\text{テ}}}{\boxed{\text{トナ}}}$ である。

(4)　原点と点Aを結ぶ直線の傾きは $a=\dfrac{\boxed{\text{ニ}}}{\boxed{\text{ヌ}}}$ で最大になり，そのときの直線の方程式は

$$y=\dfrac{\boxed{\text{ネ}}}{\boxed{\text{ノ}}}x\ \cdots\cdots①$$

である。

(5)　曲線 $y=x^2(1-x)$ と直線①で囲まれる領域の面積は $\dfrac{\boxed{\text{ハ}}}{\boxed{\text{ヒフヘ}}}$ である。

6　次の各問の $\boxed{}$ に適する答を解答欄にマークせよ。

ある 2 次関数のグラフ F は原点 $(0,\ 0)$ を通り，点 $(3,\ 6)$ で $y=-4x+18$ と接する放物線である。x 座標が a である F 上の点を A とする。ただし，a は $-1\leqq a\leqq 1$ を満たす定数とする。

(1)　F の方程式は $y=\boxed{アイ}x^2+\boxed{ウ}x$ である。

(2)　F 上の点 A を通り，傾きが 2 である直線を ℓ とする。直線 ℓ の方程式は

$$y=\boxed{エ}x-\boxed{オ}a^2+\boxed{カ}a$$

と表すことができる。

直線 ℓ は F と異なる 2 点で交わり，そのうち，A 以外の交点の座標は

$(\boxed{キ}a+\boxed{ク},\ \boxed{ケコ}a^2+\boxed{サ}a+\boxed{シ})$ である。

(3)　$-1\leqq a<0$ とする。$x,\ y$ が連立不等式

$$\begin{cases} y\leqq \boxed{アイ}x^2+\boxed{ウ}x, \\ y\geqq \boxed{エ}x-\boxed{オ}a^2+\boxed{カ}a \end{cases}$$

を満たすとき，$4x+y$ は，a の値によらず $x=\boxed{ス}$，$y=\boxed{セ}$ で最大値 $\boxed{ソタ}$ をとる。

また，$4x+y$ の最小値が $-\dfrac{13}{2}$ となるとき，a の値は $\dfrac{\boxed{チツ}}{\boxed{テ}}$ である。

(4)　$0\leqq a\leqq 1$ とする。$x,\ y$ が連立不等式

$$\begin{cases} y\leqq \boxed{アイ}x^2+\boxed{ウ}x, \\ y\geqq \boxed{エ}x-\boxed{オ}a^2+\boxed{カ}a \end{cases}$$

を満たすとき，$4x+y$ の最大値と最小値の差が 10 となるのは，a の値が $\dfrac{\boxed{ト}}{\boxed{ナ}}$ のときである。

解答編

■英語・国語■

I　**解答**　問1．only　問2．1　問3．2　問4．4
問5．3　問6．5　問7．迷惑
問8．3番目：1　5番目：6　7番目：8　問9．2　問10．1
問11．within　問12．5　問13．2　問14．3　問15．4
問16．4・7

◆全　訳◆

≪遠藤周作『沈黙』（抜粋）≫

彼らは彼をその小さな小屋へ押し入れた。剝き出しの地面に立った芝壁を通して，日光の白い筋がいくつもの糸のように入り込んでいた。見張りたちのこもった喋り声が屋外から聞こえていた。彼らはキリスト教信者たちをどこへ連行したのだろう？　彼らはあっさりと視界から消え去り，それで終わりだった。地面に腰を下ろし，両の膝をしっかりと抱え，彼はモニカと彼女の連れていた片目のお供のことを考えた。それから彼はトモギ村のこと，オマツやイチゾウやモキチのことを考えた。そして彼の心は重くなっていった。ただ，ただ一瞬でも考える時があったならば，少なくともあれら不遇な信者たちに手短な祝福を与えることができたかもしれないのに。しかし彼にはそのことが思いつきもしなかった。これは，彼に一瞬の休息もなかったことの証であった。少なくとも，彼はその日付はいつなのか，それは何月何日なのかを彼らに尋ねるべきだったのに。しかし彼はそれも忘れてしまっていた。この国にやって来てから，彼は，何月や何日といった，あらゆる時間の感覚を失ってしまっているようだった。それゆえ，復活祭から何日経っているのか，今日がどの聖人の祝祭日なのか，もはや彼にはわからなくなっていた。

ロザリオがないので，彼は手の5本指で Paters and Aves（主への祈り）を暗唱し始めた。しかし，病で唇が固まっている者の口から（含んだ）水が滴り出るのと全く同様に，その祈りの言葉は彼の唇の上で空虚なままであった。むしろ，彼は小屋の外にいる見張りの声に引き寄せられた。何がそれほどおかしくて，彼らは声を上げ続け，大笑いを続けているのか？　彼の思考はあの炎に照らされた庭と下男たちに向いた――燃え盛る黒い松明を抱え，ある男の運命になど全く無関心な者どもの人影。これらの見張りもまた人であった――彼らは他人の運命になど無関心であった。これが，彼らの笑いと喋りが彼の心にかき立てた感情であった。罪とは，彼は考えた，通常そうであると考えられているものではない。それは盗みをはたらくことや嘘をつくことではない。罪とは，1人の人間が他人の人生を暴力的に踏み躙ることであり，自分が後に残してしまった傷を全く顧みないことである。そうしてやっと初めて，本当の祈りが彼の心に現れた。

突然，彼の閉じられた瞼に一筋の眩しい光が差した。誰かが音を立てないよう，静かにこっそりと，小屋の扉を開けていた。次に，小さく禍々しい目が（小屋の中の）彼にじっと向けられていた。司祭が目を上げると，その侵入者はすぐに引き下がろうとした。

「そいつはおとなしくしているだろう？」 別の誰かが，中をのぞき込んだ見張りに話しかけていた。そして今度こそ扉が開けられた。光が束になって部屋の中に差し込み，1人の男，あの年老いた侍ではなく，帯刀していない別の侍の姿が現れた。

「主よ，感謝」と彼は言った。

そう，こいつはポルトガル語を話しているのだ。発音はおかしく，たどたどしかったが，それは確かにポルトガル語だ。

「主よ」

「我らが主なる神の喜び」

突然目をくらませるほどの光が差し込んできたせいで，司祭の目はいささかくらんでしまっていた。彼はその言葉に耳を傾けた――そうだ，あちらこちらに間違いはあるが，その意味には疑いの余地はない。

「驚かないでください」と相手はポルトガル語で続けた。「長崎や平戸には，私のような通辞役が何人かいるのです。しかし，察するに，神父様，あなたは我々の言語をすっかり理解していらっしゃるようだ。私がどこでポルトガル語を学んだかおわかりですか？」

返答を待たず，その男は語り続けた。そして話している間，あの年老いた侍がやっていたのとちょうど同じように，扇子で仰ぎ続けた。「あなた方ポルトガル人の神父のおかげで，神学校が有馬と天草と大村に建てられました。しかしだからといって，私が背教者だというわけではありません。私は確かに洗礼を受けましたが，初めからキリスト教徒や修道士になりたいとは思っていませんでした。私は地侍の息子にすぎませんので，学び以外に私を出世させてくれるものはありませんでした」

そいつは，自分がキリスト教徒ではないという事実を熱心に強調していた。司祭は表情のない顔で暗がりの中に座し，彼がぺちゃくちゃと話す間，その話に耳を向けていた。

「何か言ったらどうですか？」と，今や怒りをあらわにしながらその男は叫んだ。「あの神父たちはいつも我々を馬鹿にしていましたよ。私はカブラル神父を知っていますが，彼は日本のもの全てに対して，軽蔑以外は持ち合わせていませんでした。彼は我々の家を毛嫌いしていたし，我々の言葉も毛嫌いしていた。我々の食べ物や習慣を毛嫌いしていたのに，日本で暮らしていた。我々の中で神学校を卒業したものでさえ，彼は聖職者になることを許さなかったのです」

昔の出来事を思い出しながら語っているうちに，彼の声はどんどん甲高く，暴力的になっていった。しかし，両の手で膝を抱え，そこに座ったままの司祭には，そいつの怒りが完全に不当なものではないとわかっていた。マカオのヴァリニャーノから，カブラルについてはある程度聞いていたのだ。その男の日本に対する態度のせいで教会を去っていった信者や聖職者のことを，いかにヴァリニャーノが残念そうに語っていたかを，彼は思い出した。

「私はカブラルとは違う」と彼はついに言った。

「本当ですか？」そいつは笑いながら話した。「それはどうかな」

「なぜ？」

暗闇の中で，司祭にはそいつがどのような表情をしているのかはわからなかった。しかし，どういうわけか彼には，この低い笑い声が憎しみと憤慨に満ちた顔から生じていると推測できた。目を閉じたまま信者の信仰告白を聞くことには慣れていたので，そうした推測には自信があった。しかし，相手の方を見ながら，こいつが争っているのはカブラル神父ではなく自分がかつて洗礼を受けたという事実なのだと，彼は思った。

「神父様，外に出ませんか？　あなたが逃げることを心配する必要はもうないと思うので」

「わからないぞ」と，わずかに微笑みながら司祭は言った。「私は聖人ではない。死ぬのだって怖い」

「神父様，時に勇気は他人にとって迷惑になるだけです。我々はそれを蛮勇と呼びます。そして，聖職者の多くは，この蛮勇というやつに熱狂的に駆られて，自分達が日本人に迷惑をかけているだけだということを忘れてしまうのです」

「宣教師たちが行ったことはそれだけなのか？　彼らは迷惑をかけただけだと？」

「もし人にその人が欲していないものを無理に押し付けると，人は『有難迷惑！』と言うでしょう。そして，キリスト教の教義は，ここではそのようなものなのです。我々には自分達の宗教があります。我々は新しい外国のものなど欲しくはないのです。私自身は神学校でキリスト教の教義を学びましたが，それをこの国に導入するべきだとは私は思っていないと，あなたに言っておきます」

「あなたの考えは私とは違う」と声を落としながら，司祭は静かに言った。「もし同じ考え方なら，私ははるばる海を超えてこの国には来なかっただろう」

これは彼が初めて日本人と交わした議論であった。ザビエルの時代以来，多くの神父が仏教徒とこのようなやりとりを行ったのだろうか？　ヴァリニャーノは彼に，日本人の知性を過小評価してはならないと警告していた。日本人は議論という技能に精通していると，彼は言っていた。

「では，ひとつ質問させてください」話す際に扇子を開け閉めしながら，彼は攻撃し始めた。「キリスト教徒は，自分達の神は愛と慈悲の源，善意と善徳の源だが，仏陀は全て人で，そうした性質を持ち得ないと言います。神父様，あなたもそのような主張ですか？」

「仏陀は我々（人間）と同様，死を避けられない。仏陀は創造主とは異なるものだ」

「仏教の教えを知らない神父だけが，そのようなことを言うのですよ。実は，仏陀が単なる人であるとは言えないのです。仏陀には法身，報身，応化の３種があるのです。応化は衆生を救い衆生に恩恵を与える８つの側面（八相）を示します。しかし，法身には始まりも終わりもなく，不変なのです。経典には『如来常住，無有変易』と書かれています。仏陀を単なる人であるとみなすのはキリスト教徒だけなのです。我々はそのようには全く考えていません」

そいつは，まるで全てを丸暗記しているかのように，自身の答えを吐き出し続けた。彼が過去に多くの宣教師を尋問し，彼らを論破する最も良い方法について考え続けたことは確かだった。明らかに，彼は自分自身でもわかっていない大仰な言葉を用いることになってしまっていた。

「しかし，全ては自然に存在している，世界には始まりも終わりもないと，あなたは言った」と，司祭は相手の弱い部分をついて，攻撃に出ながら言った。

「そうです，それが我々の立場です」

「しかし命を持たないものは何か別のものによって外側からか，あるいは自分の内側から動かされなければならない。ではどうやって仏陀は生まれたのですか？　それに，それらの仏陀が慈悲の心を持っていることは理解しています。ですが，そうしたこと全ての前に，どのように世界は生まれたのですか？　我々の神はそれ自身の存在の根源です。神は人間を創った。神があらゆるものに存在を与えたのです」

「では，キリスト教の神が邪悪な人間を創ったのですね。あなたが言っているのはそういうことですか？　邪悪もまたあなた方の神の御業なのですね？」 通辞役は，話しながら静かに笑い，自身の勝利を味わっていた。

「違う，違う」 司祭は首を振りながら叫んだ。「神はあらゆるものを善として創った。そして，この善のために，神は人に考える力を授けた。しかし，我々人は時にこの識別の力を間違ったやり方で使ってしまう。それが邪悪なのだ」

通辞役は軽蔑を込めて舌打ちした。しかし，司祭は彼が自分の説明で納得するとはほとんど期待していなかった。このような対話はすぐに対話ではなくなり，一方が相手をひどく打ちのめそうとする，言葉遊びになってしまうのだった。

「そんな詭弁はやめろ」と，通辞役は叫んだ。「そんなやり方では，妻子を抱えた小作人たちを満足させることはできても，この私は騙せません。ただ，もうひとつ質問させてください。もし本当に神が真に愛情豊かで慈悲の心を持つ存在ならば，その神が，あらゆる種類の試練や苦しみをこれほどまでに多く，天国へと至る途中で人に与える，という事実をどのように説明するのですか？」

「あらゆる種類の苦しみ？　あなたには要点がわかっていないようだ。ただ人が我々の神の戒律を忠実に守っているなら，安寧に生きることができるはずなのです。もし何か食べたいという願望を持つなら，我々はそれを満たすことができる。神は我々に空腹で死ぬように命じたりはしません。我々が求められているのは創造主である神を崇めることだけであり，それで十分なのです。あるいは，同じことになるが，我々が肉欲を払い除けることができない場合，神は我々に女性との接触を一切断つように命令しているわけではない。そうではなく，神は我々にひとりの妻を娶り，神意を実践するよう言っているのです」

話し終わったと同時に，彼は自分の答えがうまく組み立てられていたと感じた。小屋の暗闇の中で，その通辞役は二の句が継げず，沈黙してしまっているのが彼にははっきり感じられたのだ。

◀解　説▶

問１．１つ目の空所と２つ目の空所：ここは「ただ～だったなら」の「ただ」を作中人物である「司祭」が心の中で繰り返している場面。さらに，If (only) S *did* ～, S′ might have *done* … で「(ただ) ～だったなら，…したかもしれない」という意味の〈過去〉における単純な〈条件〉と〈帰結〉を表す文。

３つ目の空所：If (only) S V(現在形) ～, S′ should *do* … で「(ただ) ～なら，…のはずである」という意味の〈発話時点〉における単純な〈条件〉と〈帰結〉を表す文。なお，これらの only は〈強意〉なので，省略されることも多い。

問２．この段落内の下線部以降の内容より，１が正解だろう。選択肢をあらかじめ〈肯定的〉・〈否定的〉という点から分類してから考えるとよい。なお，３も〈否定的〉な内容ではあるが，設問が指定している black flaming torches は「役人」が持っていたもの（＝役人側の所業）であって，「司祭」のものではないと考えられる。

問３．直後の段落（"He's quiet, isn't he?" …）より，侍を案内するために見張り番が小屋をのぞいたことがわかるため，２が正解。

問4．下線部を直訳すると「その意味には疑いの余地はなかった」となるが，ここでの「その意味」とは直前で交わされている「ポルトガル語でのやりとり」が「意味すること」であろう。よって，4が正解。

問5．下線部を直訳すると「そいつは，自分がキリスト教徒ではないという事実を熱心に強調していた」となるが，ここでの「そいつ」とは「司祭」ではなく「(帯刀していない) 侍」のことである。また下線部の直前で，この侍は自身の身の上話をしている。その内容および侍のキリスト教に対する否定的な態度より，3が正解だと考えられる。

問6．文脈的に，この「侍」が語りながら段々と「怒っていく」様子を読み取っておく。さらに，空所に入るものは〈等位接続詞〉and によって shrill「(声が) 甲高い」と並列されていることから，5.「暴力的な」が正解と判断する。他の選択肢は，1.「感じのよい」，2.「同情的な」，3.「壊れやすい」，4.「善意の」という意味。

問7．Thanks for nothing は「何もないもの（＝価値がないもの）をありがとう」，つまり「有難(ありがた)迷惑だ」という意味になる。よって，正解は「(有難) 迷惑」と漢字2文字で答える。

問8．与えられた日本語に近い意味になるよう並べ替えると，I don't think it ought to be introduced となる。よって，正解となる3番目に入るものは1．think，5番目は6．ought，7番目は8．be である。なお，不要な2つは，9．necessary と10．should である。

問9．空所の直後の文に「日本人は議論という技能に精通している」とあるので，空所には2．「知性」が適切。well-versed は「精通している」という意味の形容詞。1．「馬鹿馬鹿しさ」 3．「獰猛さ」 4．「残忍さ」 5．「親切なおもてなし」

問10．空所の直前の文に「法身には始まりも終わりもなく，不変だ」とあるので，空所には1．「仏陀は永遠で，決して変わらない」が適切。また，設問文で与えられている漢字（如来常住，無有変易）から判断することもできるだろう。2．「仏陀は一時的で，常に変化する」 3．「仏陀は永久で，決して実世界には存在しない」 4．「仏陀は仮の存在で，変化しやすい」 5．「仏陀は常に生き，決して死なない」

問11．from within は「内部〔内側〕から」という意味。また空所の前にある〈等位接続詞〉or によって from outside by something else と並列されていることも手がかりとなるだろう。

問 12. 空所に入る名詞には〈指示語〉this がついている。その this が指示する内容は空所を含む文の前半にある「考える力」だと推測できる。また，原文では「智慧分別」となっているという設問文の内容から，５.「識別の力」が妥当と判断できる。１.「規律の力」　２.「平等の力」　３.「同情の力」　４.「道徳心の力」

問 13. beguile は「〜を騙す」という意味なので，２.「〜を騙す」が正解。１.「〜を説得する」　３.「〜を信頼する」　４.「〜を脅す」　５.「〜を満足させる」という意味。

問 14. 直後の文（In the darkness…）に「その通辞役は二の句が継げず，沈黙してしまっているのがはっきりと（司祭には）感じられたのだ」とあることから，３が正解だろう。１も正解に近いが，キリスト教の良さを伝えようとする司祭の言葉に対し，通辞役が「納得」しているという内容は本文からは読み取れない。

問 15. １は「司祭はキリスト教の神は自然の中に存在すると述べるが」の下線部が本文の内容と一致しない。２は「司祭は苦行こそが天国へ至る道であると答える」の下線部が本文の内容と一致しない。３は「司祭は人間の知恵そのものが悪であると反論する」の下線部が本文の内容と一致しない。４は本文の内容と一致しているので正解。５は「通辞役は…と看破する」の下線部が本文の内容と一致しない（通辞役の主張自体は本文の内容とある程度一致するが，その通辞役は司祭により「看破された」形で本文は終わっている）。

問 16. １は井伏鱒二，２は三島由紀夫，３は太宰治，５は安部公房，６は吉行淳之介の作品。

Ⅱ　解答

問１．妄信〔盲信〕　問２．無常　問３．２
問４．先鋭〔尖鋭〕
問５．１－４　２－２　３－９　問６．刻苦勉励
問７．A－３　B．２．河〔川〕　３．水　C－５
問８．３
問９．１．死に耐える感性を備えていない（15 文字以内）
２．直視する強靭さを失った（15 文字以内）

◀解　説▶

≪感染症と文明，日本人の感受性≫

問２．空所を含む段落は，本文の前半と終盤の２カ所にある。それぞれ見ると，前半では「この世と我が身の儚さを見明きらめ」るという日本人に独特の感性だと説明している。終盤では「感傷的な虚無主義ではない」「いずれは塵埃に返るつかのまの達成にすぎないと見明きらめる，醒めた感受性」と言い換えている。またこうした感覚を反映したフレーズとして「いろは歌」の冒頭を引用している。こうした考え方を表現する語句として適切なのは「無常観」である。

問３．「無常観」は，「この世と我が身」は「いずれは塵埃に返る」と諦観するような，すべてのものは常に変化してやまないと悟り，それを受け入れる考え方である。選択肢の四字熟語もそうした考え方を表しているが，２の「常住不滅」のみは，常にそこにあって滅びることがないという，無常観とは対照的な意味である。

問５．日本語文より，（　1　）には「勝った」にあたるものが入るとわかる。prevail には「打ち勝つ，勝る」という意味があるので，（　1　）には4が入る。（　2　）には「自然との交渉」の「との」にあたるものが入るとわかる。negotiation with 〜 で「〜との交渉」という意味になるので，（　2　）には2が入る。（　3　）には「暫時の妥協」の「暫時の」にあたるものが入るとわかる。temporary は「一時的な，暫時の」という意味なので，（　3　）には9が入る。

問６．苦しむほどに努力することをいう。

問７．ここで引用されている文章は『方丈記』の冒頭部分である。

A．『方丈記』の作者は鴨長明。

B．有名な冒頭部分は以下の通り。

「ゆく河の流れは絶えずして，しかももとの水にあらず。淀みに浮ぶうたかたは，かつ消えかつ結びて，久しくとゞまりたる例(ためし)なし。世の中にある人と栖(すみか)と，またかくのごとし。」

C．この「ジョする」は，「のべる」という意味である。

出典追記：中野孝次『すらすら読める方丈記』

問８．筆者は「新型コロナ肺炎の去った後に，どんな将来世界が残るのか，いな，残さねばならないか」という課題を設定した上で，「国家が泥沼を脱した後に急ぐべきことは，未来世代との平等の問題であり……巨大な将来への借財の処理である」と述べている。この，新型コロナ肺炎対策に費やされた金額を「将来への借財」と見る論旨は3に合致する。他の選択肢は，新型コロナ肺炎が，文明の進歩を妄信してきた私たちの「近代的な傲慢」を戒めるという本文の論旨に反する。

問9．現代人の死に対する感覚については「さらに考えると，現代人の……格別に深いはずなのである」の，三つの連続する段落で中世人の感覚と対比して説明している。「中世においてはまず死が日常のなかにあって，人々がそれに耐える感性を備えていた」が，「現代人は長らく死から逃避し，死から目をそむける習慣を養ってきた」ため，「死を直視する強靱さを失ってきた」と指摘している。

■日本史■

I 解答

問1．② 問2．③ 問3．⑤ 問4．① 問5．②
問6．① 問7．⑥ 問8．④ 問9．③ 問10．④
問11．① 問12．② 問13．④ 問14．⑤ 問15．②

◀解 説▶

≪日本と朝鮮半島との関係の歴史≫

問1．②誤文。辰韓からは百済ではなく新羅が，馬韓からは新羅ではなく百済がおこった。

問2．①誤文。唐と新羅は，660年に百済を，668年に高句麗を滅ぼした。
②誤文。倭は高句麗ではなく，百済復興のために大軍を派遣した。
④誤文。日本は，渤海ではなく新羅を従属国として扱おうとしたため，たびたび両国関係が緊張した。
⑤誤文。高麗は，高句麗ではなく新羅を滅ぼし，936年に朝鮮半島を統一した。

問4．①正解。a．日朝貿易の開始（14世紀末）→b．応永の外寇（1419年）→c．三浦の乱（1510年）の順である。

問5．②誤文。豊臣秀吉が15万余りの大軍を朝鮮に派兵したのは，1594年ではなく1592年で，これを文禄の役と呼ぶ。

問6．①誤文。大隈重信は，岩倉遣外使節団に参加していない。

問7．⑥正解。c．壬午軍乱（1882年）→b．甲申事変（1884年）→a．天津条約締結（1885年）の順である。

問8．①誤文。朝鮮ではキリスト教が西学で，民族宗教を東学と呼んだ。
②誤文。甲午農民戦争の際，朝鮮政府は清国に出兵を要請したが，日本には出兵を求めなかった。
③誤文。日本は豊島沖海戦後に清国に宣戦を布告し，日清戦争がはじまった。
⑤誤文。下関条約調印の時の日本全権は伊藤博文と陸奥宗光で，青木周蔵ではない。

問9．③誤文。北清事変は1900年で，朝鮮が国号を大韓帝国と改めたのは1897年である。

問11. ②誤文。ワシントン会議ではなくパリ講和会議での決議にもとづき，民族自決の原則のもとで東欧に多数の独立国家が誕生した。

③誤文。1919年3月1日に朝鮮の独立を宣言する集会が開かれたのは，平壌ではなく京城（ソウル）である。

④誤文。虎の門事件は，1923年12月，大正天皇の摂政宮である裕仁親王（のち昭和天皇）が東京の虎の門付近で狙撃された事件で，第2次山本権兵衛内閣が総辞職する原因となった。なお，関東大震災の混乱の中で，無政府主義者大杉栄の虐殺や，社会主義者が殺害される亀戸事件がおこっている。

⑤誤文。「特別融資」は，政府の要請で日本銀行が銀行など金融機関に資金を貸し付けることをいう。

問13. ④誤文。朝鮮半島北部に朝鮮民主主義人民共和国，南部に大韓民国が建国されたのは1948年である。

問14. ⑤誤文。高度経済成長期の大型景気は，神武景気から岩戸景気を経ていざなぎ景気と続いた。

問15. ②正解。a．奄美諸島日本返還（1953年）→c．東海道新幹線開業（1964年）→b．日韓基本条約締結（1965年）の順である。

Ⅱ 解答

問1．①　問2．②　問3．②　問4．①　問5．①
問6．⑤　問7．②　問8．①　問9．④

◀解　説▶

≪古代～中世の政治・文化・社会経済≫

問2．②誤文。一貴族の生涯を歌物語としてつづったのは『伊勢物語』で，『源氏物語』ではない。

問4．①誤文。鎌倉幕府は貨幣を鋳造していない。鎌倉時代に流通した貨幣は宋銭などの輸入銭である。

問6．⑤誤文。忍性は，時宗ではなく律宗の僧侶である。

問7．②正解。写真の建物は，8代将軍足利義政が建てた銀閣である。義政の後継将軍職をめぐる争いが，応仁の乱の原因の一つであった。

写真Cの出典：慈照寺提供

問8．①誤文。雪舟は，明からの渡来僧ではなく，備中に生まれて相国寺に入った五山の僧侶である。周防の大内氏から庇護をうけ，1467 年には大内氏の遣明船で明に渡り中国の絵画を学んだ。

問９．④正解。ｂ．嘉吉の徳政一揆がおこる（1441 年）→ｃ．山城の国一揆が始まる（1485 年）→ａ．加賀の一向一揆が始まる（1488 年）の順である。

Ⅲ　解答

問１．①　問２．⑤　問３．④　問４．②　問５．③
問６．⑤　問７．①　問８．④　問９．③

◀解　説▶

≪江戸時代～明治時代の人物の歴史≫

問２．⑤正解。ｃ．糸割符制度が始まった（1604 年）→ａ．中国船以外の外国船の入港を平戸・長崎に限った（1616 年）→ｂ．スペイン船の来航を禁じた（1624 年）の順である。

問３．④誤文。西廻り航路は，日本海沿岸の出羽酒田から，下関を経由して大坂に至る海運である。

問５．③誤文。藩札は，幕府ではなく諸藩が発行した紙幣で，金札・銀札・銭札があった。17 世紀後半に越前藩が最初に発行した。

問６．⑤正解。ｃ．政府の依頼で板垣退助・後藤象二郎の洋行費用を負担した（1882 年）→ａ．富岡製糸場の払い下げを受けた（1893 年）→ｂ．三井合名会社が創立された（1909 年）の順である。

問７．①正解。ａ．日米修好通商条約の勅許（1865 年）→ｂ．第２次長州征討の開始（1866 年，14 代将軍徳川家茂の時）→ｃ．徳川慶喜の将軍就任（1866 年）の順である。

問９．③誤文。1872 年の国立銀行条例により，国立銀行は兌換に必要な銀貨ではなく金貨を保有しなければならなかった。

Ⅳ　解答

問１．②　問２．③　問３．④　問４．⑤　問５．④
問６．②　問７．⑤　問８．③　問９．④

◀解　説▶

≪近現代の政党と政治の歴史≫

問２．③正解。ｂ．大正政変（1913 年）→ａ．加藤高明を総裁とする立憲同志会の結党（1913 年，結党計画を発表した桂太郎が病没し，加藤が中心となって結党した）→c．シーメンス事件の発覚（1914年）の順である。

問3．④誤文。原敬内閣は，普通選挙制には批判的で，衆議院議員選挙法の改正で選挙権の納税資格を3円以上に引き下げ，小選挙区制を導入するにとどめた。

問4．⑤正解。c．人権指令の発令（1945年）→a．東久邇宮内閣の辞職（1945年）→b．五大改革指令の発令（1945年）の順である。東久邇宮内閣は人権指令を実行できないとして総辞職し，幣原喜重郎内閣にかわる。幣原首相は，マッカーサーから五大改革指令を要求された。

問6．①誤文。昭和電工事件は1948年に起こり，芦田均内閣総辞職の原因となった。1954年に吉田茂内閣に対する批判が強まったのは，造船疑獄事件である。

③誤文。自由民主党は，国民協同党ではなく日本民主党と自由党が合同し，1955年に成立した。

④誤文。左右に分裂していた日本社会党の統一は，自由民主党の結成（保守合同）の前である。

⑤誤文。自由民主党初代総裁は鳩山一郎で，石橋湛山ではない。

問7．⑤誤文。1ドル＝360円の固定相場のもと，1960年代後半以降は大幅な貿易黒字が続き，経常収支も1967年を除いて黒字が続いた。しかし，1971年のドル＝ショック（第2次ニクソン＝ショック），同年のスミソニアン体制で1ドル＝308円，そして1973年の変動為替相場制移行で円高が強まり，貿易輸出は減少し，1974年には戦後初のマイナス成長となり，経常収支も赤字となった。

問9．④誤文。小泉純一郎内閣のあと組閣したのは，安倍晋三・小渕恵三・麻生太郎ではなく，安倍晋三・福田康夫・麻生太郎である。

世界史

I 解答

問1．① 問2．① 問3．③ 問4．④ 問5．③
問6．① 問7．④ 問8．③ 問9．② 問10．④

◀解 説▶

≪古代オリエント，イスラーム史≫

問3．①誤文。アケメネス朝ペルシアを建国したのがキュロス2世であり，最大の版図となったのがダレイオス1世の治世。

②誤文。ゾロアスター教はキリスト教の一派ではない。

④誤文。アケメネス朝は，マラトンの戦いでアテネに敗れた。

問4．④誤文。平面幾何学を大成したのはエウクレイデス，浮体の原理を発見したのがアルキメデス。

問6．①誤文。ヴァンダル王国と東ゴート王国を滅ぼしたのはユスティニアヌス帝。

問10．①誤文。イスファハーンはサファヴィー朝ペルシアが首都とした。セルジューク朝の一族がアナトリアに建てたルーム＝セルジューク朝はコンヤなどを都としたが，セルジューク朝は特に首都を定めていない。

②誤文。セルジューク朝はスンナ派を奉じた。

③誤文。イェニチェリやティマール制は，オスマン帝国の制度。

II 解答

問1．① 問2．② 問3．② 問4．② 問5．④
問6．② 問7．② 問8．④ 問9．① 問10．⑤

◀解 説▶

≪ノルマン人とスラヴ人の歴史，中世ヨーロッパ社会≫

問4．①誤文。ビザンツ様式は，大きなドーム（円屋根）とモザイク壁画が特徴。半円形アーチと重厚な石壁や小窓は，ロマネスク様式の特徴。

③誤文。イコンなどの聖像は，726年に聖像禁止令が発布されて禁止されたが，843年に解除された。

④誤文。ビザンツ帝国では，スラヴ人などの大衆教化のためにキリル文字が作成され，これが現在のロシア文字の起源となった。ルーン文字は古代

ゲルマン人が使用した文字。

問６．②誤文。ヨーロッパの封建制（封建的主従関係）は，ゲルマン社会の従士制と古代ローマの恩貸地制が結合したもの。

問７．ａ．誤文。耕地は春耕地，秋耕地，休耕地の３つに分けられ３年で一巡させた。

問８．④誤文。ツンフト闘争は，同職ギルドの親方たちが市政への参加を求めて，大商人とおこした戦い。

問９．ハンザ同盟の４大在外商館は，①ブリュージュと，ノヴゴロド・ベルゲン・ロンドンにおかれた。

Ⅲ 解答

問１．③　問２．④　問３．④　問４．①　問５．①
問６．①　問７．①　問８．④　問９．②　問10．④

◀解　説▶

≪アメリカの歴史≫

問１．①誤文。前1200年頃までに成立し，メキシコ湾岸地方で聖獣ジャガーを信仰したのはオルメカ文明。

②誤文。「太陽のピラミッド」や「月のピラミッド」を建てたのはテオティワカン文明。

④誤文。アステカ王国は，14～16世紀にメキシコ中央高原で栄えた。

問２．①誤文。チャビン文化が成立したのは前1000年頃。

②誤文。チャビン文化をはじめとする古代アンデス文明では，鉄器や車輪・馬などは使用されなかった。

③誤文。インカ帝国の都はクスコ。

問３．①誤文。コロンブスに影響を与えたのは，プトレマイオスではなくトスカネリ。

②誤文。アステカ王国はコルテスに，インカ帝国はピサロによって滅ぼされた。

③誤文。マゼランは，アメリカ大陸南端のマゼラン海峡を通って太平洋に達した。

問４．①誤文。スペインがラテンアメリカの植民地で，植民者に先住民の支配を委託した制度はエンコミエンダ制。アシエンダ制はエンコミエンダ制に変わり，先住民や黒人奴隷を労働力とした大農園制。

問5．アメリカ合衆国は，1783年にミシシッピ川以東のルイジアナを，1803年にミシシッピ川以西のルイジアナを獲得した。

問7．①誤り。トゥサン＝ルヴェルチュールは，ハイチの独立運動を指導した。

問8．①誤文。リンカンは共和党の大統領。

②・③誤文。②が北部諸州，③が南部諸州の主張。

問9．①誤文。ウィルソン大統領は民主党の大統領。

③誤文。「宣教師外交」を推進したのはウィルソン大統領。セオドア＝ローズヴェルト大統領は「棍棒外交」を推進した。

④誤文。パナマ運河の建設を進めたのはセオドア＝ローズヴェルト大統領で，1914年に完成した。

問10．正解は④。キューバ危機が起こったのは1962年で，北大西洋条約機構（NATO）の結成は1949年。

①誤り。ベトナム（パリ）和平協定の成立は1973年。

②誤り。ドル＝ショックが起こったのは1971年。

③誤り。部分的核実験禁止条約の調印は1963年。

⑤誤り。ウォーターゲート事件が起こったのは1972年。

Ⅳ 解答

問1．④ 問2．③ 問3．② 問4．③ 問5．⑥
問6．④ 問7．① 問8．③ 問9．③ 問10．③
問11．① 問12．②

◀解　説▶

≪インドの歴史≫

問1．①誤り。スレイマン＝モスクはオスマン帝国で建設された。

②誤り。アンコールワットはカンボジアのアンコール朝で建設された。

③誤り。『マハーバーラタ』は古代インドで完成した叙事詩。

⑤誤り。『マヌ法典』は，ヒンドゥー教の法典。

問3．②誤文。クシャトリヤが武士階級，ヴァイシャが農民・牧畜民・商人階級。

問8．③誤文。デリー＝スルタン朝とは1206～1526年までの，奴隷王朝・ハルジー朝・トゥグルク朝・サイイド朝・ロディー朝の5王朝を指す。シュリーヴィジャヤ王国が成立したのは7世紀のこと。

問9．①誤文。ムガル帝国の第3代皇帝はアクバル。

②誤文。ムガル帝国の第6代皇帝はアウラングゼーブ。

④誤文。ムガル帝国の公用語はペルシア語。ウルドゥー語はペルシア語やアラビア語を起源とし，アラビア文字で書かれる現パキスタンの国語。

問11．①誤文。1935年のインド統治法は，連邦制と各州の自治を認めたもので，財政・防衛・外交などは移譲されていない。

V 解答

問1．⑤　問2．④　問3．①　問4．④　問5．③
問6．③　問7．①　問8．④

◀解　説▶

≪19～20世紀の東アジア≫

問2．④誤り。トルコマンチャーイ条約は，ロシアとカージャール朝ペルシアが1828年に締結した。

問3．②誤文。日清戦争の講和条約は下関条約。

③誤文。朝鮮王朝第26代国王は高宗。

④誤文。伊藤博文は初代韓国統監。朝鮮総督府の初代総督は寺内正毅。

問4．④誤文。ポーツマス条約では，日本は賠償金を獲得できなかった。

問6．①誤文。大韓民国の初代大統領は李承晩。

②誤文。朝鮮民主主義人民共和国の初代首相は金日成。

④誤文。朝鮮戦争では，中華民国（台湾）は軍事支援をしていない。

問7．②誤文。プラザ合意は1985年。

③誤文。李登輝が総統に就任したのは1988年。

④誤文。チベット反乱が起こったのは1959年。

問8．①誤文。改革・開放政策は，鄧小平の指導で開始された。

②誤文。天安門事件を弾圧したのは毛沢東ではなく鄧小平。

③誤文。「四つの現代化」は周恩来が提唱し，文化大革命終結後に鄧小平によって再提起された。

政治・経済

Ⅰ　解答

問１．③　問２．①　問３．①　問４．①　問５．③
問６．①　問７．④　問８．③　問９．④　問10．④
問11．②

◀解　説▶

≪国際経済の諸問題≫

問１．③誤文。自国の幼稚産業の保護を唱えたのはリストである。

問２．①正文。分業前は，表より両国全体でワインの生産が４単位，穀物の生産が４単位であることがわかる。Ａ国がワインの生産に，Ｂ国が穀物の生産にすべての労働力を用いた場合，両国全体でワインの生産は2.8単位，穀物の生産は2.5単位となるので，ワインの生産量も穀物の生産量もともに減少する。

②誤文。Ａ国が穀物の生産に，Ｂ国がワインの生産にすべての労働力を用いると，両国全体でワインの生産は10単位，穀物の生産は７単位となるので，ワインの生産量も穀物の生産量もともに増加する。

③誤文。Ａ国，Ｂ国がそれぞれ穀物１単位の生産を取りやめ，その労働力をワインの生産に用いた場合，Ａ国は，穀物を生産していた労働者８人がワインを作ることになり，ワインは0.4単位増産される。他方，Ｂ国は，穀物を生産していた労働者16人がワインを作ることになり，ワインは４単位増産される。したがって，増産できるワインの生産量はＢ国の方がＡ国よりも大きい。

④誤文。Ａ国，Ｂ国がそれぞれワイン１単位の生産を取りやめその労働力を穀物の生産に用いた場合，Ａ国は，ワインを生産していた労働者20人が穀物を生産することになり，穀物は2.5単位増産される。他方，Ｂ国は，ワインを生産していた労働者４人が穀物を生産することになり，穀物の生産は0.25単位増産される。したがって，増産できる穀物の生産量は，Ａ国の方がＢ国よりも大きい。

問６．①適切。１ドル＝125円のとき4000万ドルの売上を円換算すると，50億円となる。１ドル＝130円のとき4000万ドルの売上を円換算すると，

52億円となる。したがって,「2億円増加」が正しい。

問7．④不適切。日本が国際連合に加盟したのは1956年。

①農業基本法の制定は1961年。

②東海道新幹線の開通は1964年。

③日本の経済協力開発機構（OECD）加盟は1964年。

問10．④誤文。第二次石油危機の発生は1979年，ベトナム戦争の終結は1973年であり，第二次石油危機を契機としてベトナム戦争が終結したわけではない。

問11．②誤文。国内総生産（GDP）に海外からの所得の純受取を加えたものは国民総生産（GNP）である。

II 解答

問1．②　問2．③　問3．③　問4．④　問5．③
問6．②　問7．①　問8．④　問9．③　問10．④
問11．③　問12．③　問13．③

◀解　説▶

≪金融制度改革≫

問2．③不適切。日本振興銀行の破綻は2010年である。

問4．④不適切。金融商品取引法施行は2007年であり，日本版金融ビッグバン構想に関する一連の金融規制改革とは異なる。

問6．②正文。①・③・④誤文。ペイオフは，金融機関が破綻した場合，元本1000万円までとその利息を保証する制度である。したがって，①「すべての預金の払い戻しに応じる制度」，③「無利子・決済サービスであることなど，払い戻しの対象となる預金の条件」，④「資産を差し押さえる手続き」というのは誤り。

問8．④適切。アジア通貨危機は，タイの通貨バーツの暴落がきっかけで発生した。

問11．③正文。①誤文。日本政府は経済連携協定を重視して締結交渉を推進した。

②誤文。本選択肢は，自由貿易協定ではなく経済連携協定の説明である。

④誤文。日米貿易協定の発効は2020年である。

Ⅲ　解答

問1．①　問2．②　問3．⑩　問4．③　問5．④
問6．③　問7．③　問8．②　問9．①　問10．②

◀解　説▶

≪環境問題，財政≫

問1．①正文。②誤文。3Rとは「リデュース，リユース，リサイクル」のこと。

③誤文。汚染者負担の原則（PPP）は，経済協力開発機構（OECD）が勧告したもの。

④誤文。公害健康被害補償法は，補償裁判を進めるための指針ではなく，公害による健康被害を受けた人々に対する補償に関して規定している。

問2．②適切。それぞれの採択年は，A：ラムサール条約（1971年），B：気候変動枠組条約・生物多様性条約（1992年），C：バーゼル条約（1989年）である。

問3．⑩適切。A：中国。石炭の割合が大きい点で判断できよう。C：カナダ。水力の割合が大きい点で判断できよう。E：フランス。原子力の割合が大きい点で判断できよう。

問4．③正文。①誤文。京都議定書は1990年比で，2008年から2012年までの間に，先進国全体で平均5.2％（日本6％，アメリカ7％，EU8％）削減するという数値目標が定められた。

問6．③正文。①誤文。超高齢社会の定義は高齢化率が21％を超える社会であり，現在日本の高齢化率は29.1％に達しているため，日本は超高齢社会となる（2022年時点）。

②誤文。2005年の日本の合計特殊出生率は1.26で，統計開始以来最低の数値を記録した。

④誤文。年金積立方式では，現役世代が積み立てた保険料をその現役世代が受け取るのだから，現役世代の負担は増大しない。

問9．①正文。②誤文。地方公共団体には，都道府県や市区町村のような普通地方公共団体のほか，財産区などの特別地方公共団体もある。

③誤文。ブライスの言葉は「地方自治は，民主主義の学校」である。

④誤文。地方自治では直接請求権に基づいて，住民が自ら条例の制定や改廃等を請求することができる。

問10．②正文。①誤文。三割自治とは，地方自治体の自主財源が三割程度しかない状態をいう。

③誤文。2019 年度で最も財政力の高い地方公共団体は東京都である。また最も財政力の低い地方公共団体は島根県である。

④誤文。三位一体改革は国の権限や財源を地方へ移譲するという小さな政府を目指した改革。

Ⅳ 解答

問1．②　問2．②　問3．②　問4．④　問5．②
問6．②　問7．④　問8．①

◀解　説▶

≪労働と雇用≫

問2．②適切。男女雇用機会均等法は，日本が女性差別撤廃条約を批准するにあたり，国内法を整備するために制定された。

問3．②適切。それぞれの制定年は，A：健康保険法（1922 年），B：雇用保険法（1974 年），C：厚生年金保険法（1954 年）。

問4．④誤文。本選択肢は，時間外労働を法定労働時間にすれば正文となる。

問6．②誤文。育児休業法が施行されたのは 1992 年である。

問7．④適切。日本の女性の年齢階級別労働力率はM字カーブを描くといわれる。これは，女性が結婚や出産を機にいったん離職し，その後復職する傾向があることが要因であるが，近年その傾向は弱まっている。したがって，2004 年から 2020 年にかけてM字の溝は埋まっているはず。その点を考慮すれば，Aが日本（2020 年），Dが日本（2004 年）であると判断できる。

■数学■

1　解答

［1］アイウ．－35

［2］エ．5　オカ．81　キク．10　ケコ．81
サシ．17　スセ．27

［3］ソ．8　タ．5　チツ．－5

［4］テ．1　トナ．－2　ニ．1

［5］ヌ．4　ネノ．－4　ハヒ．19

◀解　説▶

≪小問5問≫

［1］　$(x-5)(x-3)(x-1)(x+1)(x+3)(x+5)$

$=(x^2-25)(x^2-9)(x^2-1)$

$=x^6-(25+9+1)x^4+\cdots$

よって，x^4 の係数は -35 である。　→ア～ウ

［2］　5人でじゃんけんを1回行うときの全事象は 3^5 通りであり，1人だけ勝つのは，ある1人の勝ち方が3通りあるから，1人だけ勝つ確率は

$$\frac{3\times{}_5C_1}{3^5}=\frac{5}{81}$$　→エ～カ

2人だけ勝つのは，同様に

$$\frac{3\times{}_5C_2}{3^5}=\frac{10}{81}$$　→キ～コ

3人勝つ確率は2人だけ勝つ確率に等しく，4人勝つ確率は1人だけ勝つ確率に等しいから，だれも勝たない確率は，これらの余事象の確率であり

$$1-2\left(\frac{5}{81}+\frac{10}{81}\right)=\frac{17}{27}$$　→サ～セ

［3］　$x^2-8x+y^2+2y=0$

$(x-4)^2+(y+1)^2=17$

ここで，17を2つの平方数の和として表す方法は，$16+1$ または $1+16$ に限られるから

$(x-4,\ y+1)=(\pm 4,\ \pm 1),\ (\pm 1,\ \pm 4)$　（複号任意）

よって，8個ある。 →ソ

このうち，xyが最小となる組合せは

$$(x,\ y)=(5,\ -5) \quad \to タ〜ツ$$

である。

［4］ 求めるベクトルを$(x,\ y,\ z)$とおくと，$(1,\ 1,\ 1)$，$(1,\ 2,\ 3)$と垂直であり，大きさが$\sqrt{6}$であることから

$$\begin{cases} x+y+z=0 & \cdots\cdots① \\ x+2y+3z=0 & \cdots\cdots② \\ x^2+y^2+z^2=6 & \cdots\cdots③ \end{cases}$$

①，②から

$$z=x,\ y=-2x$$

であるから③に代入し

$$6x^2=6 \qquad \therefore \quad x=\pm 1$$

このうちx成分が正のものは　$(1,\ -2,\ 1)$ →テ〜ニ

である。

［5］ $x(x+1)(x+3)-4\cdot 5\cdot 7=0$

$$(x-4)(x^2+8x+35)=0$$

$$\therefore \quad x=4,\ -4\pm\sqrt{19}\,i \quad \to ヌ〜ヒ$$

2 解答

［1］ア．3　イ．8　ウ．5

［2］エオ．20　カキクケ．5184

［3］コ．0　サ．1　シ．1　ス．3　セ．4　ソ．6　タ．6　チ．7

［4］ツ．1　テ．4　ト．1　ナ．2　ニ．1　ヌ．4

［5］ネノ．25　ハ．7　ヒフ．23　ヘ．7

◀解　説▶

≪小問5問≫

［1］ 2次関数を$y=ax^2-bx+c$とおくと，3点$(1,\ 0)$，$(2,\ 1)$，$(-1,\ 16)$を通るから

$$\begin{cases} a-b+c=0 & \cdots\cdots① \\ 4a-2b+c=1 & \cdots\cdots② \\ a+b+c=16 & \cdots\cdots③ \end{cases}$$

③－① から

$$2b=16 \qquad \therefore \quad b=8$$

よって①，②から

$$\begin{array}{rl} & 4a+c=17 \\ -) & \ \ a+c=\ 8 \\ \hline & 3a \qquad =\ 9 \end{array}$$

$$a=3,\ c=5$$

$$\therefore \quad y=3x^2-8x+5 \quad \rightarrow ア〜ウ$$

［2］　$2160=3^2\cdot 2^4\cdot 3\cdot 5$

よって，2160 の正の約数のうち 9 の倍数は

$$(4+1)(1+1)(1+1)=20 \text{ 個} \quad \rightarrow エオ$$

である。また，$2160=2^3\cdot 3^2\cdot 2\cdot 3\cdot 5$ であるから，72 の倍数のすべての和は

$$72(1+2)(1+3)(1+5)=5184 \quad \rightarrow カ〜ケ$$

である。

［3］　真数条件から

$$\begin{cases} |x-1|>0 \\ |x-6|>0 \end{cases} \qquad \therefore \quad x\neq 1,\ 6 \quad \cdots\cdots ①$$

また

$$\log_6|x-1|+\log_6|x-6|<1$$

$$\log_6|(x-1)(x-6)|<\log_6 6$$

$$|(x-1)(x-6)|<6$$

(i)　$x<1,\ 6<x$ のとき

$$\begin{aligned} (x-1)(x-6)<6 &\iff x^2-7x<0 \\ &\iff x(x-7)<0 \\ &\iff 0<x<7 \quad \cdots\cdots ② \end{aligned}$$

(ii)　$1\leqq x\leqq 6$ のとき

$$\begin{aligned} -(x-1)(x-6)<6 &\iff x^2-7x+12>0 \\ &\iff (x-3)(x-4)>0 \\ &\iff x<3,\ 4<x \quad \cdots\cdots ③ \end{aligned}$$

①，②，③から

$$0<x<1,\ 1<x<3,\ 4<x<6,\ 6<x<7 \quad \rightarrow コ〜チ$$

［4］

$$
\begin{array}{rl}
S= & 1\cdot1+2(-1)+3(-1)^2+\cdots+n(-1)^{n-1} \\
-)\ -S= & \quad 1\cdot(-1)+2(-1)^2+\cdots+(n-1)(-1)^{n-1}+n(-1)^n \\
\hline
2S= & 1+(-1)+(-1)^2+\cdots+(-1)^{n-1}-n(-1)^n
\end{array}
$$

$$=1\cdot\frac{1-(-1)^n}{1-(-1)}-n(-1)^n$$

$$\therefore\quad S=\frac{1}{4}\{1-(-1)^n\}-\frac{1}{2}n(-1)^n$$

$$=\frac{1}{4}-(-1)^n\left(\frac{1}{2}n+\frac{1}{4}\right)\quad\rightarrow ツ～ヌ$$

［5］　1　2　4　6　6

この5個のデータの中央値は4であり，2個のデータを加えて中央値が3になったから，加えた2個のデータは(3, 3)，(2, 3)，(1, 3)のいずれかである。このとき，追加後のデータの平均の最大のものは

$$\frac{1+2+4+6+6+3+3}{7}=\frac{25}{7}\quad\rightarrow ネ～ハ$$

最小のものは

$$\frac{1+2+4+6+6+1+3}{7}=\frac{23}{7}\quad\rightarrow ヒ～ヘ$$

である。

3　**解答**　［1］(1)ア．1　イ．4　ウエ．15　オ．4

(2)カキ．21　クケ．15　コ．4　サシ．21　ス．2

(3)セソ．15　タ．2

［2］(1)チ—①　(2)ツ—②　(3)テ—④　(4)ト—③

◀解　説▶

≪小問2問≫

［1］(1)　余弦定理より

$$\cos A=\frac{7^2+6^2-8^2}{2\cdot7\cdot6}=\frac{1}{4}\quad\rightarrow ア，イ$$

よって

$$\sin A=\sqrt{1-\cos^2 A}=\sqrt{1-\left(\frac{1}{4}\right)^2}=\frac{\sqrt{15}}{4}\quad\rightarrow ウ～オ$$

(2)　(1)から

$$S=\frac{1}{2}\cdot7\cdot6\cdot\frac{\sqrt{15}}{4}=\frac{21\sqrt{15}}{4}\quad \to カ\sim コ$$

また，S は

$$S=\frac{1}{2}r(6+8+7)=\frac{21}{2}r\quad \to サ\sim ス$$

とも表せる。

(3)　(2)から

$$\frac{21}{2}r=\frac{21\sqrt{15}}{4}$$

$$\therefore\quad r=\frac{\sqrt{15}}{2}\quad \to セ\sim タ$$

［2］(1)　$a^2=b^2 \Longleftrightarrow a=\pm b$ であり

$$\begin{cases} a^2=b^2 \not\Longrightarrow a=b \\ a^2=b^2 \Longleftarrow a=b \end{cases}$$

であるから，$a^2=b^2$ は $a=b$ であるための必要条件であるが，十分条件ではない。 →チ

(2)　$a^3=b^3 \Longleftrightarrow (a-b)(a^2+ab+b^2)=0$

$\Longleftrightarrow a=b$　または　$a^2+ab+b^2=0$

ここで

$$a^2+ab+b^2=0 \Longleftrightarrow \left(a+\frac{1}{2}b\right)^2+\frac{3}{4}b^2=0$$

$$\Longleftrightarrow \begin{cases} a+\frac{1}{2}b=0 \\ b=0 \end{cases}\quad (a,\ b は実数より)$$

$$\Longleftrightarrow a=b=0$$

であるから

$$a^3=b^3 \Longleftrightarrow a=b$$

よって

$$\begin{cases} a^3=b^3 \Longrightarrow a^2=b^2 \\ a^3=b^3 \not\Longleftarrow a^2=b^2 \end{cases}$$

であるから，$a^3=b^3$ は $a^2=b^2$ であるための十分条件であるが，必要条件ではない。 →ツ

(3)　$a^2>b^2 \iff (a+b)(a-b)>0$

$\iff \begin{cases} a+b>0 \\ a-b>0 \end{cases}$ または $\begin{cases} a+b<0 \\ a-b<0 \end{cases}$

$\iff \begin{cases} b>-a \\ b<a \end{cases}$ または $\begin{cases} b<-a \\ b>a \end{cases}$

$a^3>b^3 \iff (a-b)(a^2+ab+b^2)>0$

$a^2+ab+b^2=0$ のとき不等式は成り立たないから，$a^2+ab+b^2>0$ であり

$a^3>b^3 \iff a-b>0$

$\iff b<a$

よって，$\begin{cases} a^2>b^2 \not\Longrightarrow a^3>b^3 \\ a^2>b^2 \not\Longleftarrow a^3>b^3 \end{cases}$ であり，$a^2>b^2$ は $a^3>b^3$ であるための必要条件でも十分条件でもない。 →テ

(4)　$a^4=b^4 \iff (a^2+b^2)(a^2-b^2)=0$

$a^2+b^2=0$ のとき，$a=b=0$ であるから

$a^4=b^4 \iff a^2=b^2$

よって，$a^4=b^4$ は $a^2=b^2$ であるための必要十分条件である。 →ト

4 解答

(1)ア．3　イ．4　ウ．4

(2)エ．5　オ．4　カ．3　キ．5　クケ．-4　コ．5

(3)サ．5　シ．4　ス．9　セ．4　ソ．9

(4)タ．7　チ．4　ツテ．11　ト．4　ナニ．-1

◀解　説▶

≪三角関数で表された関数の最大・最小≫

(1)　$f(x)=9\sin^2 x+6\sin x\cos x+\cos^2 x-1$

$=9\cdot\dfrac{1-\cos 2x}{2}+6\cdot\dfrac{\sin 2x}{2}+\dfrac{1+\cos 2x}{2}-1$

$=3\sin 2x-4\cos 2x+4$　→ア～ウ

(2)　$f(x)=\sqrt{3^2+4^2}\sin(2x+\theta)+4$

$=5\sin(2x+\theta)+4$　→エ，オ

このとき

$\cos\theta=\dfrac{3}{5},\ \sin\theta=-\dfrac{4}{5}$　→カ～コ

(3)　θ は第4象限の角であるから $f(x)$ は $2x+\theta=\dfrac{\pi}{2}+2\pi,\ \dfrac{\pi}{2}+4\pi$ のとき最大となり

$x=\dfrac{5}{4}\pi-\dfrac{1}{2}\theta,\ \dfrac{9}{4}\pi-\dfrac{1}{2}\theta$ で，最大値9をとる。　→サ～ソ

(4)　(3)と同様に $f(x)$ は $2x+\theta=\dfrac{\pi}{2}+3\pi,\ \dfrac{\pi}{2}+5\pi$ のとき最小となり，

$x=\dfrac{7}{4}\pi-\dfrac{1}{2}\theta,\ \dfrac{11}{4}\pi-\dfrac{1}{2}\theta$ で，最小値 -1 をとる。　→タ～ニ

5　解答

(1)ア．2　イ．3　ウ．4　エオ．27

(2)カ．3　キ．4　クケ．27　コサシ．256

(3)ス．2　セ．3　ソ．1　タ．3　チ．1　ツ．3　テ．1　トナ．27

(4)ニ．1　ヌ．2　ネ．1　ノ．4

(5)ハ．1　ヒフヘ．192

◀解　説▶

≪微分法の図形への応用，曲線と接線で囲まれた領域の面積≫

(1)　$f(x)=-x^3+x^2\quad(0<x<1)$

$f'(x)=-3x^2+2x$

$f'(x)=0$ のとき　$x=\dfrac{2}{3}$

よって，右の増減表を得る。

x	(0)	$\cdots$	$\dfrac{2}{3}$	$\cdots$	(1)
$f'(x)$		$+$	0	$-$	
$f(x)$		↗	$\dfrac{4}{27}$	↘	

したがって，$f(x)$ は $x=\dfrac{2}{3}$ のとき，最大値 $\dfrac{4}{27}$ をとる。→ア～オ

(2)　長方形の面積を $S(a)$ とすると

$S(a)=a\cdot a^2(1-a)\quad(0<a<1)$

$=-a^4+a^3$

$S'(a)=-4a^3+3a^2$

$S'(a)=0$ のとき　$a=\dfrac{3}{4}$

よって，右の増減表を得る。

a	(0)	$\cdots$	$\dfrac{3}{4}$	$\cdots$	(1)
$S'(a)$		$+$	0	$-$	
$S(a)$		↗	$\dfrac{27}{256}$	↘	

したがって，$S(a)$ は $a=\dfrac{3}{4}$ のとき，最大値 $\dfrac{27}{256}$ をとる。→カ～シ

(3)　(1)から

$$f'(a)=2a-3a^2 \quad \text{→ス，セ}$$

であり

$$f'(a)=-3\left(a-\frac{1}{3}\right)^2+\frac{1}{3}$$

であるから，$f'(a)$ は $a=\dfrac{1}{3}$ のとき，最大値 $\dfrac{1}{3}$ をとる。→ソ，タ

このときの接線の方程式は

$$y=\frac{1}{3}\left(x-\frac{1}{3}\right)+\frac{2}{27}=\frac{1}{3}x-\frac{1}{27} \quad \text{→チ～ナ}$$

(4)　原点と点Aを結ぶ直線の傾きは

$$\frac{a^2(1-a)}{a}=a(1-a)$$
$$=-\left(a-\frac{1}{2}\right)^2+\frac{1}{4}$$

であるから，$a=\dfrac{1}{2}$ のとき最大値 $\dfrac{1}{4}$ をとる。→ニ，ヌ

このときの直線の方程式は

$$y=\frac{1}{4}x \quad \text{→ネ，ノ}$$

(5)　曲線 $y=x^2(1-x)$ と直線 $y=\dfrac{1}{4}x$ は，原点で交わり，$x=\dfrac{1}{2}$ の点で接するから，これらで囲まれる領域の面積は

$$\int_0^{\frac{1}{2}}\left\{\frac{1}{4}x-x^2(1-x)\right\}dx=\int_0^{\frac{1}{2}}\left(x^3-x^2+\frac{1}{4}x\right)dx$$
$$=\left[\frac{x^4}{4}-\frac{x^3}{3}+\frac{1}{8}x^2\right]_0^{\frac{1}{2}}$$
$$=\frac{1}{64}-\frac{1}{24}+\frac{1}{32}$$
$$=\frac{3-8+6}{3\cdot 64}$$
$$=\frac{1}{192} \quad \text{→ハ～ヘ}$$

6 **解答**　(1)アイ．-2　ウ．8

(2)エ．2　オ．2　カ．6　キ．$-$　ク．3

ケコ．-2　サ．4　シ．6

(3)ス．3　セ．6　ソタ．18　チツ．-1　テ．2

(4)ト．2　ナ．3

◀解　説▶

≪連立不等式で表された領域と関数の最大・最小≫

(1)　下の方程式を $f(x)$ とおくと，F は直線 $y=-4x+18$ と $x=3$ の点で接するから

$$f(x)-(-4x+18)=k(x-3)^2$$

とおける。$f(x)$ は $(0,\ 0)$ を通るから

$$f(0)-18=9k$$

$$k=-2$$

$$\therefore\quad f(x)=-2x^2+8x \quad \to ア\sim ウ$$

(2)　$\mathrm{A}(a,\ -2a^2+8a)$ であるから，l の方程式は

$$y=2(x-a)-2a^2+8a$$

$$=2x-2a^2+6a \quad \to エ\sim カ$$

これと $y=f(x)$ を連立し

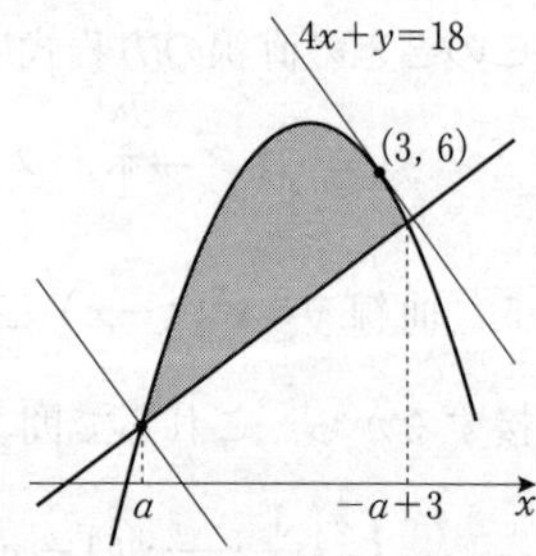

$$2x-2a^2+6a=-2x^2+8x$$

$$2x^2-6x-2a^2+6a=0$$

$$x^2-3x-a(a-3)=0$$

$$(x-a)(x+a-3)=0$$

よって，A 以外の交点の座標は

$$(-a+3,\ -2a^2+4a+6) \quad \to キ\sim シ$$

(3)　$-1\leqq a<0$ のとき，$3<-a+3\leqq 4$ であるから，連立不等式の領域に点 $(3,\ 6)$ が含まれ，$4x+y=18$ は領域に接する。よって，$4x+y$ は a の値によらず，$x=3$，$y=6$ で最大値 18 をとる。 →ス～タ

また，$4x+y$ は $(a,\ -2a^2+8a)$ において最小値をとるから，最小値が $-\dfrac{13}{2}$ のとき

$$4a+(-2a^2+8a)=-\frac{13}{2}$$

$$4a^2-24a-13=0$$

$$(2a-13)(2a+1)=0$$

$-1\leqq a<0$ であるから

$$a=-\frac{1}{2}$$ →チ～テ

(4)　$0\leqq a\leqq 1$ のとき，$2\leqq -a+3\leqq 3$ であり，$4x+y$ は

$(-a+3,\ -2a^2+4a+6)$ で最大値，$(a,\ -2a^2+8a)$ で最小値をとるから，これらの差が 10 となるのは

$$\{4(-a+3)-2a^2+4a+6\}-(4a-2a^2+8a)=-12a+18=10$$

$\therefore\quad a=\frac{2}{3}$ →ト，ナ

■３教科型学部個別入試（Ａ方式）：経営学部

問題編

▶試験科目・配点

教　科	科　目	配　点
外国語	コミュニケーション英語Ⅰ・Ⅱ・Ⅲ，英語表現Ⅰ・Ⅱ	150点
地歴・数学	日本史Ｂ，世界史Ｂ，「数学Ⅰ・Ⅱ・Ａ・Ｂ（数列，ベクトル）」のうちから１科目選択	100点
国　語	国語総合（近代以降の文章），現代文Ｂ	100点

▶備　考

数学Ａの出題範囲は，全分野とする。

英語

（60 分）

I　次の英文の空所に入る語句として最も適切なものを，空所 [1] ～ [6] については Set A，空所 [7] ～ [12] については Set B の中からそれぞれ一つずつ選び，その番号をマークしなさい。なお，Set A と Set B 内の番号はどちらも一度ずつしか使えないが，不要な選択肢がそれぞれ二つずつ含まれている。

Marie: Hi, Naomi. How are things?

Naomi: Good! I just finished my half of our group assignment for our writing class.

Marie: Wow, that was fast! I still have a long [1] to go before I finish mine.

Naomi: It wasn't as hard as I thought it would be. I can show you. Do you want to take a look?

Marie: Yes, please! I'm really [2] to see what you wrote... This is really good. Some of the words you used seem very difficult. I don't even understand all of them.

Naomi: Actually, I'm not entirely [3] about the meaning of one or two of them myself.

Marie: What do you mean? Why did you use them if you don't understand them?

Naomi: I found them on a website about our topic, so I just copied them into my part of our work.

Marie: How much did you copy?

Naomi: Just that one small paragraph. Oh, and I also used a few sentences from an old book I checked out from the library.

Marie: You're saying that you copied that [4] paragraph? But that's *plagiarism!

Naomi: It's only a small one. Just a few sentences. And the writer said exactly what I would have said myself, so why can't I just use their words?

Marie: It's not your own work. You're just stealing somebody else's. If the teacher finds out, we'll both fail the class, and we might even be kicked out of the university!

Naomi: How is she going to find out?

Marie: If it's from a website, all she'll need to do is search for it online. She could find it in a few seconds.

Naomi: That might be [5] about the website, but what about the book?

Marie: Maybe that's online somewhere too. It's also about a topic that the teacher knows well, so maybe she's read that book before. But that's not the [6]. Plagiarism is just wrong.

*plagiarism: 盗作

Set A

① curious
② entire
③ interesting
④ point
⑤ sure
⑥ true
⑦ way
⑧ writing

Naomi: It might not be right, but the teacher is asking us to do far too much work, and by using these other writers' words, I can [7] a lot of time and do a better job on our assignment.

Marie: I don't think the teacher just wants us to write a good paper. I think she's trying to teach us about how to be better writers. If you just copy most of your work from someone else, you're only learning how to [8]. What will you do in the future when you need to write another paper, or a report for your job?

Naomi: I'm just so busy right now with so many other assignments. It won't matter if I cheat just a little on just this one.

Marie: But there's always going to be some [9]. Right now you have other assignments making you busy, but in the future it might be something else.

Naomi: You might be right, but I just want to [10] this class.

Marie: Even if that's your only goal, and you don't care about learning to be a better writer, plagiarism is still a bad [11]. Like I said before, the teacher will find it, and then we'll fail the class, or worse!

Naomi: But what can I do? It's due next week and I don't have time to rewrite it now.

Marie: Maybe we can ask the teacher for an [12]? She'll probably be happier to give us extra time than she would be if she found out that we cheated.

Set B

① cheat
② excuse
③ extension
④ idea
⑤ pass
⑥ save
⑦ study
⑧ take

Ⅱ 次の英文を読み，各設問に答えなさい。なお，文章の左にある［1］～［5］は各段落の番号を表したものである。

［1］ Starbucks seems to have found out how to effectively stimulate employee enthusiasm. There is plenty of energy at Starbucks, and it's not due to too much caffeine. From healthcare benefits for part-time employees to intense training, Starbucks understands what it takes (ア) to ensure its "partners" (as employees are called at the company) are happy and motivated. Starbucks has realized that the keys to motivating its partners are ensuring competence, promoting social responsibility, and encouraging ownership. If these conditions are in place, partners will work harder and stay with the company longer.

［2］ Customers can expect competent partners at Starbucks. Managers receive eight to ten weeks of training prior to stepping into managerial roles, including "Coffee Knowledge 101." In turn, managers ensure that all employees are fully trained. Every Starbucks employee completes 24 hours of training at one of the company's regional training centers prior to serving up his or her first cup of coffee. Partners also learn by observing their managers who model positive attitudes and supreme (イ) customer service.

［3］ Partners find motivation in the corporate social responsibility emphasis (ウ) of Starbucks. For example, Starbucks managers encourage community volunteerism. In a five-year span, Starbucks' partners across the United States and Canada volunteered more than 790,000 hours of service to the community, and Starbucks matched those efforts by contributing to these community-based nonprofit organizations $10 for every hour served by its partners.

[4]　Partners who work at least 20 hours per week and have been employed for more than six months receive full benefits, including shares of <u>stock</u>(1) that are referred to as "Bean Stock." This stock plan — the first of its kind among private companies — provides partners with an ownership stake in the success of the organization. Ownership <u>enhances</u>(エ) the desire of partners to have input into, and promote the mission of, establishing Starbucks as "the premier *purveyor of the finest coffee in the world while maintaining our uncompromising principles while we grow." Those principles include treating one another with respect and dignity, embracing diversity, enthusiastically satisfying customers, and contributing positively to the community and the environment. If partners sense that the company is drifting away from this mission, Starbucks' Mission Review program allows them to raise questions, express concerns, and receive answers from managers.

[5]　Although a culture of enthusiasm fills most stores, not everyone is all smiles at Starbucks. The work demands at some stores meant that many managers worked long hours without receiving overtime pay, <u>an issue</u>(オ) that resulted in Starbucks moving its store managers from salary to hourly pay plans. Furthermore, partners in some locations such as New York and Chicago complained that starting wages were below a living wage in their areas. Even with these concerns about pay, Starbucks still enjoys the benefits of motivated partners. Like many organizations, Starbucks relies heavily on repeat customers to drive its business. In fact, some of the company's customers return as often as 20 times per month. Customers often comment that the partners at Starbucks are always happy and having fun. Regular customers also appreciate that in comparison to other organizations in this industry, there is relatively low **turnover among the partners (most retailers and fast-food chains have more than 300 percent turnover annually, whereas Starbucks' turnover rate is a relatively low 60 percent).

*purveyor：提供者

**turnover：離職率

出典追記：Management: Current Practices and New Directions by Mitchell J. Neubert and Bruno Dyck, South-Western College Publishing

問1 文中で使われている下線部(ア)～(オ)の意味として最も適切なものをそれぞれ①～⑤の中から一つ選び，その番号をマークしなさい。

(ア) it takes 13

① is hard ② is given ③ is known

④ is necessary ⑤ is unlikely

(イ) supreme 14

① everyday ② excellent ③ orderly

④ prompt ⑤ unexpected

(ウ) emphasis 15

① ceremony ② encounter ③ reference

④ stress ⑤ sympathy

(エ) enhances 16

① heightens ② implies ③ limits

④ neglects ⑤ substitutes

(オ) an issue 17

① an activity ② a belief ③ a duty

④ a religion ⑤ a problem

問2 第1段落のemployee enthusiasmを補足的に説明する表現として適切でない選択肢を①～⑤の中から一つ選び，その番号をマークしなさい。 18

① employees have plenty of energy
② employees have consumed too much caffeine
③ employees are happy and motivated
④ employees work harder
⑤ employees stay employed longer

問3 スターバックスでは「従業員」を独特な呼称で呼ぶ。その呼称として正しいものを①～⑤の中から一つ選び，その番号をマークしなさい。 19

① employees
② managers
③ partners
④ unions
⑤ workers

問4　従業員を能率的に働かせるためにスターバックスが実施している施策のうち，正しいものを①～⑤の中から三つ選び，その番号をマークしなさい。　20　21　22

① 管理職は，役職に就く前に8週間から10週間の訓練を受ける。
② 従業員はコーヒーの基礎知識を学び，管理職は中級講座を受講する。
③ 従業員は，店に出る前に必ず24時間のトレーニングを受ける。
④ 従業員は，管理職の接客やポジティブな態度を観察して仕事ぶりを学ぶ。
⑤ 全ての従業員は，定期的に実施される合宿でスタッフ育成トレーニングを受ける。

問5　第4段落の下線部(1)"stock"と最も近い意味で使われている文を①～⑤の中から一つ選び，その番号をマークしなさい。　23

① The politician gave a stock answer to the reporter's question.
② Please stock the bar with beer and wine.
③ He put a lot of stock in his work.
④ The professor has a large stock of knowledge.
⑤ Don't invest all your money in one stock.

問6　スターバックスの社是（会社経営の基本精神をあらわした短い言葉）に含まれているものを①～⑤の中から三つ選び，その番号をマークしなさい。　24　25　26

① contribute positively to company profits
② embrace diversity
③ enthusiastically satisfy customers
④ raise questions and receive answers from managers
⑤ treat one another with respect and dignity

問7　スターバックスは従業員の働く意欲を高めた結果，どのようなメリットを得たか。正しい答えを①～⑦の中から一つ選び，その番号をマークしなさい。　27

① 銀行と良好な関係を維持している。
② 店の雰囲気が良いので，リピート客が多い。
③ 従業員の離職率が低い。
④ ①と②
⑤ ①と③
⑥ ②と③
⑦ ①，②，③すべて

問8 本文のタイトルとして最も適切なものは以下のどれか。①～⑤の中から一つ選び，その番号をマークしなさい。 28

① A Cup Full of Motivation: Starbucks
② Capuccino or Espresso? Product Development at Starbucks
③ Great Teamwork at Starbucks
④ How Starbucks Attracts the Most Diverse Workers in the Field
⑤ Setting Goals and Making Plans at Starbucks

問9 以下の①～⑥のうち，本文の内容と一致するものを二つ選び，その番号をマークしなさい。 29 30

① スターバックスは，従業員に十分な訓練を施し，企業の社会的責任を促進することで，従業員のやる気を高めている。
② スターバックスは，従業員が行ったボランティア活動時間に応じて，過去5年間に79万ドルを州政府に寄付した。
③ スターバックスは，正社員に手厚い福利厚生と自社製のコーヒー豆を提供している。
④ ニューヨークやシカゴ等の大都市においては，スターバックスは生活費に合わせて賃金を高めに支払っている。
⑤ 従業員に自社株を給付することも従業員のやる気を高める秘訣になっている。
⑥ スターバックスは，給与体系を月給制から時間給へ変えたことにより，株価が上昇した。

Ⅲ 次の英文を読み，下記の問いの答えとして最も適切なものをそれぞれの選択肢の中から一つずつ選び，その番号をマークしなさい。なお問8については，二つ選び，その番号をマークしなさい。

Gentle and down-to-earth, Dominic Puwasawat Chakrabongse is the full-time environmental activist behind Precious Plastic Bangkok, a volunteer-run organization that collects bottle caps from all over Bangkok before shredding and melting them into new products. "We want to change people's perceptions of plastic waste, and show that it can be more than trash that lies on the street or enters rivers. (a)It's actually an incredibly valuable resource," Dominic says.

Dominic, 28, decided in July 2018 to open the Bangkok branch of Precious Plastic, a worldwide project started by Dave Hakkens in the Netherlands in 2013. Hakkens posted designs for machines that can grind, melt, shape and compress plastic bottle caps for transforming into other products.

Plastic bottle caps are made of high density polyethylene (HDPE), a type of plastic that does not burn even at temperatures of 180°C. This makes them suitable for being melted and reshaped. Many of the bottle caps Dominic gets are blue, since a lot of water bottle caps are shades of (b)cyan and navy. In the garage he separates them by color. After one machine shreds the caps, another melts the plastic into a useable material. It takes around 150 caps to make one bowl. Another branch of Precious Plastic in Chiang Mai, run by a company called Bope Shop, has a machine that presses plastic shreds into coasters and other flat products. Precious Plastic is looking for designers they can work with to produce even more stylish items.

A trip to the beach, and the knowledge that Thailand is one of the world's largest plastic polluters, convinced Dominic to dedicate his time to helping Thais (c)go green. "Every single step, I saw plastic and then another piece and another piece. When you start noticing it, it's even worse," Dominic said. "How can we keep going on like this?"

After completing a degree in environmental policy from the London School of Economics, Dominic settled on his approach to recycling — which is far from asking people to separate their waste into seven different categories. (d)"I'm not trying to make big, sweeping changes. These are small changes that anyone can do, even if it's once a week. If you push overwhelming changes onto people, they will reject them," he said. Dominic understood that getting Thais to start recycling has to begin with an easy, accessible option — like twisting off the cap of your disposable green tea bottle and tossing it into a box. "We need a simple and cheap solution. Lots of communities are held back from recycling because it's more expensive to properly deal with waste," Dominic said. (e)That, as well as governmental delays in tackling legislation, are the main obstacles that prevent Thais from recycling.

Precious Plastic Bangkok has recycled around 100 kilograms of bottle caps, received through donations and from trash-collecting volunteer groups such as Trash Hero. The group even put together a Bangkok Design Week display in January. (f)Dominic recently received one of his biggest orders so far, from a corporation that wants 250 plant pots which will require 20,000 bottle caps. "This model is really good for communities. The raw material is completely free and the machines are very simple and easy to build. I hope to see Precious Plastic branches set up all over the country, in different neighborhoods," he said. (g)"It's only a drop in the ocean, but it's a start in diverting plastic from the landfill," Dominic says. "It shows that Thai people are keen to be a part of something."

Dominic is a great-great grandson of King Rama V. His brother is the musician Hugo Chakrabongse Levy. Their mother is Narisara Chakrabongse, daughter of Prince Chula Chakrabongse (son of Prince Chakrabongse Bhuvanath, the 40th son of Rama V).

問1 Which of the following best describes the meaning of the underlined sentence (a)? 31

① Rivers are actually a very important resource.
② Rivers and streets are actually very expensive to clean.
③ Plastic waste is actually a very useful material.
④ Plastic is actually very expensive to produce.

問2 According to the context, which of the following best describes the meaning of the underlined word (b)? 32

① a color similar to blue
② a type of plastic
③ a kind of sunshade
④ a popular drink sold in bottles

問3 Which of the following best describes the meaning of the underlined phrase (c)? 33

出典追記：Precious Plastic: Recycling Bangkok One Bottle Cap At A Time, Khaosod English on May 13, 2019 by Asaree Thaitrakulpanich

① to develop a love and appreciation of the color green

② to visit areas of the country known for their natural beauty

③ to create more green spaces such as parks and beaches

④ to act in a more environmentally responsible and sustainable way

問4 Which of the following best describes the meaning of the underlined sentence (d)? 34

① He does not think keeping his workshop clean is important.

② He thinks sweeping out his workshop is more important than making big changes.

③ He thinks the situation will not change if people do not act quickly.

④ He does not plan to change everything right away.

問5 Which of the following best describes what the underlined word (e) refers to? 35

① the large amount of waste being produced

② the high cost of managing waste disposal

③ the slow pace of change in government

④ the popularity of green tea sold in plastic bottles

問6 Which of the following best describes the meaning of the underlined sentence (f)? 36

① A company asked Dominic to make 250 plant pots for them.

② A company asked Dominic to make 20,000 bottle caps for them.

③ A company asked if Dominic would like to receive 250 plant pots from them.

④ A company asked if Dominic would like to receive 20,000 bottle caps from them.

問7 Which of the following best describes the meaning of the underlined phrase (g)? 37

① This is a good way to improve water quality.

② This is a solution to only a small part of a much bigger problem.

③ This strategy is only effective for dealing with pollution in the sea.

④ This is especially useful for making the amount of waste in the ocean drop.

問8 Which two of the following are true about Dominic? 38 39

① He makes bowls used to drink green tea.
② He studied in the Netherlands with Dave Hakkens.
③ He visits the beach to collect plastic every day.
④ He went to the London School of Economics.
⑤ He is related to the Thai royal family.
⑥ He runs a shop in Chiang Mai.

Ⅳ 次の英文(1), (2)の空所 (ア) と (イ) に入る最も適切なものをそれぞれ①～④の中から一つ選び，その番号をマークしなさい。

(1) Bamboos are the fastest-growing plants on Earth. A typical bamboo grows as much as 10 centimeters in a single day. Certain species grow up to a meter during the same period, or about 1 millimeter every 2 minutes. You can actually see the plant grow in front of your eyes. Most species of bamboo reach maturity in just 5 to 8 years. Compare this to other popular hard woods that (ア) grow an inch in a week. Trees such as oak can take up to 120 years to reach maturity. But when it comes to flowering, bamboos are probably one of the (イ) plants in the world. The flowering of bamboos is an interesting phenomenon, because it is a unique and very rare occurrence in the plant kingdom. Most bamboos flower once every 60 to 130 years. The long flowering intervals remain largely a mystery to many scientists.

(ア) 40

① also
② barely
③ nevertheless
④ surely

(イ) 41

① largest
② most productive
③ slowest
④ most sustainable

(2) These bamboos exhibit another strange behavior — they all flower at the same time, all over the world, irrespective of geographic location and climate, as long as they were derived from the same mother plant. It is as if the plants carry an internal clock ticking away until the preset alarm goes off [(ア)]. This mass flowering phenomenon also attracts small animals, mainly rats. The sudden availability of fruit in huge quantities in the forest brings in tens of millions of hungry rats who feed, grow and multiply at alarming rates. After they eat all the bamboo fruit, the rats start consuming crops — both in storage as well as in the field. So, a bamboo flowering event [(イ)]. In the northeastern Indian state of Mizoram, the terrible event, known in the local language as *mantam* or "bamboo death" occurs almost like clockwork every 48 to 50 years, when the local bamboo species blooms and produces fruit.

(ア) **42**

① simultaneously
② randomly
③ instantly
④ accidentally

(イ) **43**

① is celebrated in some cultures as the birth and continuation of a new life cycle
② has come to symbolize prosperity as a result of hard work and patience
③ is almost always followed by famine and disease in nearby villages
④ is made possible by the presence of the rats which spread the seeds

出典追記：(1)・(2) The Mysterious Phenomenon of Bamboo Flowering, Amusing Planet on September 30, 2015 by Kaushik Patowary

V 次の英文(1), (2)の空所 [(ア)] ～ [(ウ)] に入る最も適切な語句をそれぞれ①～④の中から一つ選び，その番号をマークしなさい。

(1) Every vehicle trip requires parking [(ア)] its destination, so parking facilities are an integrated component of the roadway system. Shortage of parking will frustrate users and can cause people to park [(イ)] they should not. However, excessive parking can also create problems. Abundant, unpriced parking tends to increase driving and discourage use of alternative modes of transportation, contradicting community development [(ウ)] for more livable and walkable communities.

(ア) **44**

① at　② from　③ of　④ to

(イ) **45**

① whom　② which　③ what　④ where

(ウ) **46**

① objectivity　② objectives　③ objections　④ objectionable

(2) The Venetians created the first mirrors made of manufactured glass, which [(ア)] change the world in untold ways. Prior to this, mirrors consisted of polished metal or *obsidian, but they were expensive and did not reflect nearly as well. The invention paved the way for telescopes and revolutionized art. They also changed the perception of the self. The writer Ian Mortimer goes so far as to suggest [(イ)] prior to glass mirrors, which allowed people [(ウ)] themselves as unique and separate from others, the concept of individual identity did not really exist.

*obsidian: 黒曜石

(ア) **47**

① was　② were　③ will　④ would

(イ) **48**

① when　② if　③ that　④ because

(ウ) **49**

① to see　② seeing　③ seen　④ see

出典追記：(1) Parking Solutions, Victoria Transport Policy Institute on April 17, 2017
(2) Humankind's Most Important Material, The Atlantic on April 7, 2018 by Douglas Main

■日本史■

（60分）

I 日本の法・統治システムの歴史に関する以下のA～Cの文章を読み，問1～問15に対する答えを選択肢より一つずつ選び，その番号を解答用紙の所定の欄にマークせよ。

A

5世紀後半から6世紀にかけて，ヤマト政権は，関東地方から九州中部におよぶ地方豪族を含み込んだ支配体制を形成していった。(ア)7世紀には，王権のもとに中央行政機構・地方組織の編成が進められた。7世紀中頃以降になると，律令制にいたる中央集権的国家体制が形成されるようになった。

大宝律令は，唐の律令にならいながら，701年に完成した法である。律は今日の刑法に当たり，令には行政組織・官吏の勤務規定や人民の租税・労役規定などがおかれた。(イ)こうして8世紀には，律令にもとづく国家体制が確立された。そして，律令制定後も，社会の変化に応じて法令が出され，令外官と呼ばれる，令に定められていない新しい官職がおかれた。

鎌倉時代には，律令の系譜をひいた公家法とは異なる武家独自の法が制定された。1232年に制定された(ウ)御成敗式目（貞永式目）は，源頼朝以来の先例や武士社会での習慣・道徳にもとづいて，御家人同士や御家人と荘園領主とのあいだの紛争を公平に裁く基準などを明らかにしたものである。武家法の根本法典とされ，のちの室町幕府法や戦国大名の分国法にも影響を与えた。

(エ)鎌倉幕府の滅亡ののち後醍醐天皇によって始められた建武の新政では，政治機構として諸機関がおかれた。建武の新政の崩壊後，約60年にわたり南北朝の動乱が続くが，室町幕府の3代将軍足利義満のときには，南北朝の動乱がしだいにおさまり，室町幕府の機構はほぼ整えられた。

戦国時代になると，(オ)戦国大名の中には，領国支配の基本法として分国法を制定するものも現われた。

問1　下線部(ア)に関連して，以下の記述のうち，誤りを含むものはどれか。　1

① 孝徳天皇のときに「改新の詔」が出され，豪族の田荘・部曲を廃止して公地公民制への移行をめざす政策方針が示されたといわれている。

② 持統天皇のときに戸籍である庚寅年籍が作成され，民衆の把握が進められた。

③ 推古天皇のときに冠位十二階の制が定められ，個人の才能・功績に対し冠位を与えることにより，氏姓制度による政治を改め，官制の整備をめざしたと考えられている。

④ 天智天皇のときに飛鳥浄御原令が施行された。

⑤ 天武天皇のときに八色の姓が定められて豪族たちは天皇を中心とした新しい身分秩序に編成された。

問2　下線部(イ)に関連して，以下の記述のうち，誤りを含むものはどれか。 2

① 律令官制上，外交・軍事上の要地である九州北部には西海道を統轄する大宰府がおかれた。

② 律令制下の身分制度は，良民と賤民にわけられ，賤民には官有の陵戸・官戸・公奴婢，私有の家人・私奴婢の五種類があった。

③ 律令国家では，戸籍は6年ごとに作成され，それにもとづいて6歳以上の男女に口分田が班給され，本人が死ぬとその年のうちに収公された。

④ 律令制定後に出された法令を，律令の規定を補足・修正する格と施行細則の式とに分類・編集し，弘仁格式・貞観格式・延喜格式の三代格式が編纂された。

⑤ 勘解由使は，令外官の一つで，国司の交替の際，後任者から前任者に渡される解由状の授受を審査するために設けられた。

問3　下線部(ウ)に関連して，以下の記述のうち，誤りを含むものはどれか。 3

① 御成敗式目以後に，必要に応じて鎌倉幕府によって発布された個別の法令は式目追加と呼ばれた。

② 御成敗式目が制定されたときの執権は北条泰時である。

③ 御成敗式目には，守護や地頭の任務と権限についての定めもおかれた。

④ 御成敗式目によれば，女性に分割相続された所領は，本人の死後は惣領に返されなければならないとされた。

⑤ 室町時代には，武士の子弟の教育に『御成敗式目』が教科書として用いられた。

問4　下線部(エ)に関連して，以下の記述のうち，もっとも適切なものはどれか。 4

① 建武の新政では，鎌倉幕府の引付を受け継いで所領関係の訴訟を取り扱う記録所が設置された。

② 建武の新政では，諸国には，鎌倉時代におかれた守護は廃され，国司がおかれた。

③ 建武の新政では，土地所有権は，すべて大田文による確認を必要とするとされた。

④　室町幕府の機構において，管領のもとに政所がおかれて，財政を管掌した。

⑤　室町幕府の機構において，侍所の長官は，赤松・大内・山名・京極の４氏から任命されるのが慣例であった。

問５　下線部(オ)に関連して，以下の分国法の規定の説明としてもっとも適切なものはどれか。　5

一　駿・遠両国の輩，或はわたくしとして他国より嫁をとり，或は婿にとり，娘をつかはす事，自今已後停止し畢ぬ。

①　領国の家臣が勝手に他国の者と縁組みすることを禁止する，朝倉氏の分国法の規定である。

②　領国の家臣が勝手に他国の者と縁組みすることを禁止する，今川氏の分国法の規定である。

③　領国の家臣のおもなものを城下町に集住させる，朝倉氏の分国法の規定である。

④　領国の家臣のおもなものを城下町に集住させる，武田氏の分国法の規定である。

⑤　領国の家臣相互の紛争に喧嘩両成敗を適用する，今川氏の分国法の規定である。

⑥　領国の家臣相互の紛争に喧嘩両成敗を適用する，武田氏の分国法の規定である。

B

(ア)豊臣政権が実施した政策によって，兵農・商農分離が確立し，近世社会における身分制の骨格ができあがったとされる。江戸幕府は，さまざまな集団によって構成される社会を，身分と法の秩序にもとづいて支配した。

江戸幕府の８代将軍徳川吉宗の政権の末期には，種々の国家制度を充実させていった。公事方御定書を制定して，判例にもとづく合理的な司法判断を進めた。(イ)また，1615年以降の，江戸幕府の出した法令である触れを類別に編纂した御触書寛保集成を1744年に完成させた。そして，御触書集成の編纂は幕府事業としてその後の政権に引き継がれた。

(ウ)王政復古の大号令が発せられ，江戸幕府にかわり新政府が樹立されると，新政府は新国家の建設を進めていった。その後の中央政府の組織（中央官制）は，おおまかには，1868年に制定された政体書による官制，1869年の版籍奉還の際の官制改革，1871年の廃藩置県断行後の官制改革といった変遷をたどって整備が進められた。

そうして，のちに藩閥政府と呼ばれる政権の基礎がほぼ固まったが，1874年に民撰議院設立の建白書が提出されたことをきっかけに，自由民権論が急速に高まった。これに対して政府は，時間をかけて立憲制に移行すべきことを決める一方，(エ)自由民権運動の高まりにはきびしい取り締まりでのぞんだ。

(オ)政府は，明治十四年の政変の際に，天皇と政府に強い権限を与える憲法を制定する方針を決定し，政府の憲法草案作成作業が極秘のうちに進められ，1889年，大日本帝国憲法が発布された。西洋を範とする法典の編纂は明治初年に着手され，憲法に先行して公布された法典もあった。その後も，条約改正のためもあって，欧米諸国にならった近代法の編纂が進められ，法治国家としての体裁が整えられた。

問6　下線部(ア)に関連して，以下の記述のうち，もっとも適切なものはどれか。　6

① 慶長の役が始まった年に豊臣政権下で人掃令が出され，これにもとづいて全国的な戸口調査がおこなわれた。

② 後水尾天皇のときにおきた紫衣事件をきっかけに，禁中並公家諸法度が制定され，天皇や公家の生活・行動が規制された。

③ 江戸幕府が仏教各宗派に対して出した最初の法令は，17世紀後半に出された諸宗寺院法度である。

④ 将軍が徳川家綱のときに出された代がわりの武家諸法度において，第1条の「文武弓馬の道」が「文武忠孝を励し，礼儀を正すべき事」に改められた。

⑤ 18世紀半ばに陸奥八戸の医師安藤昌益は『自然真営道』を著し，封建的な身分制を否定した。

問7　下線部(イ)に関連して，以下の江戸幕府の出した法令についての記述のうち，誤りを含むものはどれか。　7

① 寛政の改革では，棄捐令が出されて，米の売却などを扱う札差に，旗本に対する貸金を放棄させた。

② 寛政の改革では，出版統制令が出されて，人情本の代表的作家である為永春水が処罰された。

③ 享保の改革では，金銀貸借についての争いを幕府に訴えさせず，当事者間で解決させるために相対済し令が出された。

④ 享保の改革では，時限的に，上げ米の令にもとづき，大名から石高1万石について100石を上納させるかわりに参勤交代の負担をゆるめた。

⑤ 日米交易をはかろうとしたアメリカ商船のモリソン号を幕府は異国船打払令にもとづいて撃退させた。

問8　下線部(ウ)に関連して，以下の記述のうち，誤りを含むものはどれか。　8

① 王政復古の大号令によれば，天皇のもとに新たに総裁・議定・参与の三職をおくとされた。

② 政体書による官制では，三権分立制を取り入れるなど，多分に形式的とはいえ，欧米的な近代政治の体裁をとった。

③ 政体書による官制では，神祇官のもとに太政官をおいた。

④ 廃藩置県後の官制改革で，太政官を三院制とし，正院のもとに各省をおいた。

⑤ 廃藩置県後の官制改革で，神祇官は廃されて神祇省に格下げされた。

問9　下線部(エ)に関連して，以下の政府の対応a～cを古いものから年代順に正しくならべたものはどれか。 **9**

a　集会条例の制定

b　新聞紙条例の制定

c　保安条例の制定

① a→b→c

② a→c→b

③ b→a→c

④ b→c→a

⑤ c→a→b

⑥ c→b→a

問10　下線部(オ)に関連して，以下の記述のうち，誤りを含むものはどれか。 **10**

① ボアソナードが起草し，1880年に公布された刑法は，皇室に対する犯罪を大逆罪・不敬罪とし，厳罰とする規定を設けた。

② 大日本帝国憲法の公布の前年に皇室典範が制定され，皇位の継承などについて定められた。

③ 伊藤博文を中心に井上毅らが起草に当たった政府の憲法草案は，枢密院で審議され，欽定憲法として公布された。

④ ボアソナードが起草した民法は，1890年に公布されたが，穂積八束による批判などの民法典論争の結果，施行延期となった。

⑤ 商法は1890年に公布され，さらにその後1899年に修正商法が公布された。

C

大日本帝国憲法と同時に衆議院議員選挙法が公布され，それにもとづき，1890年に日本最初の衆議院議員総選挙がおこなわれた。そこでは，選挙人は満25歳以上の男性で直接国税15円以上の納入者に限られた。

その後の衆議院議員選挙法の改正によって，選挙人の納税資格による制限が緩和された。衆議院議員選挙法では選挙区制についても定められ，大正デモクラシーの潮流の中，選挙人の納税資格が直接国税3円以上に引き下げられた改正では，選挙区制は［(ア)］を原則とするとされた。

大正末期，清浦奎吾内閣は議会を解散して総選挙にのぞんだが，結果は護憲三派の圧勝に終わった。清浦内閣は総辞職し，かわって誕生した内閣のもとで，衆議院議員選挙法の改正がおこなわれ，選挙人の納税資格による制限が撤廃された。そして，この衆議院議員選挙法改正後最初の総選挙がおこなわれた年には，治安対策として，［(イ)］。

(ウ)日本経済は，1930年1月に実施された金輸出解禁（金解禁）による不況と世界恐慌の二重の打撃を受け，深刻な恐慌状態におちいった。日本は他の資本主義諸国に先駆けて1933年頃には世界恐慌以前の生産水準を回復したが，経済統制を強める施策がとられるようになっていった。

太平洋戦争終了後，日本はポツダム宣言にもとづいて連合国に占領されることになった。新憲法が日本国憲法として1946年11月3日に公布され，1947年5月3日から施行された。(エ)新憲法の精神にもとづいて，家族制度・地方制度・司法制度などにも民主的，近代的な改革が加えられ，教育の制度・内容も民主化された。

サンフランシスコ平和条約の発効は，GHQの指令で制定された多数の法令の失効を意味した。(オ)政府は，治安体制の強化を進め，1952年に破壊活動防止法を制定し，1954年には新警察法により，警察組織の中央集権化をはかった。

第二次世界大戦後，日本経済の高度経済成長が達成される一方で，深刻な産業公害がおきた。(カ)公害対策基本法が制定されて大気汚染・水質汚濁など7種の公害が規制され，事業者・国・地方自治体の責任が明らかにされた。

問11　空欄［(ア)］と［(イ)］に該当するもののもっとも適切な組み合わせはどれか。　［11］

空欄［(ア)］に該当する選挙区制の名称

a　大選挙区制

b　小選挙区制

空欄［(イ)］に該当する文

c　治安維持法が制定された

d　治安維持法が緊急勅令によって改正されて最高刑が死刑となった

e　警視庁内に特別高等課（特高）と呼ばれる思想警察がはじめて設置された

① [(ア)]－a　[(イ)]－c
② [(ア)]－a　[(イ)]－d
③ [(ア)]－a　[(イ)]－e
④ [(ア)]－b　[(イ)]－c
⑤ [(ア)]－b　[(イ)]－d
⑥ [(ア)]－b　[(イ)]－e

問12　下線部(ウ)に関連して，以下の，1930年代に制定された法令についての記述のうち，誤りを含むものはどれか。　[12]

① 政府は国家総動員法によって，議会の承認なしに，戦争遂行に必要な物資や労働力を動員する権限を与えられた。

② 政府は重要産業統制法を制定して，重要産業に指定された産業に属する企業がカルテルを結成することを禁じた。

③ 政府は日中戦争開始後，軍需産業を最優先とする直接的な経済統制の一環として，臨時資金調整法を制定した。

④ 政府は1939年に価格等統制令を出して公定価格制を導入した。

⑤ 第1次近衛文麿内閣のときに電力国家管理法が制定されて，政府は電力の国家管理をおこなった。

問13　以下の記述のうち，1947年以降の，下線部(エ)の動きにあてはまらないものはどれか。　[13]

① 内務省が廃止された。
② 治安維持法が廃止された。
③ 民法が改正され，戸主・家督相続制が廃止された。
④ 教育基本法が制定され，男女共学が原則となった。
⑤ 地方自治法により，都道府県知事・市町村長は住民の直接選挙制となった。

問14　下線部(オ)に関連して，以下の，1950年代の教育分野のできごとａ～ｃを古いものから年代順に正しくならべたものはどれか。　[14]

ａ　教育委員の選出方法が公選制から地方自治体の首長による任命制に切りかえられた。

ｂ　公立学校教員の政治活動と政治教育を禁じた「教育二法」が公布された。

ｃ　はじめて，教員の勤務成績の評定を全国いっせいに実施した。

① a → b → c
② a → c → b
③ b → a → c
④ b → c → a
⑤ c → a → b
⑥ c → b → a

問15 以下のうち，下線部(カ)の公害対策基本法が制定された年が含まれるのはどれか。 15

① いざなぎ景気
② 岩戸景気
③ 神武景気
④ 円高不況
⑤ バブル経済

Ⅱ 以下のA～Cの写真は僧侶の像であり，写真の右側の文章はそれぞれの説明文である。これらをもとにして，問１～問９に対する答えを選択肢より一つずつ選び，その番号を解答用紙の所定の欄にマークせよ。

A

奈良時代に日本に戒律を伝えた唐の僧侶の像である。

問１ 孝謙天皇は，Aの写真の像で表現された僧侶から戒を受けた。以下のうち，孝謙天皇の在位中のできごとにあてはまらないものはどれか。 16

① 漢詩集『懐風藻』が編纂された。

② 橘奈良麻呂の変がおきた。
③ 東大寺大仏の開眼供養の儀式がおこなわれた。
④ 渤海が日本に使節を派遣して通交を求めてきた。
⑤ 養老律令が施行された。

問2　Aの写真の像は乾漆像である。以下のうち，乾漆像はどれか。　17

① 元興寺薬師如来像
② 興福寺八部衆像
③ 中宮寺半跏思惟像
④ 東大寺法華堂執金剛神像
⑤ 薬師寺金堂薬師三尊像

問3　以下の奈良時代の仏教・僧侶に関する記述のうち，誤りを含むものはどれか。　18

① 三論・成実・法相・倶舎・華厳・律の南都六宗と呼ばれる学系が形成された。
② 鎮護国家の思想によって，僧侶は民間での布教を自由におこなうことができた。
③ 行基は大僧正に任ぜられ，東大寺大仏の造営に協力した。
④ 玄昉は吉備真備とともに橘諸兄の政権に参画した。
⑤ 道鏡は後ろ盾であった天皇のもとで，太政大臣禅師，さらに法王に任ぜられた。

B

「市聖」と呼ばれた10世紀の僧侶が，民間で念仏行脚している姿を表わしたもので，慶派と呼ばれる仏師による鎌倉時代の作品である。

問4　Bの写真の像の作者はだれか。　19

① 運慶　② 快慶　③ 康勝　④ 康弁　⑤ 湛慶

問5　以下の，Bの写真の像で表現された僧侶が活躍した10世紀以降の仏教に関連した文化史上のできごとa～cを古いものから年代順に正しくならべたものはどれか。 20

a　源信（恵心僧都）が『往生要集』を著した。

b　平清盛が安芸の厳島神社に『平家納経』を奉納した。

c　平等院鳳凰堂が落成した。

① a→b→c
② a→c→b
③ b→a→c
④ b→c→a
⑤ c→a→b
⑥ c→b→a

問6　以下の記述のうち，Bの写真の像で表現された僧侶が活躍した10世紀のできごととして誤りを含むものはどれか。 21

① 醍醐天皇のときに，延喜の荘園整理令が出された。
② 受領の暴政を訴える「尾張国郡司百姓等解」が提出された。
③ 三善清行が「意見封事十二箇条」を天皇に提出した。
④ 平将門は反乱をおこし，常陸・下野・上野の国府を攻め落として，新皇と自称した。
⑤ もと伊予の国司であった藤原純友は反乱をおこしたが，藤原秀郷らによって討たれた。

C

奈良国立博物館提供
編集の都合上，類似の写真と差し替えています。

勧進上人となって，宋人陳和卿の協力を得て，東大寺の再建（東大寺は1180年の平家の南都焼打ちにより焼失した。）に当たった僧侶の像で，鎌倉時代の作品として知られている。

問7　Cの写真はだれの像か。　22

①　叡尊　②　貞慶　③　重源　④　忍性　⑤　明恵

問8　Cの写真の像で表現された僧侶は大勧進職に任ぜられたが，その大勧進職は栄西に引き継がれた。以下の記述のうち，栄西を開祖とする鎌倉新仏教の宗派の教義についての説明としてもっとも適切なものはどれか。　23

①　坐禅によってみずからを鍛練し，釈迦の境地に近づくことを主張する禅宗の中で，坐禅の中で師から与えられる問題を一つひとつ解決する公案問答によって，悟りに達することを主眼とした。

②　善人・悪人や信心の有無を問うことなく，すべての人が救われるという念仏の教えを説き，念仏札を配り，踊念仏によって多くの民衆に教えを広めながら各地を布教して歩いた。

③　法華経を釈迦の正しい教えとして，題目（南無妙法蓮華経）をとなえることで救われると説いた。

④　煩悩の深い人間（悪人）こそが，阿弥陀仏の救いの対象であるという悪人正機を説いた。

⑤　もっぱら阿弥陀仏の誓いを信じ，念仏（南無阿弥陀仏）をとなえれば，死後は平等に極楽浄土に往生できるという専修念仏の教えを説いた。

問9　Cの写真の像で表現された僧侶は，東大寺の再建に当たる中で，兵庫津（大輪田泊）の改修もおこなった。「兵庫北関入船納帳」はそこに置かれた兵庫北関を通関した船に対する関銭賦課の記録台帳で，中世における商品流通の実態を伝えている。この「兵庫北関入船納帳」には問（問丸）の情報が記録されているが，以下のうち，問（問丸）の説明としてもっとも適切なものはどれか。　24

①　都市の常設の小売店で商品を売る業者

②　陸あげされた商品を馬の背にのせて陸路の運搬に当たる業者

③　商品の中継と委託販売などをおこなう業者

④　船積みされた商品の海上輸送に当たる船頭

⑤　商品をつくる手工業者

Ⅲ 以下のA～Cの文章を読み，問1～問9に対する答えを選択肢より一つずつ選び，その番号を解答用紙の所定の欄にマークせよ。

A

室町時代の日朝貿易では大量に木綿が輸入された。戦国時代の南蛮貿易は中国産の生糸を日本にもたらし，日本の銀などと交易された。江戸時代初期，ポルトガル商人は，マカオを根拠地に中国産の生糸（白糸）を長崎に運んで巨利を得ていたが，江戸幕府は(ア)糸割符制度を設けて，ポルトガル商人らの利益独占を排除した。鎖国により，日本に来航する貿易船はオランダ船と中国船だけになり，貿易港は長崎1港に限られた。オランダは貿易の利益のみを求め，オランダ船は中国産の生糸や絹織物・綿織物などの織物類をもたらした。

17世紀末に全国市場が確立し，三都や城下町などの都市が発達すると，消費需要が多様化し，これに応じて商品生産が各地で活発化した。綿作は各地に普及し，養蚕・製糸も各地でおこなわれ，江戸時代中期には，中国産の生糸にかわって国内産の生糸が需要をまかなうようになった。(イ)農業以外の諸産業も著しく発達し，商品作物を含め，特産物が全国各地に生まれた。また，(ウ)江戸時代を通じて織物業をはじめとする手工業の生産のあり方にあたらしい動きがみられた。

問1　下線部(ア)の糸割符制度の糸割符仲間は，のちに五カ所商人となるが，成立期は三カ所の特定の商人らで組織された。成立期の糸割符仲間は，長崎以外に，どの都市の商人らで組織されたか。　25

① 江戸・大坂
② 江戸・京都
③ 江戸・堺
④ 大坂・京都
⑤ 大坂・堺
⑥ 京都・堺

問2　下線部(イ)に関連して，以下の記述のうち誤りを含むものはどれか。　26

① 砂鉄の採集によるたたら製鉄が，四国地方を中心におこなわれた。
② 中世末以来の網漁の技術が，上方漁民によって全国に広まった。
③ 陶磁器は京焼・加賀九谷焼・肥前有田焼が知られるようになった。
④ 播磨の竜野（龍野）や関東の野田・銚子が醤油の特産地となった。
⑤ 藩が直轄する山林から伐り出された材木が商品化し，木曽檜や秋田杉として有名になった。

問3　下線部(ウ)に関連して，以下の記述のうち，図Xに描かれた手工業生産についての説明として誤りを含むものはどれか。　27

図X

『尾張名所図会』による。

① 図Xに描かれている手工業生産では，分業がなされている。

② 図Xに描かれているような手工業生産は，桐生・足利の絹織物業でもみられた。

③ 図Xに描かれているような手工業生産は，当地では19世紀前半からさかんになった。

④ 図Xには，高機が描かれている。

⑤ 図Xは，問屋制家内工業の様子が描かれている。

B

(ア)幕末の開国によって始まった貿易は，繊維産業をはじめとする国内産業に大きな影響を与えた。貿易の拡大は流通機構にも大きな変動を及ぼし，幕府は貿易の統制をはかり，五品江戸廻送令を出した。また，同じ量の銀と交換できる金が，外国に比べて日本の方が [(イ)] という日本と外国との金銀比価の違いから，多量の金貨が海外に流出した。幕府は万延貨幣改鋳をおこなってこれを防ごうとしたが，改鋳で発行された万延小判は，その直前に鋳造された小判に比べると，小判1両の重さは [(ウ)] 。

明治維新後，政府は民間産業を近代化し，貿易赤字を解消しようと輸出の中心となっていた生糸の生産拡大に力を入れた。1872年，群馬県に官営模範工場として(エ)富岡製糸場を設け，フランスの先進技術の導入・普及と工女の養成をはかった。

問4　下線部(ア)に関連して，以下の記述のうち，貿易が始まった当初の説明として誤りを含むものはどれか。 28

① 1859年，貿易は横浜（神奈川）・長崎・箱館の3港で始まった。
② 開国当初の貿易は輸出超過であった。
③ 相手国としてはアメリカとの貿易取引が一番多かった。
④ 日本からの主要輸出品は生糸・茶・蚕卵紙・海産物であった。
⑤ 輸出入品の取引は居留地において外国商人と日本商人とのあいだでおこなわれた。

問5　空欄 (イ) と (ウ) に該当するもののもっとも適切な組み合わせはどれか。 29

① (イ) －多い　(ウ) －50%以上重くなった
② (イ) －多い　(ウ) －ほとんど変わらなかった
③ (イ) －多い　(ウ) －50%以上軽くなった
④ (イ) －少ない　(ウ) －50%以上重くなった
⑤ (イ) －少ない　(ウ) －ほとんど変わらなかった
⑥ (イ) －少ない　(ウ) －50%以上軽くなった

問6　下線部(エ)の富岡製糸場は，1893年に三井に払い下げられている。以下のうち，払い下げられた官営事業所と払下げ先の組み合わせとして誤りを含むものはどれか。 30

① 阿仁銅山－住友
② 生野銀山－三菱
③ 兵庫造船所－川崎
④ 深川セメント製造所－浅野
⑤ 新町紡績所－三井

C

日本の産業革命の中心は，綿糸を生産する紡績業であった。幕末以来，一時衰えた綿織物生産はしだいに上向いた。綿織物業の回復が，原料糸を供給する紡績業の勃興の前提となった。渋沢栄一らが設立した大阪紡績会社は，輸入の紡績機械・蒸気機関を用いた1万錘の大規模経営に成功した。これに刺激されて，会社設立ブームがおこり，在来の手紡ぎやガラ紡(ア)による綿糸生産を圧迫しながら機械制生産が急増した。 (イ) の時期に綿糸の年間生産量が年間輸入量を上まわり， (ウ) の時期に綿糸の年間輸出量が年間輸入量を上まわった。さらには，大紡績会社が合併などにより独占的地位を固め，輸入された大型力織機で綿織物もさかんに生産した。一方，農村の綿織物業では，国産の小型力織機を導入して小工場に転換する動きが進んだ。結果，綿布の年間輸出額が年間輸入額を上まわるようになった。

幕末以来，生糸は欧米向けの輸出品であり，製糸業は欧米向けの輸出産業として急速に発達した。当初は座繰製糸が普及したが，ついで器械製糸の小工場が長野県・山梨県などの農村地帯に続々と生まれ，原料の繭を供給する養蚕農家も増加した。輸出増にともない，器械製糸の生産量が座繰製糸を上まわり，生糸を原料とする絹織物でも，北陸地方を中心に輸出向けの羽二重生産がさかんになって，力織機も導入された。(エ)こうして日本は世界最大の生糸輸出国となった。

問7　下線部(ア)のガラ紡を発明したのはだれか。　31

① 亜欧堂田善
② 臥雲辰致
③ 高峰譲吉
④ 豊田佐吉
⑤ 平賀源内

問8　空欄 (イ) と (ウ) に該当するもののもっとも適切な組み合わせはどれか。　32

① (イ) －日清戦争より前　(ウ) －日清戦争より前
② (イ) －日清戦争より前　(ウ) －日清戦争と日露戦争の間
③ (イ) －日清戦争より前　(ウ) －日露戦争より後
④ (イ) －日清戦争と日露戦争の間　(ウ) －日清戦争と日露戦争の間
⑤ (イ) －日清戦争と日露戦争の間　(ウ) －日露戦争より後
⑥ (イ) －日露戦争より後　(ウ) －日露戦争より後

問9　下線部(エ)の，日本が世界最大の生糸輸出国となった時期にもっとも近いできごとはどれか。　33

① 官営八幡製鉄所が操業を開始した。
② 金本位制が確立することになる貨幣法が制定された。
③ 鉄道国有法が公布された。
④ 北米航路が開設された。
⑤ 戊申詔書が出された。

Ⅳ 以下のA～Cの文章を読み，問1～問9に対する答えを選択肢より一つずつ選び，その番号を解答用紙の所定の欄にマークせよ。

A

1918年(ア)，米価の上昇に拍車がかかると，7月の富山県での騒動をきっかけに，東京・大阪をはじめ全国的な大騒擾となった。政府は軍隊を出動させて鎮圧に当たったが，責任を問われて寺内正毅内閣(イ)は総辞職した。

問1　下線部(ア)の1918年に創刊された雑誌『赤い鳥』の創刊者はだれか。　34

① 石橋湛山
② 菊池寛
③ 鈴木三重吉
④ 武者小路実篤
⑤ 柳田国男

問2　以下の記述のうち，下線部(イ)の寺内正毅内閣のときのできごととして誤りを含むものはどれか。　35

① アメリカが第一次世界大戦に参戦した。
② イギリスの要請で日本軍艦が地中海に派遣された。
③ 軍部大臣現役武官制を改めて予備・後備役の軍人が陸海軍大臣になれるようにした。
④ 段祺瑞政権に，西原借款と呼ばれる巨額の借款を与えた。
⑤ ロシアで革命がおこり，世界ではじめて社会主義国家が生まれた。

問3　文章Aで述べられているできごとは社会運動の勃興のきっかけになったといわれている。以下の記述のうち，文章Aの前後におこったできごととして誤りを含むものはどれか。　36

① 被差別部落の住民に対する社会的差別を自主的に撤廃しようとする運動が，西光万吉らを中心に本格化し，全国水平社が結成された。
② 杉山元治郎・賀川豊彦らによって，小作人組合の全国組織である日本農民組合が結成された。
③ 鈴木文治によって，労働者の修養団体として友愛会が組織された。
④ 平塚らいてう・山川菊栄らによって新婦人協会が設立され，参政権の要求など女性の地位を高める運動が進められた。

⑤　民本主義をとなえる吉野作造は黎明会を組織して全国的な啓蒙運動をおこなった。

B

1920年代(ア)，議会での蔵相の失言をきっかけに，金融恐慌が発生した。一部の銀行の危機的な経営状況が暴かれ，預金者が預金の払戻しを求めて銀行におしかける取付け騒ぎがおこった。そうした中で，経営が破綻した鈴木商店に対する巨額の不良債権を抱えた台湾銀行が経営危機におちいり，第1次若槻礼次郎内閣(イ)は，台湾銀行を救済しようとしたが失敗した。そして，多くの銀行が休業・破綻に追いこまれた。

問4　下線部(ア)の1920年代の文化・芸術に関する以下の記述のうち，誤りを含むものはどれか。　37

①　円本が刊行され，岩波文庫が創刊された。
②　『大阪朝日新聞』と『東京朝日新聞』の発行部数の合計が100万部をこえた。
③　小山内薫らが築地小劇場を創設した。
④　辰野金吾の設計による旧帝国ホテルが竣工した。
⑤　1925年にラジオ放送が開始された。

問5　下線部(イ)の第1次若槻礼次郎内閣のときに，中国では国民革命軍による北伐が開始された。以下のできごとa～cを古いものから年代順に正しくならべたものはどれか。　38

a　上海の在華紡で発生したストライキをきっかけとした五・三〇事件がおきた。
b　張学良が蔣介石を西安の郊外で監禁する西安事件がおきた。
c　日中関税協定が締結された。

①　a→b→c
②　a→c→b
③　b→a→c
④　b→c→a
⑤　c→a→b
⑥　c→b→a

問6　文章Bに関連して，以下の記述のうち，誤りを含むものはどれか。　39

①　鈴木商店は，第一次世界大戦中に総合商社として急速に成長した。
②　関東大震災で銀行は，企業が振り出した手持ちの手形が決済不能となり，日本銀行

の特別融資で一時をしのいだが，震災手形の決済は進まなかった。

③　金融恐慌の過程で，預金は大銀行に集中し，三井・三菱・住友・安田・第一の五大銀行が支配的な地位を占めた。

④　第１次若槻礼次郎内閣は，台湾銀行を救済する法案を議会に提出したが成立しなかったため，総辞職した。

⑤　第１次若槻礼次郎内閣にかわって組織された内閣は，３週間のモラトリアムを発し，日本銀行から巨額の融資をおこない，金融恐慌を沈静化させた。

C

高度経済成長期に，［(ア)］は「［(イ)］」を掲げて内閣を組織した。［(ア)］内閣は，工場の地方分散，新幹線と高速道路による高速交通ネットワークの整備などの政策を打ち出し，公共投資を拡大した。「［(イ)］」に刺激されて地価が高騰し，これに<u>第１次石油危機</u>(ウ)による原油価格の高騰が重なって，激しいインフレが発生し，狂乱物価と呼ばれた。そして，実質経済成長率が戦後初のマイナス成長となった。

問７　空欄［(ア)］と［(イ)］に該当するもののもっとも適切な組み合わせはどれか。　［40］

①　［(ア)］－池田勇人　［(イ)］－国民所得倍増計画
②　［(ア)］－池田勇人　［(イ)］－日本列島改造論
③　［(ア)］－田中角栄　［(イ)］－国民所得倍増計画
④　［(ア)］－田中角栄　［(イ)］－日本列島改造論
⑤　［(ア)］－中曽根康弘　［(イ)］－国民所得倍増計画
⑥　［(ア)］－中曽根康弘　［(イ)］－日本列島改造論

問８　下線部(ウ)に関連して，以下の記述のうち，第１次石油危機後の安定成長期の日本経済を説明したものとして誤りを含むものはどれか。　［41］

①　欧米先進諸国と比べると相対的に高い経済成長率を記録した。

②　企業は「減量経営」につとめた。

③　自動車・電気機械が輸出を中心に生産をのばした。

④　就業人口に占める第二次産業の割合が第三次産業のそれを上回った。

⑤　石油の代替エネルギーとして原子力への依存度が高まった。

問９　以下の，文章Ｃの前後のできごとａ～ｃを古いものから年代順に正しくならべたものはどれか。　［42］

a　固定相場制の復活をはかるべく，ワシントンのスミソニアン博物館で開かれた10カ国蔵相会議で，為替レートが1ドル＝308円となった。

b　衆議院議員総選挙で自由民主党は結党以来はじめて衆議院の過半数を割り込んだ。

c　パリでベトナム和平協定が調印された。

① a → b → c

② a → c → b

③ b → a → c

④ b → c → a

⑤ c → a → b

⑥ c → b → a

世界史

（60分）

I　次のA～Eの図版を見て，それに続く問1～10に答えよ。

A～D：ユニフォトプレス提供
E：AP/アフロ
編集の都合上，類似の写真と差し替えています。

問1　Aは古代アテネで実施された投票の際に用いられた。この用具を用いた投票が制度として導入されることとなった直接的な背景または理由としてもっとも適切なものを次の①～⑤からひとつ選び，その番号をマークせよ。　1

①　重装歩兵密集戦術の成立

② 僭主の出現
③ ペルシア戦争での勝利
④ ペロポネソス戦争での敗北
⑤ デロス同盟の結成

問2 Aを投票用具とするこの制度の名称を次の①～⑤からひとつ選び，その番号をマークせよ。 2

① オストラキスモス
② シノイキスモス
③ デマゴーゴス
④ デモクラティア
⑤ ファランクス

問3 Bはペルー南部アンデス山頂部に残る遺跡である。この遺跡を残した国の都を次の①～⑤からひとつ選び，その番号をマークせよ。 3

① クスコ
② テオティワカン
③ テノチティトラン
④ ナスカ
⑤ マチュ=ピチュ

問4 Bの遺跡を残した国を滅亡させた人物を次の①～⑤からひとつ選び，その番号をマークせよ。 4

① アタワルパ
② コルテス
③ バルボア
④ ピサロ
⑤ ラス=カサス

問5 Cの石碑が建てられた都市の現在名を次の①～⑤からひとつ選び，その番号をマークせよ。 5

① 杭州
② 西安
③ 南京

④ 武漢
⑤ 北京

問6　Cの石碑に関連する人物としてもっとも適切なものを次の①～⑤からひとつ選び，その番号をマークせよ。 **6**

① アタナシウス
② エウセビオス
③ ゾロアスター
④ ネストリウス
⑤ マニ

問7　Dの大理石彫像は16世紀初頭に制作され，フィレンツェ市内に設置された。この像の作者を次の①～⑤からひとつ選び，その番号をマークせよ。 **7**

① ドナテルロ
② ブルネレスキ
③ ミケランジェロ
④ ラファエロ
⑤ レオナルド=ダ=ヴィンチ

問8　Dの大理石彫像と同じ作者の作品としてもっとも適切なものを次の①～⑤からひとつ選び，その番号をマークせよ。 **8**

① 『ヴィーナスの誕生』（ウフィッツィ美術館）
② 『落穂拾い』（オルセー美術館）
③ 『最後の審判』（システィナ礼拝堂）
④ 『最後の晩餐』（サンタ=マリア=デッレ=グラッツィエ教会）
⑤ 『夜警』（アムステルダム国立美術館）

問9　Eの写真は1989年12月に撮影された。この会談で宣言されたこととしてもっとも適切なものを次の①～⑤からひとつ選び，その番号をマークせよ。 **9**

① 宇宙空間での戦略防衛構想
② 世界貿易機関の発足
③ 独立国家共同体の結成
④ 変動相場制への移行
⑤ 冷戦の終結

問10　Eの写真は地中海のある島の沖合に停泊中の客船内で撮影された。この島の名を次の①～⑤からひとつ選び，その番号をマークせよ。 10

① キプロス
② クレタ
③ シチリア
④ マルタ
⑤ ロドス

Ⅱ ユダヤ教，キリスト教，イスラーム教の形成・発展とそれらを巡る諸国・諸集団の政治史を中心とする次のA～Dの文章を読み，それに続く問1～12に答えよ。

A　ユダヤ教もキリスト教もイスラーム教も，広い意味では預言者の宗教といわれている。預言者とは啓示された神の言葉を預かる者という意味であり，その多かれ少なかれ善悪二元論的な考え方ゆえに，三者は歴史上様々な形で衝突する場面を繰り返してきた。ユダヤ教では，(1)唯一神がイスラエルの民と契約し，預言者を通して，神の教えを授けたと考えられている。一方，キリスト教はユダヤ教から派生して，1世紀にローマの支配下のパレスチナでうまれた。ナザレの(2)イエスは，神の愛がすべての人びとに及ぶこと，神の国の到来が近いことを説いたのであった。遅れて(3)7世紀に誕生したイスラーム教は，唯一神（アッラー）の啓示を受けたとするムハンマドを開祖とした。

B　ヨーロッパ世界とイスラーム世界は中世以降，幾度も軍事的に衝突した。最初の大きな衝突はトゥール・ポワティエ間の戦いであり，西ヨーロッパのフランク王国と，イベリア半島に進出して西ゴート王国を滅ぼして勢いを増した(4) a 朝の「アラブ帝国」との間に起こった。 a 朝はこの戦いでやぶれ，ピレネー山脈の南に退いた。イベリア半島ではその後，約800年にわたって国土回復運動（レコンキスタ）の戦いが続けられ，(5)12世紀までに半島の北半分がキリスト教圏に入った。一方，11世紀には聖地イェルサレムを支配下においたイスラーム勢力はビザンツ帝国をも脅かしたので，ビザンツ皇帝はローマ教皇に救援を要請した。教皇 b は，1095年に c 宗教会議（教会会議）を招集して，聖地回復の聖戦を起こすことを提唱した。

C　14世紀初め頃にトルコ系遊牧民を中心とする集団がおこしたオスマン帝国は16世紀に最盛期を迎えるが，(6)その勢力の拡大は同時にキリスト教世界とのぶつかり合いを意味した。(7)スレイマン1世の治下，オスマン帝国はハンガリーを征服してウィーンに迫り，地中海ではプレヴェザの海戦でスペイン・ヴェネツィア連合艦隊をやぶった。スレイマン１世の死後，オスマン軍はレパントの海戦にやぶれたが，翌年には艦隊が再建され，(8)16世紀末まで，オスマン帝国の地中海での優位が揺らぐことはなかった。

Ｄ　古代以来ユダヤ人は，諸都市間の交易ネットワークの形成に寄与した側面も否定できないものの，キリストを批判し死に追いやった民族という聖書の理解に基づき，ヨーロッパでは長い間差別の対象となった。18世紀のいわゆる寛容の時代や市民革命などを経て，たしかに(9)キリスト教世界においてもかれらは少しずつ解放されていったとはいえ，差別はすぐにはなくならなかった。そして第二次世界大戦期には，ナチス=ドイツによる大がかりなユダヤ人排斥の悲劇を経験したのである。第二次世界大戦後の1947年，国連総会は，委任統治領の終了とともに，パレスチナをユダヤ・アラブ両国家に分割することをパレスチナ住民の合意なしに決定し，翌年ユダヤ人はイスラエルの建国を一方的に宣言した。(10)それ以後，この地では４次に及ぶ中東戦争が起こった。

問１　Ａの文中の下線部(1)に関連する次の記述のうち，もっとも適切なものを①～④からひとつ選び，その番号をマークせよ。　11

① モーセはユダヤ教の唯一神である。
② ヤハウェはユダヤ教の預言者である。
③ バビロン捕囚によって，ユダヤ人は故地を離れて地中海各地に散らばった。
④ ユダヤ教の聖典は『旧約聖書』とよばれる。

問２　下線部(2)に関連する次の記述のうち，もっとも適切なものを①～④からひとつ選び，その番号をマークせよ。　12

① イエスははじめて選民思想の観念を唱えた。
② イエスはユダヤ教の律法主義と祭司たちの堕落を批判した。
③ イエスは使徒ペテロやパウロらと『新約聖書』を編纂した。
④ イエスの教えは，のちに父たる神と子たるイエスを同一とするアリウス派に引き継がれた。

問３　下線部(3)に関連して，イスラーム教が誕生する前の事柄としてもっとも適切なものを次の①～④からひとつ選び，その番号をマークせよ。　13

① サファヴィー朝の成立
② ノルマンディー公国の成立
③ ヴァンダル王国の成立
④ キエフ公国の成立

問4　Bの文中の［ a ］に入る語を次の①～⑥からひとつ選び，その番号をマークせよ。　［14］

① ウマイヤ
② ファーティマ
③ セルジューク
④ アイユーブ
⑤ マムルーク
⑥ アッバース

問5　下線部(4)に関連する次の記述のうち，もっとも適切なものを①～④からひとつ選び，その番号をマークせよ。　［15］

① ［ a ］朝はジズヤ（地租）やハラージュ（人頭税）と引き換えに被征服民を保護した。
② ［ a ］朝のアブー=バクルはカリフ（ハリーファ）の称号を与えられた。
③ ［ a ］朝を開いたのはムアーウィヤであった。
④ ［ a ］朝のイスラーム教徒の多数派はシーア派であった。

問6　下線部(5)に関連して，12世紀半ばまでに成立していたイベリア半島の王国名として誤っているものを次の①～④からひとつ選び，その番号をマークせよ。　［16］

① カスティリャ
② スペイン（イスパニア）
③ アラゴン
④ ポルトガル

問7　文中の［ b ］と［ c ］に入る語の組み合わせを，次の①～④からひとつ選び，その番号をマークせよ。　［17］

① b：グレゴリウス7世　　c：コンスタンツ
② b：ウルバヌス2世　　c：クレルモン
③ b：インノケンティウス3世　　c：ニケーア
④ b：レオ10世　　c：トリエント

問8　Cの文中の下線部(6)に関連して，14～15世紀にオスマン帝国が関わった戦争ではないものを次の①～④からひとつ選び，その番号をマークせよ。　［18］

① アンカラの戦い

② コソヴォの戦い

③ ワールシュタットの戦い

④ ニコポリスの戦い

問9　下線部(7)に関連して，このときの神聖ローマ帝国皇帝を次の①〜④からひとつ選び，その番号をマークせよ。 19

① カール5世

② フェリペ2世

③ ヨーゼフ2世

④ フリードリヒ2世

問10　下線部(8)に関連して，次の記述のうち，16世紀における地中海世界をめぐる状況としてもっとも適切なものを①〜④からひとつ選び，その番号をマークせよ。 20

① はじめてスルタンの称号を与えられたメフメト2世は，コンスタンティノープルを攻略して，ビザンツ帝国を滅ぼした。

② エジプトのアレクサンドリアに作られたムセイオンで自然科学や人文科学が研究され，ヨーロッパのルネサンスに影響を与えた。

③ オスマン帝国に編入されたバルカン半島諸地域では，デヴシルメとよばれる非ムスリムの宗教共同体に対して自治が認められ，イスラーム教徒との共存が図られた。

④ オスマン帝国は，通商を活発にする意図から，主にヨーロッパの商人に対してカピチュレーションという通商特権を恩恵的に与えた。

問11　Dの文中の下線部(9)に関連して，次の事柄のうち19世紀のユダヤ人をめぐる動きとしてもっとも適切なものを①〜④からひとつ選び，その番号をマークせよ。 21

① ブーランジェ事件

② サイクス・ピコ協定

③ ドレフュス事件

④ フセイン（フサイン）・マクマホン協定

問12　下線部(10)に関連して，これらの戦争に関する次の記述のうち，誤っているものを①〜④からひとつ選び，その番号をマークせよ。 22

① 第1次中東戦争（パレスチナ戦争）は，建国したばかりのイスラエルと，パレスチナ難民との間で戦われた。

② 第2次中東戦争は，エジプトによるスエズ運河の国有化に反発して，イギリスとフラ

ンスがイスラエルとともにエジプトに侵攻したことから始まった。

③　第3次中東戦争の結果，イスラエルはエジプトのシナイ半島とスエズ運河東岸，ゴラン高原，ヨルダン川西岸，ガザ地区を占領した。

④　第4次中東戦争の開戦後，石油価格が大幅に引き上げられて，第1次石油危機が起こった。

Ⅲ　次のAとBの文章を読み，それに続く問1～10に答えよ。

A　古代オリエントの4国分立期に小アジアにあった国(1)で，世界史上初の貴金属貨幣がつくられた。その後に続いたギリシア・ローマでも金貨や銀貨は盛んにつくられ，地中海一帯は貨幣経済に裏打ちされた商業圏となった。中世に入ると，西ヨーロッパでは貨幣経済は衰えたが，東ヨーロッパではビザンツ帝国(2)が貨幣の発行を継続し，首都コンスタンティノープルを中心に活発な経済活動が続いた。いっぽう，イスラーム化した西アジアでも，金貨や銀貨が流通する経済活動は盛んに行われた。征服された地域(3)では現物および貨幣での租税徴収が実施され，国庫に入った貨幣は軍人や官僚に俸給として支払われた。しかし，9世紀半ば以降はこうした仕組みに限界があらわれ始め，俸給の支給も滞るようになった。10世紀半ばにバグダードに入城して政治的実権をカリフから奪ったブワイフ朝の君主(4)は，土地の徴税権を軍人に与えて地元民から直接徴税させる仕組み(5)をとるようになり，この仕組みはその後のイスラーム世界でも基本的に継承された。

B　16世紀末にフランスに成立したのがブルボン朝で，創設者は［　a　］であった。この王朝のもとでフランスは絶対王政を現出したが，その絶頂期を体現したのが太陽王ルイ14世であった。彼は幼少で即位し当初は大后アンヌや摂政マザランに支えられ，親政を始めてからは絶対王政の名にふさわしい強大な権力をほしいままにした(6)。彼は［　b　］を財務総監に任じて重商主義政策を展開させながら，その生涯のほとんどを周囲の国々との戦争に費やした。また，ナントの王令を廃止して商工業者の多いユグノーが大量に他国に亡命するなど，その晩年にはフランスの力にも陰りが見えてきた。

18世紀の後半に入ると，この陰りはただ事ではなくなった。合理主義に基づく啓蒙思想が明らかにしたのは，いまやもっとも「遅れた」政治・社会体制であるアンシャン=レジームの非合理性であった。特に『社会契約論』などを著したジュネーヴ生まれの思想家［　c　］が示した「小生産者の共和国」の展望は，書物はもちろんのこと，貴族の夫人らが開くサロンや街中のカフェでの議論を通じて知識人の間に深く浸透し，その後のフランス革命に多大な影響を与えた。こうした思想的変革が起こっているなか，莫大な経常支出やい(7)

わゆる第二次英仏百年戦争の展開はフランス国家財政を破綻に追いやり，特権身分への課税を含む財政改革を進めるために，三部会が招集されることになった。革命でその特権を失う貴族が，革命の火ぶたを切って落とすことになったのである。

問1　Aの文中の下線部(1)の国の名を次の①～④からひとつ選び，その番号をマークせよ。 23

① アッシリア
② メディア
③ リディア
④ 新バビロニア

問2　下線部(2)に関する次の記述のうち，正しくないものを①～⑤からひとつ選び，その番号をマークせよ。 24

① コンスタンティヌス帝がローマ帝国を395年に東西に分割したことで始まり，東ローマ帝国とも呼ばれた。
② この国の皇帝は，ギリシア正教会を支配する立場にあり，政治と宗教両面における最高の権力者であった。
③ 7世紀には公用語がラテン語からギリシア語になり，ギリシア文化を西ヨーロッパに伝える役割を果たした。
④ 13世紀前半には第4回十字軍が首都を奪ってラテン帝国を建てるなど，国内が混乱した。
⑤ 美術・建築においては，首都のハギア=ソフィア大聖堂のように円屋根とモザイク画を特徴とするビザンツ様式が生まれた。

問3　下線部(3)で築かれた軍営都市の名称を次の①～⑤からひとつ選び，その番号をマークせよ。 25

① ウンマ
② キャラヴァンサライ
③ スーク
④ ミスル
⑤ ワクフ

問4　下線部(4)がこの時に得た称号を次の①～⑤からひとつ選び，その番号をマークせよ。 26

① ウラマー
② スーフィー
③ スルタン
④ ワズィール
⑤ 大アミール

問5　下線部(5)の仕組みを次の①～⑤からひとつ選び，その番号をマークせよ。　27

① アター制
② イクター制
③ ザミンダーリー制
④ テマ制
⑤ プロノイア制

問6　Bの文中の　a　に入る王を次の①～⑥からひとつ選び，その番号をマークせよ。　28

① アンリ3世
② アンリ4世
③ シャルル8世
④ シャルル9世
⑤ ルイ9世
⑥ ルイ13世

問7　下線部(6)に関して，この体制を支える政治理論を主張してルイ14世に仕えた側近の聖職者を次の①～⑤からひとつ選び，その番号をマークせよ。　29

① ディドロ
② デカルト
③ ボーダン
④ ボシュエ
⑤ モンテスキュー

問8　文中の　b　に入る人物を次の①～⑥からひとつ選び，その番号をマークせよ。　30

① ケネー
② コルベール

③　デフォー
④　テュルゴー
⑤　ネッケル
⑥　モリエール

問9　文中の［　c　］に入る人物を次の①～⑥からひとつ選び，その番号をマークせよ。［31］

①　ヴォルテール
②　カント
③　スピノザ
④　ダランベール
⑤　デカルト
⑥　ルソー

問10　下線部(7)に関して，最終的にフランスの財政破綻をもたらした戦争を次の①～⑥からひとつ選び，その番号をマークせよ。［32］

①　アメリカ独立戦争
②　オーストリア継承戦争
③　オランダ戦争
④　スペイン継承戦争
⑤　ファルツ戦争
⑥　七年戦争

Ⅳ 次の文章を読み，それに続く下の問1～10に答えよ。

1914年6月28日，[a]の州都サライェヴォを訪問中のオーストリア帝位継承者夫妻が暗殺された。この事件を機に始まった戦争は，「すぐに決着がつくだろう」というおおかたの予想を裏切り，世界史上初の長期にわたる総力戦と化した。主戦場はヨーロッパだったが世界に波及し，後に<u>第一次世界大戦</u>(1)と呼ばれるようになった。

第一次世界大戦に際し，日本は<u>日英同盟</u>(2)を根拠にドイツに宣戦し，ドイツの租借地やドイツ領南洋諸島を占領した。さらに1915年には中華民国に対して<u>二十一か条の要求</u>(3)をおこない，[b]政権の抵抗を押し切って多くを認めさせた。1917年には中華民国もドイツ・オーストリアに宣戦し，<u>ロシア革命</u>(4)に際しては日本と軍事協定を結んで，他国とともに<u>対ソ干渉戦争の一環としてシベリア出兵</u>(5)をおこなった。

<u>第一次世界大戦の終結後</u>(6)，1919年に開かれたパリ講和会議で，中華民国は戦勝国として二十一か条の要求の取り消しなどを提訴したが，列国によって退けられた。これに抗議する北京の学生を中心とするデモがおこなわれ，上海などでは労働者のストライキも発生した。これは[c]運動と呼ばれる。

また，<u>日本に併合されていた朝鮮</u>(7)でもロシア革命や民族自決の提唱を受け，1919年にソウルのパゴダ公園で「独立宣言書」が朗読され，大規模なデモが朝鮮全土および中国東北部や沿海州地域にまで広がった。

問1　文中の[a]に入る地名を次の①～⑥からひとつ選び，その番号をマークせよ。 [33]

① クロアティア
② セルビア
③ ハンガリー
④ ボスニア
⑤ モンテネグロ
⑥ ルーマニア

問2　下線部(1)に関する次の記述のうち，誤っているものを①～④からひとつ選び，その番号をマークせよ。 [34]

① サライェヴォ事件の1か月後にオーストリアがセルビアに宣戦布告したことが，この戦争の開始のきっかけとなった。
② オーストリアを支援するドイツが永世中立国スイスに侵入したことを理由にイギリスがドイツに宣戦し，戦争の規模が拡大した。

③　三国同盟の一員であったイタリアは「未回収のイタリア」返還の約束を取り付けて，協商国側にたって参戦した。

④　最終的にドイツやオーストリアなどの同盟国側には，オスマン帝国やブルガリアも加わった。

問3　下線部(2)に関する次の記述のうち，もっとも適切なものを①～④からひとつ選び，その番号をマークせよ。　**35**

①　イギリスと日本が中国と韓国における互いの利権を認め合って，結んだ条約である。

②　イギリスはこの条約の締結と日露戦争の後，バルカン半島での緊張が高まったため，英露協商を破棄した。

③　イギリスはドイツに対抗するためにこの条約を締結し，それまでの「光栄ある孤立政策」を転換した。

④　1921年に開かれたワシントン会議で，ワシントン海軍軍縮条約が締結され，その中でこの同盟の終了が宣言された。

問4　下線部(3)に関する次の記述のうち，誤っているものを①～④からひとつ選び，その番号をマークせよ。　**36**

①　この要求には，山東省のドイツ権益の日本への譲渡が含まれていた。

②　この要求には，日露戦争で得た旅順・大連の租借期限や南満州鉄道の返還期限の延長が含まれていた。

③　この要求には，中国政府へ日本人顧問を雇用することが含まれていた。

④　この要求をきっかけに中国内での排日運動が高まり，北京政府への結束が強まった。

問5　文中の［ b ］に入る人物を次の①～⑥からひとつ選び，その番号をマークせよ。　**37**

①　袁世凱

②　宣統帝

③　曾国藩

④　孫文

⑤　陳独秀

⑥　梁啓超

問6　下線部(4)に関する次の記述のうち，もっとも適切なものを①～④からひとつ選び，その番号をマークせよ。　**38**

① 三月革命後，立憲民主党のケレンスキー首相は戦争を続行したため，ボリシェヴィキと社会民主党の左派が武装蜂起した。

② 1922年12月に，ロシア・ベラルーシ（白ロシア）・ザカフカースの3ソヴィエト共和国で構成するソヴィエト社会主義共和国連邦の成立が宣言された。

③ 全ロシア=ソヴィエト会議は，戦争の即時停止と無併合・無賠償・民族自決の原則に基づく講和交渉の即時開始を訴える「平和に関する布告」を採択した。

④ レーニン率いるソヴィエト政府は，アメリカの参戦で不利な状況に追い込まれたドイツとローザンヌ条約を結んだ。

問7 下線部(5)の時期に関する次の記述のうち，もっとも適切なものを①～④からひとつ選び，その番号をマークせよ。 39

① 旧帝政派の軍人やボリシェヴィキに反対する政党は各地に反革命政権を樹立したが，連合国はこれらの政権を援助することはなかった。

② ソヴィエト政府は白軍を組織し，新経済政策（ネップ）を実施して穀物の強制徴発や企業の国有化などの措置を取り，反革命運動を取り締まった。

③ 対ソ干渉戦争が続くなか，ソヴィエト政権は国際共産主義運動の中心組織としてコミンフォルムを結成した。

④ 日本は勢力拡大も意図していたため，他国の撤兵後も派兵を長期化させたが，内外の批判を浴びて，1922年に撤兵した。

問8 下線部(6)に関する次の記述のうち，もっとも適切なものを①～④からひとつ選び，その番号をマークせよ。 40

① ヴェルサイユ条約はドイツに戦争責任を負わせ，海外植民地の放棄，アルザス・ロレーヌのフランスへの返還などを課したが，賠償金の支払いは求めなかった。

② オーストリアとはサン=ジェルマン条約，ブルガリアとはヌイイ条約，ハンガリーとはトリアノン条約，オスマン帝国とはセーヴル条約が締結された。

③ 会議の進行を支配したのは5大国で，とりわけロイド=ジョージ英首相，ウィルソン米大統領，ポワンカレ仏首相の発言力が大きかった。

④ 国際連盟のもとで，集団安全保障の原理が採用され，連盟規約を無視して戦争を起こした国には，経済制裁に加えて軍事出動も可能になった。

問9 文中の [c] に入る語を次の①～⑥からひとつ選び，その番号をマークせよ。 41

① 二・二八

② 三・一
③ 三・三〇
④ 五・四
⑤ 五・三〇
⑥ 六・四

問10　下線部(7)に関する次のア～ウの正誤の組み合わせとしてもっとも適切なものを下の①～⑤からひとつ選び，その番号をマークせよ。　42

ア：初代韓国統監の伊藤博文は，旅順駅で安重根に暗殺された。

イ：1919年４月には，大韓民国臨時政府が香港で樹立された。

ウ：大院君はハーグの万国平和会議に密使をおくったが，受け入れられなかった。

① すべて正しい。
② アのみ正しい。
③ イのみ正しい。
④ ウのみ正しい。
⑤ すべて誤っている。

V アフリカの現代史に関する次の問１～８に答えよ。

問１　ヨーロッパ列強によって分割されたアフリカ（20世紀初め）を示す下の地図上のａ～ｈのうち，ベルギー領であった植民地を次の①～⑧からひとつ選び，その番号をマークせよ。 43

図　アフリカにおける列強の植民地（20世紀初め）

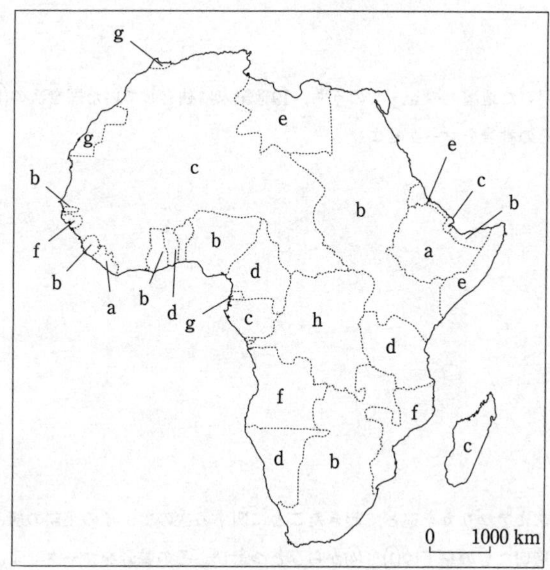

① a
② b
③ c
④ d
⑤ e
⑥ f
⑦ g
⑧ h

問２　問１で用いた地図上のａ～ｈのうち，1880年代にドイツ領となった植民地を次の①～⑧からひとつ選び，その番号をマークせよ。 44

① a
② b
③ c
④ d
⑤ e
⑥ f
⑦ g
⑧ h

問3　問1で用いた地図上のa～hのうち，19世紀末に独立していた国を次の①～⑧からひとつ選び，その番号をマークせよ。 45

① a
② b
③ c
④ d
⑤ e
⑥ f
⑦ g
⑧ h

問4　19世紀末にアフリカを巡って起きたことに関する次のア，イの正誤の組み合わせとしてもっとも適切なものを下の①～④からひとつ選び，その番号をマークせよ。 46

ア：リビアでは，イスラームの宗教指導者ムハンマド=アフマドが率いるマフディー派の抵抗が繰り広げられたが，宗主国イタリアから派遣された軍によって制圧された。

イ：アフリカにおいて縦断政策をとるフランスと横断政策をとるイギリスの軍が対峙するファショダ事件が1898年に起こったが，フランス側が譲歩して撤退したため，大事には至らなかった。

① アもイも正しい。
② アのみ正しい。
③ イのみ正しい。
④ アもイも誤っている。

問5　1955年にアジア=アフリカ会議が開催された都市を次の①～⑤からひとつ選び，その番

号をマークせよ。　47

① カイロ
② ケープタウン
③ バンドン
④ ジャカルタ
⑤ バグダード

問6　1950年代にエンクルマ（ンクルマ）を指導者として独立を果たした国を次の①～⑤からひとつ選び，その番号をマークせよ。　48

① モロッコ
② ガーナ
③ ナミビア
④ ナイジェリア
⑤ カメルーン

問7　激しい反フランス抵抗運動と戦闘の末，1962年に独立した北アフリカの国を次の①～⑤からひとつ選び，その番号をマークせよ。　49

① アルジェリア
② スーダン
③ チュニジア
④ モザンビーク
⑤ アンゴラ

問8　アパルトヘイト（人種隔離政策）に関する次の記述のうち，もっとも適切なものを①～④からひとつ選び，その番号をマークせよ。　50

① 1910年にイギリスから独立した南アフリカ共和国は，アパルトヘイトを実施した。
② イギリス支配下の南ローデシアでは1965年に黒人多数派が独立を宣言したものの，その後1980年にジンバブエが成立すると，白人政権がアパルトヘイトを復活させた。
③ 南アフリカ共和国では1991年にアパルトヘイト関連諸法が廃止され，1994年に行われた全人種の参加による選挙の結果，マンデラが黒人として最初の大統領に選出された。
④ 南アフリカ共和国では，アパルトヘイト反対運動の先頭に立ってきた民族解放戦線（FLN）が1990年に合法化され，その指導者ナギブが釈放された。

数学

（60分）

解答上の注意

1．　問題の文中の［ア］，［イウ］，［エオカ］などの［　　］には，特に指示がない限り，数字（0～9），アルファベット（a～d）または負の符号（−）が入る．ア，イ，ウ，…… の一つ一つは，これらのいずれか一つに対応する．それらを解答用紙のア，イ，ウ，…… で示された解答欄にマークせよ．

［例1］［アイウ］に−86と答えたいとき

ア	●	0	1	2	3	4	5	6	7	8	9	a	b	c	d
イ	⊖	0	1	2	3	4	5	6	7	●	9	a	b	c	d
ウ	⊖	0	1	2	3	4	5	●	7	8	9	a	b	c	d

［例2］［エ］−［オ］に $9-a$ と答えたいとき

エ	⊖	0	1	2	3	4	5	6	7	8	●	a	b	c	d
オ	⊖	0	1	2	3	4	5	6	7	8	9	●	b	c	d

2．　分数形で解答するときは，既約分数（それ以上約分できない分数）で答えよ．符号は分子に付け，分母に付けた形では答えないこと．

［例3］$\dfrac{\boxed{カキ}}{\boxed{ク}}$ に $-\dfrac{2}{7}$ と答えたいときは，$\dfrac{-2}{7}$ として

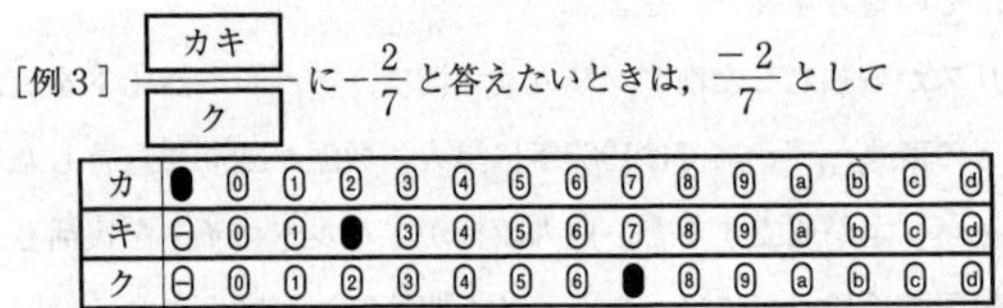

カ	●	0	1	2	3	4	5	6	7	8	9	a	b	c	d
キ	⊖	0	1	●	3	4	5	6	7	8	9	a	b	c	d
ク	⊖	0	1	2	3	4	5	6	●	8	9	a	b	c	d

3．　根号を含む形で解答する場合は，根号の中に現れる自然数が最小となる形で答えよ．

例えば，$4\sqrt{2}$，$\dfrac{\sqrt{13}}{2}$ と答えるところを，$2\sqrt{8}$，$\dfrac{\sqrt{52}}{4}$ のように答えないこと．

1　次の各問の［　　］に適する答を解答欄にマークせよ.

[1]　$(x-1)(x-3)(x+1)(x+3)-10x^2+55$ を因数分解すると,
$(x-$［ア］$)(x-$［イ］$)(x+$［ウ］$)(x+$［エ］$)$ となる.
ただし,［ア］$<$［イ］であり, また,［ウ］$<$［エ］であるとする.

[2]　k を実数とする. 方程式 $\left|x^2-3x-\dfrac{15}{4}\right|=k$ は, $k=$［オ］のとき3つの異なる実数解をもつ.

[3]　2進法で表された足し算 $111_{(2)}+1_{(2)}$ の答を10進法で表すと［カ］である.
また, 2進法で表された足し算 $1010101010_{(2)}+101010101_{(2)}$ の答を10進法で表すと［キクケコ］である.

[4]　48552と70805の最大公約数は［サシスセ］である.

[5]　次の文の空欄［ソ］,［タ］に当てはまるものとして最も適切なものを下の選択肢ⓐ～ⓓの中から1つずつ選び解答欄にマークせよ.

$\log_{10}9=\dfrac{［ソ］+［タ］+1}{2}$ となる. ただし,［ソ］$<$［タ］である.

［ソ］,［タ］の選択肢

ⓐ $\log_{10}1.8$

ⓑ $\log_{10}2.7$

ⓒ $\log_{10}3.6$

ⓓ $\log_{10}4.5$

2 次の各問の［　　］に適する答を解答欄にマークせよ．

座標平面上で，x 座標，y 座標の値がともに整数である点を格子点という．
以下，それぞれの領域における格子点の個数を求めたい．ただし，k は自然数とする．

(1) 座標平面上で，3つの不等式 $y \geqq 0$，$y \leqq 3x$，$x \leqq k$ によって表される領域を領域 A とする．
$k=3$ のとき，領域 A 内の格子点の個数は［アイ］である．
$k \geqq 1$ のときの領域 A 内の格子点の個数を a_k と表す．
$0 \leqq n \leqq k$ を満たす整数 n を考えると，x 座標が n である格子点は［ウ］$n+$［エ］個あることから，

$$a_k = \sum_{n=0}^{k}(\boxed{ウ}\,n + \boxed{エ}) = \frac{\boxed{オ}}{\boxed{カ}}k^2 + \frac{\boxed{キ}}{\boxed{ク}}k + \boxed{ケ}$$

である．

(2) 座標平面上で，3つの不等式 $y \geqq -3x$，$y \leqq 3x$，$x \leqq k$ によって表される領域を領域 B とする．
$k=3$ のとき，領域 B 内の格子点の個数は［コサ］である．
$k \geqq 1$ のときの領域 B 内の格子点の個数を b_k と表す．
$0 \leqq n \leqq k$ を満たす整数 n を考えると，x 座標が n である格子点は［シ］$n+$［ス］個あることから，

$$b_k = \sum_{n=0}^{k}(\boxed{シ}\,n + \boxed{ス}) = \boxed{セ}k^2 + \boxed{ソ}k + \boxed{タ}$$

である．

(3) 座標平面上で，3つの不等式 $y \geqq x$，$y \leqq 3x$，$x < k$ によって表される領域を領域 C とする．
$k=3$ のとき，領域 C 内の格子点の個数は［チ］である．
$k=16$ のとき，領域 C 内の格子点の個数は［ツテト］である．

3 次の各問の $\boxed{}$ に適する答を解答欄にマークせよ.

座標平面上の2つの曲線 $y=\frac{1}{2}x^2$, $y=\frac{1}{2}x^2-2x$ をそれぞれ F_1, F_2 とする.
また, 2つの曲線 F_1, F_2 の両方に接する直線を l とする.

(1) 直線 l の方程式を $y=\alpha x+\beta$ とおくと, $\alpha=\boxed{アイ}$ であり, $\beta=\dfrac{\boxed{ウエ}}{\boxed{オ}}$ である.

(2) 曲線 F_1 と直線 l との共有点の座標は $\left(\boxed{カキ},\ \dfrac{\boxed{ク}}{\boxed{ケ}}\right)$ となり,

曲線 F_2 と直線 l との共有点の座標は $\left(\boxed{コ},\ \dfrac{\boxed{サシ}}{\boxed{ス}}\right)$ となる.

(3) 2つの曲線 F_1, F_2 と直線 l で囲まれた部分の面積は $\dfrac{\boxed{セ}}{\boxed{ソ}}$ となる.

4 次の各問の $\boxed{}$ に適する答を解答欄にマークせよ.

円Oに内接する四角形ABCDにおいて, $AB=5$, $BC=2$, $CD=AD$ であるとする.
また, 線分BDの長さが $BD=\sqrt{19}$ であるとする.

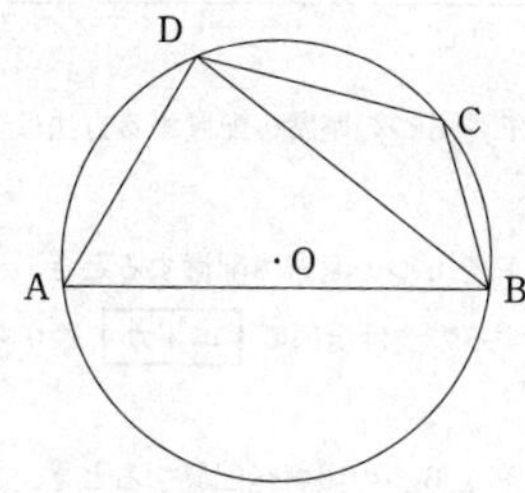

円Oの半径と四角形ABCDの面積を求めたい. $\theta=\angle BAD$ $(0°<\theta<180°)$ とおく.

(1) $x=CD=AD$ とおく.
△ABDにおいて余弦定理により, $\boxed{アイ}+x^2-\boxed{ウエ}\,x\cos\theta=19$ となる.
△BCDにおいて余弦定理により, $\boxed{オ}+x^2-\boxed{カ}\,x\cos(180°-\theta)=19$ となる.
これより, $x=\boxed{キ}$, $\theta=\boxed{クケ}$° である.

(2) 円Oの半径を R とおく.
△ABDにおいて正弦定理により, $2R=\dfrac{\sqrt{\boxed{コサ}}}{\sin\theta}$ となる.

これより，$R=\dfrac{\sqrt{\boxed{\text{シス}}}}{\boxed{\text{セ}}}$ である．

(3) 四角形ABCDの面積は $\dfrac{\boxed{\text{ソタ}}\sqrt{\boxed{\text{チ}}}}{\boxed{\text{ツ}}}$ である．

5 次の各問の $\boxed{}$ に適する答を解答欄にマークせよ．

6名の学生A，B，C，D，E，Fを6つの座席に配置することを考える．座席は，以下の図のように前列と後列に3つずつあるとする．前列には，左から順に座席1と座席2と座席3が並んでおり，後列には，左から順に座席4と座席5と座席6が並んでいる．なお，1つの座席に2名以上を配置することはできないとする．

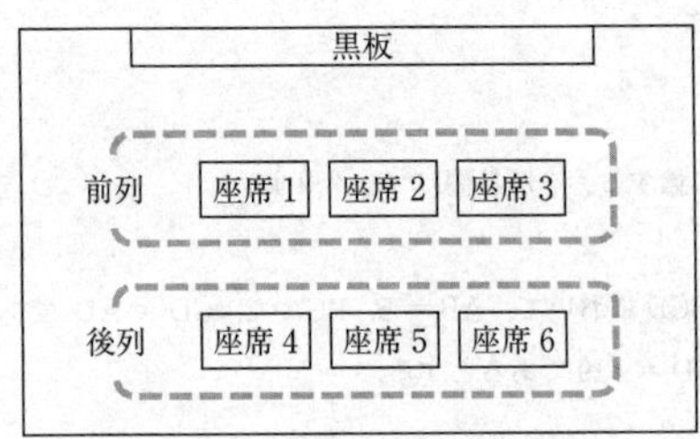

(1) 6名の学生A，B，C，D，E，Fを6つの座席へ配置する方法は全部で $\boxed{\text{アイウ}}$ 通りある．

(2) 6名の学生A，B，C，D，E，Fを6つの座席へ配置するとき，
学生Aが前列になるように配置する方法は全部で $\boxed{\text{エオカ}}$ 通りある．

(3) 6名の学生A，B，C，D，E，Fを6つの座席へ配置するとき，
2名の学生A，Bのうち1名以上が前列になるように配置する方法は全部で $\boxed{\text{キクケ}}$ 通りある．

(4) 6名の学生A，B，C，D，E，Fを6つの座席へ配置するとき，
4名の学生A，B，C，Dのうち2名以上が前列になるように配置する方法は全部で $\boxed{\text{コサシ}}$ 通りある．

6 次の各問の [ ] に適する答を解答欄にマークせよ.

次の表は，あるクラスの5名の生徒A，B，C，D，Eに対して行った英語と数学の試験の得点である.

	A	B	C	D	E
英語	15	50	40	70	75
数学	40	15	50	75	70

(1) 英語の得点の中央値は [アイ] であり，数学の得点の中央値は [ウエ] である.

(2) 英語の得点の分散は [オカキ] であり，数学の得点の分散は [クケコ] である.

(3) 英語と数学の得点の共分散(英語の得点の偏差と数学の得点の偏差との積の平均)は [サシス] である.

(4) 英語と数学の得点の相関係数は $\dfrac{\boxed{セソ}}{\boxed{タチ}}$ である.

(5) 各生徒について，以下のような得点調整を行った.

得点調整：「英語の得点のみを2倍にし，数学の得点はそのままにする.」

得点調整後の英語と数学の得点の相関係数は $\dfrac{\boxed{ツテ}}{\boxed{トナ}}$ である.

2　日本文化を正しく理解するために重要な名著として現在まで広く読み継がれている。
3　著者である岡倉天心は東洋美術のみならず西洋美術にも造詣が深かった。
4　茶室の非合理性を厳しく批判するために出版された。
5　ほぼ同時代に新渡戸稲造が英語で『武士道』を著した。

問７　本文の内容と合致していないものを次の１～８のなかから三つ選べ。なお、順序は問わない。解答番号 48 ・ 49 ・ 50

1　茶室は俗世の身分を超えて、ひとしく謙譲を人の心に植えつけるための場である。
2　茶人は古い趣を大切にしつつ清潔さを重んじるものの、人の手を加えすぎた風情は好まない。
3　茶人の個性が茶室を作るため、亭主亡き後もそのまま長く茶室が存続することが望まれる。
4　左右非対称の装飾効果は茶室に居る人それぞれがイメージをふくらませて、完全な美を作り出そうとするプロセスで発揮される。
5　同じ模様を繰り返して建築物を飾る手法は自然の景色に似ているため、茶人は好んで茶室の装飾に用いる。
6　茶室の装飾は集中して美を鑑賞するために、主題を一つに絞る特徴がある。
7　真の美は心の中で不完全を完全にしようとするプロセスを踏める人だけが発見できる。
8　多くの芸術作品を一堂に展示するのは美術作品の鑑賞力を養う訓練となる。

5　松に吹く風に似た音がする

問4　空欄 ウ に入る語句としてもっとも適切なものを次の1～5のなかから一つ選べ。解答番号 45

1　機能の再認識
2　静寂と混沌
3　個性と従順さ
4　画一性の排除
5　美と自然

問5　学園祭で教室を喫茶コーナーとして使うために、ベニヤ板で間仕切りを作ることになりました。著者が審査員になったと仮定した場合、傍線(エ)の文章に則れば、どの間仕切りデザイン案をどのような理由で選ぶか。選ばれた間仕切りデザイン案と高く評価した理由との組合せがもっとも適切なものを次の1～5のなかから一つ選べ。解答番号 46

【間仕切りデザイン案（高く評価した理由）】

1　あえて塗装をせずにベニヤ板そのままの素朴さを活かす（設置及び撤収が容易で環境負荷が少ない）
2　卒業した先輩が描き残してくれた市松模様を忠実にペンキで再現する（楽しみながら制作していて個性的である）
3　和紙をくみあわせて斬新な柄を表現する（作り手の独創性が表現されている）
4　人気のアニメキャラクターとコラボして描く（コストが最小限に抑えられている）
5　室町時代に作られた茶室の間仕切りを3Dプリンターで正確に再現する（最新技術を巧みに取り入れている）

問6　『茶の本』の説明として、適切でないものを次の1～5のなかから一つ選べ。解答番号 47

1　20世紀初頭に英語で書かれ、アメリカで出版された。

5 通信や気象観測などのために、現在では数千機ものジンコウエイセイが地球を周回しているらしい。

(f) ヘンテツ 解答番号 42

1 貸出図書のヘンキャクキゲンは夏休みと年末年始は通常より長くなっている。
2 ヘンコウレンズにはサングラスの色を濃くしすぎずに余分な光線をカットしてくれる優れた働きがある。
3 数億年前のチカクヘンドウによって海の底に沈んだ大陸が確認された。
4 靴ではなく主に下駄をはいていた時代には、ヘンペイソクの人は現代より少なかったらしい。
5 鎮守の杜の深い緑はシュウヘンジュウミンにとっても観光客にとっても心休まる大切な憩いの場だ。

問2 傍線(ア)こういう心がまえとはどのようなものか。もっとも適切なものを次の1〜5のなかから一つ選べ。解答番号 43

1 亭主が庭にこめた意図を深く理解しようとする気持ち
2 心のおもむくまま何にもとらわれない素直な気持ち
3 茶席でできる限り個性を発揮しようと思う気持ち
4 俗世の権威から一時的にでも逃れようとする気持ち
5 茶席に集う人々と穏やかな時間を過ごそうと思う気持ち

問3 傍線(イ)松籟のようにきこえるとはどのようなことか。もっとも適切なものを次の1〜5のなかから一つ選べ。解答番号 44

1 松林に居るような芳しい香りがする
2 霧が立ち込める松林の静けさを感じる
3 松ぼっくりの落ちるさまに似ている
4 松葉の美しい緑を想像させる

5　複雑でハンサな手続きを経て、ようやく珍しいサボテンの鉢を輸入することができた。

(c)　ムゾウサ　解答番号 **39**

1　昼と夜のカンダンサが大きいために、糖度の高いおいしい桃が岡山ではできるという。
2　毎朝決まった時刻に庭を眺めていると、ある時からほんのササイな草や木の変化にも気が付くようになった。
3　保育園児たちは公園に行くと、磁石でサテツを集めるのに夢中になった。
4　さすがに100歳を超える健康長寿者の言葉には人生を生きる上でのシサに富む内容が多い。
5　彼女はサクイテキではなく自然に見える感情表現ができる数少ない俳優のひとりだ。

(d)　スウハイ　解答番号 **40**

1　ハイシャフッカツが許容される社会になれば、もっと失敗を恐れずに新規事業に挑戦しやすくなるだろう。
2　もう一歩も後には引けないと、ハイスイノジンで臨んだ面接に通って、彼女はプロのコンサルタントになることができた。
3　明治時代のハイブツキシャクによって、多くの歴史的価値の高い建造物などが失われた。
4　交番にシメイテハイシャシンが張られてから、もう3年が過ぎようとしている。
5　「ハイケイ」で始まり「敬具」で終わる文章には、時候の挨拶を加えることも多い。

(e)　キョエイシン　解答番号 **41**

1　社会に出た当時、その青年は立身出世をはたしてエイタツの道を歩み、いずれは故郷に錦を飾ることだけを目指していた。
2　その国際会議では、人類のエイチを結集して問題に対処しなければ、地球温暖化はくい止められないとの見解で一致した。
3　大雨で崖が崩れた事故現場のエイゾウが繰り返しテレビで流されていた。
4　なみいる強豪棋士をつぎつぎと打ち負かして、その青年はついに史上最年少でエイセイメイジンの称号を手に入れた。

もわずらわされずに身を捧げることができる。十六世紀には茶室は、日本の国内統一と改造にしたがう勇敢な武士や政治家に、仕事からの有難い休息をあたえた。徳川統治のきびしい形式主義が発達した後、十七世紀になると茶室は、芸術家精神の自由な交流が許される唯一の機会をあたえた。偉大な芸術作品の前では大名と武士と平民の差別はなかった。今日、産業主義は世界的な規模で真の風雅を楽しむことをますます困難にしつつある。今日ほど茶室の必要なときはないのではあるまいか。

（岡倉天心著　桶谷秀昭訳『茶の本』による）

（注）江戸初期の大名茶人である小堀遠州のこと。

問1　傍線(a)～(f)を漢字表記に改めた場合、それと同じ漢字が含まれるものを次の1～5のなかから、それぞれ一つずつ選べ。

(a)　センリツ　解答番号 37

1　春に予定している引っ越しまでに、たくさん持っている収集品をセンベツして少なくしよう。
2　ショパンコンクールで入賞したピアニストが故郷に戻ってセンボウのまなざしを浴びた。
3　センプクキカンを考慮すると、感染拡大までにはあと2週間を要するだろうと専門家は予測している。
4　山の上を何度もセンカイして、幸いにもそのヘリコプターは遭難者を発見し、無事に救助することができた。
5　卒業後、社会人として自活の道を歩むことは保護者からの一種のドクリツセンゲンともいえよう。

(b)　ヒンパン　解答番号 38

1　歴史上たくさんの政治団体がリハンと再結成を繰り返してきた。
2　切り立った崖の上から見下ろすと、海岸線の際にたくさんの海藻がハンモしている様子が見える。
3　公正なシンパンのおかげで、世界中から集まった選手たちは競技会でのびのびと実力を発揮できているようだ。
4　話し合いの結果、両社は50％ずつのセッパンで費用を負担することで合意に達した。

摘してきた。これはまた、道教の諸理想が禅道を通じて現れた結果である。根深い二元論の思想をもつ儒教と、三位一体を(d)スウハイする北方仏教は、けっして左右対称の表現に対立したものではない。事実、中国の古代青銅器、あるいは唐朝と奈良時代の仏教美術を研究すれば、絶えず左右対称性を求める努力が認められる。わが国の古典的室内装飾は、その配合がまったく均斉を保っていた。しかしながら、道教と禅の完全という概念はそれとは違っていた。それらの哲学の弾力性は、完全そのものよりも完全を求める過程に重きを置いた。真の美は、不完全を心の中で完全なものにする人だけが発見することができる。人生と芸術の力強さは、伸びようとする可能性の中にある。茶室では、全体の効果を自分とのかかわりの中で完全なものにすることが、客めいめいの想像力にゆだねられている。禅道が世に広まった思考様式となって以来、極東の芸術は、完成だけでなく反復をも、左右対称の表現として故意に避けてきた。意匠の画一性は、想像力の新鮮さにとって致命的と見做された。そういうわけで、人物よりもむしろ風景、鳥、花が、描写の主題として好まれるようになった。人物は観察する者自身の人柄として現われるものであるから、われわれはしばしば、ありのままの自己を顕わしすぎる。そして、(e)キョエイシンにはお気の毒だが、自己に意義ありと思うことさえ(f)ヘンテツもないものになりがちである。

茶室では繰返しを避けようとする念がつねにはたらいている。部屋のいろいろな飾り物を選ぶにも、色や意匠が重複しないようにすべきである。生け花を飾るときには、花の絵は禁物である。丸い茶釜を使うなら、水差は角ばったものにすべきである。黒釉の茶碗に黒塗りの茶筒［棗］を組み合わせて出すべきではない。花瓶や香炉を床の間におくときも、それをきっちり中央に置いて、空間を二等分することがないように注意しなければならぬ。床の間の柱は、他の柱とは異なった木材のものを用いて、部屋を単調に感じさせるような雰囲気を破るようにすべきである。

ここでもまた日本の室内装飾法は、西洋のマントルピースとかその他の場所に物が左右対称に並んでいるような装飾法とは異なっている。西欧の家でわれわれは、無用の繰返しと思われるものに出くわすことがよくある。その全身像が背後からこちらをじっとにらんでいるときに、その当人と話をするのはつらいことである。肖像画の男と現に喋っている男とどちらが本物なのか疑わしく思い、どちらか一方が贋物にちがいないといった奇妙な確信を抱くようになる。宴会の食卓の席で、食堂の席に飾ってあるたくさんの肖像画や彫物をつくづく眺めながら、ひそかに消化不良をおこしたことが幾度もある。なぜこんな遊猟の獲物の絵や、魚や果物の精巧な彫物を飾るのか。なぜ家紋のある金銀食器を陳列して、かつてこれで食事をし、いまは亡い人たちのことを思い出させようとするのか。

茶室の簡素と卑俗からの自由は、茶室を外見のわずらいをのがれた真の聖域たらしめている。そこで、そこでのみ人は、美のスウハイに何ものに

の荒地に戻るのである。茶室のはかなさは、藁(わら)ぶき屋根に暗示されており、もろさは細い柱に、軽みは竹の支柱に、一見ムゾウサ(c)なところはありきたりの材料の使用に、それぞれ暗示されている。永遠なるものは、このような素朴な環境の中に具体化されて、みずからの優雅な微妙な光でその環境を美しくする精神の中にのみ見いだされる。

(エ)茶室が或る個人の趣味にかなうように作られねばならぬということは、芸術における生命力の原理の強い主張である。芸術は、充分な鑑賞に耐えるためには、同時代の生活にとって真実なものでなければならない。それは、われわれが後世の要求を無視してよいということでなく、今日の生活を求めてもっと楽しむべきだということである。それは、われわれが過去の創造を無視してよいということでなく、それをわれわれの意識に同化しようとつとめるべきだということである。伝統と型式に屈従することは、建築において個性の表現を束縛するものである。現代日本にみられるヨーロッパ建築の愚にもつかぬ模倣にはただ悲しむのほかはない。西洋の先進国でなぜ建築がこれほど独創を欠いているのか、古くさい様式の繰返しばかりなのか、不思議である。おそらく今日、われわれは芸術の民主主義化の時代を経験しているのだが、同時に新しい王国を樹立する巨匠の現われることを待望している。願わくは個人を愛することより多く、模倣することよりすくなからんことを！　ギリシア人が偉かったのは、決して古代様式にたよらなかったからであると言われている。

「空家(すきや)」という用語は、万物を包有(ほうゆう)するという道教の説を伝えるだけでなく、装飾上の主題が絶えず変化する必要があるという考えを意味している。茶室は何らかの審美的気分を満足させるために一時的に飾られるものを別にすれば、まったく空虚である。場合によっては何か特別の美術品が持ち込まれることがあるが、それを別にすれば、あらゆるものが中心主題の美しさを昂(たか)めるために選ばれ、並べられる。人は同時に別べつの音楽に耳を傾けることができない。それは、美的存在を本当に掴(つか)むには、何らかの中心主題に注意を集中しなければ不可能だからである。そういうわけで、わが国の茶室の装飾法は、西洋でおこなわれている、家の内部がしばしば博物館と化しているような装飾法とは反対のものであることがわかるであろう。装飾の簡素と装飾法のヒンパンな変化に慣れている日本人には、西洋人の室内は絵と彫刻と装飾的骨董品の長蛇の列でつねに充満していて、富をただ俗っぽくひけらかしているという印象をあたえる。一点の傑作ですら常住眺めて楽しむことができるためには、ひじょうな鑑賞力のゆたかさを必要とする。してみると、ヨーロッパやアメリカの家庭でしばしばみられるあの色とかたちのごたまぜの真只中(まっただなか)で、毎日生きていられる人たちの芸術感覚の許容量は、実際、無限であるにちがいない。

「数寄家(アシンメトリカル)」はわが国の装飾体系のさらに別の側面を暗示している。日本の美術品が左右対称性(シンメトリー)を欠いていることは、西洋の批評家がしばしば指

もあるようなら、その亭主は茶人ではない。茶人の第一の必要条件は、掃き方、拭き方、洗い方の知識で、拭き、はたきをかけるには技術がある。金属の骨董品はオランダの主婦のようにむやみやたらにはたいてはならない。花瓶からしたたる水は拭きとらなくともよい。それは露を思わせ、涼味を覚えさせるから。

これに関連して利休について或る話があるが、それは茶人たちが抱懐する清潔の観念をひじょうに具体的に説明している。利休は息子の紹安が露地を掃き、水を撒くのを見ていた。「まだきれいになっていない」と利休は、紹安が掃除を了えたときに言って、もう一度やりなおすように言いつけた。いやいやながら一時間もたって息子は利休にむかって言った。「お父さん、もうこれ以上なにもすることがありません。敷石は三度も洗ったし、石灯籠も庭樹も充分水を打ったし、蘇苔は生き生きとした緑色に輝いています。小枝一本、木の葉一枚落ちていません。」「ばか者」とかの茶人は叱りとばした。「それは露地の掃除の仕方ではない。」こう言うと、利休は庭に下りて、一本の樹をゆさぶって、庭いちめんに、金色と深紅の葉、秋の錦の小切れを撒きちらした。利休が求めたものは、清潔だけではなかったので、［ウ］でもあった。

「好き家」という名まえは、だれか個人の芸術的要求にかなうように創造された建造物という意味を含んでいる。茶室は茶人のために作られるのであって、茶人が茶室のために作られるのではない。それは後代のためのものでないから束の間のものである。だれもが自分自身の家をもつべきだという思想は、日本民族の古代の慣習にもとづいている。神道の迷信の命ずるところでは、どの家も家長が死ねば引き払わねばならぬ。おそらく、この習俗にはなにか衛生上の理由が、それとは自覚されないままにあったのかもしれない。もう一つの昔の慣習は、新築の家は新婚の夫婦に提供されるというものであった。古代にきわめて(b)ヒンパンに遷都がおこなわれたのは、こういう慣習を理由としている。太陽女神をまつる最高の神社、伊勢神宮を、二十年ごとに建て替えるのは、今日なおおこなわれている古代の儀式の一例である。こういう慣習を遵奉することは、容易に取りこわし、組み立てられる、わが国の木造建築方式のような或る種の建築様式にしてはじめて可能であった。煉瓦と石を用いたより耐久力のある様式だったら、移動は実行不可能であっただろう。事実、奈良時代以降、中国の堅固などっしりした木造建築が採り入れられると、移動は不可能になったのである。

しかしながら十五世紀になって、禅の個人主義が支配的になると、茶室との関連で生まれた或る深い意義が、古い思想に染みこむようになった。禅道は、仏教の無常の理論と物質にたいする精神の支配の要求によって、家をただ身体を入れる仮りの宿と認識した。身体そのものは荒野に立てられた仮小屋、まわりの草や茎を結び合わせて作ったもろい雨露しのぎのようなものにすぎず、結び合わせた草や茎が解けてしまえば、ふたたびもと

Ⅲ　次の文章を読んで、後の問に答えよ。

遠州(注)は、露地の着想は以下の句の中に見いだされると言った。

夏の木立の群れ
わずかに見える海
淡い夕月

遠州の言わんとするところを推測するのはむずかしくない。彼が創造しようと願った態度は、目覚めたばかりの魂がいまなお、過去の暗い夢の中から脱けきれずにいるが、やわらかい霊光の甘い無意識の中に浸って、彼方の天空にある自由にあこがれている、といったものである。

(ア)こういう心がまえで客は黙々と神聖な場所に近づいていく。侍(サムライ)ならば軒下の刀架(とうか)に剣を置いていく。茶室はまたとない平和の家であるから。それから客は低く身をかがめ、高さ三尺以上はない狭い入口から部屋へにじってはいる。この手続きは客のだれもが、身分の高いものも身分の低いものもひとしく踏まねばならないものであって、それは謙譲を人の心に植えつけるためのものであった。席順は待合でやすんでいるあいだに互いの話し合いで決められるから、客は一人ずつ静粛に入って席につき、まず床の間の絵や生け花に敬意を表する。亭主は、客がみな席についてしまい、しんと静まりかえって、茶釜にたぎる湯の音のほかはこの静けさを破るものがないようになってはじめて、部屋に入る。茶釜が美しく歌うのは、窯底に鉄片を並べて特有の(a)センリツが生まれるようにできているからである。それは雲に包まれた滝の響きか、岩に砕ける遠い海の潮騒(しおさい)か、竹林を吹きまくる暴風雨か、それともどこかの遠い山の(イ)松籟(しょうらい)のようにきこえる。

日中でさえ茶室内の光線は和(やわら)げられている。傾斜した屋根の低い軒が日光をほんのわずかしか入れないからである。天井から床にいたるまですべてが落着いた色合いである。客もまた控え目な色の着物を気をつけて選んでいる。古いもののかもしだす芳醇(ほうじゅん)が万事にゆきわたっていて、新しく手に入れたことがわかるようなものは一切、禁物である。ただ例外は、どちらも真白で新しい、茶筅(ちゃせん)と麻の布巾(ふきん)がかもしだす、いちじるしい対比である。茶室と茶器がどれほど色あせてみえようとも、すべてのものがまったく清潔である。部屋のいちばん暗い隅にも塵(ちり)ひとつ見あたらない。もし

問22　文章Dは、架空の企業P社における問題発生状況を報道する新聞記事である。文章Dに記載されているP社のような問題状況に対する解決策として、筆者が提言していることは何か。文章A～C全体をふまえて、もっとも適当なものを次の1～5のなかから一つ選べ。解答番号 36

文章D

２０２２年１２月〇日　△△新聞

Ｐ社（架空の企業）では、過去何年間にもわたり、製品出荷時の品質検査データの改竄がおこなわれてきたことが先月、本紙（△△新聞）を含む様々なメディアで報道された。報道を受け、取引先からの厳しい批判、注文のキャンセルにともなう出荷停止措置が相次ぎ、Ｐ社内は大混乱に陥った。Ｐ社では、不正の実態把握と原因解明、再発防止のための対策プロジェクトチームが設置されていたが、本日、調査報告書が公表された。対策プロジェクトチームの報告書によると、Ｐ社における不正は一過性のものではなく、意図的な不正が継続的におこなわれ、慢性化していたことがあきらかにされた。調査報告書では、社内に不正が蔓延っていた原因として、問題を隠蔽し、表面を取り繕うことで、現状をよく見せたい、自分の評価を維持したいという利己的な欲求、他部署の状況には口を挟まず、見て見ぬふりをするのがよいという長年の慣行、上司や先輩には意見を言うべきではない、率直な批判をすると自分が不利に扱われるので損をするという考えかたがあったと指摘されている。

1　グローバル企業にキャッチアップするための海外新規事業開発の活性化
2　作業条件を見直し、コスト引き下げ圧力を緩和することによる不正の撲滅
3　社内に健全なカルチャーを創造し、涵養することによる現場力の再生
4　組織風土の改善を通じた、ＤＸ（デジタルトランスフォーメーション）の加速化
5　組織文化を再定義することによる、働き方改革とイノベーションの促進

問21　空欄 Z には、読者の理解を促進するために、筆者によって提示された要点がはいる。筆者によって提示されたポイントとしてもっとも適当なものを次の1～5のなかから一つ選べ。解答番号 35

	重要な構成要素	簡潔な表現	のぞましいとされる状態
1	組織風土	心理的基盤	活気に溢れている
	組織文化	心理的エンジン	独自の価値観が浸透している
2	組織風土	心理的エンジン	全員の行動が調和している
	組織文化	心理的基盤	企業理念が組織の末端でも当然視されている
3	組織風土	心理的安全性	研究活力と批判精神に満ちている
	組織文化	心理的ドライブ	旺盛な意欲に特徴づけられる
4	組織風土	心理的基礎	健全な価値観が充満している
	組織文化	心理的安全性	組織の思考様式が共有されている
5	組織風土	心理的安定	リスク回避の精神が横溢している
	組織文化	心理的文化	形而上的な価値が徹底されている

問19　傍線(チ)「にもかかわらず、組織マネジメントの「素人」が社長や幹部に就き、自己流で脈絡のないまま不合理な経営をしている会社がじつに多い」とあるが、「脈絡のない」とはどのような状態か。また、「組織マネジメントの「素人」が社長や幹部に就き、自己流で脈絡のないまま不合理な経営をしている会社がじつに多い」のはなぜか。本文の内容に即して、もっとも適当なものを次の1～5のなかから一つ選べ。解答番号 33

1 「脈絡がない」とは、時代感覚に適切にあわせることができず陳腐化した状態をいう。不合理な経営がおこなわれているのは、余計な専門知識がないほうがかえって、斬新で新鮮な発想が得られると多くのひとに考えられているため。
2 「脈絡がない」とは、不正や怠慢が横行して社会的な意義が完全に失われている状態をいう。不合理な経営がおこなわれているのは、同質性、画一性の高い組織を維持し、運営するためには、最善の方法であり、多少の不合理は許容範囲であると考えるため。
3 「脈絡がない」とは、発想や思考方法に論理性や一貫性がなく、場当たり的な状態をいう。不合理な経営がおこなわれているのは、かつての成功体験にとらわれ、旧来の方法論が時代にあわなくなっていることを認識できていないため。
4 「脈絡がない」とは、環境や社会に与える影響を考慮できず正当性を失っている状態をいう。不合理な経営がおこなわれているのは、社員が意欲的で、組織の規範に忠実であるのは、組織マネジメントにとって、不変の前提条件であるため。
5 「脈絡がない」とは、投入資源に対して得られる成果が極端に少ない、生産性の低い状態をいう。不合理な経営がおこなわれているのは、会社に属する全従業員の人間関係が、家族のような深い信頼関係で結ばれている大家族主義が批判されているため。

問20　傍線(ツ)「エクセレントカンパニーほど組織文化にこだわり、デフォルメされた「強い組織文化」が形成される傾向がある」とあるが、「デフォルメされた」とはどのような意味でもちいられているか。もっとも適当なものを次の1～5のなかから一つ選べ。解答番号 34

1 組織全体にくまなく浸透し、長期間にわたって共有されている。
2 時代の先端をいくような革新性、新規性に特徴づけられている。
3 思想、哲学を強調するために意図的に誇張して表現されている。
4 競争優位に直結するような機能的な側面のみが捨象されている。
5 社会性、公益性を重視し、公的に支持されるように編集されている。

問17　傍線(ソ)「「負のスパイラル」が回りはじめると、組織風土の劣化は止めようがなくなる」とあるが、「負のスパイラル」を言い換えた表現として、もっとも適当なものを次の1～5のなかから一つ選べ。解答番号 **31**

1　悪平等
2　逆機能
3　副反応
4　悪循環
5　不平等

問18　傍線(タ)「同質性、画一性が色濃く出た集団主義的、全体主義的組織マネジメントの下で、社員たちは懸命に働いた」とあるが、「集団主義」、「全体主義」とは、どのような意味か。集団主義と全体主義について説明した、左記の文章の空欄〇〇にあてはまる言葉として、もっとも適当なものを次の1～5のなかから一つ選べ。解答番号 **32**

（説明文）
集団主義は、日本的経営の特質の一つとして、しばしば指摘される。欧米における企業運営と比較した際に、日本企業では、〇〇と集団の関係において、〇〇は集団と心理的な一体感をもつとともに集団の目標や利害を〇〇のそれよりも優先させていくという、集団中心、集団優先の思考・行動様式を指す。また、全体主義とは、〇〇の自由や社会集団の自律性を制限し、〇〇の権利や利益を国家全体の利害と一致するように規制・統制する思想または政治体制をいう。

1　企業
2　組織
3　個人
4　機能
5　情報

4　一般的な風土が仕事環境で生活し活動する人が知覚する環境特性であるのに対し、組織風土はストロングタイプのリーダーによって醸成される。

5　一般的な風土が、民主的なリーダーの下で形成されるのに対し、組織風土のほうはストロングタイプのリーダーの下でより複雑な形態で形成される。

問16　空欄［X　良い組織風土を表現する言葉がはいる］、空欄［Y　悪い組織風土を表現する言葉がはいる］には、筆者の考える「良い組織風土」と「悪い組織風土」を表現する具体的な言葉が入る。空欄X、空欄Yに入る言葉の組合せとして、もっとも適当なものを次の1～5のなかから、一つ選べ。解答番号［30］

	空欄X　良い組織風土を表現する言葉	空欄Y　悪い組織風土を表現する言葉
1	楽観的、ひとまかせ、隠蔽体質、神秘的	閉鎖的、意欲的、先進的、政治的
2	協力的、独断的、教条主義的、停滞感	受動的、消極的、法令順守、感覚的
3	開放的、総花的、偏狭的、党派的	悲観的、自由闊達、無責任体質、利他的
4	風通しがいい、前向き、主体的、活動的	風通しが悪い、後ろ向き、形骸化、沈滞
5	挑戦的、萌芽的、専制的、論理的	非協力的、民主的、全員参加、科学的

問14　傍線(ス)「ここで大事なのは「性格」ではなく「あり様」としていることである」とあるが、和辻が「性格」ではなく「あり様」という表現をしたのはどのような理由からだと筆者は考えているか。もっとも適当なものを次の1～5のなかから一つ選べ。解答番号 28

1　性格という言葉をつかうと生まれながらにそなえている、先天性が過度に強調されてしまうのでこれを避け、主体的な適応行動の結果であるという意味を強めるためにあり様をもちいている。

2　性格という言葉をつかうと環境からの影響が過大評価される可能性があるが、あり様という表現を選択することで組織風土の重要性をより強く印象づけられると考えた。

3　性格という言葉をつかうとそれぞれの風土の型によって、その風土の上に成立する人間の考え方が規定されてしまうが、3類型を効果的に活かすためにここでは、あり様をもちいている。

4　性格という言葉をつかうと風土という環境が人間に与える影響を鋭く考察した哲学者の二番煎じになってしまうのでこれをもちいず、人間の文化の形成に影響をおよぼす精神的な環境としての意味を明示するために、あり様をもちいている。

5　性格という言葉をつかうと組織風土と組織文化が異なる概念であるという誤解を与えかねないためこれをもちいず、目には見えない曖昧かつ感覚的なものという意味を強めるためにあり様をもちいている。

問15　傍線(セ)「それに対し、組織風土は、さまざまな要素が入り混じって形成される」とあるが、どのような意味か。もっとも適当なものを次の1～5のなかから一つ選べ。解答番号 29

1　一般的な風土が気候や地形といった自然によって形成されるのと同様に、組織風土も組織が置かれた環境によって強制的、自動的に規定される。

2　一般的な風土がアンコントローラブルな自然に規定されるように、組織風土も気候や地形といった自然に関する多様な要素が複雑に絡み合い、時間をかけて形成される。

3　自然が規定する一般的な風土とは異なり、組織風土は、経営トップのリーダーシップスタイル、組織構造などの、社内の様々な要素によって形作られる。

問13　傍線(シ)「彼は、世界各地の風土を次の3類型に分けた」とあるが、これを整理したものとして、もっとも適当なものを次の1〜5のなかから一つ選べ。解答番号 27

1

型	モンスーン型	砂漠型	牧場型
自然の特徴	暑熱、湿潤	強度な乾燥	人間に対して従順
人間のあり様	受容的、忍従的	戦闘的、服従的	合理的、観察的

2

型	モンスーン型	砂漠型	牧場型
自然の特徴	水不足、過度の乾燥	耐え難い湿気と暑さ	湿潤と乾燥の混在
人間のあり様	受容的、忍従的	合理的、観察的	戦闘的、服従的

3

型	モンスーン型	砂漠型	牧場型
自然の特徴	酷暑と湿気	乾燥、日常的な渇水	湿潤と乾燥の中間
人間のあり様	合理的、観察的	戦闘的、服従的	受容的、忍従的

4

型	モンスーン型	砂漠型	牧場型
国民性	暑さと湿気	乾燥過多	高い制御可能性
思想・信条	戦闘的、服従的	受容的、忍従的	合理的、観察的

5

型	モンスーン型	砂漠型	牧場型
内面的諸相	暑熱と湿潤	湿潤と乾燥の混成	強度な乾燥
外形的特性	戦闘的、服従的	受容的、忍従的	合理的、観察的

問11　傍線(コ)「なんとなくのニュアンスはわかるが、明確には定義しづらい」とあるが、ここでの「ニュアンス」の意味内容としてもっとも適当でないものを次の1〜5のなかから一つ選べ。解答番号 **25**

1　言葉に込められた話し手の意図
2　言葉が言外に醸し出す雰囲気
3　言葉を選択した差し迫った動機
4　言葉のおおまかな意味内容と情緒
5　言葉が含有する暗黙のメッセージ

問12　傍線(サ)「そんな状態では、組織風土を刷新したり、独自の組織文化を形成したりすることはできない」とあるが、「そんな状態」とは何か。もっとも適当なものを次の1〜5のなかから一つ選べ。解答番号 **26**

1　多くの経営者が組織風土と組織文化の関係を明確に理解できていない状態
2　それぞれに与えられた職責が不明確で、組織境界が曖昧かつバラバラな状態
3　組織風土を刷新し、独自の組織文化を形成することに成功できている状態
4　目には見えない曖昧かつ感覚的な重要概念をきちんと整理できている状態
5　組織風土と組織文化の機能不全によって、活力枯渇病に陥っている状態

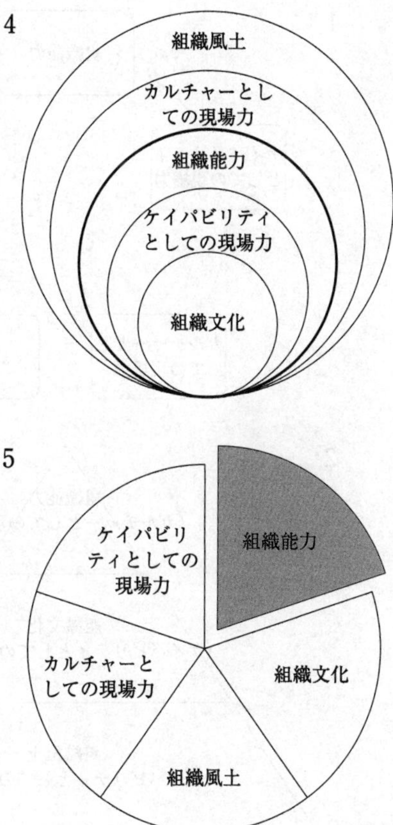
4
組織風土
カルチャーとしての現場力
組織能力
ケイパビリティとしての現場力
組織文化
5
組織能力
ケイパビリティとしての現場力
組織文化
カルチャーとしての現場力
組織風土

4　一般的に認識されている現場力の範囲が広すぎて、カルチャーとしての現場力の有効性があいまいになってしまったこと。

5　主体的に新たな価値を生み出し続け、競争優位を獲得する、現場力の持つ可能性を知らず知らずのうちに過大評価してしまっていたこと。

問10　傍線(ケ)「じつは、現場力という概念は二層構造になっている」とあるが、これを図解したものとして、もっとも適当なものを次の1〜5のなかから一つ選べ。解答番号 **24**

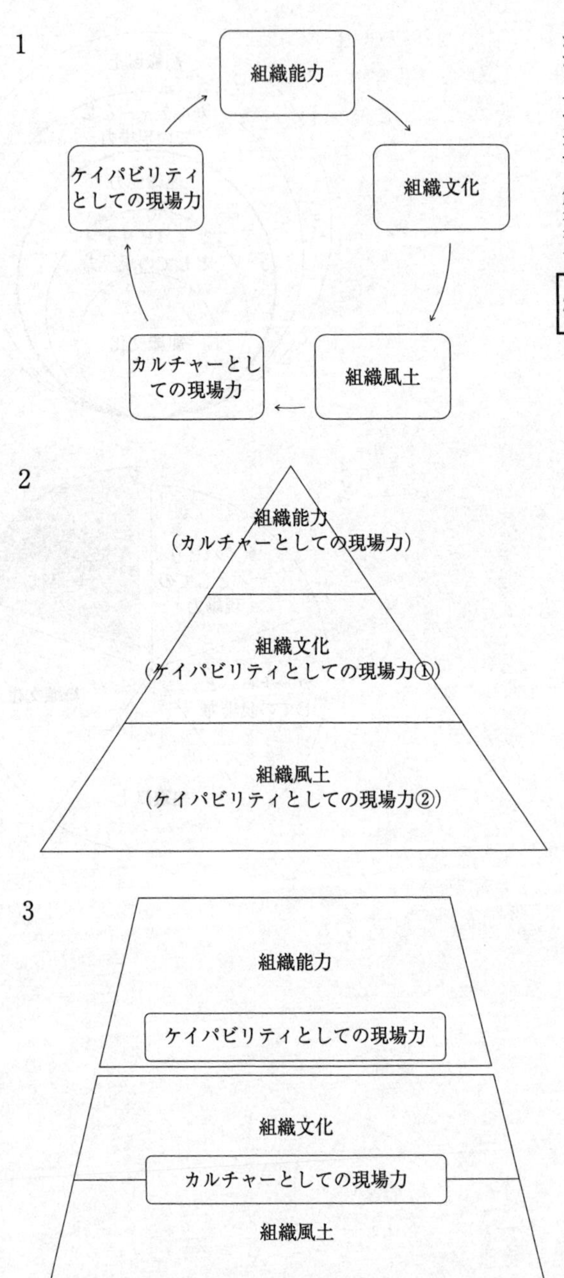

問7　傍線(カ)に示されたような、土壌と植物の比喩を筆者が用いた理由または筆者が表現しようとした内容として、もっとも適当でないものを次の1～5のなかから一つ選べ。解答番号 **21**

1　最終成果をだすためには、結果だけではなくプロセスを整えることに注力する必要があることを例示するため。

2　求める結果を手に入れるためには、その発生確率を高める前提条件から改善しなければならないことを伝えるため。

3　こつこつと時間をかけて準備し、努力を長期間続けなければ、のぞましい実績は得られないことを理解させるため。

4　見えづらい要素間の関係を読者の経験や知識に含まれる、身近なものにたとえることで、納得や理解を得やすくするため。

5　脱炭素化、カーボンニュートラルなど環境への配慮が企業経営にとっても重視すべき考慮事項であることを暗示するため。

問8　傍線(キ)「すなわち、カルチャーとは次のように定義することができる」とあるが、本文中の概念で形成された式として、もっとも適当なものを次の1～5のなかから一つ選べ。解答番号 **22**

1　カルチャー（良質な土壌）≧組織風土（整地化）÷組織文化（肥沃化）

2　組織風土（整地化）＝カルチャー（良質な土壌）＋組織文化（肥沃化）

3　組織文化（整地化）＞カルチャー（良質な土壌）＋組織風土（肥沃化）

4　カルチャー（良質な土壌）＝組織風土（整地化）＝組織文化（肥沃化）

5　カルチャー（良質な土壌）＝組織風土（整地化）＋組織文化（肥沃化）

問9　傍線(ク)「しかし、カルチャーの重要性に気づいた私はいま、大いに反省している」とあるが、いったい何を反省しているのか。もっとも適当なものを次の1～5のなかから一つ選べ。解答番号 **23**

1　企業における組織能力の多くが、経営における実行を担っている現場に内包されることにこれまで気づけなかったこと。

2　現場力こそが日本企業における競争力の源泉であると無意識のうちに誤解し、偏った見解を主張し続けてきたこと。

3　現場力を組織能力としての側面だけでなく、その基盤であるカルチャーとしての視点からも理解する必要があるとは考えなかったこと。

問6　傍線(カ)「健全で良質な「土壌」がなければ、どんなに種を蒔いたところで、芽は出ず、植物は育たない」とあるが、文章Aで想定されている比喩の対応関係として、もっとも適当なものを次の1～5のなかから一つ選べ。解答番号 20

	花・実	幹	根っこ	土壌
1	通気と通水	肥沃化	整地化	カルチャー
2	組織風土	経営戦略	ケイパビリティ	組織文化
3	SDGsと利益	新規事業	資金調達	カルチャー
4	利益と顧客満足	事業	ケイパビリティ	カルチャー
5	財務戦略	人事戦略	研究開発戦略	ブランド戦略

1　歴史的な文脈を吟味し、適切な時代感覚をもちつつ、確固たる態度で命令を発すること。
2　特に深い信念もなく、単に社会の風潮に合わせるために、社内に指示をだすこと。
3　競争優位性に直結する、カルチャー重視の見解を外部の利害関係者に明示すること。
4　勤務時間を消費するためだけに、時代遅れで、意味のない文書が社内に回覧されること。
5　意識的、戦略的に最新の流行に合致させたスタイルで経営者が常時、ふるまうこと。

問4　傍線(エ)「というよりは、「健全で良質なカルチャーは自然発生的に生まれてくるものだ」と高を括っていたというのが正しいかもしれない」とあるが、「高を括っていた」とは、どのような意味か。本文の内容に即して、もっとも適当なものを次の1～5のなかから一つ選べ。解答番号 **18**

1　対象を過度に恐れるあまり思考停止になり、身動きが取れなかった。
2　予測すること自体に手間と時間をかけ過ぎ、作業効率が悪くなった。
3　大したことはないと見くびり、重要な要因に対応せず、看過してしまった。
4　自然の流れに身をゆだね、特に何も判断しないままに時間が経過してしまった。
5　重視すべき要因をほかの要因と区別できずに、何をすべきか迷い、大混乱に陥った。

問5　傍線(オ)「組織風土の変革が喫緊の経営課題である」とあるが「喫緊の経営課題」とは、どのような意味か。もっとも適当なものを次の1～5のなかから一つ選べ。解答番号 **19**

1　社会的に広く普及していて、多くの企業に共通して発生していること。
2　解決が困難で、見込みがないことから、可能な限り回避すべきであること。
3　問題の深刻度、重要性が高く、早急に解決できるように対処すべきであること。
4　重大であるため簡単に処理できず、時間をかけて継続的に取り組むべきであること。
5　社会的な意義が大きいことから、存在感を維持するために利他的に解決すべきであること。

1　連体詞
2　感動詞
3　接続詞
4　副詞
5　形容動詞

(2)　同種の呼応関係をもつもの　解答番号 **15**

1　お疲れになったでしょうから、どうぞ自由な場所にお座りください。
2　いままでにない好記録が連続し、まるで夢のような場面であった。
3　このような惨状を呈していることに、よもや誰も気付くまい。
4　仮に製造原価が30%増加したとしても、利益は維持できそうだ。
5　このデータから推量するに、おそらく明日は快晴になるだろう。

(3)　矢継ぎ早　解答番号 **16**

1　自分の意志に反して、周囲から強制されて嫌々、行動する様子。
2　物事を続けざまに、たたみかけて実行する様子。
3　あまり熟慮せず、直感を頼りに感覚的に判断し行動する様子。
4　矢を続けて射る様に疲労困憊で身体的にまったく余裕のない様子。
5　関係先への迷惑も顧みず、直情的に発想し、すぐに行動に移す様子。

(4)　時代迎合的な号令　解答番号 **17**

3　A社の最高経営者が一貫してカルチャーを重視していることを知って、さすがと感心したため。
4　A社のカルチャーを変革する際に、直面したであろう、これまでの苦難の歴史を推察して、尊敬の念を禁じ得なかったため。
5　A社のCEOの偉大な業績をまのあたりにして、興奮のあまり、身体が思うように制御できなかったため。

問2　傍線(イ)「彼らはカルチャーこそが「目に見えない最大の資産」であると認識している」とあるが、「目に見えない最大の資産」とはどのような意味か。もっとも適当なものを次の1〜5のなかから一つ選べ。解答番号 13

1　カルチャーは、過去の事象から生じる潜在的な債務であり、企業が必ずしもコントロールできない将来の事象によってのみ存在が確認されるものである。
2　カルチャーは、性質を正確に計量化したり、有無を明確に把握したりすることはできないが、企業競争上、重要であり、最も価値のある会社の財産である。
3　カルチャーは、公表する決算書には記載されないが、特許権や商標権などと同様に法的な裏付けのある、伝統的な意味での会社の所有物と見なすことができる。
4　カルチャーとは、事業を管理している経営組織で共有された行動原理や思考が固定されたものであり、事業目的を達成するためには除去すべき対象である。
5　カルチャーは、企業が競争環境の中で自らの経営目的・経営目標を達成するための方針や事業計画を意味することから、その策定に社内の最大の経営資源を費やす必要がある。

問3　傍線(ウ)「矢継ぎ早に時代迎合的な号令はかけるが、「カルチャーが大事だ」なんてことを言う経営者は、ついぞ見たことがない」とあるが、(1)「ついぞ」の品詞は何か。(2)「ついぞ」と同種の呼応関係でもちいられる品詞を含む文はどれか。(3)「矢継ぎ早」を言い換えた表現はどれか。(4)「時代迎合的な号令」とはどのような意味か。それぞれ、もっとも適当なものを次の1〜5のなかから一つ選べ。

(1)　品詞　解答番号 14

つまり、そうした価値観、信念は、組織が成功をおさめてきたことによって人々はそれを当然のように受け止めているのである。組織文化を形成するには、「成功」という過程が不可欠なのである。

このように組織文化が定義されると、組織風土との違いが明らかになってくる。

組織風土は企業が危機的な状況に陥らず、安定した経営をおこなうためには不可欠な「心理的基盤」とも言うべきものである。健全な組織風土がなければ、企業が成長、発展することは不可能である。

しかし、良い組織風土、健全な組織風土が、それだけで企業の競争力に直結するわけではない。組織が成功をおさめるための前提条件とも言うべきものである。

ただし、組織風土が劣化すると、成功どころか企業を倒産に追い込みかねない大きなリスクとなる。多くの日本の大企業はこうした事態に追い込まれている。

一方、組織文化は、各企業の成功体験をもとに培われたものであり、組織文化を形成し、高めることによって、企業の競争優位に直結する。(ツ)エクセレントカンパニーほど組織文化にこだわり、デフォルメされた「強い組織文化」が形成される傾向がある。

つまり、組織文化とは競争力を高めるための「心理的エンジン」とも呼ぶべきものであると言うことができる。

[Z　ここに筆者によって提示された要点がはいる]

組織風土と組織文化の両方が揃ってこそ、組織の心理的環境は整い、成長、発展を目指すことができるのである。

（遠藤功『「カルチャー」を経営のど真ん中に据える』による）

問1　傍線(ア)「その会社のCEOがイノベーションや技術戦略、デジタルなどの話ではなく、「カルチャー」の重要性を熱く説き続けていると聞いて、私は膝を打った」とあるが、「膝を打つ」とはどのような状態を示す表現か、またなぜ「膝を打つ」に至ったのか。もっとも適当なものを次の1～5のなかから一つ選べ。解答番号 [12]

1　A社が生み出し続けたイノベーションのインパクトとそれを可能にした技術力に心の底から圧倒されたため。

2　A社の技術戦略がカルチャーと密接に連動していることを初めて理解できたことで嫉妬が抑えられなかったため。

悪平等を排し、多様性を尊び、透明性の高い組織マネジメントを志向しなければ、組織の風土をよくすることはできない。

「社員にやる気があるのは当たり前」「社員は一生懸命働くのが当然」「社員は上司に従順」「社員は不正などしない」とする旧来の考え方は、通用しないばかりか、組織風土を劣化させ、会社の競争力を根っこから削いでしまう原因にもなりかねない。(チ)にもかかわらず、組織マネジメントの「素人」が社長や幹部に就き、自己流で脈絡のないまま不合理な経営をしている会社がじつに多い。そんな会社が「良い組織風土」を手に入れられるはずもない。

文章C

文章Bで説明したように、組織風土とは「組織の状況・環境、そしてそれに影響を受けた人々のあり様」のことである。では、「組織文化」(organizational culture) とはいったい何か。

どちらも目には見えないものであるが、組織風土がより普遍的、一般的なものであるのに対し、組織文化は、個別的、独自的である。それぞれの組織には強弱の違いはあるが、固有の組織文化というものが存在する。

「組織文化」という概念を理論化した第一人者は、マサチューセッツ工科大学の教授だったエドガー・H・シャインである。シャインは「組織文化」を次のように定義している。

集団として獲得された価値観、信念、仮定であり、組織が繁栄をつづけるにつれてそれが共有され当然視されるようになったものである。

わかりやすく表現すると、組織文化とは「組織内で働く人たちが当然のように信じている価値観、信念」のことである。

さらにシャインはこう続ける。

文化はグループが共有し、当然視している仮定の総和である。その仮定はグループがその歴史を通じて獲得してきたものである。この仮定の総和は成功が残していったものである。

「厳しい風土」もあれば、比較的「穏やかな風土」もある。

だが、そこには「良い」「悪い」の区分はない。あるがままの風土を受け入れ、適応していくしかない。

しかし、自然によってではなく、無意識的、無自覚的ではあるものの人工的に形成される組織風土には、経営的に見れば「良い」「悪い」が存在する。

「良い組織風土」には、次のような特徴がある。

X　良い組織風土を表現する言葉がはいる

こうした組織風土の下では、組織はやる気に満ち溢れ、社員たちは自由闊達に議論し、新たなことに挑戦しようとする。ワイワイガヤガヤ、ワクワクイキイキとした空気が広がっている。

一方、「悪い組織風土」の特徴としては、次のようなものが挙げられる。

Y　悪い組織風土を表現する言葉がはいる

こうした空気感、雰囲気の下では、社員たちはやる気を削がれ、新たなことに挑戦するはずもない。それどころか、都合の悪い情報などを隠蔽したり、不正なことに手を染めたりしてしまう。

(ソ)「負のスパイラル」が回りはじめると、組織風土の劣化は止めようがなくなる。

日本における伝統的大企業の多くは、年功序列、終身雇用、企業別組合といういわゆる「三種の神器」をベースにしたいわゆる日本的経営によって高度成長期に発展し、企業としての基盤を固めた。

「大家族主義的」な考え方を重視し、ひとつの同質的な共同体を形成することによって組織のモチベーションを保ち、会社の成長へとつなげてきた。

それがうまく機能しているときは、組織風土は大きな問題とはならなかった。

(タ)同質性、画一性が色濃く出た集団主義的、全体主義的組織マネジメントの下で、社員たちは懸命に働いた。少なくとも昭和の時代まではそれが機能した。

しかし、時代が変わり、組織マネジメントの考え方や方法論は大きく変わっている。

人間が地球上のどこに生存するかによってその「あり様」が異なるように、企業という組織もそれぞれが固有の状況もしくは環境を有し、その状況や環境がそこで働く人たちの「あり様」に大きく影響を与えている。

ハーバード大学のG・H・リットビンとR・A・ストリンガーは、組織風土を次のように定義した。

> **仕事環境で生活し活動する人が直接的に、あるいは、間接的に知覚し、彼らのモーティベーションおよび行動に影響をおよぼすと考えられる一連の仕事環境の測定可能な特性（後略）。**

一般的な風土は、気候や地形といった自然によって形成される。

自然は人間の力の及ばないアンコントローラブルなものなので、人間はそれを受け入れ、適応し、その中で「あり様」が規定される。

(セ)それに対し、組織風土は、さまざまな要素が入り混じって形成される。

経営トップのリーダーシップスタイル、組織構造、社内のルールや制度、コミュニケーションのあり方など多様な要素が複雑に絡み合い、時間をかけてそれぞれの組織固有の空気感や雰囲気を形成し、そこで働く人たちの「あり様」に影響を与える。

わかりやすい例を挙げれば、経営トップのリーダーシップスタイルは組織風土にきわめて大きな影響を与える。

部下を怒鳴り散らし、面前で叱責するようなストロングタイプのリーダーがいる組織では、多くの従業員は発言を控え、言いたいことも言えないような淀んだ空気感が生まれてくる。

逆に、フランクでオープンなコミュニケーションをとろうとする民主的なリーダーの下では、誰でも何でも言えるような自由闊達で風通しのよい空気感、雰囲気が生まれる。

一個人がそうした風土に抗うことは難しい。

多くの人はその風土に影響を受け、環境に適応、順応して生き延びていこうとする。

もしくは、風土に馴染めない人は、その組織から去っていく。

風土は自然によって規定され、そこに住む人たちの「あり様」を規定する。

——地域の伝説や変わった出来事

約60国のうち、現在まとまった形で残っているのは、常陸、播磨、出雲、肥前、豊後のものだけである。

こうした情報は、中央（大和）から赴任した役人がその国を知り、正しく統治するために使われたと言われている。

「風土という環境が人間に与える影響」について鋭く考察したのが、哲学者であり思想家の和辻哲郎である。

(シ)彼は、世界各地の風土を次の3類型に分けた。

・モンスーン型

・砂漠型

・牧場型

そして、それぞれの風土の型によって、その風土の上に成立する人間の考え方やあり様が規定されると主張した。

たとえば、暑熱と湿潤のモンスーン地域は、防ぎがたい湿気の継続的な不快に耐えなければならず、また時に台風、洪水などの自然の暴威を受ける。

一方、水は生への恵みでもあり、ここに住む人間は単純に反抗することはできず、「受容的・忍従的」なあり様になると指摘する。

強い乾燥の砂漠地域は、水の恵みを人間自らが探し求め、闘争のうえで勝ち取らなければならない。だから、人間は「戦闘的・服従的」なあり様になる。

また「牧場型」はモンスーン的湿潤と砂漠的乾燥が統合されており、自然は人間に従順である。自然がおとなしければ、それだけ自然の中の規則も発見しやすく、人間は「合理主義的」なあり様となる。

つまり、和辻は「環境こそが人間のあり様を規定する」と風土の重要性を主張したのである。

(ス)ここで大事なのは「性格」ではなく「あり様」としていることである。

「性格」は人間生来のものであるのに対し、「あり様」は環境に適合し、生き延びるために自然発生的に生まれるものである。

すなわち、人間の「あり様」は環境に大きく影響を受けるものであり、人間と環境はけっして切り離せないものなのである。

風土という言葉本来の意味を理解すると、組織風土（organizational climate）という曖昧な言葉の意味するところも少しずつ見えてくる。

また、似たような概念として「組織文化」(organizational culture) という言葉も存在する。

組織風土も組織文化も目に見えないものであり、明確な区分けや線引きは難しい。実際、多くの経営者は似たような概念を、ある人は「組織風土」と言ったり、別の人は「組織文化」という言葉を使ったりする。

(サ)そんな状態では、組織風土を刷新したり、独自の組織文化を形成したりすることはできない。言葉の定義が曖昧かつバラバラなままでは、人々の意識や行動に影響を与えることなどできるはずもない。

風土改革の第一歩は、組織風土と組織文化は異なる概念であることを理解し、「そもそも組織風土とは何か」について組織に属する人たちが共通の理解を持つことである。

目には見えない曖昧かつ感覚的なものだからこそ、基本的な考え方を整理しておくことが大切である。

組織風土の考察の前に、「そもそも風土とはいったい何か」を理解する必要がある。

一般的に風土とは、

――ある土地の気候・地形・地質・景色などのあり様

を指す言葉であり、英語では「climate」である。

まさに気候や地形などの「自然のあり様」を意味する。

さらに、そこから派生して「人間の文化の形成などに影響を及ぼす精神的な環境」、つまりそうした自然の中で生活する「人間のあり様」を意味するようになった。

「風土記」という言葉をみなさんも聞いたことがあるだろう。

風土記は奈良時代に編纂された地理書である。７１３年に朝廷が、当時存在した約60の国に命じ、次の５項目について報告させた。

――ふさわしい字をつけた地名

――土地の産物や動植物、鉱物

――土地の肥沃度

――地名の由来

一般的に認識されている現場力とは「ケイパビリティとしての現場力」である。現場が高い組織能力を有し、主体的に新たな価値を生み出しつづけ、戦略を実行する。まさに、競争優位に直結する現場力である。

図表がはいる

しかし、それは現場力の一面的な見方にすぎない。

いま多くの日本企業にとって必要なのは、「カルチャーとしての現場力」を刷新することである。

土を耕し、肥沃にすることができなければ、強くたくましい根っこは育たない。

カルチャーが大きく傷んでいるのに、ケイパビリティが高まるはずもない。まずは、健全なカルチャーを育み、その後にケイパビリティを高める。

時間はかかるかもしれないが、長い道のりを覚悟して、じっくり腰を据えて取り組まなければならない。

ここ数年、私はいくつかの会社で、実際の風土改革、現場力強化のプロジェクトに関わってきた。

そこでの共通するキーワードは「現場からのカルチャー変革」である。

上からの指示や命令で動くのではなく、現場自らの意志で動き、判断し、行動し、結果を出す。現場が当事者として主体的に考え、新たなことに挑戦し、小さな成功体験を積み重ねながら、自信と活力を取り戻す。

最初はやる気も見えず、うつむき気味だった現場が、途中から覚醒し、能動的に動きだす瞬間を、私は何度もこの目で見てきた。

それは「土壌」を耕すと同時に、強い「根っこ」をつくる取り組みでもあった。

カルチャーが育てば、とてつもなく大きなケイパビリティが発揮される。私はそう信じている。

文章B

日本企業がかかっている「活力枯渇病」という病の源は組織風土にある。

しかし、この「組織風土」(organizational climate)という概念はじつに厄介である。(コ)なんとなくのニュアンスはわかるが、明確には定義しづらい。

不祥事を起こした企業は、組織風土に大きな問題を抱えている。「整地化」ができておらず、土が荒れ果てた状態である。

まずはみんなで汗をかき、土を耕し、石ころを拾い、雑草を抜かなければ、種を蒔くことすらできない。

土が整ったあとは、肥料を与え、丹念に手入れをし、肥沃な土壌へと改良する。

それが独自の組織文化の形成につながる。

土がよくなれば、強くたくましい「根っこ」が育つ。

「根っこ」こそが栄養分や水分を吸い上げ、植物全体に行き渡らせる役割を担っている。

吸い上げる力、行き渡らせる力が強ければ、太い幹が育つ。逆に、力が弱ければ、貧弱な幹しかできない。

外からは見えないが、良質な「土壌」と強くたくましい「根っこ」が揃ってこそ、植物は大きく育つ。

「根っこ」を組織に当てはめれば、「組織能力」（ケイパビリティ）に該当する。

組織に内包される能力が高ければ、事業という「幹」は大きく育ち、やがて、利益や顧客満足という「花」や「実」がなる。

つまり、企業が持続的に成長、発展するためには、健全で良質なカルチャー（土壌）の醸成に加えて、組織能力というケイパビリティ（根っこ）を高めることが必要となる。

企業における組織能力の多くは、経営における実行を担っている現場に内包されている。それを私は「現場力」と呼んでいる。

そして、現場力こそが日本企業における競争力の源泉であると私は言いつづけてきた。それは私の「ぶれることのない軸」である。

(ク)しかし、カルチャーの重要性に気づいた私はいま、大いに反省している。

それは「現場力」というものの重要性や可能性を矮小化して捉えていたことに気づいたからである。

現場力は「組織能力」としての側面だけでなく、「組織風土」や「組織文化」、つまりカルチャーという視点でとらえることがきわめて重要なのである。

換言すれば、「ケイパビリティとしての現場力」だけでなく、「カルチャーとしての現場力」という視点で企業の競争力を考えることが求められているのだ。

(ケ)じつは、現場力という概念は二層構造になっている。

──「組織風土」とか「組織文化」という言葉もあるけど、それはカルチャーと同じことを意味するのか？
──「社風」なんて言葉もあるが、それは何を指すのか？

どれも、もっともな疑問である。

普段、私たちはカルチャーや組織風土、組織文化などの似たような言葉を混在させて使っている。定義も曖昧だし、人によって使い方や意味するところもまちまちである。

大企業で発生した不祥事における各社の調査報告書の最後は、たいてい次のような決まり文句で締め括られている。

──(オ)組織風土の変革が喫緊の経営課題である。

ここで使われている組織風土という言葉は、A社のCEOが語る「カルチャー」とは似て非なるものである。

しかし、その違いはいまひとつ明確ではない。

しかも、これらの概念は目に見えるものではなく、きわめて感覚的かつ抽象的なものである。経営においてなんとなく大事であることを理解しても、どこか雲をつかむような話であり、具体的に何をどうすればいいのかが見えてこない。

カルチャーとは組織の「土壌」である。

(カ)健全で良質な「土壌」がなければ、どんなに種を蒔いたところで、芽は出ず、植物は育たない。

そして、健全で良質な「土壌」をつくるには、「整地化」と「肥沃化」という2つの要素が必要である。

「整地化」とは、土をならし、良好な通気と通水をはかり、雑草や石ころを排除し、植物の成育に適するように整えることである。これは組織に当てはめれば、「組織風土」に該当する。

そして、「肥沃化」とは、土壌に十分な栄養素を与え、作物がよく育つように豊かな土地に改良することである。これは「組織文化」に該当する。

つまり、組織風土（整地化）と組織文化（肥沃化）の両方が揃ってこそ、健全で良質な「土壌」は実現する。

本書では組織風土と組織文化をひとつのものとして捉え、それを「カルチャー」と呼ぶことにしたい。

(キ)すなわち、カルチャーとは次のように定義することができる。

重要な概念間の関係を表現する式がはいる

——そうだ！　海外のエクセレントカンパニーにあって、日本企業にないもの。それはカルチャーだ！

不祥事を起こした企業に限らず、多くの日本企業は組織風土が著しく劣化し、活力を失い、沈滞している。

それに対してGAFAMに代表される海外の優良企業は、独自のカルチャーを形成することに成功し、発展しつづけている。

(イ)彼らはカルチャーこそが「目に見えない最大の資産」であると認識している。

人を発奮させ、チームで仕事をすることの喜びを説き、社員をその気にさせる良質な「土壌」こそが最大の競争優位であり、最強の模倣困難性であることを理解している。

A社がイノベーションを生み出しつづけることに成功しているのは、A社が長年大切にしてきたカルチャーが経営の根底にあるからこそだ。

だから、A社のCEOは「カルチャーだ、カルチャーだ」と連呼し、健全で良質なカルチャーを醸成し、維持する努力を続けているのだ。

彼らはカルチャーを経営のど真ん中に据え、独自のカルチャーを意識的、戦略的に創造し、進化させる努力を惜しまない。

それに対し、日本企業はどうだろう。

「もっと稼げ」「コストを下げろ」「DXを進めろ」「イノベーションを起こせ」「新規事業を立ち上げろ」「働き方改革を推進しろ」……。

(ウ)矢継ぎ早に時代迎合的な号令はかけるが、「カルチャーが大事だ」なんてことを言う経営者は、ついぞ見たことがない。

日本企業はこれまで「人を大切にする」とは言ってきたが、人が働くうえでの「土壌」となる「カルチャーを大切にする」とは明確には言ってこなかった。

(エ)というよりは、「健全で良質なカルチャーは自然発生的に生まれてくるものだ」と高を括っていたというのが正しいかもしれない。

その結果、カルチャーは経営上の重要なテーマとしては取り上げられず、経営陣の間で真剣に議論されることもなかった。良質なカルチャーを育むための施策が講じられることもなかった。

そのツケとして表出したのが、大企業によるさまざまな不正や不祥事である。

日本企業が再生、復権するためには、カルチャーを経営のど真ん中に据え、健全で良質なカルチャーを創造しなければならない。

しかし、ここで多くの読者には、ある疑問が芽生えるだろう。

——感覚的にはわかるけど、カルチャーっていったい何？

5　我々の持つ潜在意識と同等の能力がある人工知能を搭載したロボットを開発できれば、その行動はかなり人に近づくことになる。
6　農作業器具の操作からの解放は高齢化した農家の負担を軽減させ、農作業効率も向上させることができる。
7　人工知能やロボットの導入による現場のIT化により人の作業する範囲が狭くなれば、高齢者の参入にも期待ができる。
8　意識や自我、そして意図があると思えるような感覚を我々が抱くことができる人工知能は実現不可能である。

Ⅱ　次の文章を読んで、後の問に答えよ。

文章A

私はずっと考えあぐねていた。

なぜ日本企業はこんな状態になってしまったのか。どこで道を間違えてしまったのか。ずっと答えが出せずにいた。

近年、日本を代表するような大企業で多発する不祥事。品質問題や検査不正が広がってしまった三菱電機、エンジンの排ガスや燃費の性能を偽っていた日野自動車、システム障害を繰り返すみずほ銀行……。

こうした会社はどこに本質的な課題を抱えていたのか。

リーダーシップの問題なのか。ガバナンスが機能していなかったのか。戦略が間違っていたのか。それとも現場力の劣化なのか。

どれも正しいように思えるが、どれも正しくないようにも思える。

そんなとき、エクセレントカンパニーとして知られる外資系企業A社に長く務めるある知人からこんな話を聞いた。

「うちの本社のCEOは、ことあるごとに『カルチャーがなにより大切だ』と言いつづけている」

A社は高い技術力を誇り、イノベーションを生み出しつづけている会社として知られている。

(ア)その会社のCEOがイノベーションや技術戦略、デジタルなどの話ではなく、「カルチャー」の重要性を熱く説き続けていると聞いて、私は膝を打った。

問7　空欄 X に入る小見出しとしてもっとも適当なものを次の1～5のなかから一つ選べ。解答番号 7

1　人工知能の壁は超えられない
2　これからの主役は人工知能
3　あくまでも主役は人
4　人工知能で少子高齢化社会に立ち向かう
5　人間と人工知能の相克

問8　傍線(キ)「完全ロボット化された自動車工場」は、本文中では農作業現場への人工知能投入の方法として好ましくない例として提示されているが、筆者がこの方法が好ましくないと考える理由としてもっとも適当なものを次の1～5のなかから一つ選べ。解答番号 8

1　農作物の効率的な生産だけでなく、人が主役となり楽しく農作業をできるようにすることが理想だから。
2　より良い農作物を収穫することよりも、効率よく生産し食糧自給率を引き上げることが重要だから。
3　少子高齢化に伴い労働力が不足していくため、労働力として労働者の負担を減らせるロボットが必要だから。
4　今後は自動機械が主役で、それを邪魔しないように人が働く未来が来ると考えているから。
5　農作業が高度自動化されていくと人が行う作業が減っていき、最終的に人が不要になってしまうから。

問9　この文章から読みとれる筆者の主張に合致するものを次の1～8のなかから三つ選べ。なお、解答の順序は問わない。解答番号 9 ・ 10 ・ 11

1　超少子高齢化社会の様々な問題を打開するために、人の知能のように自律性を持つ人工知能の開発が必要である。
2　人工知能が自律性を持ち能動的に行動できるようになったら、人工知能は人にとって脅威となる。
3　実際に脳内で行われている全ての情報処理の全貌が解明できれば、人工知能の開発が大きく前進すると考えられる。
4　作業の自動化が進めば進むほど、働くことにプロ意識を持ったりよりよい商品を作ろうとしたりする必要がなくなる。

3　人の顕在意識では人工知能が本当に意識を持っているかどうか確かめられないので、意識を持っているように見えれば問題ないから。

4　現状の人工知能には潜在意識に相当する能力は必要とされていないが、人と共生するために人工知能に意識があると感じさせることには意義があるから。

5　人の脳が顕在意識を生み出すしくみを工学的に再構築できるわけではないが、意識や意図があるような感覚を抱くことができる人工知能は実現可能であるから。

問5　傍線(オ)「２０２５年問題」ではどのようなことが問題になると考えられるか。適当でないものを次の１～５のなかから一つ選べ。解答番号 **5**

1　後期高齢者の人数が急増すること

2　医療や介護にかかる費用が増えること

3　国の予算における社会保障給付費が大きく膨らむこと

4　高齢者を支える生産年齢人口の負担が増えること

5　国民一人一人の貧富の差が大きくなること

問6　傍線(カ)「労働現場への積極的な人工知能の投入が必要な状況」として適当でないものを次の１～５のなかから一つ選べ。解答番号 **6**

1　熟練技術者や技能者の経験知を引き継ぐ担い手がいない状況

2　求職者側に有利なＩＴ業界に若手を奪われてしまう状況

3　農業や水産業といった第一次産業のように依然として肉体労働が多い状況

4　機械化・自動化により人の行う作業の範囲が狭くなっている状況

5　第一次産業に従事しようとする若者が少ない状況

1　脳での大量の情報処理の内、意味のあるほんの一部の情報のみが顕在意識システムに通知されているということ。
2　本当は潜在意識の指示による行為であったとしても、顕在意識システムが自らの指示によってその行為をしたと思い込んでいるということ。
3　「絶対に○○したい」という強い気持ちを持って意識的にある動作を実行すれば、顕在意識のみで行為の実行を開始できるということ。
4　ある動作をする際、脳がどのようにしてさまざまな筋肉や関節をうまく制御しているのか、感覚を研ぎ澄ませて注意すれば意識することができるということ。
5　顕在意識システムが脳の情報処理の中枢であり、顕在意識によってさまざまな行動の指令が出されているということ。

問3　傍線(ウ)「シンギュラリティ」とはどのような意味か。本文の内容に即して、もっとも適当なものを次の1～5のなかから一つ選べ。解答番号 3

1　社会が変容してそれまでの世界が一変する時点
2　物理や数学において、他と同じような法則を適用することができない点
3　テクノロジーの飛躍的な発展や進歩が起こること
4　モノの価値や仕事のあり方が気がつかないうちに変化すること
5　技術が進歩してもこれまでの常識が通用する状態

問4　傍線(エ)「人が作る人工知能にとっては意識という機能を持つこと自体には意味はない」とあるが、その理由としてもっとも適当なものを次の1～5のなかから一つ選べ。解答番号 4

1　意識を持っていると感じさせることは、人工知能が人に使われる道具から脱却し人と対等な関係を築く上で重要となるから。
2　人同士が協力して生き抜くためには意識や感情を共有することが効果的だが、人工知能に新しい機能を加えるには多額の資金が必要だから。

てくれる。また、人工知能が人に対して手伝うことをお願いすることもあるかもしれない。そのような人工知能が導入されれば、人が人に感じる感覚を人工知能に対しても抱くであろう。このような農作業機械に囲まれた現場であれば、人は高齢化しても充実した日常を過ごせるのではないだろうか？　そして、そのような現場であれば若者の参入障壁も低くなるのではなかろうか。

2025年問題を乗り切るためにも、労働力としての人工知能が必要であるが、単に自動化を進めてしまうと、最終的には我々にとっては好ましくない状況になる。

（栗原聡『AI兵器と未来社会　キラーロボットの正体』による）

問1　傍線(ア)「その顕在意識システムは実は司令塔ではない」とあるが、次の例で実際に脳から指令が出されたタイミングはどこだと考えられるか。次の1～3のなかから一つ選べ。解答番号 **1**

『車の運転中に急に子どもが飛び出してきたので、慌てて急ブレーキを踏んだ』という状況では、次のような流れで脳内での情報処理が行われると考えられる。この際、「ブレーキを踏む」という指令が出されたのはどのタイミングになるか。

A　人が飛び出すのが見える
　　　　←1
B　ブレーキを踏まないと危ないという考えがとっさに頭に浮かぶ
　　　　←2
C　瞬時にブレーキを踏む動作を開始する
　　　　←3

問2　傍線(イ)「顕在意識には自由意志がなく、自由意志があると錯覚しているのに過ぎない」とはどのような意味か。本文に即した内容としてもっとも適当なものを次の1～5のなかから一つ選べ。解答番号 **2**

分野を問わず、熟練技術者や技能者による経験知こそが物作り大国日本の宝であるはずが、第一次産業においてはその熟練の知が失われようとしている。現場での高齢化が進み引退が迫る中、農業に従事しようとする若手がいない。いわゆる3Kと敬遠されがちな職種であるだけでなく、昨今のIT業界での売り手市場といった背景も若手を第一次産業から遠ざけ、低い就業率を招く要因になっている。貴重な知の消失という危機的状況にある。この状況を打破するためにも、積極的な人工知能やロボットの生産現場導入による労働力補塡が急務だ。無論、人工知能やロボットの導入による現場のIT化は、肉体労働からの解放など、若手の現場への興味をかき立てる呼び水にもなるであろう。

では、どのような人工知能を導入すればよいのであろうか？　農業を例にすると、すでに開発が進み具体的な導入が開始されているのが自動農作業機器の現場導入である。なお、「自動」であって「自律」ではないところが重要なポイントである。GPSで位置を把握しながらあらかじめ決められたルートを正確に移動しつつ淡々と田畑を耕す自動トラクターなどは、人の作業負荷を低減させる。我々は夜や天候不順で視界不良の時は運転することができなくなってしまうが、自動トラクターはGPS信号による正確な位置推定により暗くても作動する。農作業器具の操作からの解放は高齢化した農家の負担を軽減させ農作業効率も向上させる。現場への投入を加速させなければならない。

［X］

しかし、自動化が進めば進むほど人が行う作業の範囲は狭くなり、最終的には人は不要になってしまう。現在の(キ)完全ロボット化された自動車工場のようなものである。実際、都心に新鮮な野菜を供給するための高度自動化された野菜工場なども登場している。問題はここからだ。たしかに少子高齢化に伴う、労働現場への自動機械の導入は有効な手段であるが、現場にも人はいる。高齢者であっても、働くことにプロ意識を持っているであろうし、よりよい農作物を収穫することが生きがいであるかもしれない。そのような農作業現場に、淡々と作業を行う自動車工場での自動組立ロボットのような、無機質で人との対話能力を持たないロボットが大量に導入されることを想像してみて欲しい。自動機械が主役で、自動機械を邪魔しないように細々と人が暮らすような現場になってしまっては本末転倒である。人が主役でなければならない。

そこで、望まれるのが、人に寄り添う、人と共生するタイプの自律型かつ高い汎用性を持つ人工知能を搭載した農作業機械である。この人工知能の主たる目的は、農作物の効率的な生産だけでなく、それ以上に人が楽しく農作業をできるようにすることである。体力的に難しい作業は、もちろん人工知能が担当するが、人がやろうとする仕事を勝手にやってしまうことはない。人と人工知能が対等な立場で協力して農作業をするのである。何か重いものを持とうとすれば、さっと手伝ってくれ、普段は人がやっている作業であっても、人が疲れていると判断すれば、自らその仕事をやっ

えば「ふり」なのである。実際、我々の実際の行動を制御する潜在意識は「ふり」をしていると思っているかもしれないが、顕在意識がそれを確かめることはできない。

人が意識や感情といった機能を獲得したのは、人同士協力して生き抜くためであり、社会性を発揮するためであった。そのためには見知らぬ相手が友好的なのかどうかを識別するための何かしらのやりとりが必要であり、それが自分の状況を相手に伝えるための機能として、獲得されたのだということであろう。

別の見方をすれば、人は自律的・能動的に動き、その動きがそれなりに複雑であるようなモノにはそこに何かしらの意図を感じ、意識を持っているという感覚を抱くのである。すなわち、第1章にて述べた、自律性を持つ人工知能の高汎用型人工知能に対しては、我々は意識を持つような感覚を抱くに違いないのである。

すなわち、意識を持っていると感じさせる人工知能は、人に使われる道具という存在から脱却し、人と同じ生物のグループに加わると解釈されるということなのであろう。

そして、我々の柔軟な判断力や多様な情報からの直感的な行動を生み出しているのは潜在意識である。これと同等の能力を持つ人工知能を開発することができれば、そのような人工知能を搭載するロボットの行動はかなり人に近づくことになる。

ただし、現在の第三次人工知能ブームでの、人工知能の主たる能力は、機械学習による画像認識や大量データからの特徴抽出や分類といった知識処理であり、柔軟な判断や直感といった能力に対しては注力されておらず、現在の道具型人工知能技術に対しては、潜在意識に相当する能力は必ずしも必要とされてはいない。

では、サールの定義による意識を持つ人工知能である「強い人工知能」にして高い汎用性を発揮する自律性も持つ人工知能は、将来必要となるのであろうか？

以下では、農業を例として、自律性を持つ人工知能が今後必要になるのかどうか考察してみたい。

(オ)2025年問題をご存じであろうか？　団塊の世代がこぞって後期高齢者になる、つまり超少子高齢化社会が本格的に到来する年である。人工知能脅威論における最も身近な話題である、人工知能に職業が奪われる問題であるが、超少子高齢化する日本においては、奪われるどころかその逆で、(カ)労働現場への積極的な人工知能の投入が必要な状況もある。それが農林水産業や建設業といった第一次産業を中心とする国の基盤産業である。

我々は顕在意識システムが脳の情報処理の中枢であると思いがちであるが、実際は、脳での大量の情報処理の内、顕在意識化させることに意味のあるほんの一部のみが顕在意識システムに通知されるに過ぎない。何しろ、五感から脳に流入する画像や音、匂いや触覚などのリアルタイムデータは膨大な量である。その膨大な情報を、たかだか1・5リットル程度の容量の中で、およそ1500億個の神経細胞と総延長100万㎞という長さの神経細胞同士を接続する超大規模複雑ネットワークシステムで、処理しているのが脳である。そのすべての情報が顕在意識システムに通知されても情報を整理することはできないからである。

（中略）

人工知能は意識を持つようになる

2010年代からの第三次人工知能ブームにおいても、1960年代の初回のブームの時と同じく、「人工知能が人を超える」など、人にとって脅威を与える技術として捉えられる側面がある。この脅威をさらに加速させたのが、人工知能の世界的権威である米国の研究者レイ・カーツワイルが提唱した(ウ)シンギュラリティであろう。「2045年に人工知能が人を抜く」という短いフレーズのみが一人歩きしてしまっており、これが人工知能脅威論を活気づけることになってしまっているのは事実である。

これに関する疑問としてよく聞かれるのが、「将来人工知能も意識を持つようになるのか？」である。もちろん、ここでの意識とは、一般的に捉えられている意識のことで、顕在意識のことである。そして、筆者の回答としては「YES」である。

ただし、人が脳において顕在意識を生み出すしくみを工学的に正確に再構成できる、という意味ではない。意識や自我、そして意図があると思えるような感覚を我々が抱くことができる人工知能は実現可能という意味である。読者諸兄はこれでは意識を持つとは言えないと思われるかもしれないが、以下説明する。

そもそも、我々人が進化の過程で意識という機能を獲得するに至ったのは、社会性を営む上で有利であったからであり、人にとっては意味があっても、(エ)人が作る人工知能にとっては意識という機能を持つこと自体には意味はないと筆者は考えている。人工知能にとっては、人と共生するためにも、自分に意識があると人に感じてもらうことの方が重要である。少々乱暴な言い方をすれば、「〇〇のように振る舞えば人は人工知能も意識を持ち、楽しいとかつらいといった感情を持つんだな」というしくみがあればよいのである。

読者諸兄は「ふり」をするなどというのではダメであると思われるかもしれない。しかし、我々の意識にせよ感情にせよ、これらも「ふり」とい

国語

（六〇分）

Ⅰ　次の文章を読んで、後の問に答えよ。

我々に自由意志はないのか？

　顕在意識と潜在意識の関係が意味すること、それは我々には自由意志がないということである。「私は私である」という自覚は顕在意識システムによるものであり、(ア)その顕在意識システムは実は司令塔ではないのだから、当然そう解釈される。「絶対〇〇したい」という強い気持ちを持って、故意に意識的にある動作を実行したとしても、その行為を意識して実行する少し前に、潜在意識にてその行為の実行が開始されている。潜在意識だって自分の意識の一つなのだから、我々に自由意志があるという見方は間違ってはいない。だが、通常、我々が意識と呼ぶ意識は顕在意識である。「顕在意識に自由意志はあるか？」という問いについては、(イ)「顕在意識には自由意志がなく、自由意志があると錯覚しているのに過ぎない」ということになる。

　よくよく自分を振り返ってみれば、顕在意識が司令塔でないことの確証が簡単に見つかる。

　我々は自分の脳がどのようにして無数の筋肉を制御し、他の臓器と連携して体を維持しているか、思えば驚くほど、全く意識することができない。例えば手を伸ばして目の前のコップを取る、という簡単な動作であっても、手や腕の関節と筋肉を適切に制御できるからこそまっすぐに手をコップに持っていけるのであるが、我々は脳がどのようにして腕や手の複数種類のさまざまな筋肉をうまく制御するのかを意識することができない。摑もうと意識するだけであろう。潜在意識に言わせれば、詳細な体の制御についてまで、顕在意識に情報提供する必要はない、ということである。

解答編

英語

I

解答　1－⑦　2－①　3－⑤　4－②　5－⑥　6－④
7－⑥　8－①　9－②　10－⑤　11－④　12－③

◆全　訳◆

≪学生の盗作行為について≫

Set A

マリー：あら，ナオミ。調子はどう？

ナオミ：良いわよ！　ちょうど，ライティングの授業で一緒にやるグループ課題の，私が担当する分が終わったところよ。

マリー：うわあ，早かったわね！　私なんて，自分の担当部分を終えるにはまだ道のりが長いのに。

ナオミ：思っていたほど難しくはなかったわよ。見せてあげられるわ。ちょっと見てみたい？

マリー：ぜひ，お願い！　あなたが何を書いたのか本当に知りたいのよね…。これは本当に良くできているわ。あなたの使った単語のいくつかはとても難しそうね。私にはそれらの一部は理解さえできないわ。

ナオミ：実は，私自身もその中のひとつふたつは意味を完全にわかっているわけではないわ。

マリー：どういう意味？　わかっていないなら，なぜそれらを使ったの？

ナオミ：私たちのテーマに関するとあるウェブサイトで見つけたから，課題の私担当の部分にコピペ（コピー＆ペースト）しただけよ。

マリー：どれくらいコピペしたの？

ナオミ：その短い段落ひとつだけよ。ああ，それと図書館で借りた古い本からもいくつかの文章を使ったわ。

マリー：その段落全体をコピペしたって言ってるの？　けど，それって盗作よ！

ナオミ：ただの短い段落よ。2，3文だけ。それに筆者が私の言おうと思っていたことをまさに言ってたんだから，なぜその言葉をコピペしちゃ駄目なの？

マリー：それはあなた自身の仕事じゃないでしょ。あなたは単に他人の書いたものを盗んでいるだけよ。もし先生が気づいたら，私たち2人ともクラスを落第しちゃうし，もしかしたら大学から追い出されるかもしれないのよ！

ナオミ：どうやって先生は気づくのよ？

マリー：ウェブサイトから盗ったのなら，オンラインで検索すれば良いだけよ。ほんの数秒で見つけられるわよ。

ナオミ：ウェブサイトについてはそうかもしれないけど，本のほうはどうなのよ？

マリー：それもどこかのウェブサイトに載ってるかもしれないわ。それに，先生が詳しいテーマに関するものなんだから，前にその本を読んでいるかもしれないわ。けど，そんなことは問題じゃないのよ。盗作はとにかく悪いことなの。

Set B

ナオミ：正しいことではないかもしれないけど，あの先生は私たちにあまりにも多くのことを要求しているわ。それに，これらの他人の書いた言葉を用いれば，多くの時間の節約になるし，私たちの課題がより良いものになるわよ。

マリー：先生は私たちに単に良いレポートを書いてほしいと思っているわけじゃないと思うわ。どうすれば文章を書くのが上手になるのかを教えようとしてるんだと思う。自分の課題の大半を他人のものからコピペしてるだけでは，不正のやり方を学んでるだけになるわよ。この先，別のレポートとか，仕事で報告書を書かなきゃならなくなったとき，どうするのよ？

ナオミ：ちょうど今は他にたくさん課題を抱えてとても忙しいだけなのよ。この課題だけほんのちょっと不正をしたからって問題ないわ。

マリー：でも，いつだって何らかの言い訳が生まれるわよ。今は他の課題で忙しいだろうけど，この先もまた別のことが言い訳になるかもよ。

ナオミ：あなたの言う通りかもしれないけど，とにかくこのクラスを合格したいだけなのよ。

マリー：たとえそれだけがあなたの目標で，より上手に文章を書けるようになることはどうでもいいとしても，やっぱり盗作は悪い考えよ。さっき言った通り，先生はそれに気づくし，そうすると私たちは落第だし，きっともっと悪いことになるわよ！

ナオミ：じゃあ，私はどうすればいいの？　これって来週締め切りだし，もう書き直す時間はないし。

マリー：先生に期限の延長をお願いしてみるのはどうかしら？　私たちが不正をしたってバレるより，私たちに猶予を与えるほうが先生も嬉しいんじゃないかしら。

◀解　説▶

Set A.　1．have a long way to go で「(まだ) 先が長い (＝何かを終わらせるには，まだ時間がかかる)」という意味。

2．be curious to *do* で「～したい」，be sure to *do* で「きっと～する」という意味になるが，文脈的に，空所には前者を入れる。

3．前述のように be sure to *do* は「きっと～する」という意味になるが，be sure about〔of〕～なら「～について確信している」という意味になる。

4．that と paragraph の間に入りうる品詞は形容詞であり，残った選択肢（②・③・⑥）の中だと，文脈的に②「全体の」が最適。

5．be true about〔of〕～で「～に関して事実である」→「～に当てはまる」という意味。

6．ここでは否定文だが，S be the point で「S が要点〔問題〕である」という意味。

Set B.　7．save には「(時間など) を節約する」という意味がある。

8．空所には自動詞の原形が入り，可能性のある選択肢（①・⑤・⑦）の中だと，文脈的に①「不正する，カンニングする」が最適。

9．文脈的に，ナオミは「レポートで他の著作物をコピペして書いた」ことを「言い訳」しているとわかる。some の直後なので何らかの名詞が入るはずであり，意味的・文脈的に②「言い訳」が最適。

10．to と this class の間なので，空所には何らかの他動詞が入るはずであり，意味的に⑤「～に合格する」が最適。

11. a bad の直後なので何らかの単数形の名詞が入るはずであり，意味的に④「考え」が最適。

12. an の直後なので，残った選択肢だと③「延長」しかありえない。文脈的にも「レポートをやり直すために猶予をもらう」という話をしているため，合致する。

II 解答

問1．(ア)―④ (イ)―② (ウ)―④ (エ)―① (オ)―⑤

問2．② 問3．③ 問4．①・③・④ 問5．⑤

問6．②・③・⑤ 問7．⑥ 問8．① 問9．①・⑤

◆全 訳◆

≪スターバックスにおける従業員のモチベーションを保つ秘訣≫

［1］ スターバックス社は，どうすれば従業員の熱意を効果的に刺激できるかを見つけ出したように思える。スターバックスには豊富なエネルギーが存在するが，それはカフェインの摂り過ぎによるものではない。アルバイト従業員への医療面での福利厚生から集中的研修に至るまで，スターバックスは，「パートナー」（その会社では従業員はこう呼ばれる）が幸福でやる気に満ちていることを保証するには何が必要かを理解している。スターバックスは，パートナーを動機づけるカギが，能力を確実に発揮できるようにすること，社会への責任感を促進すること，株式の所有を奨励することであると悟った。こういった条件が揃うと，パートナーはより懸命に働き，より長く会社に留まるのである。

［2］ 客はスターバックスにおいて有能なパートナーを期待できる。管理職は，実際に管理職の役割に就く前に，「101 のコーヒーに関する知識」を含め，8～10 週間に及ぶ研修を受ける。そして管理職は，確実に全従業員が十分に研修を受けているようにする。全スターバックス従業員は，最初の一杯を客に提供する前に，その会社の持つ地域研修センターのどこかで 24 時間の研修を修了する。パートナーは，ポジティブな態度や最高の接客の手本となる，管理職の動きを観察することでも学ぶのである。

［3］ パートナーは，スターバックスが会社として社会への責任を重視することに意欲を見出す。例えば，スターバックスの管理職は地域社会でのボランティア活動を奨励する。5 年という期間の中で，アメリカとカナダ

全土のスターバックスのパートナーは，地域社会に対して790,000時間を超えるボランティア活動を行い，スターバックス社は，パートナーが（ボランティアとして）奉仕した1時間につき10ドルをこれらの地域に根ざしたNPO団体に寄付することで，こうした（従業員の）努力に応じた。

［4］ 週20時間以上働き，6カ月以上雇用されているパートナーは，「ビーンストック」と呼ばれる株式を含め，完全な福利厚生が受け取れる。この株式配分計画は，私企業の中では最初に行われたものだが，パートナーにその組織の成功に関して株主としての利害関係を与える。株式の所有は，スターバックスを「成長する中でも妥協なき原則を維持しつつ，世界最高のコーヒーを提供する最高の存在」として確立するという使命に貢献し後押ししたいというパートナーの思いを高める。スターバックスの原則には，お互いのことを敬意と尊厳を持って扱うこと，多様性を受け入れること，熱意を持って客を満足させること，地域社会や環境へ積極的に貢献を行うことが含まれる。もしパートナーが，会社がこの使命から外れていると感じたら，スターバックス・ミッション・レビュー・プログラムによって，疑問を提起し，懸念を表明し，管理職からの回答を受け取ることができる。

［5］ 熱意という文化が大半の店舗に満ちてはいるが，スターバックスで働く誰もが満面の笑みというわけではない。一部の店舗で仕事がかさみ，多くの管理職が残業手当を受け取れずに長時間働くことになったことが問題となり，その結果スターバックス社は管理職の給与体系を月給制から時給制へ変えることとなった。さらに，ニューヨークやシカゴのような一部の地区で働くパートナーは，初任給が彼らの地域の生活賃金を下回ると不平を表した。こうした賃金面での懸念はあるものの，スターバックスは意欲的なパートナーという恩恵をなお享受している。多くの企業と同様に，スターバックスは商売を活発に営むにあたり，リピーターにひどく依存している。実際，スターバックスの客の一部は月に20回もリピートしている。スターバックスのパートナーはいつも幸せそうで仕事を楽しんでいると，客はしばしばコメントする。この業界の他の会社と比べ，パートナーの離職率が比較的低いことについても常連客はありがたいと思っている（大半の小売業やファストフードチェーンでは年間300%を超える離職率だが，スターバックスの離職率は60%という比較的低いものなのである）。

◀解　説▶

問1．(ア)このitは〈形式主語〉で，後に続くto不定詞の部分を受けている。またこのtakesはIt takes＋O_1（人）＋O_2（時間）＋to *do*「～するのにO_1（人）にはO_2（時間）がかかる」で用いられるものと同じで，「～が必要である」という意味。よって，正解は④。①「困難である」②「与えられている」③「知られている」⑤「ありそうにない」

(イ)supremeは「最高の」という意味なので，②「素晴らしい」が一番近い。①「毎日の」③「整然とした」④「即座の」⑤「予期せぬ」

(ウ)emphasisは「強調」という意味なので，④「強調」が正解。①「儀式」②「遭遇」③「参照」⑤「同情」

(エ)enhanceは「～を高める」という意味なので，①「～を高める」が正解。②「～を暗示する」③「～を制限する」④「～を怠る」⑤「～を代わりに用いる」

(オ)issueは「問題」という意味なので，⑤「問題」が正解。①「活動」②「信念」③「義務」④「宗教」

問2．第1段第2文（There is plenty…）で，「カフェインの摂り過ぎによるものではない」と述べられているので，②「従業員がカフェインを摂り過ぎてしまった」は適切でない。

問3．第1段第3文（From healthcare benefits…）より，③「パートナー」が正解。①「従業員」②「管理職」④「組合」⑤「労働者」

問4．①は第2段第2文（Managers receive eight…）より，③は第2段第4文（Every Starbucks employee…）より，④は第2段第5文（Partners also learn…）より，それぞれ正解と判断できる。

問5．ここでのstockは「株式，株（券）」のことなので，⑤「持ち金の全てを1つの株に投資してはいけない」が正解。他の選択肢は，①形容詞で「ありきたりな」，②他動詞（stock *A* with *B*）で「*A*に*B*を在庫として入れておく」，③名詞（put stock in～）で「～を重要視する」，④名詞で「蓄え」という意味。

問6．第4段第4文（Those principles include…）に示されている「スターバックスの原則」より，②・③・⑤の3つが正解。①は本文での貢献の対象が「地域社会や環境」のため誤り。④は会社が使命に背いたときにパートナーができることのため誤り。

問7．第5段第5～8文（Like many organizations, … low 60 percent).）より，⑥が正解。本文に銀行との関係について言及はないが，②と③の内容は読み取れる。

問8．この本文は全体にわたって「いかにしてスターバックス社は従業員のモチベーションを維持しているか」について述べているので，①「モチベーションに満ちた一杯：スターバックス」が正解。②「カプチーノかエスプレッソか？　スターバックスでの商品開発」③「スターバックスでの素晴らしいチームワーク」④「いかにしてスターバックスはその業界で最も多様な従業員を惹きつけているか」⑤「スターバックスでの目標設定と企画立案」

問9．第1段第3・4文（From healthcare benefits … and encouraging ownership.）の内容より，①が1つ目の正解。第4段第1～3文（Partners who work … while we grow.”）の内容より，⑤が2つ目の正解。

III 解答

問1．③　問2．①　問3．④　問4．④　問5．②
問6．①　問7．②　問8．④・⑤

◆全　訳◆

≪プレシャス・プラスチック・バンコクの試み≫

穏やかで地に足のついたドミニク＝プワサワット＝チャクラボンは，バンコク中の（プラスチック）ボトルの蓋を集め，それを粉砕し溶かして別の製品にするボランティア運営団体であるプレシャス・プラスチック・バンコクを裏で支える，専業の環境活動家である。「私たちはプラスチックゴミに対する人々の認識を変え，それが道端に転がっていたり川に流れ込んだりするゴミ以上のものになりうることを示したいのです。それは実は，信じられないくらい貴重な資源なのです」とドミニクは言う。

28歳のドミニクは2018年の7月に，2013年にオランダでデイヴ＝ハッケンスによって立ち上げられた世界規模のプロジェクトである，プレシャス・プラスチックのバンコク支部を開設することに決めた。ハッケンスは，プラスチックボトルの蓋を粉砕，溶解，成形，圧縮して別の製品へと変えることのできる機械のデザインを投稿した。

プラスチックボトルの蓋は，摂氏180度の温度でさえも燃えることのないプラスチックの一種である，高密度ポリエチレン（HDPE）でできている。このおかげで，それらは溶解，再成形に適している。ドミニクが集めてくるボトルの蓋の多くは青色だが，それは多くの水用ボトルの蓋が青緑と紺の色調だからである。駐車場で，彼はそれらを色分けする。ある機械が蓋を切り刻んだ後，別の機械がそのプラスチックを溶かして使用できる素材へ変えていく。ボウル１つを作り出すのに，約150個の蓋が必要である。ボープ・ショップという名の会社が運営する，チェンマイにあるプレシャス・プラスチックの別支部には，切り刻まれたプラスチックを圧縮してコースターやその他の平らな製品に変える機械がある。プレシャス・プラスチックは，よりお洒落な製品を生み出すために協働できるデザイナーを探している。

浜辺を訪ねたこと，そしてタイは世界最大のプラスチック汚染国のひとつであると知ったことで，ドミニクは自分の時間をタイ人が環境に優しくなるための手助けに捧げようという気になった。「１歩歩くたびにプラスチック（ゴミ）を見つけ，もうひとつ，さらにひとつ。一度注目し始めると，さらにひどい状態に気づきます」とドミニクは言った。「こんな状態で進み続けられるわけがないでしょ？」

ロンドン・スクール・オブ・エコノミクスで環境政策の学位を習得後，ドミニクはリサイクルへの独自の取り組みに落ち着いたが，それは人々にゴミを７種類に分別するよう求めるようなものではない。「僕は大きく，全面的な変化を生み出そうとしているわけではありません。それは，たとえ週に１回であっても，誰にだってできる小さな変化です。もし極めて大きな変化を人々に押し付けると，それらは拒絶されてしまいます」と彼は言った。タイ人にリサイクルを始めさせるには，使い捨ての緑茶ボトルの蓋を取り外して箱の中に放り込むといった，簡単で取り組みやすいものから始めなければならないということがドミニクにはわかっていた。「我々には単純でお金のかからない解決法が必要なのです。多くの地域はリサイクルに消極的ですが，それはゴミをちゃんと処理するにはより多くのお金がかかるからなのです」とドミニクは言った。政府が法的規制に取り組むことに手間取っているだけでなく，それもタイ人がリサイクルすることを阻む主な障害である。

プレシャス・プラスチック・バンコクはこれまでに，寄与を通じて，あるいはトラッシュ・ヒーローといったゴミ回収ボランティア団体から受け取った，100キロほどのボトルの蓋をリサイクルしてきた。当団体はさらに，1月のバンコク・デザイン・ウィーク用の展示を製作した。ドミニクは最近，これまでで最大の注文のひとつを受けた。250個の植木鉢を欲する企業からの注文で，それには20,000個のボトルの蓋を必要とする。「この（ビジネス）モデルは地域社会にとって本当に良いものなのです。原材料は完全に無料で，必要な機械は非常に単純で簡単に作れるものですから。プレシャス・プラスチックの支部が国中のさまざまな地域に設立されるのを見てみたいですね」と彼は言った。「これは大洋の一滴にすぎないでしょうが，プラスチックをゴミ処理場行きから方向転換する上でのスタートです」とドミニクは言う。「それによって，タイ人が大きなことの一端を担おうとしていることが示されます」

ドミニクは王であったラーマ5世の玄孫（やしゃご）である。彼の兄はミュージシャンのヒューゴ＝チャクラボン＝レヴィである。彼らの母親は，チュラ＝チャクラボン王子（ラーマ5世の40番目の子であったチャクラボン＝ブヴァナート王子の息子）の娘ナリサラ＝チャクラボンである。

◀解　説▶

問1．「以下のどれが下線(a)の文章の意味を最もよく表しているか？」

下線部に含まれるItは直前の文にあるplastic wasteを指示していると考えられるので，③「プラスチックゴミは実は非常に有用な素材である」が一番近い。①「川は実は非常に重要な資源である」　②「川や通りは実は掃除するのに非常に金がかかる」　④「プラスチックは実は生産するのに非常に金がかかる」

問2．「本文の文脈によると，以下のどれが下線(b)の単語の意味を最もよく表しているか？」

下線を含む部分は「ドミニクが集める蓋の多くが青色」である理由について書かれている。さらに下線部の語cyanは「紺色」を意味するnavyとandによって並列されている。以上から，①「青に近い色」が正解だとわかる。②「プラスチックの一種」　③「日除けの一種」　④「ボトルで売られている人気の飲み物」

問3．「以下のどれが下線(c)の表現の意味を最もよく表しているか？」

go greenは，最近環境に関する文章でよく用いられる表現で，「環境に配慮した行動をとる」といった意味。よって，④「より環境に対する責任を持った，持続可能な形で行動すること」が一番近い。①「緑色に対する愛情や感謝を育むこと」②「自然の美しさで知られている，国内の地域を訪れること」③「公園や浜辺のような緑に覆われた空間をより多く作ること」

問4.「以下のどれが下線(d)の文章の意味を最もよく表しているか？」
下線部を直訳すると「私は大きくて全面的な変化を生み出そうとしてはいない」なので，④「彼は全てのことを即座に変えようとは思っていない」が一番近い。①「彼は作業場をきれいにしておくことが重要であるとは思っていない」②「大きな変化を生み出すより作業場を掃除してきれいにすることがより重要であると，彼は思っている」③「もし人々がすぐに行動しないと事態は変化しないと，彼は思っている」

問5.「以下のどれが下線(e)の単語が指示するものを最もよく表しているか？」
下線部は指示語の That なので，その指示内容は直前の文で述べられているはず。よって，その内容（ゴミを処理するにはお金がかかる）に一番近い②「ゴミ処理を行う費用の高さ」が正解。①「生み出されるゴミの量の多さ」③「政府が何かを変える際の動きの遅さ」④「プラスチックボトルで売られる緑茶の人気」

問6.「以下のどれが下線(f)の文章の意味を最もよく表しているか？」
下線部の意味は「ドミニクは最近，これまでで最大の注文のひとつを受けた。250 個の植木鉢を欲する企業からの注文で，それには 20,000 個のボトルの蓋を必要とする」なので，①「ある企業がドミニクに，自分達のために 250 個の植木鉢を作るようにと頼んだ」が一番近い。②「ある企業がドミニクに，自分達のために 20,000 個のボトルの蓋を作るようにと頼んだ」③「ある企業がドミニクに，自分達から 250 個の植木鉢を受け取りたいかと尋ねた」④「ある企業がドミニクに，自分達から 20,000 個のボトルの蓋を受け取りたいかと尋ねた」

問7.「以下のどれが下線(g)の表現の意味を最もよく表しているか？」
下線部を直訳すると「それは大洋の一滴にすぎない」となるため，②「これははるかに大きな問題の小さな一部にだけ有効な解決策である」が正解だと考えられる。①「これは水質を改善する良い方法である」③「この戦略は海の汚染に対処することにのみ有効である」④「これは海のゴミの量を減らすのに特に役立つ」

問8．「以下のどの2つがドミニクに関して正しいか？」

④「彼はロンドン・スクール・オブ・エコノミクスに通った」は第5段第1文（After completing a degree …），⑤「彼はタイの王族と血縁関係にある」は第7段第1文（Dominic is a …）の内容に合致する。他の選択肢は，①「彼は緑茶を飲むのに用いられる器を製作している」，②「彼はデイヴ＝ハッケンスと共にオランダで学んだ」，③「彼は毎日プラスチック回収のため浜辺を訪れる」，⑥「彼はチェンマイで店を経営している」という意味だが，これらに合致する内容は本文にはない。

Ⅳ　解答

(1)(ア)―②　(イ)―③
(2)(ア)―①　(イ)―③

◆全　訳◆

≪竹の不思議≫

(1)　竹は地球上で一番成長の早い植物である。典型的な竹はたった1日で10センチも伸びる。いくつかの種は同じ期間で1メートルにまで，つまり2分ごとに約1ミリも成長する。目の前でこの植物が成長する様子を実際に見ることができる。竹の大半の種はたった5～8年で成熟に達する。これを，1週間で1インチしか成長しない他のよく知られた堅木と比べてみよう。樫のような木が成熟に達するには120年もかかる。しかし，開花ということになると，竹はおそらく世界で最も遅い植物のひとつであろう。竹の開花は面白い現象である，というのもそれは植物界でも独特で非常に珍しい出来事だからだ。大半の竹は60～130年に一度しか花を咲かさない。この長い開花の間隔は，多くの科学者にとって大部分が謎のままである。

≪竹の開花がもたらす災厄≫

(2)　これらの竹はもうひとつの奇妙な生態を示す──同じ母体（の植物）から生まれたのなら，地理的位置や気候に関係なく，世界中で同時に全てが開花するのである。それはまるで，その植物には予め設定されているアラームが同時に鳴るまで時を刻む体内時計が備わっているかのようである。この集団開花現象は，小動物（主にネズミ）も惹きつける。森の中で突然大量の実が食べられるようになることで，数千万もの腹をすかせたネズミが寄せつけられ，驚くべき速度でそれを食べ，成長し，繁殖する。竹の実を食べ尽くすと，ネズミは作物――畑にあるものも貯蔵してあるものも――を食べ始める。よって，竹の開花という出来事の次には，ほぼ必ず近隣の村々で飢饉と疫病が起こる。インド北東部にあるミゾラムという州では，現地語でマンタム，すなわち「竹死」という名で知られる恐ろしい出来事が48～50年ごとにほぼ規則正しく起こるが，それはその土地の竹の種が開花し実をつけるときなのである。

◀解　説▶

(1)(ア)選択肢は全て副詞なので，文法的には判断できない。よって意味から，竹の驚異的な成長速度と他の木のごく普通の成長速度を対比していると考え，空所には②「かろうじて～する」が適切だと判断する。①「～もまた」 ③「それにもかかわらず」 ④「きっと」

(イ)選択肢は全て最上級の形容詞なので，文法的には判断できない。よって意味から，竹の開花の周期がどうなっているかについて読み取り，空所には③「最も遅い」が適切だと判断する。①「最大の」 ②「最も生産的な」 ④「最適な」

(2)(ア)選択肢は全て副詞なので，文法的には判断できない。よって意味から，世界中の遺伝子を共有する竹が全て同時に開花することを読み取り，空所には①「同時に」が適切だと判断する。②「無作為に」 ③「即座に」 ④「偶然に」

(イ)「竹が開花する」→「ネズミが湧く」→「作物を食い散らかす」という因果関係より，空所には③「ほぼ必ず，近隣の村々で飢饉と疫病が次に起こる」が適切だと判断する。①「新しいライフサイクルの誕生と継続として，一部の文化では祝われる」 ②「懸命に働き辛抱した結果として繁栄することを象徴するようになった」 ④「種を撒き散らすネズミの存在によって可能となる」

V　解答

(1)(ア)―①　(イ)―④　(ウ)―②
(2)(ア)―④　(イ)―③　(ウ)―①

◆全　訳◆

≪駐車場所の過不足が生み出す問題≫

(1)　あらゆる乗り物を用いた移動には目的地での駐車が必要となるので，

駐車施設は道路システムを構築する要素である。駐車場所の不足は利用者をイラつかせ，駐車すべきでない場所に駐車させる原因になりかねない。しかしながら，過度に駐車場所があることもまた問題を生むことがある。豊富に無料の駐車場所があると，車での移動が増え代替交通手段を用いることを阻害する傾向にあるが，それではより住みやすく歩きやすい地域社会を作るという地域開発目標と矛盾することになる。

≪ガラス鏡の誕生≫

⑵　ヴェネツィア人が加工ガラスを用いた最初の鏡を製作したが，それは甚大な形で世界を変えることになった。それ以前は，鏡は金属か黒曜石を磨いたものでできていたが，高価である上に，ほとんど反射もしなかった。その（＝ガラス鏡の）発明は望遠鏡へとつながる道を生み出し，芸術に革命を起こした。それら（＝ガラス鏡）はまた，自分というものの認識を変えた。作家イアン＝モーティマーは，ガラス鏡が生まれ，人が自分自身を唯一の存在で他人とは異なると認識するのを可能にする前は，個々人のアイデンティティという概念は実は存在していなかったとまで述べている。

◀解　説▶

⑴㈠ここでの at は「～において，～で（場所・位置）」という意味。

㈡ここでの where は接続詞で，「～なところへ〔で〕」という意味。

㈢文法的に空所には名詞が入ると考え（④は形容詞なので不可），次に意味的に②「目標」を選ぶ。①「客観性」③「異議，反対」④「実に不愉快な」

⑵㈠文法的に空所には助動詞が入ると考え（①・②は be 動詞なので不可），次に文脈的に〈過去〉の話をしているので，④を選ぶ。

㈡直後に副詞句（prior to glass mirrors），さらにその glass mirrors に〈非制限用法〉の関係代名詞節（which allowed … from others）が続いているので判断しにくいが，文法的に考えると，空所には suggest that S V ～「～と主張する〔述べる〕」の that（接続詞）が入る。

㈢allow O to *do* で「O が～するのを許す〔可能にする〕」という意味。

日本史

I

解答　問 1．④　問 2．③　問 3．④　問 4．④　問 5．②
問 6．⑤　問 7．②　問 8．③　問 9．③　問 10．②
問 11．⑤　問 12．②　問 13．②　問 14．③　問 15．①

◀解　説▶

≪日本の法・統治システムの歴史≫

問 1．④誤文。飛鳥浄御原令が施行されたのは持統天皇の時で，天智天皇ではない。

問 2．③誤文。班給された口分田は，死ぬとその年のうちに収公されるのではなく，次の班年に収公される。

問 3．④誤文。御成敗式目では，女性に分割相続された所領は，その子または養子に相続された。「女性に分割相続された所領は，本人の死後は惣領に返されなければならない」相続は一期分と呼び，蒙古襲来後に多くなった。

問 4．①誤文。建武の新政で，鎌倉幕府の引付を受け継いで所領関係の訴訟を取り扱ったのは雑訴決断所で，記録所は重要な政務を扱った。

②誤文。建武の新政では，諸国に守護と国司が併置された。

③誤文。建武の新政では，土地所有権は大田文による確認ではなく，天皇の綸旨を必要とした。

⑤誤文。侍所の長官は，赤松・大内・山名・京極ではなく赤松・一色・山名・京極の 4 氏から任命された。

問 5．②正解。「駿・遠両国」から駿河・遠江を領国とする今川氏の分国法とわかり，「他国より嫁をとり…婿にとり…停止…」から勝手に他国の者と縁組みすることを禁止するという内容がわかる。

問 6．①誤文。人掃令が出されたのは 1592 年で，慶長の役ではなく文禄の役が始まった年である。

②誤文。禁中並公家諸法度の制定後，これに違反したとして紫衣事件が起こった。

③誤文。江戸幕府が仏教各宗派に対して出した最初の法令は寺院法度で

1601～16年に出された。1665年の諸宗寺院法度は，諸宗派寺院・僧侶全体を対象に，その統制を目的とする法令であった。

④誤文。武家諸法度の第1条「文武弓馬の道」が「文武忠孝を励し，礼儀を正すべき事」に改められたのは将軍徳川綱吉の時で，徳川家綱の時ではない。

問7．②誤文。寛政の改革の出版統制令で処罰されたのは，洒落本作者の山東京伝と黄表紙作者の恋川春町で，人情本作者の為永春水は天保の改革の時に処罰された。

問8．③誤文。政体書による官制では，神祇官は置かれず太政官に権力が集中された。

問9．③正解。b．新聞紙条例の制定（1875）年→a．集会条例の制定（1880年）→c．保安条例の制定（1887年）の順である。

問10．②誤文。皇室典範の制定は，大日本帝国憲法の公布された1889年である。

問11．⑤正解。(ア)衆議院議員選挙法の「選挙人の納税資格が直接国税3円以上に引き下げられ」，小選挙区制が採用されたのは原敬内閣の時である。(イ)「選挙人の納税資格による制限が撤廃された」普通選挙法による最初の総選挙は1928年におこなわれ，無産政党から8名が当選した。これに脅威を感じた田中義一内閣は，共産党員の一斉検挙をおこない（三・一五事件），さらに治安維持法を緊急勅令によって改正し，最高刑を死刑とした。

問12．②誤文。重要産業統制法は，指定産業に属する企業のカルテル結成を助成する法律であった。

問13．②不適当。治安維持法が廃止されたのは1945年10月である。

問14．③正解。b．「教育二法」の公布（1954年）→a．教育委員の公選制から任命制への切りかえ（1956年）→c．はじめて，教員の勤務評定を全国いっせいに実施（1958年）の順である。

問15．①正解。1966～70年にいざなぎ景気が続く中，1967年に公害対策基本法が制定された。

Ⅱ 解答

問1．④　問2．②　問3．②　問4．③　問5．②
問6．⑤　問7．③　問8．①　問9．③

◀解　説▶

≪古代～中世の文化と政治・経済≫

問1．④不適当。渤海が日本に使節を派遣して通交を求めてきたのは727年で，聖武天皇の時である。

問2．②正解。興福寺八部衆像は乾漆像で，そのひとつに阿修羅像がある。なお，写真Aは唐招提寺鑑真和上像である。

問3．②誤文。鎮護国家思想によって，僧侶は政府から統制を受け，その活動は寺院内に限られて民間での布教はおこなえなかった。

問4．③正解。写真Bは六波羅蜜寺空也上人像で，鎌倉時代に運慶の四男である康勝によって作られた。

問5．②正解。a．源信が『往生要集』を著した（10世紀，985年）→c．平等院鳳凰堂が落成した（11世紀，1053年）→b．平清盛が安芸の厳島神社に『平家納経』を奉納した（12世紀，1164年）の順である。

問6．⑤誤文。藤原純友の乱を鎮圧したのは小野好古・源経基で，藤原秀郷が討ったのは平将門である。

問7．③正解。写真Cは東大寺重源上人像で，慶派によって作られた。

問8．①正文。「坐禅」「公案問答」から栄西を開祖とする臨済宗とわかる。②「踊念仏」から時宗，③「題目」から日蓮宗，④「悪人正機を説いた」から浄土真宗，⑤「専修念仏」から浄土宗とわかる。

問9．③正解。問（問丸）は室町時代には問屋と呼ばれる。

Ⅲ 解答

問1．⑥　問2．①　問3．⑤　問4．③　問5．③
問6．①　問7．②　問8．②　問9．⑤

◀解　説▶

≪江戸時代～明治時代の経済史≫

問1．⑥正解。1604年の糸割符制度が始まった際の糸割符仲間は長崎・京都・堺の三カ所商人で，1631年に江戸・大坂が加わって五カ所商人となった。

問2．①誤文。たたら製鉄は，四国地方ではなく，中国地方・東北地方を中心におこなわれた。

問3．⑤誤文。図Xは，問屋制家内工業ではなく，マニュファクチュア（工場制手工業）の様子が描かれている。

問4．③誤文。貿易取引が一番多かった相手国は，アメリカではなくイギリスである。

問5．③正解。金銀の交換比率が，外国1：15に対して日本1：5で，同じ量の銀と交換できる金が外国に比べて日本は3倍の量であった。幕府は金貨の流出を防ぐために，金の含有量を減らした万延小判を鋳造した。

問6．①誤り。阿仁銅山は，住友ではなく古河市兵衛に払い下げられた。

問8．②正解。1890年に「綿糸の年間生産量が年間輸入量を上まわり」，日清戦争頃から中国・朝鮮への綿糸輸出が急増し，1897年に「綿糸の年間輸出量が年間輸入量を上まわった」。

問9．⑤正解。「日本が世界最大の生糸輸出国となった」のは1909年である。①官営八幡製鉄所が操業を開始したのは1901年，②金本位制が確立することになる貨幣法が制定されたのは1897年，③鉄道国有法が公布されたのは1906年，④北米航路が開設されたのは1896年，⑤戊申詔書が出されたのは1908年である。

Ⅳ　解答

問1．③　問2．③　問3．④　問4．④　問5．②
問6．④　問7．④　問8．④　問9．②

◀解　説▶

≪近現代の政治・外交・社会経済・文化≫

問2．③誤文。軍部大臣現役武官制を改めて予備・後備役の軍人が陸海軍大臣になれるようにしたのは，第1次山本権兵衛内閣のときである。

問3．④誤文。山川菊枝は，1921年に女性社会主義団体である赤瀾会を結成したが，1920年に平塚らいてうらが中心となって設立した新婦人協会には参加していない。

問4．④誤文。旧帝国ホテルは辰野金吾ではなく，アメリカ人建築家ライトの設計である。

問5．②正解。a．五・三〇事件（1925年）→c．日中関税協定の締結（1930年）→b．西安事件（1936年）の順である。

問6．④誤文。第1次若槻礼次郎内閣は，台湾銀行を緊急勅令によって救済しようとしたが，枢密院の了承を得られなかったために，総辞職した。

問7．④正解。(ア)「第1次石油危機」は1973年，田中角栄内閣のときに起こった。(イ)田中角栄の「日本列島改造論」は，「工場の地方分散」により日本各地に新工業都市を建設し，それらを「新幹線と高速道路による高速交通ネットワーク」で結び，日本経済を新たに発展させようとする政策論であった。

問8．④誤文。安定成長期，就業人口に占める第二次産業の割合は横ばいとなり，それを第三次産業が上回った。

問9．②正解。a．スミソニアン体制で為替レートが1ドル＝308円に（1971年）→c．ベトナム和平協定の調印（1973年）→b．衆議院議員総選挙で自由民主党が結党以来はじめて衆議院の過半数を割り込んだ（1993年）の順である。

世界史

I　解答

問1．②　問2．①　問3．①　問4．④　問5．②
問6．④　問7．③　問8．③　問9．⑤　問10．④

◀解　説▶

≪古代から現代までの図版≫

Aは古代アテネで，陶片追放の際に使用されたオストラコン（陶片），Bはインカ帝国の都市マチュピチュ，Cは長安の大秦寺にある大秦景教流行中国碑，Dはミケランジェロのダヴィデ像，Eは1989年に行われたマルタ会談の様子である。

問1．正解は②。オストラコンは，アテネで行われた陶片追放（オストラキスモス，オストラシズム）で使用された陶片で，僭主の出現を防止するために行われた。

問5．正解は②。大秦景教流行中国碑は，唐代に景教（ネストリウス派キリスト教）が伝来したことに関する石碑で，長安（現西安）の大秦寺に建てられた。

問8．①誤り。『ヴィーナスの誕生』の作者はボッティチェリ。
②誤り。『落穂拾い』の作者はミレー。
④誤り。『最後の晩餐』の作者はレオナルド＝ダ＝ヴィンチ。
⑤誤り。『夜警』の作者はレンブラント。

II　解答

問1．④　問2．②　問3．③　問4．①　問5．③
問6．②　問7．②　問8．③　問9．①　問10．④
問11．③　問12．①

◀解　説▶

≪ユダヤ教，キリスト教，イスラーム教に関する歴史≫

問1．①・②誤文。ユダヤ教の唯一神はヤハウェ。モーセはユダヤ教の預言者。
③誤文。バビロン捕囚によって，ユダ王国に住むヘブライ人（ユダヤ人）がバビロンに強制連行された。

問2．①誤文。イエスはユダヤ教の選民思想を批判した。
③誤文。『新約聖書』はイエスの死後に編纂された。
④誤文。父たる神と子たるイエスを同一としたのはアタナシウス派。
問3．イスラーム教が誕生したのは7世紀前半のこと。
①誤り。サファヴィー朝の成立は1501年。
②誤り。ノルマンディー公国の成立は911年。
④誤り。キエフ公国の成立は9世紀のこと。
問5．①誤文。ジズヤは人頭税，ハラージュが土地税である。
②誤文。アブー=バクルは初代正統カリフで，ウマイヤ朝の人物ではない。
④誤文。ウマイヤ朝はスンナ派の王朝。
問6．②誤り。スペイン王国は，カスティリャとアラゴンが1479年に統合して成立した。
問8．③誤り。ワールシュタットの戦いは，1241年にモンゴルのバトゥがドイツ・ポーランド連合を破った戦い。
問10．①誤文。はじめてスルタンの称号を与えられたのは，セルジューク朝のトゥグリル=ベク。
②誤文。ムセイオンはヘレニズム時代に自然科学や人文科学の中心となった。
③誤文。オスマン帝国の非ムスリムの宗教共同体はミッレト。デヴシルメは，キリスト教の子弟を徴用しイスラーム教に改宗させて官僚やイェニチェリに登用する制度。
問12．①誤文。第1次中東戦争は，イスラエルとアラブ諸国による戦争。この結果，多くのパレスチナ難民が生まれた。

III 解答

問1．③　問2．①　問3．④　問4．⑤　問5．②
問6．②　問7．④　問8．②　問9．⑥　問10．①

◀解　説▶

≪古代オリエント史，ブルボン朝時代のフランス≫

問2．①誤文。ローマ帝国はテオドシウス帝の死で東西に分裂した。
問10．正解は①。フランスは，ルイ14世時代の対外戦争や，ルイ15世時代のオーストリア継承戦争や七年戦争で財政が悪化した。さらに，ルイ16世時代にアメリカ独立戦争に参加したことで，財政の破綻が決定的となった。

Ⅳ 解答

問1．④　問2．②　問3．①　問4．④　問5．①
問6．③　問7．④　問8．②　問9．④　問10．⑤

◀解　説▶

≪第一次世界大戦とその後の世界≫

問2．②誤文。ドイツが中立国ベルギーに侵入したことを口実に，イギリスが参戦した。

問3．②誤文。英露協商は，日露戦争後の1907年に締結された。

③誤文。日英同盟は，東アジアで南下政策を進めるロシアに対抗するために締結された。

④誤文。1921年の四カ国条約によって，日英同盟は解消された。

問4．④誤文。袁世凱政権が二十一か条要求を受け入れると，中国の世論は日本と袁世凱に対して批判を高め，北京政府の権威が低下した。

問6．①誤文。ケレンスキーは社会革命党。

②誤文。ソ連邦は，ロシア・ウクライナ・ベラルーシ・ザカフカースの4共和国によって成立した。

④誤文。ソヴィエト政府とドイツの講和条約はブレスト＝リトフスク条約。

問7．①誤文。ロシアでソヴィエト政府が成立すると，連合国は反革命派を支援し，対ソ干渉戦争が起こった。

②誤文。ソヴィエト政府が組織したのは赤軍。反革命派の軍隊が白軍である。

③誤文。ソヴィエト政権が1919年に結成した組織はコミンテルン。コミンフォルムは冷戦初期の1947年に結成した共産党の情報機関。

問9．1919年に起きた，北京の学生を中心とするデモは五・四運動である。

問10．ア．誤文。伊藤博文はハルビン駅で暗殺された。

イ．誤文。大韓民国臨時政府が樹立されたのは上海。

ウ．誤文。ハーグに密使を送ったのは韓国皇帝の高宗。

V　解答

問1．⑧　問2．④　問3．①　問4．④　問5．③
問6．②　問7．①　問8．③

◀解　説▶

≪現代アフリカ史≫

問4．ア．誤文。ムハンマド＝アフマドによるマフディー運動が起こったのは，スーダン。

イ．誤文。縦断政策はイギリス，横断政策はフランスがとった政策。

問8．①誤文。南アフリカは，1910年に南アフリカ連邦としてイギリス帝国内の自治領となった。その後，1961年に南アフリカ共和国としてイギリスから独立した。

②誤文。1965年に南ローデシアの白人勢力がローデシアと改称してイギリスからの独立を宣言したが，国際的な承認を得られなかった。その後，1980年に黒人多数派によってジンバブエとして独立した。

④誤文。南アフリカ共和国では，1990年にアフリカ民族会議（ANC）が合法化され，その指導者だったマンデラが釈放された。民族解放戦線（FLN）はフランスからの独立を目指してアルジェリアで結成された組織。なお，ナギブはエジプト共和国初代大統領である。

数学

1 解答

［1］ア．2　イ．4　ウ．2　エ．4

［2］オ．6

［3］カ．8　キクケコ．1023

［4］サシスセ．2023

［5］ソ－ⓐ　タ－ⓓ

◀解　説▶

≪小問5問≫

［1］　$(x-1)(x-3)(x+1)(x+3)-10x^2+55$

$=(x^2-1)(x^2-9)-10x^2+55$

$=x^4-20x^2+64$

$=(x^2-16)(x^2-4)$

$=(x-2)(x-4)(x+2)(x+4)$　→ア～エ

［2］　$\left|x^2-3x-\dfrac{15}{4}\right|=k$

$\left|\left(x-\dfrac{3}{2}\right)^2-6\right|=k$

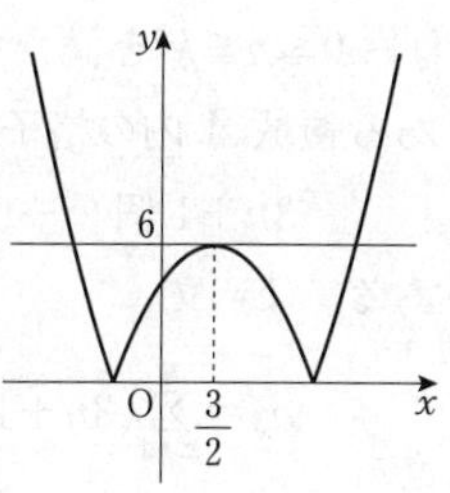

この方程式が3つの実数解をもつのは右図のようになるときであるから

$k=6$　→オ

のときである。

［3］　$111_{(2)}+1_{(2)}=1000_{(2)}=2^3=8$　→カ

また

$1010101010_{(2)}+101010101_{(2)}=1111111111_{(2)}$

$=10000000000_{(2)}-1_{(2)}$

$=2^{10}-1$

$=1023$　→キ～コ

［4］　ユークリッドの互除法により

$70805=48552+22253$

$48552=22253\times 2+4046$

$22253=4046\times 5+2023$

$4046=2023\times 2$

よって，48552 と 70805 の最大公約数は 2023 である。　→サ〜セ

［5］　$\log_{10}9=\dfrac{1}{2}\log_{10}81$

$=\dfrac{1}{2}(\log_{10}8.1+1)$

$=\dfrac{1}{2}(\log_{10}1.8+\log_{10}4.5+1)$　→ソ，タ

2　解答

(1)アイ．22　ウ．3　エ．1　オ．3　カ．2　キ．5　ク．2　ケ．1

(2)コサ．40　シ．6　ス．1　セ．3　ソ．4　タ．1

(3)チ．9　ツテト．256

◀解　説▶

≪直線で囲まれた領域内の格子点の個数，等差数列の和≫

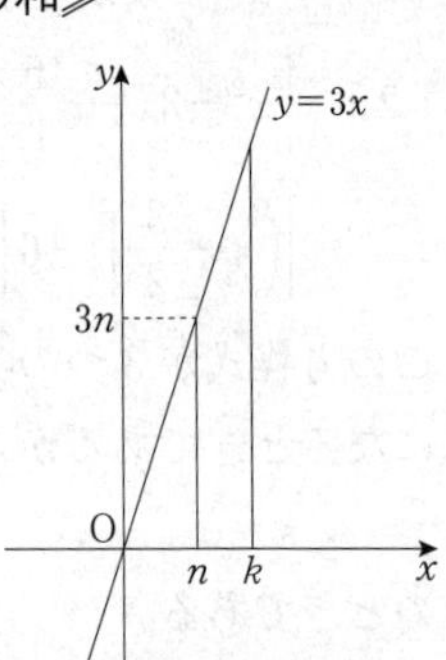

(1)　$0\leqq n\leqq k$ を満たす整数 n について，$x=n$ である領域 A 内の格子点は

$3n+1$ 個　→ウ，エ

ある。よって

$$a_k=\sum_{n=0}^{k}(3n+1)=\frac{1+(3k+1)}{2}(k+1)$$

$$=\frac{3}{2}k^2+\frac{5}{2}k+1\quad →オ〜ケ$$

したがって

$a_3=22$　→アイ

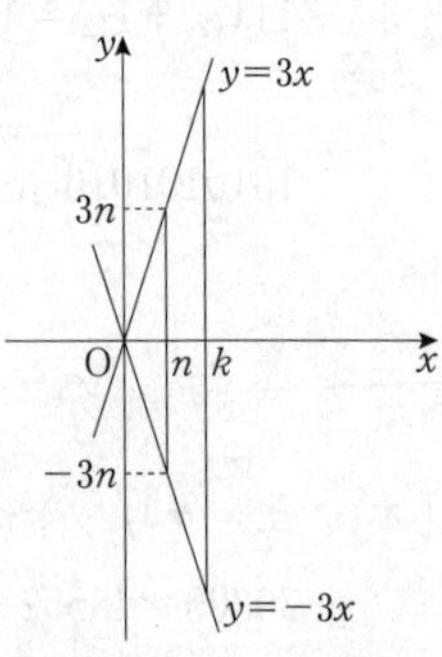

(2)　(1)と同様に $x=n$ である領域 B 内の格子点は

$6n+1$ 個　→シ，ス

ある。よって

$$b_k=\sum_{n=0}^{k}(6n+1)=\frac{1+(6k+1)}{2}(k+1)$$

$=3k^2+4k+1$　→セ〜タ

したがって

$b_3=40$　→コサ

(3)　$0 \leqq n \leqq k-1$ を満たす整数 n について，$x=n$ である領域 C 内の格子点の個数は $2n+1$ であるから，C 内の格子点の総数を c_k とすると

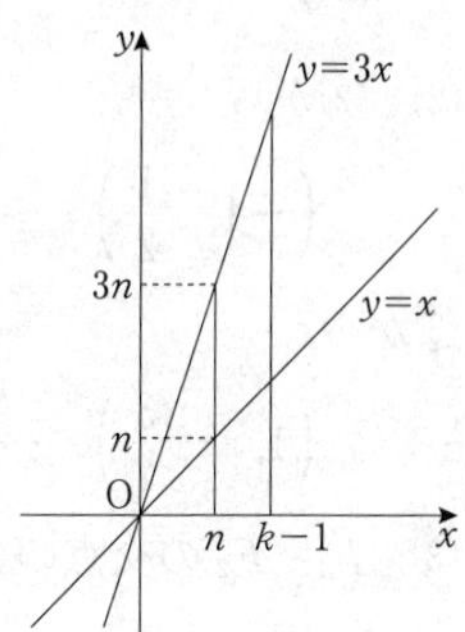

$$c_k=\sum_{n=0}^{k-1}(2n+1)=\frac{1+(2k-1)}{2}k$$

$$=k^2$$

$c_3=3^2=9$　→チ

$c_{16}=16^2=256$　→ツ〜ト

3　**解答**　(1)アイ．-1　ウエ．-1　オ．2

(2)カキ．-1　ク．1　ケ．2　コ．1

サシ．-3　ス．2

(3)セ．1　ソ．3

◀解　説▶

≪2つの放物線と共通接線で囲まれた部分の面積≫

(1)　$y=\frac{1}{2}x^2$ 上の点 $\left(t,\ \frac{1}{2}t^2\right)$ での接線は，$y'=x$ から

$$y=t(x-t)+\frac{1}{2}t^2$$

$$=tx-\frac{1}{2}t^2$$

これが $y=\frac{1}{2}x^2-2x$ に接するから

$$\frac{1}{2}x^2-2x=tx-\frac{1}{2}t^2$$

$$x^2-2(2+t)x+t^2=0 \quad \cdots\cdots①$$

この方程式の判別式を D とすると

$$\frac{D}{4}=(2+t)^2-t^2=0$$

$$4t+4=0 \qquad t=-1 \quad \cdots\cdots②$$

このとき①は $x=2+t=1$ を重解にもつ。 ……③

l の方程式は

$$y=-x-\frac{1}{2}\quad \to ア〜オ$$

(2)　②から

$$\left(-1,\ \frac{1}{2}\right)\quad \to カ〜ケ$$

③から

$$\left(1,\ -\frac{3}{2}\right)\quad \to コ〜ス$$

(3)　F_1, F_2 の交点の x 座標は

$$\frac{1}{2}x^2=\frac{1}{2}x^2-2x$$

$x=0$ であり，(2)から，F_1, F_2, l で囲まれた部分の面積は

$$\int_{-1}^{0}\left\{\frac{1}{2}x^2-\left(-x-\frac{1}{2}\right)\right\}dx+\int_{0}^{1}\left\{\frac{1}{2}x^2-2x-\left(-x-\frac{1}{2}\right)\right\}dx$$

$$=\int_{-1}^{0}\frac{1}{2}(x+1)^2dx+\int_{0}^{1}\frac{1}{2}(x-1)^2dx$$

$$=\left[\frac{1}{6}(x+1)^3\right]_{-1}^{0}+\left[\frac{1}{6}(x-1)^3\right]_{0}^{1}$$

$$=\frac{1}{6}+\frac{1}{6}$$

$$=\frac{1}{3}\quad \to セ，ソ$$

4 解答

(1)アイ．25　ウエ．10　オ．4　カ．4　キ．3　クケ．60

(2)コサ．19　シス．57　セ．3

(3)ソタ．21　チ．3　ツ．4

◀解　説▶

≪余弦定理，正弦定理，三角形の面積≫

(1)　△ABD に余弦定理を適用して

$$25+x^2-10x\cos\theta=19\quad ……①\quad \to ア〜エ$$

△BCD に余弦定理を適用して

$4+x^2-4x\cos(180°-\theta)=19$　……②　→オ，カ

①×2+②×5

$$\begin{array}{rl} 2x^2-20x\cos\theta= & -12 \\ +)\ 5x^2+20x\cos\theta= & 75 \\ \hline 7x^2\qquad\qquad\quad = & 63 \end{array}$$

$x=3$　→キ

このとき $\cos\theta=\dfrac{1}{2}$ であるから　　$\theta=60°$　→クケ

(2)　△ABD に正弦定理を適用して

$$2R=\frac{\sqrt{19}}{\sin\theta}\quad →コサ$$

$\theta=60°$ であるから

$$R=\frac{\sqrt{19}}{2\cdot\frac{\sqrt{3}}{2}}$$

$$=\frac{\sqrt{57}}{3}\quad →シ〜セ$$

(3)　(1)の結果から，四角形 ABCD の面積を S とすると

$$S=\triangle ABD+\triangle BCD$$

$$=\frac{1}{2}\cdot3\cdot5\sin60°+\frac{1}{2}\cdot3\cdot2\sin120°$$

$$=\frac{1}{2}\cdot3(5+2)\frac{\sqrt{3}}{2}$$

$$=\frac{21\sqrt{3}}{4}\quad →ソ〜ツ$$

5　解答

(1)アイウ．720

(2)エオカ．360

(3)キクケ．576

(4)コサシ．576

◀解　説▶

≪学生が座席に座る順列，組合せ≫

(1)　6名の順列であり

$6!=720$　→ア～ウ

(2)　Aは前列の3つのうちいずれかに座るから

$3\times 5!=360$　→エ～カ

(3)　A，Bがともに後列に座る補集合であるから

$720-{}_3P_2\times 4!=720-3\cdot 2\cdot 4!$

$=576$　→キ～ケ

(4)　A，B，C，Dのうち1名だけが前列に座る補集合であるから

$720-{}_4C_1\times 3\times 3!\times 2!=576$　→コ～シ

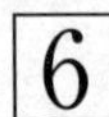 **解答** (1)アイ．50　ウエ．50

(2)オカキ．470　クケコ．470

(3)サシス．270

(4)セソ．27　タチ．47

(5)ツテ．27　トナ．47

◀解　説▶

≪英語と数学の得点の中央値，分散，共分散，相関係数≫

(1)　英語の得点は15　40　50　70　75であるから，中央値は50である。
→アイ

数学も同様に50である。→ウエ

(2)　英語の得点の平均は

$$\frac{15+40+50+70+75}{5}=50$$

であるから，分散を$s_x{}^2$とすると

$$s_x{}^2=\frac{1}{5}\{(15-50)^2+(40-50)^2+(50-50)^2+(70-50)^2+(75-50)^2\}$$

$=470$　→オ～キ

数学の得点の平均も50であり，分散を$s_y{}^2$とすると

$$s_y{}^2=s_x{}^2$$

$=470$　→ク～コ

(3)　英語と数学の得点の共分散をs_{xy}とすると

$$s_{xy}=\frac{1}{5}\{-35\times(-10)+0\times(-35)+(-10)\times 0+20\times 25+25\times 20\}$$

$=270$　→サ～ス

(4)　(2), (3)の結果から，相関係数を r とすると

$$r=\frac{s_{xy}}{s_x s_y}$$

$$=\frac{270}{\sqrt{470}\sqrt{470}}$$

$$=\frac{27}{47}$$　→セ～チ

(5)　英語の得点のみを2倍にしたとき，英語の得点の分散は 2^2 倍になり，標準偏差は2倍になる。また，英語と数学の得点の共分散は2倍になり，調整後の相関係数を r' とすると

$$r'=\frac{2s_{xy}}{2s_x s_y}$$

$$=r$$

$$=\frac{27}{47}$$　→ツ～ナ

参考　$z=ax+b$, $w=cy+d$ と変量を変換したとき

$\bar{z}=a\bar{x}+b$, $\bar{w}=c\bar{y}+d$

${s_z}^2=a^2{s_x}^2$, ${s_w}^2=c^2{s_y}^2$

$s_z=|a|s_x$, $s_w=|c|s_y$

$s_{zw}=acs_{xy}$

$$r_{zw}=\frac{ac}{|ac|}r_{xy}=\begin{cases} r_{xy} & (a,\ c\text{ が同符号のとき}) \\ -r_{xy} & (a,\ c\text{ が異符号のとき}) \end{cases}$$

となる。

の要求を無視してよいということでなく、今日の生活を求めてもっと楽しむ」「過去の創造を無視してよいということでなく、それをわれわれの意識に同化しようとつとめる」といった態度で作られる必要がある。また、「個人を愛することより多く、模倣することよりすくなからんこと」が望まれる。1は環境負荷への配慮など、後世のことを考えている一方で、今を楽しむ態度に欠ける。2・5は過去の創造の模倣であり、個人の趣味が出ない。4は過去も後世も無視した今だけを見ている。よって伝統的な和紙を使いつつ、独創性を発揮した3が最も高く評価される。

問7　茶室を表す「すきや」という言葉について、「好き家」は「個人の芸術的要求にかなうように創造された建造物」を意味し、それは束の間のもので、「家長が死ねば引き払わねばならぬ」とあるので、3は本文に合致しない。また「数寄家」は、左右対称性を欠いていることを意味し、「茶室では繰返しを避けようとする念がつねにはたらいている」とあるので、5も合致しない。さらに「空家」は、「主題が絶えず変化する必要がある」ため、茶室が空虚であることを意味し、そうした空間で「一点の傑作ですら常住眺めて楽しむことができるためには、ひじょうな鑑賞力のゆたかさを必要とする」とあるので、8も合致しない。

III

出典　岡倉天心著、桶谷秀昭訳『茶の本』（講談社学術文庫）

解答

問1　(a)―4　(b)―2　(c)―5　(d)―5　(e)―1　(f)―3
問2　2
問3　5
問4　5
問5　3
問6　4
問7　3・5・8

◀解　説▶

問2　「こういう心がまえ」が指しているのは、直前の「目覚めたばかりの魂が……彼方の天空にある自由にあこがれている」である。「目覚めたばかりの魂」「無意識の中に浸って」は「何にもとらわれない素直な」に、「自由にあこがれている」は「心のおもむくまま」に通じるので2が正解。

問3　「松籟」とは、松に吹きつける風や、その風の音をいう。「松籟」という語を知らずとも、茶釜のたてる音の喩えであることから、「香り」「落ちるさま」「緑」は合わないと判断できる。また、「滝の響き」「潮騒」「暴風雨」などにも喩えていることから、「静けさ」ではないことも判断できる。

問4　利休の逸話は「花瓶からしたたる水は拭きとらなくともよい。それは露を思わせ、涼味を覚えさせるから」ということに関連して挙げられている。花瓶からしたたる水は「露」「涼味」、利休が完璧に掃除された庭に撒きちらした金色と深紅の葉は「秋の錦の小切れ」であり、どちらも季節や自然の味わい、美しさを象徴している。

問5　傍線部によれば、芸術が鑑賞に耐えるためには「或る個人の趣味にかなうように」作られる茶室のように、「後世

す。

問19　筆者は現在の状況について「組織マネジメントの考え方や方法論は大きく変わっている」「『社員にやる気があるのは当たり前』……旧来の考え方は、通用しないばかりか、組織風土を劣化させ、会社の競争力を根っこから削いでしまう原因にもなりかねない」と分析している。傍線部に「にもかかわらず」とあることから、傍線部に挙げられている「社長や幹部」は、時代の変化に合わない、旧来の考え方のままで経営しているのだと考えられる。また「脈絡」とは物事の筋道、つながり、一貫性などを意味するので、「脈絡がない」はその逆の、場当たり的な状態を表している。

問20　「デフォルメ」は、意識的に変形して表現することをいう。ここでは「集団として獲得された価値観、信念」といった「組織文化」を、より強いものとして表現することを意味しているので、「誇張」と解釈するのが最も論の展開に合う。

問21　空欄Zの直前に「組織文化とは競争力を高めるための『心理的エンジン』とも呼ぶべきもの」とある。また、これよりも少し前に、組織文化と組織風土との違いを説明して「組織風土は企業が危機的な状況に陥らず……『心理的基盤』とも言うべきもの」とある。この両者の関係をおさえているものを選ぶ。

問22　P社に不正が蔓延っていた原因として書かれている「問題を隠蔽し……損をするという考えかたがあった」は、文章Bの、風通しが悪く隠蔽や不正が起こりやすくなる「悪い組織風土」に該当する。またそのような考え方が「長年の慣行」であったことは、文章Cで、「組織内で働く人たちが当然のように信じている価値観、信念」とされる組織文化として、よくない考え方が根づいていたことを意味している。そして、文章Aで筆者は、日本企業の不祥事や不正の原因を考える中で、良質な「土壌」としてのカルチャーの重要性を説き、カルチャーは組織風土と組織文化からなると説明していた。したがって、組織風土や組織文化に問題を抱えたP社に対する解決策は、健全で良質な組織風土と組織文化すなわちカルチャーの涵養が第一ということになる。

の「根っこ」で喩えられていた。「カルチャー」は「組織風土」と「組織文化」が揃うと成立するものであり、「土壌」で喩えられていた。したがって、カルチャーの上にケイパビリティがあり、カルチャーが組織風土と組織文化で構成されている3が最も適当な図になる。

問11　「適当でないもの」を選ぶことに注意。3「差し迫った動機」は「なんとなくのニュアンス」とはいえない。

問12　「そんな状態」は、「多くの経営者は似たような概念を、ある人は『組織風土』と言ったり、別の人は『組織文化』という言葉を使ったり」している状態を指している。またこのような状態は、組織風土や組織文化という概念が定義しづらく、「明確な区分けや線引き」が難しいことに起因している。

問13　傍線部の後に「たとえば、暑熱と湿潤のモンスーン地域は……『合理主義的』なあり様となる」と、三つの類型の特徴が順番に説明されている。

問14　傍線部直後に、「性格」は「人間生来のもの」、「あり様」は「環境に適合し、生き延びるために自然発生的に生まれるもの」と両者の違いを述べている。「性格」は生まれながらに持っているものなので、人が生まれたあとに「環境」によって規定されることを説明するためにはふさわしくない。

問15　「それに対し」は、傍線部前の「気候や地形といった自然によって形成される」一般的な風土に対して、という意味。また、組織風土を形成する「さまざまな要素」は、傍線部の後に「経営トップのリーダーシップスタイル……あり方など多様な要素」と具体的に言い換えられている。

問16　空欄Xのような組織風土は「やる気に満ち溢れ、社員たちは自由闊達に議論し、新たなことに挑戦しようとする」状態をもたらし、逆に空欄Yのような組織風土は「やる気を削がれ、新たなことに挑戦するはずもない」「都合の悪い情報などを隠蔽したり、不正なことに手を染めたりしてしまう」状態をもたらす。これらと関連づけられる言葉の組み合わせを考える。

問17　「スパイラル」はらせんのことで、「負のスパイラル」というと、悪いことが次々に連なって起こっていく様子を表

問４　「高を括る」は、物事について、大したことではないだろうと予想したり、見くびったりすること。

問５　「喫緊」は、とても重要で、すぐに対応すべき物事のこと。

問６　傍線部直前に「カルチャーとは組織の『土壌』である」とあるので、１・３・４が正解の候補になる。傍線部の後を読み進めると、土壌に育つ植物を喩えに使って「『根っこ』を組織に当てはめれば、『組織能力』（ケイパビリティ）」、「事業という『幹』は大きく育ち、やがて、利益や顧客満足という『花』や『実』がなる」と述べている。

問７　土壌と植物という身近なもので喩えることは、企業やその経営に関しての知識や経験がない読者が「カルチャー」「ケイパビリティ」といった概念と、それによって説明されている企業再生のプロセスを理解する助けとなると考えられる。「脱炭素化、カーボンニュートラルなど環境への配慮」は、土壌や植物の生育を比喩ではなく実際の緑化事業と捉えることを意味する上に、本文では話題になっていない。

問８　「すなわち」で受けている、傍線部前の内容をおさえる。筆者は「カルチャーとは組織の『土壌』である」と述べた上で、土壌をつくるためには「『整地化』と『肥沃化』という2つの要素が必要」としている。また、「整地化」は「組織風土」、「肥沃化」は「組織文化」に該当すると述べている。したがって、土壌は整地化と肥沃化を合わせて行った結果であることを表し、それぞれ、カルチャー・組織風土・組織文化の喩えであることを正しくおさえている５が正答となる。

問９　傍線部の前で筆者は「企業における組織能力」を「現場力」と呼び、一貫して「現場力こそが日本企業における競争力の源泉である」と主張してきたと述べている。しかし、「カルチャーの重要性」に気づいた筆者は、「現場力」を「組織能力」としての側面だけでなく「カルチャーという視点でとらえる」ことが重要だと気づいたため、傍線部前に挙げた主張は「『現場力』というものの重要性や可能性を矮小化して捉えていた」と反省している。

問10　傍線部の後に、現場力には「ケイパビリティとしての現場力」と「カルチャーとしての現場力」があると書かれているので、これが「二層構造」の構成要素である。また「ケイパビリティ」は「組織能力」のことであり、先に植物

問13　1
問14　1
問15　3
問16　4
問17　4
問18　3
問19　3
問20　3
問21　1
問22　3

▲解　説▼

問1　「膝を打つ」は、何かを思いついたり、感心したりする様子を表す。ここでは、日本企業の現状について考えあぐねていた筆者が、A社のCEOがカルチャーの重要性を説き続けていると聞いて、「そうだ！　海外のエクセレントカンパニーにあって、日本企業にないもの。それはカルチャーだ！」と、その考えに賛意を表している。

問2　傍線部直後に、海外の優良企業が重視する「カルチャー」を「人を発奮させ、チームで仕事をすることの喜びを説き、社員をその気にさせる良質な『土壌』」と言い換えている。1「債務」、3「法的な裏付けのある」は、この記述とは合わない。2・4・5のうち、「資産」の意味を正しく説明しているのは、2「最も価値のある会社の財産」である。

問3　(1)・(2)「ついぞ」は、「ない」と呼応している副詞。同じように、否定の表現と呼応しているのは「よもや」。(4)「迎合」は、相手が気に入るように、相手に合わせた意見を言ったり、態度を取ったりすること。

題を見いだし、農作業現場ではあくまでも「人が主役」であり、「農作物の効率的な生産だけでなく、それ以上に人が楽しく農作業をできるようにすること」を目的として人工知能を導入すべきだと述べている。

問9　1は最後の二段落に合致している。5は傍線(オ)の四つ前の段落の「我々の柔軟な判断力や多様な情報からの直感的な行動を生み出しているのは潜在意識である。これと同等の……かなり人に近づくことになる」に合致している。6は空欄Xの直前の「農作業器具の操作からの解放は……向上させる」に合致している。

Ⅱ

出典　遠藤功『「カルチャー」を経営のど真ん中に据える――「現場からの風土改革」で組織を再生させる処方箋』（東洋経済新報社）

解答

問1　3

問2　2

問3　(1)―4　(2)―3　(3)―2　(4)―2

問4　3

問5　3

問6　4

問7　5

問8　5

問9　3

問10　3

問11　3

問12　1

問2　行為の開始や体の制御に関する指示、顕在意識にとって意味のある情報の取捨選択など、実際には潜在意識が我々の司令塔となっているのだが、通常、我々は「私は私である」と自覚したり、「絶対○○したい」と思ってある動作をしたり、あるいは、コップを「摑もうと意識する」といった顕在意識を、「意識」「自由意志」とみなしている。1は潜在意識の役割を説明しているが、顕在意識が「自由意志があると錯覚している」ことの説明を欠いている。

問4　直後に「人と共生するためにも、自分に意識があると人に感じてもらうことの方が重要である」とあり、傍線㈤の七段落後に「現在の道具型人工知能技術に対しては、潜在意識に相当する能力は必ずしも必要とされてはいない」とある。

問5　本文からは「2025年問題」が、「団塊の世代がこぞって後期高齢者になる、つまり超少子高齢化社会が本格的に到来する」ことに伴う問題を指すことが読み取れる。本文に書かれている内容にあてはまるのは1と4。超少子高齢化社会において論理的に予想できる問題として2・3が考えられる。5の「貧富の差」は、年齢別の人口構成と直接関係づけることはできない問題である。

問6　筆者が「積極的な人工知能の投入が必要」と考えているのは「第一次産業を中心とする国の基盤産業」である。これらの産業が抱える課題として、現場での高齢化が進み、若手がいないために「熟練の知が失われようとしている」こと(1・5)、「3Kと敬遠されがちな職種」(3)、「IT業界での売り手市場」(2)が若手を遠ざけていること(5)が挙げられている。一方、4の「機械化・自動化」は、これらの課題の解決策にあたる事柄である。

問7　空欄の前では、第一次産業の高齢化と若手不足という状況を打破する具体例として「自動農作業機器の現場導入」の必要性を述べている。一方、空欄の後には「自動化が進めば進むほど……人は不要になってしまう」と述べ、「自動機械が主役で……現場になってしまっては本末転倒である」と、自動化において留意しなければならない点が述べられている。その留意すべき点とは「人が主役でなければならない」ということである。

問8　「完全ロボット化された自動車工場」は、自動化が進んだ結果「人は不要」になった状態である。筆者はここに問

国語

I

出典　栗原聡『AI兵器と未来社会――キラーロボットの正体』（朝日新書）

解答

問1　1
問2　2
問3　1
問4　4
問5　5
問6　4
問7　3
問8　1
問9　1・5・6

◀解　説▶

問1　傍線部直後に、「故意に意識的にある動作を実行したとしても、その行為を意識して実行する少し前に、潜在意識にてその行為の実行が開始されている」とある。これを設問の例にあてはめると、BからCが、ブレーキを踏むという「行為を意識して実行する」流れにあたる。したがって、潜在意識からブレーキを踏むという指令が出されたのは、BからCよりも「少し前」ということになる。これに該当するのはAからBの間である。

教学社 刊行一覧

2025年版 大学赤本シリーズ

374大学556点
全都道府県を網羅

国公立大学（都道府県順）

全国の書店で取り扱っています。店頭にない場合は，お取り寄せができます。

1 北海道大学（文系−前期日程）
2 北海道大学（理系−前期日程） 医
3 北海道大学（後期日程）
4 旭川医科大学（医学部〈医学科〉） 医
5 小樽商科大学
6 帯広畜産大学
7 北海道教育大学
8 室蘭工業大学／北見工業大学
9 釧路公立大学
10 公立千歳科学技術大学
11 公立はこだて未来大学 総推
12 札幌医科大学（医学部） 医
13 弘前大学 医
14 岩手大学
15 岩手県立大学・盛岡短期大学部・宮古短期大学部
16 東北大学（文系−前期日程）
17 東北大学（理系−前期日程） 医
18 東北大学（後期日程）
19 宮城教育大学
20 宮城大学
21 秋田大学 医
22 秋田県立大学
23 国際教養大学 総推
24 山形大学 医
25 福島大学
26 会津大学
27 福島県立医科大学（医・保健科学部） 医
28 茨城大学（文系）
29 茨城大学（理系）
30 筑波大学（推薦入試） 医 総推
31 筑波大学（文系−前期日程）
32 筑波大学（理系−前期日程） 医
33 筑波大学（後期日程）
34 宇都宮大学
35 群馬大学 医
36 群馬県立女子大学
37 高崎経済大学
38 前橋工科大学
39 埼玉大学（文系）
40 埼玉大学（理系）
41 千葉大学（文系−前期日程）
42 千葉大学（理系−前期日程） 医
43 千葉大学（後期日程） 医
44 東京大学（文科） DL
45 東京大学（理科） DL 医
46 お茶の水女子大学
47 電気通信大学
48 東京外国語大学 DL
49 東京海洋大学
50 東京科学大学（旧 東京工業大学）
51 東京科学大学（旧 東京医科歯科大学） 医
52 東京学芸大学
53 東京藝術大学
54 東京農工大学
55 一橋大学（前期日程）
56 一橋大学（後期日程）
57 東京都立大学（文系）
58 東京都立大学（理系）
59 横浜国立大学（文系）
60 横浜国立大学（理系）
61 横浜市立大学（国際教養・国際商・理・データサイエンス・医〈看護〉学部）
62 横浜市立大学（医学部〈医学科〉） 医
63 新潟大学（人文・教育〈文系〉・法・経済科・医〈看護〉・創生学部）
64 新潟大学（教育〈理系〉・理・医〈看護を除く〉・歯・工・農学部） 医
65 新潟県立大学
66 富山大学（文系）
67 富山大学（理系） 医
68 富山県立大学
69 金沢大学（文系）
70 金沢大学（理系） 医
71 福井大学（教育・医〈看護〉・工・国際地域学部）
72 福井大学（医学部〈医学科〉） 医
73 福井県立大学
74 山梨大学（教育・医〈看護〉・工・生命環境学部）
75 山梨大学（医学部〈医学科〉） 医
76 都留文科大学
77 信州大学（文系−前期日程）
78 信州大学（理系−前期日程） 医
79 信州大学（後期日程）
80 公立諏訪東京理科大学 総推
81 岐阜大学（前期日程） 医
82 岐阜大学（後期日程）
83 岐阜薬科大学
84 静岡大学（前期日程）
85 静岡大学（後期日程）
86 浜松医科大学（医学部〈医学科〉） 医
87 静岡県立大学
88 静岡文化芸術大学
89 名古屋大学（文系）
90 名古屋大学（理系） 医
91 愛知教育大学
92 名古屋工業大学
93 愛知県立大学
94 名古屋市立大学（経済・人文社会・芸術工・看護・総合生命理・データサイエンス学部）
95 名古屋市立大学（医学部〈医学科〉） 医
96 名古屋市立大学（薬学部）
97 三重大学（人文・教育・医〈看護〉学部）
98 三重大学（医〈医〉・工・生物資源学部） 医
99 滋賀大学
100 滋賀医科大学（医学部〈医学科〉） 医
101 滋賀県立大学
102 京都大学（文系）
103 京都大学（理系） 医
104 京都教育大学
105 京都工芸繊維大学
106 京都府立大学
107 京都府立医科大学（医学部〈医学科〉） 医
108 大阪大学（文系） DL
109 大阪大学（理系） 医
110 大阪教育大学
111 大阪公立大学（現代システム科学域〈文系〉・文・法・経済・商・看護・生活科〈居住環境・人間福祉〉学部−前期日程）
112 大阪公立大学（現代システム科学域〈理系〉・理・工・農・獣医・医・生活科〈食栄養〉学部−前期日程） 医
113 大阪公立大学（中期日程）
114 大阪公立大学（後期日程）
115 神戸大学（文系−前期日程）
116 神戸大学（理系−前期日程） 医
117 神戸大学（後期日程）
118 神戸市外国語大学 DL
119 兵庫県立大学（国際商経・社会情報科・看護学部）
120 兵庫県立大学（工・理・環境人間学部）
121 奈良教育大学／奈良県立大学
122 奈良女子大学
123 奈良県立医科大学（医学部〈医学科〉） 医
124 和歌山大学
125 和歌山県立医科大学（医・薬学部） 医
126 鳥取大学 医
127 公立鳥取環境大学
128 島根大学 医
129 岡山大学（文系）
130 岡山大学（理系） 医
131 岡山県立大学
132 広島大学（文系−前期日程）
133 広島大学（理系−前期日程） 医
134 広島大学（後期日程）
135 尾道市立大学 総推
136 県立広島大学
137 広島市立大学
138 福山市立大学 総推
139 山口大学（人文・教育〈文系〉・経済・医〈看護〉・国際総合科学部）
140 山口大学（教育〈理系〉・理・医〈看護を除く〉・工・農・共同獣医学部） 医
141 山陽小野田市立山口東京理科大学 総推
142 下関市立大学／山口県立大学
143 周南公立大学 新 総推
144 徳島大学 医
145 香川大学 医
146 愛媛大学 医
147 高知大学 医
148 高知工科大学
149 九州大学（文系−前期日程）
150 九州大学（理系−前期日程） 医
151 九州大学（後期日程）
152 九州工業大学
153 福岡教育大学
154 北九州市立大学
155 九州歯科大学
156 福岡県立大学／福岡女子大学
157 佐賀大学 医
158 長崎大学（多文化社会・教育〈文系〉・経済・医〈保健〉・環境科〈文系〉学部）
159 長崎大学（教育〈理系〉・医〈医〉・歯・薬・情報データ科・工・環境科〈理系〉・水産学部） 医
160 長崎県立大学 総推
161 熊本大学（文・教育・法・医〈看護〉学部・情報融合学環〈文系型〉）
162 熊本大学（理・医〈看護を除く〉・薬・工学部・情報融合学環〈理系型〉） 医
163 熊本県立大学
164 大分大学（教育・経済・医〈看護〉・理工・福祉健康科学部）
165 大分大学（医学部〈医・先進医療科学科〉） 医
166 宮崎大学（教育・医〈看護〉・工・農・地域資源創成学部）
167 宮崎大学（医学部〈医学科〉） 医
168 鹿児島大学（文系）
169 鹿児島大学（理系） 医
170 琉球大学 医

2025年版　大学赤本シリーズ

国公立大学 その他

- 171 〔国公立大〕医学部医学科 総合型選抜・学校推薦型選抜※ 医 総推
- 172 看護・医療系大学〈国公立 東日本〉※
- 173 看護・医療系大学〈国公立 中日本〉※
- 174 看護・医療系大学〈国公立 西日本〉※
- 175 海上保安大学校／気象大学校
- 176 航空保安大学校
- 177 国立看護大学校
- 178 防衛大学校 総推
- 179 防衛医科大学校(医学科) 医
- 180 防衛医科大学校(看護学科)

※No.171～174の収載大学は赤本ウェブサイト(http://akahon.net/)でご確認ください。

私立大学①

北海道の大学(50音順)

- 201 札幌大学
- 202 札幌学院大学
- 203 北星学園大学
- 204 北海学園大学
- 205 北海道医療大学
- 206 北海道科学大学
- 207 北海道武蔵女子大学・短期大学
- 208 酪農学園大学(獣医学群〈獣医学類〉)

東北の大学(50音順)

- 209 岩手医科大学(医・歯・薬学部) 医
- 210 仙台大学 総推
- 211 東北医科薬科大学(医・薬学部) 医
- 212 東北学院大学
- 213 東北工業大学
- 214 東北福祉大学
- 215 宮城学院女子大学 総推

関東の大学(50音順)

あ行(関東の大学)

- 216 青山学院大学(法・国際政治経済学部ー個別学部日程)
- 217 青山学院大学(経済学部ー個別学部日程)
- 218 青山学院大学(経営学部ー個別学部日程)
- 219 青山学院大学(文・教育人間科学部ー個別学部日程)
- 220 青山学院大学(総合文化政策・社会情報・地球社会共生・コミュニティ人間科学部ー個別学部日程)
- 221 青山学院大学(理工学部ー個別学部日程)
- 222 青山学院大学(全学部日程)
- 223 麻布大学(獣医、生命・環境科学部)
- 224 亜細亜大学
- 226 桜美林大学
- 227 大妻女子大学・短期大学部

か行(関東の大学)

- 228 学習院大学(法学部ーコア試験)
- 229 学習院大学(経済学部ーコア試験)
- 230 学習院大学(文学部ーコア試験)
- 231 学習院大学(国際社会科学部ーコア試験)
- 232 学習院大学(理学部ーコア試験)
- 233 学習院女子大学
- 234 神奈川大学(給費生試験)
- 235 神奈川大学(一般入試)
- 236 神奈川工科大学
- 237 鎌倉女子大学・短期大学部
- 238 川村学園女子大学
- 239 神田外語大学
- 240 関東学院大学
- 241 北里大学(理学部)
- 242 北里大学(医学部) 医
- 243 北里大学(薬学部)
- 244 北里大学(看護・医療衛生学部)
- 245 北里大学(未来工・獣医・海洋生命科学部)
- 246 共立女子大学・短期大学
- 247 杏林大学(医学部) 医
- 248 杏林大学(保健学部)
- 249 群馬医療福祉大学・短期大学部
- 250 群馬パース大学 総推
- 251 慶應義塾大学(法学部)
- 252 慶應義塾大学(経済学部)
- 253 慶應義塾大学(商学部)
- 254 慶應義塾大学(文学部) 総推
- 255 慶應義塾大学(総合政策学部)
- 256 慶應義塾大学(環境情報学部)
- 257 慶應義塾大学(理工学部)
- 258 慶應義塾大学(医学部) 医
- 259 慶應義塾大学(薬学部)
- 260 慶應義塾大学(看護医療学部)
- 261 工学院大学
- 262 國學院大學
- 263 国際医療福祉大学 医
- 264 国際基督教大学
- 265 国士舘大学
- 266 駒澤大学(一般選抜T方式・S方式)
- 267 駒澤大学(全学部統一日程選抜)

さ行(関東の大学)

- 268 埼玉医科大学(医学部) 医
- 269 相模女子大学・短期大学部
- 270 産業能率大学
- 271 自治医科大学(医学部) 医
- 272 自治医科大学(看護学部)／東京慈恵会医科大学(医学部〈看護学科〉)
- 273 実践女子大学 総推
- 274 芝浦工業大学(前期日程)
- 275 芝浦工業大学(全学統一日程・後期日程)
- 276 十文字学園女子大学
- 277 淑徳大学
- 278 順天堂大学(医学部) 医
- 279 順天堂大学(スポーツ健康科・医療看護・保健看護・国際教養・保健医療・医療科・健康データサイエンス・薬学部) 総推
- 280 上智大学(神・文・総合人間科学部)
- 281 上智大学(法・経済学部)
- 282 上智大学(外国語・総合グローバル学部)
- 283 上智大学(理工学部)
- 284 上智大学(TEAPスコア利用方式)
- 285 湘南工科大学
- 286 昭和大学(医学部) 医
- 287 昭和大学(歯・薬・保健医療学部)
- 288 昭和女子大学
- 289 昭和薬科大学
- 290 女子栄養大学・短期大学部 総推
- 291 白百合女子大学
- 292 成蹊大学(法学部ーA方式)
- 293 成蹊大学(経済・経営学部ーA方式)
- 294 成蹊大学(文学部ーA方式)
- 295 成蹊大学(理工学部ーA方式)
- 296 成蹊大学(E方式・G方式・P方式)
- 297 成城大学(経済・社会イノベーション学部ーA方式)
- 298 成城大学(文芸・法学部ーA方式)
- 299 成城大学(S方式〈全学部統一選抜〉)
- 300 聖心女子大学
- 301 清泉女子大学
- 303 聖マリアンナ医科大学 医
- 304 聖路加国際大学(看護学部)
- 305 専修大学(スカラシップ・全国入試)
- 306 専修大学(前期入試〈学部個別入試〉)
- 307 専修大学(前期入試〈全学部入試・スカラシップ入試〉)

た行(関東の大学)

- 308 大正大学
- 309 大東文化大学
- 310 高崎健康福祉大学
- 311 拓殖大学
- 312 玉川大学
- 313 多摩美術大学
- 314 千葉工業大学
- 315 中央大学(法学部ー学部別選抜)
- 316 中央大学(経済学部ー学部別選抜)
- 317 中央大学(商学部ー学部別選抜)
- 318 中央大学(文学部ー学部別選抜)
- 319 中央大学(総合政策学部ー学部別選抜)
- 320 中央大学(国際経営・国際情報学部ー学部別選抜)
- 321 中央大学(理工学部ー学部別選抜)
- 322 中央大学(5学部共通選抜)
- 323 中央学院大学
- 324 津田塾大学
- 325 帝京大学(薬・経済・法・文・外国語・教育・理工・医療技術・福岡医療技術学部)
- 326 帝京大学(医学部) 医
- 327 帝京科学大学 総推
- 328 帝京平成大学 総推
- 329 東海大学(医〈医〉学部を除くー一般選抜)
- 330 東海大学(文系・理系学部統一選抜)
- 331 東海大学(医学部〈医学科〉) 医
- 332 東京医科大学(医学部〈医学科〉) 医
- 333 東京家政大学・短期大学部 総推
- 334 東京経済大学
- 335 東京工科大学
- 336 東京工芸大学
- 337 東京国際大学
- 338 東京歯科大学
- 339 東京慈恵会医科大学(医学部〈医学科〉) 医
- 340 東京情報大学
- 341 東京女子大学
- 342 東京女子医科大学(医学部) 医
- 343 東京電機大学
- 344 東京都市大学
- 345 東京農業大学
- 346 東京薬科大学(薬学部) 総推
- 347 東京薬科大学(生命科学部) 総推
- 348 東京理科大学(理学部〈第一部〉ーB方式)
- 349 東京理科大学(創域理工学部ーB方式・S方式)
- 350 東京理科大学(工学部ーB方式)
- 351 東京理科大学(先進工学部ーB方式)
- 352 東京理科大学(薬学部ーB方式)
- 353 東京理科大学(経営学部ーB方式)
- 354 東京理科大学(C方式、グローバル方式、理学部〈第二部〉ーB方式)
- 355 東邦大学(医学部) 医
- 356 東邦大学(薬学部)

2025年版　大学赤本シリーズ

私立大学②

357 東邦大学（理・看護・健康科学部）
358 東洋大学（文・経済・経営・法・社会・国際・国際観光学部）
359 東洋大学（情報連携・福祉社会デザイン・健康スポーツ科・理工・総合情報・生命科・食環境科学部）
360 東洋大学（英語〈3日程×3カ年〉）
361 東洋大学（国語〈3日程×3カ年〉）
362 東洋大学（日本史・世界史〈2日程×3カ年〉）
363 東洋英和女学院大学
364 常磐大学・短期大学 総推
365 獨協大学
366 獨協医科大学（医学部） 医

な行（関東の大学）

367 二松学舎大学
368 日本大学（法学部）
369 日本大学（経済学部）
370 日本大学（商学部）
371 日本大学（文理学部〈文系〉）
372 日本大学（文理学部〈理系〉）
373 日本大学（芸術学部〈専門試験併用型〉）
374 日本大学（国際関係学部）
375 日本大学（危機管理・スポーツ科学部）
376 日本大学（理工学部）
377 日本大学（生産工・工学部）
378 日本大学（生物資源科学部）
379 日本大学（医学部） 医
380 日本大学（歯・松戸歯学部）
381 日本大学（薬学部）
382 日本大学（N全学統一方式－医・芸術〈専門試験併用型〉学部を除く）
383 日本医科大学 医
384 日本工業大学
385 日本歯科大学
386 日本社会事業大学 総推
387 日本獣医生命科学大学
388 日本女子大学
389 日本体育大学

は行（関東の大学）

390 白鷗大学（学業特待選抜・一般選抜）
391 フェリス女学院大学
392 文教大学
393 法政大学（法〈Ⅰ日程〉・文〈Ⅱ日程〉・経営〈Ⅱ日程〉学部－A方式）
394 法政大学（法〈Ⅱ日程〉・国際文化・キャリアデザイン学部－A方式）
395 法政大学（文〈Ⅰ日程〉・経営〈Ⅰ日程〉・人間環境・グローバル教養学部－A方式）
396 法政大学（経済〈Ⅰ日程〉・社会〈Ⅰ日程〉・現代福祉学部－A方式）
397 法政大学（経済〈Ⅱ日程〉・社会〈Ⅱ日程〉・スポーツ健康学部－A方式）
398 法政大学（情報科・デザイン工・理工・生命科学部－A方式）
399 法政大学（T日程〈統一日程〉・英語外部試験利用入試）
400 星薬科大学 総推

ま行（関東の大学）

401 武蔵大学
402 武蔵野大学
403 武蔵野美術大学
404 明海大学
405 明治大学（法学部－学部別入試）
406 明治大学（政治経済学部－学部別入試）
407 明治大学（商学部－学部別入試）
408 明治大学（経営学部－学部別入試）
409 明治大学（文学部－学部別入試）
410 明治大学（国際日本学部－学部別入試）
411 明治大学（情報コミュニケーション学部－学部別入試）
412 明治大学（理工学部－学部別入試）
413 明治大学（総合数理学部－学部別入試）
414 明治大学（農学部－学部別入試）
415 明治大学（全学部統一入試）
416 明治学院大学（A日程）
417 明治学院大学（全学部日程）
418 明治薬科大学 総推
419 明星大学
420 目白大学・短期大学部

ら・わ行（関東の大学）

421 立教大学（文系学部－一般入試〈大学独自の英語を課さない日程〉）
422 立教大学（国語〈3日程×3カ年〉）
423 立教大学（日本史・世界史〈2日程×3カ年〉）
424 立教大学（文学部－一般入試〈大学独自の英語を課す日程〉）
425 立教大学（理学部－一般入試）
426 立正大学
427 早稲田大学（法学部）
428 早稲田大学（政治経済学部）
429 早稲田大学（商学部）
430 早稲田大学（社会科学部）
431 早稲田大学（文学部）
432 早稲田大学（文化構想学部）
433 早稲田大学（教育学部〈文科系〉）
434 早稲田大学（教育学部〈理科系〉）
435 早稲田大学（人間科・スポーツ科学部）
436 早稲田大学（国際教養学部）
437 早稲田大学（基幹理工・創造理工・先進理工学部）
438 和洋女子大学 総推

中部の大学（50音順）

439 愛知大学
440 愛知医科大学（医学部） 医
441 愛知学院大学・短期大学部
442 愛知工業大学 総推
443 愛知淑徳大学
444 朝日大学 総推
445 金沢医科大学（医学部） 医
446 金沢工業大学
447 岐阜聖徳学園大学 総推
448 金城学院大学
449 至学館大学 総推
450 静岡理工科大学
451 椙山女学園大学
452 大同大学
453 中京大学
454 中部大学
455 名古屋外国語大学 総推
456 名古屋学院大学 総推
457 名古屋学芸大学 総推
458 名古屋女子大学 総推
459 南山大学（外国語〈英米〉・法・総合政策・国際教養学部）
460 南山大学（人文・外国語〈英米を除く〉・経済・経営・理工学部）
461 新潟国際情報大学
462 日本福祉大学
463 福井工業大学
464 藤田医科大学（医学部） 医
465 藤田医科大学（医療科・保健衛生学部）
466 名城大学（法・経営・経済・外国語・人間・都市情報学部）
467 名城大学（情報工・理工・農・薬学部）
468 山梨学院大学

近畿の大学（50音順）

469 追手門学院大学 総推
470 大阪医科薬科大学（医学部） 医
471 大阪医科薬科大学（薬学部） 総推
472 大阪学院大学 総推
473 大阪経済大学 総推
474 大阪経済法科大学 総推
475 大阪工業大学 総推
476 大阪国際大学・短期大学部 総推
477 大阪産業大学 総推
478 大阪歯科大学（歯学部）
479 大阪商業大学 総推
480 大阪成蹊大学・短期大学 総推
481 大谷大学 総推
482 大手前大学・短期大学 総推
483 関西大学（文系）
484 関西大学（理系）
485 関西大学（英語〈3日程×3カ年〉）
486 関西大学（国語〈3日程×3カ年〉）
487 関西大学（日本史・世界史・文系数学〈3日程×3カ年〉）
488 関西医科大学（医学部） 医
489 関西医療大学 総推
490 関西外国語大学・短期大学部 総推
491 関西学院大学（文・法・商・人間福祉・総合政策学部－学部個別日程）
492 関西学院大学（神・社会・経済・国際・教育学部－学部個別日程）
493 関西学院大学（全学部日程〈文系型〉）
494 関西学院大学（全学部日程〈理系型〉）
495 関西学院大学（共通テスト併用日程〈数学〉・英数日程）
496 関西学院大学（英語〈3日程×3カ年〉） 新
497 関西学院大学（国語〈3日程×3カ年〉） 新
498 関西学院大学（日本史・世界史・文系数学〈3日程×3カ年〉） 新
499 畿央大学 総推
500 京都外国語大学・短期大学 総推
502 京都産業大学（公募推薦入試） 総推
503 京都産業大学（一般選抜入試〈前期日程〉）
504 京都女子大学 総推
505 京都先端科学大学 総推
506 京都橘大学 総推
507 京都ノートルダム女子大学 総推
508 京都薬科大学 総推
509 近畿大学・短期大学部（医学部を除く－推薦入試） 総推
510 近畿大学・短期大学部（医学部を除く－一般入試前期）
511 近畿大学（英語〈医学部を除く3日程×3カ年〉）
512 近畿大学（理系数学〈医学部を除く3日程×3カ年〉）
513 近畿大学（国語〈医学部を除く3日程×3カ年〉）
514 近畿大学（医学部－推薦入試・一般入試前期） 医 総推
515 近畿大学・短期大学部（一般入試後期） 医
516 皇學館大学 総推
517 甲南大学 総推
518 甲南女子大学（学校推薦型選抜） 新 総推
519 神戸学院大学 総推
520 神戸国際大学 総推
521 神戸女学院大学 総推
522 神戸女子大学・短期大学 総推
523 神戸薬科大学 総推
524 四天王寺大学・短期大学部 総推
525 摂南大学（公募制推薦入試） 総推
526 摂南大学（一般選抜前期日程）
527 帝塚山学院大学 総推
528 同志社大学（法、グローバル・コミュニケーション学部－学部個別日程）

2025年版　大学赤本シリーズ

私立大学③

529 同志社大学(文・経済学部－学部個別日程)
530 同志社大学(神・商・心理・グローバル地域文化学部－学部個別日程)
531 同志社大学(社会学部－学部個別日程)
532 同志社大学(政策・文化情報〈文系型〉・スポーツ健康科〈文系型〉学部－学部個別日程)
533 同志社大学(理工・生命医科・文化情報〈理系型〉・スポーツ健康科〈理系型〉学部－学部個別日程)
534 同志社大学(全学部日程)
535 同志社女子大学 総推
536 奈良大学 総推
537 奈良学園大学 総推
538 阪南大学 総推
539 姫路獨協大学 総推
540 兵庫医科大学(医学部) 医
541 兵庫医科大学(薬・看護・リハビリテーション学部) 総推
542 佛教大学 総推
543 武庫川女子大学 総推
544 桃山学院大学 総推
545 大和大学・大和大学白鳳短期大学部 総推
546 立命館大学(文系－全学統一方式・学部個別配点方式)／立命館アジア太平洋大学(前期方式・英語重視方式)
547 立命館大学(理系－全学統一方式・学部個別配点方式・理系型3教科方式・薬学方式)
548 立命館大学(英語〈全学統一方式3日程×3カ年〉)
549 立命館大学(国語〈全学統一方式3日程×3カ年〉)
550 立命館大学(文系選択科目〈全学統一方式2日程×3カ年〉)
551 立命館大学(IR方式〈英語資格試験利用型〉・共通テスト併用方式)／立命館アジア太平洋大学(共通テスト併用方式)
552 立命館大学(後期分割方式・「経営学部で学ぶ感性＋共通テスト」方式)／立命館アジア太平洋大学(後期方式)
553 龍谷大学(公募推薦入試) 総推
554 龍谷大学(一般選抜入試)

中国の大学(50音順)

555 岡山商科大学 総推
556 岡山理科大学 総推
557 川崎医科大学 医
558 吉備国際大学 総推
559 就実大学 総推
560 広島経済大学
561 広島国際大学 総推
562 広島修道大学
563 広島文教大学 総推
564 福山大学／福山平成大学
565 安田女子大学 総推

四国の大学(50音順)

567 松山大学

九州の大学(50音順)

568 九州医療科学大学
569 九州産業大学
570 熊本学園大学
571 久留米大学(文・人間健康・法・経済・商学部)
572 久留米大学(医学部〈医学科〉) 医
573 産業医科大学(医学部) 医
574 西南学院大学(商・経済・法・人間科学部－A日程)
575 西南学院大学(神・外国語・国際文化学部－A日程／全学部－F日程)
576 福岡大学(医学部医学科を除く－学校推薦型選抜・一般選抜系統別日程) 総推
577 福岡大学(医学部医学科を除く－一般選抜前期日程)
578 福岡大学(医学部〈医学科〉－学校推薦型選抜・一般選抜系統別日程) 医 総推
579 福岡工業大学
580 令和健康科学大学 総推

医 医学部医学科を含む
総推 総合型選抜または学校推薦型選抜を含む
DL リスニング音声配信　新 2024年 新刊・復刊

掲載している入試の種類や試験科目，収載年数などはそれぞれ異なります。詳細については，それぞれの本の目次や赤本ウェブサイトでご確認ください。

akahon.net

難関校過去問シリーズ

出題形式別・分野別に収録した
「入試問題事典」
20大学 73点
定価2,310～2,640円(本体2,100～2,400円)

先輩合格者はこう使った！
「難関校過去問シリーズの使い方」

61年，全部載せ！
要約演習で，総合力を鍛える

東大の英語
要約問題 UNLIMITED

国公立大学

東大の英語25カ年［第12版］ 改
東大の英語リスニング20カ年［第9版］ DL 改
東大の英語 要約問題 UNLIMITED
東大の文系数学25カ年［第12版］ 改
東大の理系数学25カ年［第12版］ 改
東大の現代文25カ年［第12版］ 改
東大の古典25カ年［第12版］ 改
東大の日本史25カ年［第9版］ 改
東大の世界史25カ年［第9版］ 改
東大の地理25カ年［第9版］ 改
東大の物理25カ年［第9版］ 改
東大の化学25カ年［第9版］ 改
東大の生物25カ年［第9版］ 改
東工大の英語20カ年［第8版］ 改
東工大の数学20カ年［第9版］ 改
東工大の物理20カ年［第5版］ 改
東工大の化学20カ年［第5版］ 改
一橋大の英語20カ年［第9版］ 改
一橋大の数学20カ年［第9版］ 改
一橋大の国語20カ年［第6版］ 改
一橋大の日本史20カ年［第6版］ 改
一橋大の世界史20カ年［第6版］ 改
筑波大の英語15カ年 新
筑波大の数学15カ年 新
京大の英語25カ年［第12版］
京大の文系数学25カ年［第12版］
京大の理系数学25カ年［第12版］
京大の現代文25カ年［第2版］
京大の古典25カ年［第2版］
京大の日本史20カ年［第3版］
京大の世界史20カ年［第3版］
京大の物理25カ年［第9版］
京大の化学25カ年［第9版］
北大の英語15カ年［第8版］
北大の理系数学15カ年［第8版］
北大の物理15カ年［第2版］
北大の化学15カ年［第2版］
東北大の英語15カ年［第8版］
東北大の理系数学15カ年［第8版］
東北大の物理15カ年［第2版］
東北大の化学15カ年［第2版］
名古屋大の英語15カ年［第8版］
名古屋大の理系数学15カ年［第8版］
名古屋大の物理15カ年［第2版］
名古屋大の化学15カ年［第2版］
阪大の英語20カ年［第9版］
阪大の文系数学20カ年［第3版］
阪大の理系数学20カ年［第9版］
阪大の国語15カ年［第3版］
阪大の物理20カ年［第8版］
阪大の化学20カ年［第6版］
九大の英語15カ年［第8版］
九大の理系数学15カ年［第7版］
九大の物理15カ年［第2版］
九大の化学15カ年［第2版］
神戸大の英語15カ年［第9版］
神戸大の数学15カ年［第5版］
神戸大の国語15カ年［第3版］

私立大学

早稲田の英語［第11版］ 改
早稲田の国語［第9版］ 改
早稲田の日本史［第9版］ 改
早稲田の世界史［第2版］ 改
慶應の英語［第11版］ 改
慶應の小論文［第3版］ 改
明治大の英語［第9版］ 改
明治大の国語［第2版］ 改
明治大の日本史［第2版］ 改
中央大の英語［第9版］ 改
法政大の英語［第9版］ 改
同志社大の英語［第10版］
立命館大の英語［第10版］
関西大の英語［第10版］
関西学院大の英語［第10版］

DL リスニング音声配信
新 2024年 新刊
改 2024年 改訂

2025 年版　大学赤本シリーズ　No. 293
成蹊大学
(経済学部·経営学部 – A 方式)

2024 年 7 月 25 日　第 1 刷発行
ISBN978-4-325-26351-7
定価は裏表紙に表示しています

編　集　教学社編集部
発行者　上原 寿明
発行所　教学社
〒606-0031
京都市左京区岩倉南桑原町56
電話　075-721-6500
振替　01020-1-15695
印　刷　共同印刷工業

- 乱丁・落丁等につきましてはお取替えいたします。
- 本書に関する最新の情報（訂正を含む）は，赤本ウェブサイト http://akahon.net/ の書籍の詳細ページでご確認いただけます。
- 本書は当社編集部の責任のもと独自に作成したものです。本書の内容についてのお問い合わせは，赤本ウェブサイトの「お問い合わせ」より，必要事項をご記入の上ご連絡ください。電話でのお問い合わせは受け付けておりません。なお，受験指導など，本書掲載内容以外の事柄に関しては，お答えしかねます。また，ご質問の内容によってはお時間をいただく場合がありますので，あらかじめご了承ください。
-
- 本シリーズ掲載の入試問題等について，万一，掲載許可手続等に遺漏や不備があると思われるものがございましたら，当社編集部までお知らせください。